南开大学建校100周年纪念丛书

总主编 刘景泉

巍巍我南开精神

侯杰 等著

南开大学出版社

天 津

图书在版编目(CIP)数据

巍巍我南开精神 / 侯杰等著. —天津：南开大学
出版社，2019.8
（南开大学建校100周年纪念丛书）
ISBN 978-7-310-05872-3

Ⅰ.①巍… Ⅱ.①侯… Ⅲ.①南开大学－校史 Ⅳ.
①G649.282.1

中国版本图书馆 CIP 数据核字(2019)第 178424 号

南开大学出版社出版发行
出版人:刘运峰
地址:天津市南开区卫津路 94 号　　邮政编码:300071
营销部电话:(022)23508339　23500755
营销部传真:(022)23508542　　邮购部电话:(022)23502200

*

天津丰富彩艺印刷有限公司印刷
全国各地新华书店经销

*

2019 年 8 月第 1 版　　2019 年 8 月第 1 次印刷
230×170 毫米　16 开本　20.25 印张　4 插页　338 千字
定价:75.00 元

如遇图书印装质量问题,请与本社营销部联系调换,电话:(022)23507125

序　言

　　南开学校的特色，就在于她是具有独特精神气质的大家庭。其中包括1904 年建立的南开中学，1919 年建立的南开大学，1923 年建立的南开女中，1928 年建立的南开学校小学部，还有抗战时期建立的重庆南开中学以及自贡蜀光中学。他们共同构成完整的私学体系。

　　南开学校的校父是严修。严修（1860—1929），字范孙，号梦扶，幼名玉珪，祖籍浙江慈溪，清顺治年间，其先祖移居天津。严修 6 岁开蒙，12岁参加科举考试，18 岁应院试，补廪膳生。23 岁应顺天乡试，中壬午科试举人。次年，应会试，中进士，授翰林院编修。后历任国史馆协修和直隶省乡试试卷磨勘官等。1894 年出任贵州学政，开始对流弊甚多的科举考试提出改革的意见。1897 年，他上《请开经济特科奏折》，主张国家应招揽"或周知天下郡国利病，或熟谙中外交涉事宜，或算学特译学擅绝专门，或格致、制造能创新法，或堪游历之选，或工测绘之长"[①]的人才，务求实用。不仅如此，严修还大胆提出将格致、算学等新学内容融入书院等传统教育中去。这些主张，赢得时人的赞赏。梁启超说："贵州学政严修，适抗疏请举特科，得旨允行。当时八股未废，得此亦足稍新耳目，盖实新政最初之起点也。"[②]同年 12 月，严修任贵州学政届满北返，当地人备感惋惜，以为他"经师兼为人师""二百年无此文宗"。回到北京之后，严修遭到排挤，遂告假回到津门。

　　在天津，严修继续推进教育改革，创办新式学堂，成为天津乃至直隶教育界首屈一指的人物。他倡办或者参与兴办的学校包括天津私立第一小学、第二小学和 16 所官立男子小学、11 所官立女子小学、天津师范学堂、北洋女子师范学堂、北洋政法学堂、直隶高等工艺学堂等。现在的崇化中学和保

---

　　① 严范孙：《奏请设经济专科折》，舒新城编：《中国近代教育史资料》上册，人民出版社 1981 年版，第 34 页。

　　② 梁启超：《戊戌政变记》，中华书局 1954 年版，第 32 页。

定学院也是他初创的。而"严氏家塾"的创办，南开系列学校的发展，既寄托了他改革传统教育的理想，又为张伯苓执掌南开学校奠定了坚实的基础。难得的是，严修不仅在经济上支持南开学校建设，慷慨地奉献钱物和图书等，而且鼓励张伯苓全面负责校务，可谓肝胆相照。

张伯苓尝深有感触地对学生们说："真万幸，遇到严先生，让我去教家塾。严先生之清与明，给我极大的教训。严先生作事勇，而又不慌不忙。有人说，旁人读书读到手上来了，能写能作，或是读到嘴上来了，能背能说，而严先生读书，真能见诸实行。我们称赞人往往说某某是今之古人，严先生可以说是今之圣人。"①

南开学校的"大家长"是校长张伯苓。张伯苓（1876—1951），名寿春，字伯苓，祖籍山东，生在天津。1891 年，年仅 15 岁的张伯苓以优异的成绩考入了位于天津的北洋水师学堂。1898 年，清政府和英国政府签订了屈辱的《中英订租威海卫专条》，把威海卫、刘公岛及附近岛屿和陆岸十英里②范围内的地方租让给英国。正在"通济"舰服役的张伯苓目睹了中国官兵降下日本的太阳旗，升起了中国的龙旗，再降下龙旗，升起英国米字旗的悲惨一幕。因此，他立志以教育救国。"念国家积弱至此，苟不自强，奚以图存，而自强之道，端在教育。创办新教育，造就新人才，及苓终身从事教育之救国志愿，即肇始于此时。"③

恰巧，严修正在为严氏家馆延请塾师。经人介绍，张伯苓接受严修的聘请到严氏家馆任教。1901 年，天津"八大家"之一的盐商"益德王"王奎章也出面聘请张伯苓为王氏家馆的学生教授英文、数学等。从此，他上午在严氏家馆授课，下午到王氏家馆传道。终于在这一年的春天，严修、林墨青将两个家馆的学生聚到一起，宣读严修作的誓词："尔十一人者，自今日起，相待如一家，善相助，过相规；毋相谲，毋讦争，毋相訾笑；毋背毁，毋面谩，同力一心，从事于学问。以绳检相劝，远非僻之友，警浮伪之行，毋做无益害有益，毋偷惰，毋轻躁。兄弟婚姻，互为师友，敦品修业，以储大用，是余等所厚望焉。"④可见，学生们不仅要像一家人那样在一起学习、生活，而且还有更高的精神追求和道德约束。

---

① 《南大半月刊》第 15 期。
② 1 英里＝1.609344 公里。
③ 张伯苓：《四十年南开学校之回顾》，《南开四十周年纪念校庆特刊》，1944 年 10 月，龚克主编：《张伯苓全集》第 3 卷，南开大学出版社 2015 年版，第 153 页。
④ 严范孙：《蟫香馆别记》，梁吉生：《张伯苓年谱长编》上卷，人民教育出版社 2009 年版，第 25 页。

在南开中学建立以后，张伯苓特意在东楼的过道左侧①立一面一人高的大镜子，上面镌刻着严修书写的四十字："面必净，发必理，衣必整，钮必结。头容正，肩容平，胸容宽，背容直。气象：勿傲、勿暴、勿怠。颜色：宜和、宜静、宜庄"②，使学生出入校门有所儆戒。在这四十个字中，"气象：勿傲、勿暴、勿怠。颜色：宜和、宜静、宜庄"充分体现了张伯苓对传统道德中讲求修身养性的追求，而"面必净，发必理，衣必整，钮必结。头容正，肩容平，胸容宽，背容直"等对仪态的具体要求，又可隐约看出一丝张伯苓受过军事化训练从而要对学生进行军事化管理的痕迹。张伯苓在修身课上经常带领同学们背诵此格言，并耐心地逐字解释。不仅如此，他还经常教学生，站不直时，把胳膊肘向外，就立即站直了。他认为学生们如果能够长期这样坚持，一定可以形成"吾校学生之气质"。南开学生出校进校，都常在镜子前理理头发，整整衣扣，逐渐形成了一种习惯，以至于南开学生走在街上，即便没有佩戴校徽，大家也都可以看出这是南开的学生。

"四十字镜箴"不仅在南开流传甚广，甚至还引起外国教育家和教育管理者的关注。美国哈佛大学校长伊利奥博士来南开学校参观时，觉得南开学生的仪态和精神面貌与他在其他学校中看到的学生有很大不同，就特意询问张伯苓校长其中的原因。张伯苓颇为自豪地将伊利奥校长带到了镜子旁边，并将镜子上的箴言，一一加以翻译和解释。伊利奥校长听后大加赞叹。他返回美国之后，特意将这个箴言告诉他人。美国罗氏基金会还特意派人来南开学校将箴言拍摄下来，寄回美国，刊诸报端，加以传扬。③镜箴的影响是深远的，1916 年，周恩来在南开《校风》报上发表了一则通讯："我校事务室前所悬之大镜及上列格言，原为资警励全校师生之用。前次美人白崔克博士 Dr. Buttrick 来校参观时，睹之甚以为善。今格瑞里先生 Mr. Greene 致函校长索斯镜之摄影，并请将格言译作英文，同行寄去以为纪念，藉俟归美时，公之彼邦人士。"④

除了以丰富多彩的社团活动来吸引学生、开展体育运动、增强合作精神、开设修身课，对学生进行精神训练外，张伯苓还致力于培养学生们的集体意识。张伯苓规定每个班级上课的教室都是固定的，同学们一起上课，一起活

---

① 一说校门入口处一侧。
② 《天津南开学校章程》，1915 年版夏季订。
③ 张伯苓：《四十年南开学校之回顾》，《南开四十周年纪念校庆特刊》，1944 年 10 月，龚克主编：《张伯苓全集》第 3 卷，南开大学出版社 2015 年版，第 155 页。
④ 《校风》第 26 期。

动，相互帮助，彼此规劝，仿佛南开大家庭中的一个个小家庭。为了增强集体荣誉感和责任感，张伯苓还经常组织开展班级与班级之间、年级与年级之间的体育、演说等各种各样的比赛活动。哪个同学获奖，在宣布名单时，也是先说某某班级，再说某某同学，由个人而集体。张伯苓通过培养同学们的班级精神、集体荣誉感，使他们逐渐养成了维护学校声誉、重视学校荣誉的态度，使每个学生都和南开荣辱与共，休戚相关。他说："诸生须知既为学校中之一分子，则汝实栖息于此全体之中。学校而良善，汝亦随之以受益；汝而良善，学校亦随之与有荣焉。反言之，学校而有缺点，汝亦不完；汝而有败行，学校亦玷污。利害相关，休戚与共。"因此，张伯苓要求每个在校学生都要为了维护学校的声誉而克己奋斗，学校的声誉"较物资百倍可贵，则维持之，发扬之，应尽其力所能及"①。

为了巩固学生的团结精神与合作意识，使之提高到一种理想的精神境界，南开校歌应运而生。1917 年 5 月 16 日，留学日本的南开学生在东京举办茶话会欢迎张伯苓校长率队赴日参加东京远东运动会。会上，张蓬仙倡议编写南开校歌，得到校长的赞许。随后，张校长赴美，在哥伦比亚大学留学，亲身感受到西洋音乐的魅力。1918 年末回国后，张伯苓就请音乐教师孙润生和一些老师一起商量创作南开校歌。他们商定的曲调就是德国民歌 *Oh Christmas Tree*，添入新词。1919 年春，在张伯苓的主导下，南开不仅有了自己的校歌，而且成为弘扬南开精神的利器，"于聚会之时，千人合唱，以期神会而铸成南开真精神"②。张伯苓校长审定的校歌，一经传唱，就深得广大师生的喜爱，经久不衰，并且有天津南开学校、重庆南开中学、自贡蜀光中学等不同版本。相同的旋律，相同的精神追求。

　　渤海之滨，白河之津，巍巍我南开精神。汲汲骎骎，月异日新，发煌我前途无垠。美哉大仁，智勇真纯。以铸以陶，文质彬彬。渤海之滨，白河之津，巍巍我南开精神。

　　　　　　　　　　　　　　　　　　——天津南开学校校歌

　　渤海之滨，白河之津，巍巍我南开精神。汲汲骎骎，月异日新，发煌我前途无垠。美哉大仁，智勇真纯。以铸以陶，文质彬彬。大江之滨，嘉陵之津，巍巍我南开精神。

　　　　　　　　　　　　　　　　　　——重庆南开中学校歌

---

① 《校风》第 18 期。

② 王举孙：《圣诞话南开、蜀光校歌》，《重庆南开校友通讯》第 39 期，2013 年 6 月，第 93 页。

沱江之滨，釜溪之津，巍巍我蜀光精神。汲汲骎骎，月异日新，发煌我前途无垠。美哉大仁，智勇真纯。以铸以陶，文质彬彬。沱江之滨，釜溪之津，巍巍我蜀光精神。

——自贡蜀光中学校歌

因为蜀光中学是接办，作为该校的董事长，张伯苓充分尊重自贡人对家乡故土特别是与蜀光中学自身传统的深厚情感。所以在校歌中，除冠以学校所在地的河名外，还将"巍巍我南开精神"改成"巍巍我蜀光精神"。①

校歌，确实极大地增强了南开人的集体认同。无论是年近耄耋的长者，还是刚刚迈入学府的初生牛犊，也无论是移居海外的游子，还是隐蛰内地的毕业生，只要唱起南开校歌，就会精神为之一振，对母校的缕缕情思便油然而生。

而"允公允能，日新月异"的校训，也鞭策着南开师生弘扬为公牺牲的精神，服务社会造福人群的奉献精神，不断超越自我的创新精神，追求卓越的进取精神，百折不挠的奋斗精神，永不泯灭的爱国主义精神……这一切都是南开学校活的灵魂，在校长、教师、学生们的生命中传递。

沧海横流，方显英雄本色。在抗日战争中，惨遭毁校之难的南开学校，不仅没有功亏一篑，更不会低下高贵的头颅，而是傲然独立，成为民族不亡的象征和希望，在中国西南边陲凤凰涅槃，重造一新生命，展现出昂扬不屈的精神风貌。

历经坎坷与磨难的南开学校，在新时代将迎来百年华诞，张伯苓校长的寄语仿佛还回响在耳畔：

所望我同人同学，今后更当精诚团结，淬厉奋发，抱百折不回之精神，怀勇往直前之气概，齐心协力，携手并进，务使我南开学校能与英国之牛津，剑桥，美国之哈佛，雅礼②并驾齐驱，东西称盛。③

由于南开学校是张伯苓校长作为举世闻名的教育家实施公能教育、铸造南开精神的重要场域，因此其引起校友和海内外人士的广泛关注。专家学者在以下几个方面取得了一系列研究成果。

---

① 王举孙：《圣诞话南开、蜀光校歌》，《重庆南开校友通讯》第 39 期，2013 年 6 月，第 93—94 页。
② 即耶鲁大学。
③ 张伯苓：《四十年南开学校之回顾》，《南开四十周年纪念校庆特刊》，1944 年 10 月，龚克主编：《张伯苓全集》第 3 卷，南开大学出版社 2015 年版，第 163 页。

　　一是对南开学校校史资料与张伯苓、严修等人教育论著的编纂、回忆录编写等。王文俊、梁吉生编的《南开大学校史资料选（1919—1949）》①，董鼎总编辑的《学府纪闻：国立南开大学》②，北京大学、清华大学、南开大学、云南师范大学编的《国立西南联合大学史料》③，天津南开中学校史资料征集办公室编的《私立南开大学规章制度汇编（1904—1937）》④，夏家善、崔国良、李丽中编的《南开话剧运动史料（1909—1922）》⑤和《南开话剧运动史料（1923—1949）》⑥，以及崔国良主编的《南开话剧史料丛编》（剧论卷、剧本卷、编演纪事卷）⑦，崔国良、张世甲主编的《南开新闻出版史料（1909—1999）》⑧，傅恩龄编写的《东北地理教本》⑨，申泮文编著的《天津旧南开学校覆没记》⑩，南开大学校长办公室编的《日军毁掠南开暴行录》11，南开大学档案馆、南开大学校史研究室编的《抗战烽火中的南开大学历史图集》12，南开大学党委宣传部、南开大学校史研究室编的《抗战烽火中的南开大学》13，王文俊等人编纂的《张伯苓教育言论选集》14和崔国良编辑的《张伯苓教育论著选》15，龚克主编的《张伯苓全集》16，梁吉生、张兰普主编的《张伯苓私档全宗》17，天津图书馆编的《严修手稿》18，《严修日记》编辑委

①　王文俊、梁吉生编：《南开大学校史资料选（1919—1949）》，南开大学出版社 1989 年版。
②　董鼎总编辑：《学府纪闻：国立南开大学》，南京出版有限公司 1981 年版。
③　北京大学、清华大学、南开大学、云南师范大学编：《国立西南联合大学史料》（6 册），云南教育出版社 1998 年版。
④　天津南开中学校史资料征集办公室编：《私立南开大学规章制度汇编（1904—1937）》，天津教育出版社 2015 年版。
⑤　夏家善、崔国良、李丽中：《南开话剧运动史料（1909—1922）》，南开大学出版社 1984 年版。
⑥　夏家善、崔国良、李丽中：《南开话剧运动史料（1923—1949）》，南开大学出版社 1984 年版。
⑦　崔国良主编：《南开话剧史料丛编》（剧论卷、剧本卷、编演纪事卷），南开大学出版社 2009 年版。
⑧　崔国良、张世甲主编：《南开新闻出版史料（1909—1999）》，南开大学出版社 1999 年版。
⑨　傅恩龄编：《八十四年前的东北地理教本》（上下册），南开大学出版社 2015 年版。
⑩　申泮文编著：《天津旧南开学校覆没记》，南开大学出版社 1995 年版。
11　南开大学校长办公室编：《日军毁掠南开暴行录》，南开大学出版社 1995 年版。
12　南开大学档案馆、南开大学校史研究室编：《抗战烽火中的南开大学历史图集》，天津古籍出版社 2015 年版。
13　南开大学党委宣传部、南开大学校史研究室编：《抗战烽火中的南开大学》，河南大学出版社 2015 年版。
14　王文俊等编：《张伯苓教育言论选集》，南开大学出版社 1984 年版。
15　崔国良编：《张伯苓教育论著选》，人民教育出版社 1997 年版。
16　龚克主编：《张伯苓全集》，南开大学出版社 2015 年版
17　梁吉生、张兰普主编：《张伯苓私档全宗》（三册），中国档案出版社 2009 年版。
18　天津图书馆编：《严修手稿》，天津古籍出版社 2012 年版。

员会编的《严修日记》（影印版）^①以及武安隆、刘玉敏点注的《严修东游日记》^②，陈鑫分时段整理的《严修日记》^③，崔国良、崔红编的《张彭春论教育与戏剧艺术》^④，申洴文主编的《黄钰生文集》^⑤，中共中央文献研究室、南开大学编的《周恩来早期文集》^⑥，蒋廷黻著、谢钟琏翻译的《蒋廷黻回忆录》^⑦，何廉的《何廉回忆录》^⑧，方显廷的《方显廷回忆录：一位中国经济学家的七十自述》^⑨，萧公权的《问学谏往录》^⑩，曹禺的《曹禺自传》¹¹，何炳棣的《读史阅世六十年》¹²，魏宏运的《南开往事》¹³等较为典型。这些著作通过系统搜集、整理张伯苓等创办新式教育实践的有关资料，阐明其独具特色的教育理念、教学方针与方法，为汲取南开学校成功的办学经验，揭示中国近代教育的发展轨迹提供了极大的便利。

二是对南开校史，尤其是张伯苓、严修等南开人物的教育思想与实践之研究。*There Is Another China: Essays and Articles For Chang Poling of Nankai*¹⁴、南开大学校史编写组编的《南开大学校史 1919—1949》¹⁵、丁峰主编的《漫游中国大学——南开大学》¹⁶、龚克的《南开大学史话》¹⁷以及王文俊主编的《南开人物志》第一辑¹⁸，集中阐释了南开大学和南开人的发展历程。2004 年和 2009 年，在南开大学先后迎来建校八十五周年和九十周年的时候，由常务副校长陈洪教授任主任的南开大学建校八十五周年和九十周年

---

① 严范孙：《严修日记》，南开大学出版社 2001 年版。

② 武安隆、刘玉敏点注：《严修东游日记》，天津人民出版社 1995 年版。

③ 陈鑫：《严修日记》，天津古籍出版社 2015 年版。

④ 崔国良、崔红编：《张彭春论教育与戏剧艺术》，南开大学出版社 2003 年版。

⑤ 申洴文主编：《黄钰生文集》，百花文艺出版社 2009 年版。

⑥ 中共中央文献研究室、南开大学编：《周恩来早期文集》，中央文献出版社、南开大学出版社 1998 年版。

⑦ 蒋廷黻著：《蒋廷黻回忆录》，谢钟琏译，东方出版社 2011 年版。

⑧ 何廉著：《何廉回忆录》，朱佑慈等译，中国文史出版社 1988 年版。

⑨ 方显廷著：《方显廷回忆录：一位中国经济学家的七十自述》，方露茜译，商务印书馆 2006 年版。

⑩ 萧公权：《问学谏往录》，学林出版社 1997 年版。

11 曹禺：《曹禺自传》，江苏文艺出版社 1996 年版。

12 何炳棣：《读史阅世六十年》，广西师范大学出版社 2005 年版。

13 魏宏运：《南开往事》，南开大学出版社 2009 年版。

14 *There Is Another China: Essays and Articles For Chang Poling of Nankai*, King's Crown Press, 1948.

15 南开大学校史编写组编：《南开大学校史 1919—1949》，南开大学出版社 1989 年版。

16 丁峰主编：《漫游中国大学——南开大学》，重庆大学出版社 2007 年版。

17 龚克主编：《南开大学史话》，社会科学文献出版社 2016 年版。

18 王文俊主编：《南开人物志》第一辑，南开大学出版社 1994 年版。

纪念丛书编辑委员会推出了一批重要史料和图书,为深入了解和认识这座经受住战火考验的一代名校提供了大量信息。《南开外语历程 1919—2012 年》①、《南开人在上海》②等分别从某个学院或南开大学在某一城市的校友发展角度,展现南开学校的旺盛生命力。天津南开校史研究中心编著的《天津南开中学史》③、《天津南开中学校史简明读本》④、《天津南开中学志》⑤、《南开校史研究丛书》⑥以及齐邦媛的《巨流河》⑦从不同角度阐释南开中学的历史,也使学习者和研究者受益匪浅。王文田的《张伯苓与南开》⑧,朱传誉编辑的《张伯苓传记资料》⑨,孙彦民的《张伯苓先生传》⑩,台湾南开校友会编的《张伯苓先生百年诞辰纪念册》11,郑致光的《张伯苓传》12,张锡祚的《先父张伯苓先生传略》13,梁吉生的《张伯苓教育思想研究》14、《张伯苓与南开大学》15、《允公允能,日新月异——南开大学校长张伯苓》16、《张伯苓图传》17、《张伯苓年谱长编》18,梁吉生和王昊主编的《张伯苓的大学理念》19,南开大学校长办公室编的《张伯苓纪念文集》20,沈卫星主编的《重读张伯

① 南开大学外国语学院编:《南开外语历程 1919—2012 年》,南开大学外国语学院 2012 年版。

② 南开校友会:《南开人在上海》,南开大学出版社 2014 年版。

③ 天津南开校史研究中心编著:《天津南开中学史》,人民出版社 2015 年版。

④ 天津南开校史研究中心编撰:《天津南开中学校史简明读本》,2017 年版。

⑤ 《天津南开中学志》编修委员会编:《天津南开中学志》,天津教育出版社 2014 年版。

⑥ 天津南开校史研究中心编辑:《南开校史研究丛书》(1—10 辑),天津教育出版社 2011—2013 年版。

⑦ 齐邦媛:《巨流河》,生活·读书·新知三联书店 2010 年版。

⑧ 王文田:《张伯苓与南开》,传记文学出版社 1964 年版。

⑨ 朱传誉:《张伯苓传记资料》,天一出版社 1979 年版。

⑩ 孙彦民:《张伯苓先生传》,中华书局 1971 年版。

11 台湾南开校友会编:《张伯苓先生百年诞辰纪念册》,台湾南开校友会 1975 年版。

12 郑致光:《张伯苓传》,天津人民出版社 1989 年版。

13 张锡祚:《先父张伯苓先生传略》,南开大学出版社 2016 年版。

14 梁吉生:《张伯苓教育思想研究》,辽宁教育出版社 1994 年版。

15 梁吉生:《张伯苓与南开大学》,山西教育出版社 1995 年版。

16 梁吉生:《允公允能,日新月异——南开大学校长张伯苓》,山东教育出版社 2003 年版。

17 梁吉生:《张伯苓图传》,湖北人民出版社 2007 年版。

18 梁吉生:《张伯苓年谱长编》,人民教育出版社 2009 年版。

19 梁吉生、王昊:《张伯苓的大学理念》,北京大学出版社 2006 年版。

20 南开大学校长办公室编:《张伯苓纪念文集》,南开大学出版社 1986 年版。

芩》①，李冬君的《思想者的产业：张伯苓与南开新私学传统》②、《中国私学百年祭：严修新私学与中国近代政治文化系年》③，严修撰写、高凌雯补、严仁曾增编的《严修年谱》④，黄殿祺编的《话剧在北方奠基人之一——张彭春》⑤，孙平华的《张彭春：世界人权体系的重要设计师》⑥，喻传鉴先生纪念文集编辑组编的《喻公今犹在》⑦，申洴文主编的《黄钰生同志纪念集》和《黄钰生同志纪念文集》⑧，天津南开中学编著的《周恩来南开中学岁月》⑨，田本相的《曹禺传》⑩等为代表，这些传记对张伯苓的生平事迹及其创办教育的心路历程进行了颇为生动的呈现，加深了读者对于这位近代著名教育家的理解与认识，同时也为学者深入探讨作为教育家以及社会活动家的张伯苓提供了某种启示。这些论著集中探讨了张伯苓在近半个世纪的办学生涯中所形成与发展的教育理念，所从事的大量实践活动，为研究者深入探究其教育思想提供了可能。

三是对张伯苓和体育、新剧、基督教青年会和宗教的研究与阐释。其中之一是张伯苓对近代体育的提倡，孙海麟主编的《中国奥运先驱张伯苓》[11]和《中国奥运第一人：张伯苓的故事》[12]等书以令人信服的大量史实，介绍了张伯苓所做出的倡导奥林匹克运动，提倡奥林匹克精神的历史贡献。侯杰在《张伯苓：提倡体育教育与中国人心灵重建》[13]中，开辟了一个新的研究领域，从身心灵三位一体的角度，解析出这位教育家提倡体育的真谛。其二，张伯苓教育思想研究会还主编了《中国话剧先行者张伯苓张彭春》[14]一书，探讨

① 沈卫星主编：《重读张伯苓》，光明日报出版社 2006 年版。

② 李冬君：《思想者的产业：张伯苓与南开新私学传统》，海南出版社 1999 年版。

③ 李冬君：《中国私学百年祭：严修新私学与中国近代政治文化系年》，南开大学出版社 2004 年版。

④ 严修：《严修年谱》，高凌雯补，严仁曾增编，齐鲁书社 1990 年版。

⑤ 黄殿祺：《话剧在北方奠基人之一——张彭春》，中国戏剧出版社 1995 年版。

⑥ 孙平华：《张彭春：世界人权体系的重要设计师》，社会科学文献出版社 2017 年版。

⑦ 喻传鉴先生纪念文集编辑组编：《喻公今犹在》，天津教育出版社 1989 年版。

⑧ 申洴文主编：《黄钰生同志纪念集》，南开大学出版社 1991 年版；申洴文主编、陆行素副主编：《黄钰生文集》，百花文艺出版社 2009 年版。

⑨ 天津南开中学编著：《周恩来南开中学岁月》，中央文献出版社 2017 年版。

⑩ 田本相：《曹禺传》，十月文艺出版社 1988 年版。

11 孙海麟主编：《中国奥运先驱张伯苓》，人民出版社 2007 年版。

12 孙海麟主编：《中国奥运第一人：张伯苓的故事》，人民出版社 2008 年版；Sun Hailin, The Man Who Brought the Olympics to China, New World Press，2008.

13 侯杰：《张伯苓：提倡体育教育与中国人心灵重建》，香港教育学院宗教教育与心灵教育中心 2011 年版。

14 张伯苓教育思想研究会编：《中国话剧先行者张伯苓张彭春》，人民出版社 2009 年版。

了张伯苓倡导、推广新剧的思想和实践。其三，考察了张伯苓与天津中华基督教青年会的关系，侯杰等人先是在《天津青年会与南开学校体育》①一文中呈现了作为会正的张伯苓在建设南开学校的过程中，大力提倡体育教育的历史状况，充分肯定其在中国近代体育史上所产生的巨大影响；后来不断发掘新史料，完成《服务社会、服务人群的天津基督教青年会会正张伯苓——以〈天津青年会报〉为中心》②等文，主编《天津中华基督教青年会历史资料汇编：〈大公报〉篇》《天津中华基督教青年会历史资料汇编：〈益世报〉篇》③等。其四，阐明张伯苓基督徒身份与办教育、中国人心灵建设之间的关系，侯杰撰写的《作为基督徒的教育家张伯苓》④一文，深入剖析了张伯苓兼具基督徒与教育家的双重身份所提出的教育理念，以及参与基督教自立运动等社会实践，阐明张伯苓所具有的独特价值。五是对于张伯苓家族以及张伯苓与近代名人关系的研究。侯杰、秦方在《百年家族张伯苓》⑤一书中，以张伯苓及其父亲、胞弟的生活实践为主要线索，集中呈现了作为近代教育家的张伯苓的治家之道及其对子女的影响。这为研究者重新认识这位近代著名教育家提供了全新的视角。他们合作推出的《张伯苓家族》⑥不仅吸收了最新学术研究成果，而且大量采用新编辑、出版的文集，后人的言说等，对南开学校的研究也取得新的进展。此外，一些研究者以及曾在张伯苓身边工作和学习的人士也以口述等方式，叙述了张伯苓与近代历史名人诸如周恩来、蒋介石、张学良等人的关系，向研究者呈现出张伯苓某些鲜为人知的面向。

近代著名知识分子梁启超尝言："夫国民之资格虽未必远优于此数者，而以今日列国并立、弱肉强食、优胜劣败之时代，苟缺此资格，则决无以自立于天壤。"⑦结果，新式教育被旨在挽救国家民族危亡，救国救民的新型知识分子摆在了更加突出的位置上。在张伯苓长期的教育实践中，所贯彻的理念和精神也正是教育救国。正如这位南开校长在《教育家之机会》一文中所明

---

① 侯杰等：《天津青年会与南开学校体育》，《天津中华基督教青年会与天津近代教育》，天津人民出版社 2015 年版。

② 侯杰等：《服务社会、服务人群的天津基督教青年会会正张伯苓——以〈天津青年会报〉为中心》，《天津中华基督教青年会与天津近代教育》，天津人民出版社 2015 年版。

③ 侯杰、罗世龙主编：《天津中华基督教青年会历史资料汇编：〈大公报〉篇》《天津中华基督教青年会历史资料汇编：〈益世报〉篇》，天津人民出版社 2015 年版。

④ 侯杰：《作为基督徒的教育家张伯苓》，韩国《东亚人文学》第 4 辑，2003 年 12 月。

⑤ 侯杰、秦方：《百年版家族张伯苓》，河北教育出版社 2004 年版。

⑥ 侯杰、秦方：《张伯苓家族》，新星出版社 2018 年版。

⑦ 梁启超：《新民说》，中州古籍出版社 1998 年版，第 55 页。

确指出的那样："教育之方针大约有三：一、须培养少年人之习惯，二、一国中立若干大学树其风尚，以感化社会，三、教育与宗教并行……须具有二种观念：一曰对上帝之观念；一曰对国家之观念。"①

长期以来，南开师生一直致力于南开精神的探讨和实践，也是仁者见仁智者见智，众说纷纭。那么校歌里面所唱到的巍巍我南开精神究竟是什么，又是怎样形成的呢？这便是本书要呈现的主要内容。

---

① 张伯苓：《教育家之机会》，崔国良编：《张伯苓教育论著选》，人民教育出版社1997年版，第7页。

目 录

一

二

三

四

五

—

允公允能：百年传承

　　追寻南开大学的脚踪，为什么不从 1919 年创校开始？因为南开学校的历史延绵不绝，南开的精神一以贯之，不能割裂，而且先办中学后办大学还隐含着校父严修、创校校长张伯苓的深思熟虑，所以必须从 1904 年南开学校的初创开始追寻南开精神的源头，以见证越难越开的南开学校抱定必胜信心，一路艰难前行，从传统走向现代，奔向未来。

　　1904 年，一所规模不大的私立中学堂在天津社会名流严修家的偏院正式成立，这成为南开学校之肇始。时光荏苒，今年南开中学即将迎来一百一十五年华诞，南开大学也经受了百年的风雨历程，铸就了南开精神。在这所百年名校的发展中，南开大家庭的共生互动，独具特色的南开精神的养成，都源于创校时的那个年代……

严氏、王氏家馆时期

　　1898 年寒冬，正在北洋水师舰艇上服役的张伯苓在目睹"国帜三易"的耻辱后，毅然放弃了在军队中飞黄腾达的大好前途，决意以教育拯救处于民族危机之中的祖国。这种信念驱使着他毫不犹豫地接受了天津社会名流严修的聘请，走入了严氏家馆。严氏家馆规模很小，主要是以教育严氏子弟为主，最初只有六名学生。家馆塾师也不多，只有两位，一位是负责教授传统经文典籍的陶冲明，另一位就是讲授英文、算学、物理、化学等西方科学知识的张伯苓。怀揣着崇高理想的张伯苓一来，就让家馆呈现出另外一番新景象。在授课过程中，受过现代教育的他一反往日家塾教学的刻板与教条，让学生在轻松愉快的气氛中吸收和理解知识。家馆，逐渐成为传承知识、文化、思想、智慧的重要场所。为了提高学生的体质，张伯苓还特意开设了操身课，即后来的体育课，并不辞辛劳地当起学生的操身教师，教学生们练习柔软体操、角力、哑铃、跳高、棒锤等。他还为学生们安排了丰富多彩、妙趣横生的闲暇活动，教他们下围棋、打旗语、摄影、踢足球、骑自行车等等。

在近代中国社会转型的过程中，严氏家馆最初并没有也不可能完全摒弃传统规矩、习惯。事实上，包括学生们向老师行叩头跪拜礼等传统做法还是被保留了下来。但是，不管是从教学内容来看，还是从教育方式来说，严氏家馆已经逐渐向新式教育的发展方向上转化。中学课程和西学课程各占一半，可谓旗鼓相当。可以说在张伯苓的带领下，严氏家馆已经基本成为保留传统家馆之名义、具有新式学堂雏形的民办新式教育机构。

然而，就在张伯苓执教严氏家馆的第二年，天津等地爆发了大规模的义和团运动。严氏家馆的课程也因八国联军侵华战争和社会混乱而被迫中断。1901 年，为平息西方列强的愤怒，清政府和由德、奥、匈、比、西、法、英、意、美、日、荷、俄等国签订了丧权辱国的《辛丑条约》，以换取暂时的相安无事。天津总算是恢复了较为正常的社会秩序，严氏家馆重新开课。

就在这一年，由于张伯苓在严氏家馆的教学方式受到了社会的广泛好评。天津"八大家"之一的盐商"益德王"王奎章也慕名而来，聘请张伯苓为王氏家馆的六名学生教授英文、数学等自然科学知识。张伯苓亦欣然接受。从此，他上午在严氏家馆授课，下午到王氏家馆解惑，来来往往，虽然忙碌，却也乐在其中。

两个家馆学生的关系也因为拥有同一位老师张伯苓而变得非同一般。终于有一天，严修、林墨青带着两个家馆的学生走到一起，庄严地宣誓：

> 尔十一人者，或为累世之交，或为婚姻之谊，辈行不必齐，而年龄则相若。尔父若兄，道义相劘，肝胆相许，志同道合而患难相扶持，尔诸生所亲见也。尔十一人者，自今日起，相待如一家，善相助，过相规；毋相谲，毋垢争，毋相訾笑；毋背毁，毋面谩，同力一心，从事于学问。以绳检相劝，远非僻之友，警浮伪之行，毋做无益害有益，毋偷惰，毋轻躁。兄弟婚姻，互为师友，敦品修业，以储大用，是余等所厚望焉。陶履恭，孤儿也，当厚自策励，而去其童心。尔十人之待履恭也，悯之、爱之、砥砺之，使无坠其家学，是则今日之举为不虚矣。①

---

① 严范孙：《蟫香馆别记》，梁吉生：《张伯苓年谱长编》上卷，人民教育出版社 2009 年版，第24—25 页。

誓言虽然简短，但是对学生的道德品行做出了某种必要的规范。更为重要的是，两个家馆联系得更为紧密，可以说具有了跨越传统家馆形式的现代"家庭学校"雏形。

取经东瀛

经历数载耕耘，严氏和王氏两家家馆都有了一定的发展。但是，当看到简单的课程和稀缺的书籍已无法满足学生们旺盛的求知欲，有时甚至连很多简单的物理、化学实验都因为缺乏必要的设备而难以进行时，张伯苓萌生了到近邻东瀛日本借鉴现代办学经验的念头。此想法一经提出，马上得到了严修、王奎章两人的大力支持。

1903 年夏，张伯苓借赴日本参观大阪博览会之机，东渡日本，考察日本现代教育的发展情况。尽管此次考察仅仅是走马观花地了解了一些日本学校和教育机构的实际状况，但初识日本社会，还是给张伯苓留下了深刻的印象。他在归国的接风宴席上，即席发表了一番演讲，道出自己的心声："吾今而后，乃知办学之事，非可以率而为也。"[①]

1903 年，严修由于在京津地区教育界的卓越声望日盛，"品端学粹，望孚士林"，被袁世凯任命为直隶学校司督办，成为直隶地区主管教育的高级官员。次年 6 月，热心新式教育、勇于任事的严修和张伯苓一起，再次来到日本。

这是一次收获颇丰的异国之旅。他们花了两个多月的时间，实地考察了日本的一些学校，如东京御茶水桥高等师范学校附属小学校、高等工业学校、大冢町高等师范学校、弘文外塾、小石川幼稚园、一桥附属小学、富士见小学校幼稚园、政法速成科附设日语班、共立女子职业学校、早稻田大学、日本女子大学、实践女学校等，深入了解日本各种学校的教育制度、行政管理、学科内容、课程安排、教材师资等方面的实际情况。在考察过程中，严、张二人还结识了日本教育家嘉纳治五郎，并与这位教育家多次探讨学校建设及教科书编纂等问题。此外，严修、张伯苓一行还会见了教育家棚桥源太郎、波多野以及文部大臣久保田让和官员泽柳政太郎、松浦镇次郎等人。8 月，严修和张伯苓满载在日本购买的用于教学的各种科学仪器和书籍，回到了天津。

---

① 严范孙：《严修日记》，梁吉生：《张伯苓年谱长编》上卷，人民教育出版社 2009 年版，第 31 页。

两次日本之行，使张伯苓对日本的所见所闻日多，感触加深。他认为日本之所以比中国强大，就在于日本社会大力推广新式教育，学校的普及率较高。中国则有相当大的差距，教育仍是少数人才能享有的特殊权利。不仅如此，仅靠若干家馆培育出来的学生，也难以达到普及教育救中国的目的。因此，张伯苓提出了要建立一所新式中学的主张：

> 知彼邦富强，实出于教育之振兴，益信欲救中国，须从教育着手。而中学居小学与大学之间，为培养救国干部人才之重要阶段，决定先行创办中学，徐图扩充。①

英雄之见必得英雄赏识。对此，严修也大表赞同。回津后，两人便雷厉风行地开始了筹备、建立新式学校的各项工作。

何以先建立中学呢？在张伯苓看来，当时社会上最需要的是中等学校所培养的中学生。"中学居小学与大学之间，为培养救国干部人才之重要阶段。"所以，他决定先以严、王两家家馆为基础，建立中学，徐图扩充。而学校得以顺利创立，并迅速发展起来，严家和王家可谓功不可没。他们各尽所能，出钱的出钱，捐物的捐物，提供场地的提供场地。王益孙甚至将自己花费巨金从日本购买来的多种先进的理化科学仪器及外文书刊、杂志等一并捐出。学校的日常经费也由严、王两家负担，每月各提供白银百两。至此，中国近代之来最为著名的学府之一——南开学校，呼之欲出。

私立中学堂诞生了

和风作育，益焕新猷。1904 年 10 月 17 日，一所私立中学堂在严家的偏院正式成立。学堂在初创之时，虽然建筑简陋，只有严家偏院开辟的两个小教室和一个大罩棚，却拥有了当时一般中学所没有的先进科学仪器和书籍，体现出对科学的探索与追求。更为重要的是，这里活跃着一批兢兢业业的教师和认真求学的学员。

中国人吴芷洲、胡玉孙，美国人饶柏森（Robertson，Clarence Hovey）、霍克（Walker）以及几位日籍教员，在私立中学堂分别负责自然科学和外文

---

① 张伯苓：《四十年南开学校之回顾》，《南开四十周年纪念校庆特刊》，1944 年 10 月，龚克主编：《张伯苓全集》第 3 卷，南开大学出版社 2015 年版，第 156—157 页。

等课程的讲授。张伯苓担任学堂的监督，总管学校一切事务，还亲自给学生们讲授英语、数学、史地等课程。

除严馆和王馆的学生外，私立中学堂还从社会中招收了梅贻琦、张彭春、金邦正、喻传鉴等人。第一届学生共有73人，年龄参差不齐，教育程度也有高有低，因此，学校根据学生的实际状况将他们分为甲、乙、丙三个班级。不久，针对社会上学校师资力量极为匮乏等问题，私立中学堂还开设了一个高级师范班，招收了6名学生，第二年又增加了4人。

学校最初开设的课程主要有两类：一类是"中学"课程，如读经、国文、历史等，另一类是"西学"课程，如地理、物理、化学、数学（其中包括代数和几何）、英文等。学校尤其注重学生英文能力的培养，因此，数学、化学和英文等科目全部要求教师用英文讲授。此外，作为监督的张伯苓仍一如既往地重视体育活动，培养同学们健康的体魄和遵守运动规则的"法律"精神，勇于争取胜利、不怕遇到挫折、遭遇失败的敢赢不怕输的精神。

为了让学生们在接受书本知识之余认识社会、了解现实、增强自身道德修养，私立中学堂还特意开设修身课。修身课最初的形式是张伯苓于每个星期的某一固定时间在大罩棚中对全体学生讲话，内容极其丰富。他有时痛诉西方列强对中国的侵略和掠夺；有时怒斥朝廷的腐败和官员的颟顸；有时告诉学生们"国帜三易"给自己带来的冲击；有时讲述自己创办私立中学堂的缘起；有时评论社会中存在的各种问题。这一传统一直延续到以后的南开各个学校，成为每个南开人都不能忘却的一段集体记忆。正是修身课上这些饱含热情的讲话，使学生们在学习课本知识的同时放眼社会，在潜移默化中使学生们对中国的现实窘况与民族的前途有所关注和反思，并且增强了对校长、对南开的理解和认同，逐渐丰富和完善了南开精神。

小荷才露尖尖角

诞生于清末新政时期的私立第一中学堂，由于融入了新式教育的诸多要素，显示出蓬勃的朝气和旺盛的活力，再加上教师授课认真、对学生要求严格，不久就在天津中等教育界崭露头角，受到社会各界人士的一致好评。许多政府官员和社会热心人士纷纷前来参观，取经。1907年，清政府派专员到直隶地区对各校的办学状况进行实地调查。到私立第一中学堂考察之后，该专员对学校的设备、师资、经费使用等各方面均给予高度评价和赞扬，认为该校"程度为各中学堂之冠"①。

1906 年夏天，高等师范班的十名同学经过两年的学习终于毕业，成为私立第一中学堂第一届，也是唯一一届师范毕业生。其中，时子周、严约敏等四位同学留校任教，成为壮大学校师资队伍的中坚力量；还有四位同学在学校的资助下，到日本继续深造，研习日本教育之法，以备将来回国更好地为国家教育事业贡献力量。

由于私立第一中学堂在京津地区乃至全国声名鹊起，求学者纷纷慕名而来，不久就超过了一百人，严氏偏院已经无法容纳如此多的学生了。因此，张伯苓决意另觅他处作为校舍。正巧在 1906 年，天津士绅郑菊如由于敬佩张伯苓、严修等人创办新式学校、培育人才的精神，主动将自己在天津城南水闸旁边的一块十余亩的土地捐给私立第一中学堂。可是，由德国人汉纳根（Hanneken，Constantinvon）创办的大广地皮公司却声称这块地在他们公司界内，不愿相让。为此，张伯苓只好多次前去交涉。经过锲而不舍的谈判、交涉，该公司最终做出让步，同意将天津城南电车公司后面的十余亩地让给私立第一中学堂。这十余亩地在当时实际上就是一片尚未开垦的荒地，旁边还有一个长年不断发出恶臭气味的大水坑。虽然周边环境并不尽如人意，但是在张伯苓看来，这是一块成就其教育救国理想的圣地，他要在这片荒凉之地上建成幽雅的读书之所。于是，就是在这样一块洼地上，建起了一所中国近代史上非常著名的私立学校。

土地问题解决了，办学经费问题又接踵而来。当时，学校发展全靠严家和王家每个月捐献的那二百两白银，维持日常开销已经十分困难，哪还有钱在荒地上建设新校舍呢？可贵的是，张伯苓不畏艰难，不辞辛苦，四处奔波，寻找各种机会募集办学经费。邑绅徐世昌、前署直隶藩司毛实君、时任直隶提学使的卢木斋等人为其办学热忱所感动，纷纷解囊相助，从而在资金上保证了新校舍建设工程的顺利进行。

新校舍从开始建设到最后竣工，只用了大约一年多的时间。两栋崭新的教学楼——东楼、北楼拔地而起，若干间平房整齐排列，各种办公用具一应俱全，校园四周还建起了一圈围墙。1907 年秋，私立第一中学堂的学生迁入新校舍，精神为之一振。

1908 年，私立第一中学堂首届学生 33 人在新校舍举行了毕业典礼。为了纪念在学校的四年学习生活，同学们在东楼的东北角挖掘了一口"纪念井"，

_____

① 《东方杂志》第 4 卷第 11 期。

在井口侧面刻上各自的名字。这口"纪念井"在 1937 年和南开许多宝贵的财富一起被日本侵略军摧毁了。在这 33 名毕业生中，有 16 人被保送到保定高等学校，还有一些学生报考北洋大学堂以及其他铁路和矿业学校继续深造。虽然那个时代并没有将升学率确认为衡量一所学校办学质量优劣的硬性指标，但是有这么多的毕业生进入高一级的学校进一步深造，无疑很好地证明了私立第一中学堂的教学质量还是相当不错的。

初学欧美

私立中学堂最初建立之时，张伯苓主张向日本学习，但是随着教育思想的日趋成熟，私立中学堂教育管理的日渐发展，张伯苓终于察觉到日本的教育存在着一些弊端：虽然日本学校善于吸收新事物，对外部环境发生的变化也十分敏锐，但是缺少民主意识，对于人才的培养也有不利。于是，他又将目光转向号称民主的欧美国家，尤其是新兴的教育强国美国，学习和借鉴有关学校设置、教育管理等方面的经验。民主，成为南开学校追求的目标。

1908 年 8 月，张伯苓作为直隶地区的代表，前往美国参观渔业博览会。特别关注中国教育现代化的张伯苓自然不会轻易荒废这个大好时机。他非常紧凑地参观、访问了美国的一些学校等公共机构或设施。当他在麻省参观的时候，还考察了当地的市政厅、公立学校、防火站、教堂、市立医院和公园等机构。这次美国之旅给张伯苓留下了非常深刻的印象。一方面，张伯苓对美国的私立、公立教育机构有了直观的认识和了解，优美的校园环境、精良的教学设备、自由宽松的学习环境、实力雄厚的师资队伍等成为张伯苓发展教育事业所追寻的目标；另一方面，张伯苓对美国社会的发展情况也产生了更系统的了解和认识。后来，他在经欧洲回国的途中，还考察了一些欧洲国家的教育情况。

作为一校之长，张伯苓的教育理念不可避免地影响到了整个学校的布局和发展方向。归国之后，他就力图将欧美教育方式直接引入私立中学堂的教学实践。学校把英语学习放在了非常重要的位置上，学校的许多课本都是直接从美国购买的英文教材，各种教学设备和参考资料也多是购自美国。后来为了方便学生购买美国出版的书籍、教材，在校园内还开设了"伊文斯售书处"，即美国伊文斯书店的支店。老师在讲授英文、代数、三角、几何、历史、地理等课程时也都用英文，以至于有很多学生半开玩笑地说耳朵里都听不到中国话了。据说在生物课上同学们用来做解剖实验的蚯蚓也都要来自美国，以保证和美国生物课本上的蚯蚓一致。可以说，此时学校的教育，从形式到内容，完全模仿美国教学制度，欧美化的倾向十分严重。

昙花一现：公立南开

1911 年，不仅是中国历史的重要转型期，对私立第一中学堂而言，也面临着机遇和挑战。这一年，直隶提学使傅增湘饬令把天津客籍学堂和长芦中学堂并入私立第一中学堂。因此，原本拨给这两所学堂的经费一万余两白银也拨了过来。这对于壮大私立第一中学堂无疑是件大好事。由于接受了公款，所以私立第一中学堂改名为公立南开中学堂，一是表明学校的性质，二是表明学校所在地。变成公立之后，南开中学堂能增加如此丰厚而且稳定的收入，在很大程度上缓解了办学经费紧张的状况。所谓南开，虽是地名，但实际上就是指位于天津城西南的那块洼地。

然而，就在这一年的 10 月 10 日，武昌起义爆发，旨在推翻清政府的革命浪潮风起云涌，多数学生请假回家，课堂教学随之停顿。原本应从官府领取的用来补贴学校的经费，也因政局动荡而无法获得。万般无奈之下，张伯苓只好出面先向严修挪借了一些钱，发给会计员一半的薪水，并提供给平日照料学校的几个夫役一些食物，以维持生计，而老师的薪俸则只好暂停发放。

次年春，袁世凯为了篡夺辛亥革命成果，故意在京津一带制造事端，3月，正准备开学的公立南开中学堂，不可避免地受到了"兵变"的影响，因此，南开的开学时间只得推迟到 4 月。开学之后，按照民国新学制的规定，公立南开中学堂改名为南开学校，原来的学校监督改称校长，仍由张伯苓担任。至于学校的性质，张伯苓考虑再三，决定改回私立。

1914 年，直隶工业专门学校与北洋法政学校两所附属中学也划给了私立南开学校，南开学校的规模进一步扩大，学生的来源也更加广泛。学生已不仅仅局限于天津及其附近地区，全国很多地方的学生为南开学校优异的教学质量和新颖的教育方式所吸引，不远千里负笈前来求学，甚至连美国、南洋等地的华人和华侨以及朝鲜的青年学子也慕名投考南开学校。在校学生人数急剧增加，比私立中学堂成立时多了十倍。校园面积扩大了十五倍，建筑物也越来越多，除东楼和北楼外，还相继建成了礼堂、北斋、南斋、西斋和浴池等。

为了满足学生的求知欲，张伯苓还进行了一系列的教育改革。1915 年，应中学毕业生之请求，增设英语专科班。次年，又开设高等师范班，拟以两年为期。这些尝试，都为给有志留学或从事教育工作的青年提供更好的深造机会。但是由于办学经费不足，英语专科及高等师范班成立不久，就停办了。

访学哥伦比亚大学

民国初年，作为中国北方最重要的工商业城市，天津显示出勃勃生机与活力，纺织、面粉、化学、制革、地毯等行业在全国均首屈一指。"工非学不兴，学非工不显"，经济的发展迫切需要与之相适应的高级科学技术人才。

张伯苓一方面敏锐地察觉到社会的发展对具有高等教育背景的人才的渴求，一方面又痛心于自己精心培养的人才在社会上的部分流失，遂下定决心尽自己的最大力量创办一所大学、为南开学校的优秀毕业生继续深造提供条件。

张伯苓坚信，若要兴办一所具有生命力和持久力的私立大学，必须向成功的范例学习和借鉴经验。放眼国内，要么是像北京大学这样的国立大学，要么是得到外国教会支持发展起来的教会大学，并没有较为完善的、非常成功的私立大学可资参考借鉴。为此，张伯苓下决心去私立大学林立的欧美国家远道取经。1917 年 8 月，张伯苓来到美国哥伦比亚大学师范学院研修高等教育。

由于张伯苓成功地创办了私立南开学校，哥伦比亚大学给予他很高的礼遇。著名教育家杜威（John Dewey）、克伯屈（W. H. Kilpatrick）、桑代克（Edward Lee Thorndike）等人指导张伯苓学习了有关教育学、教育哲学、心理学、教育行政等方面的课程。1918 年 4 月，严修和范源濂等人到美国考察教育，使张伯苓获得了进一步学习和传授知识的动力。他每天白天上课、接受系统的专业知识和训练，晚上则去严修的住处，向他讲解自己学习和掌握到的教育学知识，得到严修等人的鼓励。张伯苓还充分利用时间，与严修等人先后访问参观了芝加哥大学、哥伦比亚大学、旧金山大学等著名高等学府，详细地了解了这些学校的资金来源、学校设施、学生构成、师资配备等各方面情况。在参访著名学府的同时，张伯苓还拜访了一些教育学家，与凯尔鲍德里教授就中美教育等方面的问题进行了深入的切磋。张伯苓和严修还广泛接触了正在美国学习的中国留学生，倾听他们对美国大学的印象以及各自在美国大学求学的经历和体验，集思广益。

就在离开南开到美国求学将近一年的时候，张伯苓收到哥伦比亚大学的一封信，被告知已获得了下学期的荣誉奖学金，可以继续在这里研修。但是他对创办大学的想法已日渐成熟，加上一想到南开上千名学生正殷切地盼望着自己赶快回去开创一片新天地，不禁心潮起伏，归心似箭。为此，张伯苓给哥伦比亚大学师范学院教务主任写了一封信，婉言告知对方自己已经决定11月回国。

南开大学拔地而起

1918年底，张伯苓和严修等人取道日本横滨，回到天津，受到南开师生的热烈欢迎。

春节过后，张伯苓、严修和其他南开同人雷厉风行地组织起南开大学筹备委员会，具体负责规划设计校园、宿舍、教学楼等具体事宜。张伯苓更是勇挑重担，四处奔波，为创办大学筹募经费。由于南开学校在社会上声誉颇佳，因此社会各界人士得知张伯苓要创办南开大学时，纷纷表示愿意提供各种支持，还有人慷慨解囊，予以经济上的资助，不久就在南开学校南端的旷地上兴建起了大学校舍。5月，南开部分教师组织成立了大学筹备课，负责拟订校章，规划系科、课程等事宜。经过磋商，决定南开大学暂时设立文、理、商三科，寄托"文以治国，理以强国，商以富国"的理想，计划待大学走上轨道之后再增设新闻学科、教育学科、工科等，学制分为四年和六年。

1919年秋，南开人的埋头苦干终于结出了丰硕的果实——南开大学正式宣告成立。9月7日、8日两日，学校举行了招生考试。周恩来、马骏等96名学生成为南开大学第一届学生。另有十四名各科教员执掌南开大学教鞭。9月25日，南开大学举行了具有历史意义的开学典礼。严修、黎元洪、范源濂、卢木斋等社会名流到场祝贺，以示对南开大学的全力支持。

1920年，南开大学还争取到宁波商人李组绅的支持，在校内增设矿科。1926年，因经营实业遇到困难，李组绅无法继续对南开大学提供资助，矿科才不得不停办。1929年，根据教育部规定，南开大学改文、理、商三科为文、理、商三个学院。南开大学的学科设置从一开始就体现出务求实用和"服务社会"的办学理念。以文学院为例，文科院系和课程设置及其调整主要是以社会需要为准绳，追求"致实用之效"，将政治、经济二系作为发展的重点，而以其他系辅助之。这既是南开大学根据学校财力和办学规模经过慎重考虑的结果，也是学校从学科设置上考虑培养学生主动适应社会能力的一种设想。

特别值得一提的是，南开大学从 1920 年开始招收女生入学，实行男女同校。第一名女学生许桂珍就是在这一年考入文科学习的。因此，南开大学也成为华北地区最早解除女禁的私立大学。这不仅说明社会上渴求新知的女性可以通过自身的努力奋斗、抛弃"女子无才便是德"的传统观念、获得和男子平等的接受高等教育的机会，而且反映出一所成功的私立大学能够顺应时代发展、勇于开风气之先的魄力。

早期的南开大学以师资力量精干著称。张伯苓除了积极扩大学生来源和到处募集办学经费之外，尤为重视师资力量的配备，因此早在美国研修教育学的时候，就开始留心从中国在美国的留学生中为南开大学物色优秀的教师人才。有很多中国留学生在美国毕业归国之后直接来到南开大学任教。因此，南开大学刚刚成立不久，就形成了一个兢兢业业为学校发展尽心尽力的教师群体，并坚持不在外校兼课。从这个意义上来说，张伯苓成为这些有为、有志学者追逐自己的梦想和理念步入中国高等学府的引路人和同行者。

南开师生：五四先锋

1919 年，五四爱国运动兴起，南开学校的师生联合天津学界立即成立天津学生联合会，并组织学生进行罢课、游行等活动，以抗议北京政府逮捕爱国学生的野蛮行径，成为五四先锋。可是，天津地方当局对爱国师生进行了大肆迫害。1920 年 1 月，由于前去洋货店检查日货的学生和奸商发生冲突遭到殴打，天津学生联合会到直隶公署示威抗议。地方当局先后逮捕了马千里、周恩来、马骏等 24 人，警察厅厅长杨以德还下令查封了天津各界联合会和天津学生联合会，宣布一切爱国团体"一律解散取消"。这引起了进步学生更为强烈的反抗。1 月 29 日，数千名学生前往直隶公署请愿，提出拒绝日本干预山东问题，启封天津各界联合会和天津学生联合会，释放被捕代表，允许人民有集会、结社、出版自由等六项要求，但是却遭到军警的残酷镇压。周恩来、于方舟、郭隆真、张若名等 4 人被捕入狱。

这一连串的爱国运动，使得南开校长张伯苓的教育理念受到了前所未有的冲击和挑战。作为一名注重现实的教育救国论者，张伯苓兴办南开学校的主要目的就是培养学生们的爱国情操和救国能力，因此非常同情和支持学生、教师们的爱国行为，并多次出面进行援助。五四运动中，他听闻北京爱国学生在游行时被政府逮捕的消息后，立刻打电报给北京政府总统徐世昌，反对政府派军队镇压学生爱国运动，并请求释放被捕的学生。他还参加了天津各界代表团，赴北京营救被政府逮捕的天津学生。

张伯苓虽然不反对同学们的爱国活动，可是也并不赞成学生以长期的罢课、游行的方式来争取斗争的胜利。在张伯苓看来，学生们来学校求学，就要珍惜这来之不易的学习机会，努力在课堂中汲取知识，增强自身的能力。只有这样，将来毕业后走入社会，才有能力为社会进步做出贡献。如果在学期间把大好时光都浪费在游行和罢课上，无异于杀鸡取卵，得不偿失。抱定这种信念的张伯苓，有时便会和爱国学生、教师发生矛盾，甚至冲突。

1920 年，为了抗议天津地方当局逮捕爱国师生的卑鄙行径，天津学界决定继续罢课。张伯苓却登报通知南开学生返校开学。3 月，学生贾金熔在礼堂门前粘贴"代表未释暂缓开课"的宣传单，被张伯苓看到，大为气恼，当场勒令其退学。不久，张伯苓又迫于政府的压力，陆续勒退了包括周恩来在内的 26 名学生。张伯苓的这些做法引起教师的不满。后来迫于巨大的社会压力，地方当局不得不开庭审理此案，并最终释放了全部被捕代表。内弟马千里一经出狱，立刻愤然离开南开。而南开师范班最早的毕业生之一、在南开工作已经很多年的时子周也和张伯苓分道扬镳。

这样大规模地勒退学生，并非张伯苓的本意。因为周恩来等南开学生都成了五四反帝爱国运动的先锋，所以地方当局给张伯苓施加了很大的压力。张伯苓深知学校的发展离不开政府和社会各界人士的支持与帮助，如果直接和当局发生冲突，那么极有可能使南开学校的生存和发展都受到威胁，甚至会被关闭。他不希望因为少数学生的行为而葬送南开的前程，影响其他同学的前途。因此，为了保证南开学校能够在风云激荡的社会运动中生存发展，他不得不采取勒退学生的方式，缓解地方当局对南开学校所施加的种种压力。

出淤泥而不染

南开大学在夹缝中求生存，也得到了一定的发展。慕名前来求学的学生日益增多，南开中学旁边的校舍已经无法满足大学的发展。1922 年，南开大学决定另建新校舍，遂在八里台觅得一块七百多亩的空地，开始大兴土木，开辟新天地。

1922 年 6 月，南开大学教学楼建成，名为"秀山堂"，纪念以遗产作为南开大学永久基金的军阀李纯。不久，教职员工宿舍、学生宿舍等大大小小十一处建筑也陆陆续续建立起来。8 月，南开大学学生迁入新校舍，等到次年秋季再开学时，新入学的学生就直接在新校舍学习和生活了。1923 年，南开大学文、理、商三科第一班学生 21 人毕业，在新校舍举行了毕业典礼。

1923 年 10 月，用美国罗氏基金会和袁述之奉母命分别资助的十四万元建设起来的科学馆竣工，名为"思袁堂"，即思源堂，以兹纪念袁述之的母亲。1928 年，醉心于教育事业和图书事业的卢木斋向南开大学捐款十万元，赠书三万余册。南开大学图书馆建成之后，被命名为"木斋图书馆"。这幢外形为 T 字形的新式图书馆，藏书二十万册，可容纳读者三百人。1928 年 10 月 17 日校庆的时候，举行了图书馆落成仪式，严修、卢木斋等人出席，来自社会各界的观礼来宾多达四百余人，成为天津文化教育界的一件盛事。就规模和设施而言，木斋图书馆在天津乃至全国范围内当属一流。1931 年，陈芝琴又捐款建成"芝琴楼"，后成为南开大学女生宿舍。

在南开同人的悉心擘画下，南开大学逐渐成为天津城南一处优雅、宁静的世外桃源，虽然和校外只是一墙之隔，但有着天壤之别。校外的世界嘈乱不堪，有臭气熏天的小河、尘土飞扬的土路和许多无以为生的贫民及惨不忍睹的贫民窟。走进南开大学，人们则立即感到耳目一新。校门外首先有一座新式水泥桥横跨河上，校门内则有一条笔直的煤渣路——大中路——贯穿向西。道路两旁垂柳依依，夹以修剪整齐的扁柏。大中路将校园分割成南北对称的两部分，南北侧各有一个马蹄形的池塘，称为南北马蹄湖。湖之南岸是思源堂；东面是丽生园，内植各种花草，并有唐丽生捐赠的珍奇金鱼数千尾；西北处是秀山堂；秀山堂以西则是教员住宅柏树村；村北是女生宿舍芝琴楼。湖之北岸有木斋图书馆，西岸有食堂和餐厅，再往西则是两栋红色楼房，作为男生宿舍，宿舍前还有体育运动场。两湖各有一中心岛，南岛上塑有李秀山铜像，北岛上设赏莲亭，满湖花香，让人流连忘返。各个建筑物之间均有蜿蜒长廊相接。西院还有花窖，聘请园艺专家王九龄养菊，每逢十月校庆，必展菊以赏目，成为南开一景，吸引很多校外人士前来观赏。

更为重要的是，八里台成为陶冶南开大学师生情操的重要场域。在这里求学的学生们多精神饱满，意气风发，或三五成群相聚在树荫下讨论问题，或一人独自漫步湖边高声诵读；或在充满书卷油墨香气的图书馆中埋头苦读，或在宽阔的体育场上挥汗如雨；校园里充满了旺盛的生命力，使人仿佛看到了中国的未来与希望。南开大学其乐融融，一片和谐景象。时人评论道：南开大学就像污泥里长出来的一朵荷花，可谓出淤泥而不染。

南开大学在培养全日制大学生的同时，还开设暑期班、夜校等，招收各种学生入学。自 1922 年起，南开大学即开办暑期学校，以天津及直隶各县中小学教员为主要招生对象，另有部分中学毕业生及准备报考大学的人员。聘请梁启超、胡适、凌冰、陶孟和、董守义等名人及优秀在校学生讲授课程。课程主要有中等以上的学校作文教授法、国语文法概论、儿童心理学、社会教育学、教育心理学、英文、化学、物理、体育教授法等。除课堂讲授之外，学校还组织学员参观，举办傍晚乘凉演讲会、野餐会等活动。活动内容丰富多彩的南开大学暑期学校，在社会赢得良好声誉，"每期都有几百名学员"[①]。由此可见，南开大学是近代中国北方最早开展成人教育的高等学府。这不仅扩大了南开大学的社会影响，而且为社会上的知识青年提供了继续受教育的机会。

南开女中的成立

虽然南开大学成立后的第二年就开始招收女生，实行男女同校，但由于直隶地区缺乏相应的中等女子教育作为基础，因此并没有太多的女生考入大学，接受高等教育。有鉴于此，张伯苓等人在稳步推进南开中学和南开大学向前发展的同时，又开始为兴办南开女子中学而殚思竭虑。

1920 年，张伯苓在南开学校的校董会上提出了成立女子中学的预算问题，但由于经费不足等实际困难没有办法解决，办女子中学的计划一时难以实施。

1923 年春天，天津各女子小学校毕业生数十人，联名给张伯苓写了一封请愿信，要求张伯苓添设一所女子中学。在信中，她们明确提出女子不应只接受师范教育和贤妻良母教育，应有与男子共同受教育的机会，可以直接升入高一等的学校继续深造，理由如下：一、女子教育同男子教育同样重要；二、天津缺少适当的女中学；三、南开大学既然已经迁到八里台新校舍，那么原址就可充作女中校舍，不用再费钱另起炉灶；四、关于教师事宜，男中的教职员可在男、女中两部同时兼任。没想到，在信寄出两三个星期以后，这些年幼的女孩子们就收到了张伯苓的亲笔回信，请她们选派代表到南开中学校长室来商谈此事。于是，王毅蘅、陈学荣、王文田三人怀着忐忑不安

的心情来到了南开中学。张伯苓热情地接待了她们，并许诺一定尽快办女子中学。

　　不久，南开成立了女子中学组织委员会，开始解决选定校舍、募集资金等问题。恰逢此时，张伯苓之母杨氏去世，张家力主丧事从简，将节省下来的一千元治丧费捐作女中建立资金。学校在南开中学东边，相距大约一里之遥的六德里租用几间民房作为女中校舍。经过紧张筹备，到1923年秋，南开女中正式成立，开设初一、初二两个年级，每个年级招生一班，共有学生78人，管理员为潘丽荪。两年以后，南开女中的报考人数激增，原来租用的校舍已不敷应用。因此，张伯苓又多方求助和募捐，用募得的两万多元，在南开中学南楼南端的旷地，购地十余亩，开始兴建女中校舍。1926年3月，校舍竣工。女中学生迁入新校舍上课。此时，女中设置也有所变化。除初一、二年级外，又增添了初三年级，每年级各有甲、乙两班。为满足即将毕业的初中女学生提出的添设高中部的合理请求，女中还添设了高中一年级，并分成文科班和理科班。文科开设政治、经济、商法等课程，与男中同班上课。理科班的实验课程与男中部分班共用理化实验室。至此，南开女中总共有八个班级，二百多名学生。于是，南开大学的女生来源有了保障。

影响深远的"轮回教育"风波

　　在南开女中兴办的过程中，南开大学在1924年还爆发了一场罢课风波。南开学校少有罢课风潮，那么这次风潮又是如何酿成的呢？对南开精神的形成有什么样的意义和价值呢？原来当年11月28日，《南大周刊》第8期上刊登了学生宁恩承以"笑萍"为笔名撰写的一篇题为《轮回教育》的文章，在师生中引起了轩然大波，引发了这场决定南开大学发展走向的罢课风潮。

　　宁恩承在文章中一针见血地指出了现代教育体制中存在的严重缺陷，即教育体制和社会实际相脱离。在宁恩承看来，当时的教育，就是一种转圈子的教育，你教育我，我教育他，他再去教育别人，这些人都在一个圈子里面转来转去。中学毕业的学生，可以充当高小学校的教员。大学毕业的学生，则充当中学教员。而留学海外，获得学位头衔或博士凭照的人，回国则充任大学教员。如此循环，一代一代地当教员，上学毫无服务社会的意义。其实，宁恩承提出这一问题并非无的放矢，当时南开学校的欧美化倾向的确十分严重。1924年前后，南开学校的学制、教材和教师多来自欧美，教科书不是英文原本，就是英文译本，南开的教授除了讲授中国文字和中国文学等课程的教师外，都是从留学生中延聘的。

这篇文章言辞犀利，对留学回国的教员冲击很大，说他们：

> 先到美国去，在美国混上二三年、三四年，得到一个什么 EE、MA、D 等，于是架上一架洋服，抱着两本 notebook 回家来，作一个大学教员。不管他是真正博士也好，骗来的博士也好，"草包"博士也好，上班捧着他自外国带来的 notes 一念。不管它是是非非，就 A、B、C、D 的念下去。一班听讲的学生，也傻呆呆的不管生、熟、软、硬就记下来，好预备将来再念给别人。英文好一点的教员，就大唬特唬，一若真是学贯中西一般。学生们因为他是说外国话的中国人，也只好忍气吞声受他唬。至于英文糟的留学生，也勉强说英文，老说那 in the first place, however, therefore，一天到晚老是这一套，真令人作三日呕。他们唯一的武器，他们唯一的饭碗，就是 Notes 和 Solution。一个人曾和我说，他的教员有一个大本。这大本就是他的武器。假如若有人将他这大本偷去，他必放声大哭，收拾行李不干了。

一石激起千层浪。《南开周刊》不仅发表了文章，对南开的教育方式和指导思想提出质疑，而且言辞令人难以接受。南开大学的教师们感到不解，遂联名上书张伯苓，要请求校长出面详查，看此种言论究竟仅仅是少数学生的想法，还是大多数学生的意见。

为了调解师生间的这场争执，张伯苓召集学生代表开会讨论。学生代表们宣称这是全体学生的意见，并非个人意见。因此，双方仍旧僵持不下。南开大学学生会还向社会各界人士广泛散发传单，将此事的来龙去脉以及学生们的想法公之于众。老师干脆罢教，双方僵持不下。这场风潮持续了数十天，张伯苓觉得老师和学生都在气头上，无法接受调解，遂利用冬季学期即将结束的时机，宣布提前放假，自己离开天津，到了北京。1925 年初，在董事会丁文江、严慈约、李士伟等人调停下，师生达成谅解，南开大学开始恢复正常的教学秩序。宁恩承没有受到教师们的报复，考试成绩很好，没有一科不及格，更没有被学校开除。多年后，张伯苓重提此事时形象地比喻为"两个孩子打架摔跤，摔倒了，爬起来，拍拍衣服回家吃饭"。

"轮回风波"表面上看是教师与学生间的一次群体冲突，本质上却是教育与社会现实之间的关系问题。对于学生来说，他们没有留学海外的经历，所接受的新式教育都是由以留学生为主的教师们传授的。他们不仅要学习来自西方的新知识，同时也必须面对现实的中国社会，考虑包括自身就业以及中国现实在内的一系列问题。虽然课堂上和书本上所给予学生们的新知识可以给年轻人以思想的启蒙和理论的储备，但是如何将这些知识应用于社会、进行理论向现实的转化等，又是一个不得不面临的问题。这就是《轮回教育》一文中所提到的问题之关键，即如何运用在学校中学习到的新知识，融入并改造中国社会。

南开大学的教师们在欧美接受了西方文明的洗礼，回到国内，来到南开大学，尽管是用欧美化的方式传授他们所接受和理解的西方知识，但已经属于服务中国社会了。但是这种"服务"没有为学生理解，出现了认知偏差。怎样从根本上协调好教育与中国社会发展之间的关系呢？南开大学做出一系列的调整，并明确了办学方向，为中国高等教育发展带来生机与活力。

从洋货化到土货化

张伯苓不愧是一位教育家，对现代教育进行了深刻的反思。他深知自己辛辛苦苦办南开学校，呕心沥血的目的并不是为了单纯地照搬欧美的教育模式，而是为了国家、民族培养人才。恰恰是自己精心培养的南开学生对自己的教育方式提出了尖锐的批评。张伯苓认真反思南开乃至中国教育中所存在的脱离中国社会、不顾国情的问题，觉得这种教育既不是学生们需要的，也不适合中国的国情，像是小贩经商，行买行卖，中国教育长此怎能不遭人唾弃。此后连续数年，张伯苓在南开大学进行了深刻的教学改革，不仅对授课语言和教材进行了改变，而且还调整了课程设置和办学方针，体现在从洋货化到土货化的巨大变革。

1925年，除了外语课，教师们在其他的课程讲授中，一律改用汉语。两年后，教师们开始自编中文教材，不再延用英文原版教材。

1926年8月，南开大学正式开设了社会调查课，不仅大的文、理、商三个不同系科的学生要到社会上进行实地调查与研究，而且连高中的学生也要进行社会调查，每人都要写调查报告，由教师批阅评定成绩。张伯苓认为："吾国学生最大之缺点，即平日除获得书本上知识外，鲜谙社会真正情状，故一旦出校执业，常觉与社会隔阂，诸事棘手。欲免此种弊病，最宜使学生与社会接近。若调查或视察各种问题，不特可培养学生实际上之观察力，抑可以换课堂生活之拘郁空气也。"①为了提高师生的认识水平，他还明确提出开设此课的六大目标：培养学生的实际观察力；引起学生的职业兴趣，作未来选择职业的备准；谋学校生活和社会生活的联系；注重客观事实作为学术研究的根据；为学校教学和课程改进的科学基础；将视察结果写成报告，为关心社会问题者提供参考资料。

　　由于开设社会调查课程的目的在于使学生们走出校门，走向社会，真正了解中国现状，因此上课的方式和要求也非常独特。师生们首先是要有充分的事前准备，包括选定调查目的地，进行接洽联系，确定调查内容、范围，编定调查提问重点等。其次为组队出发，包括学生分组、交通路线和交通方式的确定。最后是调查和总结，包括制定调查现场活动，调查注意事项及撰写调查报告，回校后分组讨论，发表总结演讲等。调查的对象非常广泛，包括天津特别市政府及所属各局等政治机关，日、英、意、比、法等租界，造币厂和海关。司法机关有天津各地方法院、河北高等法院、河北第三监狱等。交通机关有天津电话局，无线电报局，天津摄影电报处，天津电车公司，广播无线电台，津沽保磁内河航运局，招商局，公懋、美丰、美龙、中央、捷龙各汽车行，津浦铁路机车厂，太古、怡和、美最时各轮船公司，通济隆转运公司，中国旅行社。公用机关有英租界自来水厂及发电厂、济安自来水公司、天津电车电灯公司发电处、法日租界电灯房。工业机关有裕源、恒源、宝仁、北洋、华新、宝城纱厂，三津永年面粉厂，东方铁厂，北洋、丹华火柴公司，天津、兴华造胰厂，明星、鸿兴汽水公司，宏中酱油公司，模宏陶器工厂。商业机关有中国、交通、浙江兴业、中南、华义、麦加利、汇丰、金城、大陆、盐业各银行，四行储蓄库，兴隆、隆茂、太古、怡和、平和、美最时各洋行，利济贸易公司、中原公司、各大商场。社会机关有各种救济院。舆论机关有《大公报》《益世报》《商报》《泰晤士报》《华北新闻报》《华北明星报》等。

　　这种理论联系实际的课程改革，是中国教育界的一大创举。它不仅使学生开阔眼界，就连指导教师都感到新奇可喜。晏升东曾深有感触地说："特别使我感兴趣的是在周末下午走出校门到各行业的工厂参观，使我们在书本之外，深入社会，了解社会。这是一门功课，即社会调查课。学生由老师率领，按照社会调查大纲实地访问，回来要认真写成报告交给老师。"②通过这些调

---

① 《南中周刊》南开学校二十二周年纪念号。

② 郑致光主编：《张伯苓传》，天津人民出版社 1989 年版，第 55 页。

查，学生们既得到了对社会的某些认识，锻炼和增长了实际工作能力，又写出了一些优秀的考察报告，提高了专业能力。侯桂茹撰写的《久大黄海永利视察报告》从工艺、资金、组织等 15 个方面系统阐释了这一民族工业的基本架构，留下一份十分珍贵的历史记录。①

　　1927 年夏，张伯苓把学生请到自己的家里，听他们汇报这学期社会调查的情况，感到十分欣慰。这不仅初步实现了他改变教育发展方向的设想，而且使南开与社会之间的互动关系更加紧密，还取得一些调查成果，对于改良社会将起到一定的作用。他很有信心地说：开展社会视察，就是要培养学生们的实际观察力，明了各界的真正情状，使各种问题得到正确的解决。为了加强学生的实践能力、深化教育改革，张伯苓还增设了"社会作业"课，选择广开地区为工作区域，由高三学生试办一些社会改革实践，将他们调查、研究的成果，在社会上试行、推广。1931 年，学校还将同学们的社会调查结果编纂整理出版，名为《天津南开社会视察报告》。这种社会实践课程可以说是南开学校的一大特色，培养了同学们的各种实践能力，使广大青年学子更加贴近中国社会，让他们对中国社会的实际状况有了更直观、更深刻的认识和了解，养成服务社会，造福人群的精神。

　　成功的实验，增强了张伯苓教育改革信心。1928 年 2 月，他亲自主持和制定了《南开大学发展方案》。这不仅是一次在南开历史上具有重大意义的改革，对中国教育发展方向的调整也具有重要的启示。它不仅仅对以往的教育方式、方法进行了重大调整，反对"洋货化"教育，而且创造性地提出以"土货化"为南开日后发展的根本方针。

　　　已往大学之教育，半"洋货"也。学制来自西洋，教授多数系西洋留学生，教科书非洋文原本即英文译本，最优者亦不过参合数洋文书而编辑之土造洋货。大学学术，恒以西洋历史和西洋社会为背景。全校精神，几以解决西洋问题为目标。就社会科学论之，此种弊端，可不言而知。社会科学，根本必以某具体社会为背景，无所谓古今中外通用之原则。倘以纯粹洋货的社会科学为中国大学之教材，无心求学者，徒奉行故事，凑积学分，图毕业而已；有心求学者，则往往为抽象的主义或原则所迷，而置中国之历史与社会于不顾。自然科学稍异，然亦不能谓洋货均能适用，更不宜谓中国应永久仰给于洋货。地理、地质、气候、生物诸学无不对环境而立。中国人欲利用中国之天然环境，非有土产的科

---

① 《南开女中》第 7 卷第 3 期。

学不为功。此就科学之实用而言。但实用科学倘无锐进的理论科学为后盾，其结果不异赌源而求流；且今日国人思想之急需，莫过于科学精神与方法，故吾人可断定，中国大学教育，目前之要务即"土货化"。吾人更可断定，"土货化"必须从学术之独立入手。是故"土货化"者，非所谓东方精神文化，乃关于中国问题之科学知识，乃至中国问题之科学人才。吾人为新南开所抱之志愿，不外"知中国""服务中国"二语。吾人所谓土货的南开，即以中国历史、中国社会为学术背景，以解决中国问题为教育目标的大学。①

从此以后，南开大学有了明确的发展方向：一、各种研究必以具体问题为主；二、此问题必须为现实社会所急待解决者；三、此问题必须适宜南开之地位。

为此，南开大学组建了电机工程系、化学工程系等应用型系科，部分院系还聘请有实践经验的工程技术人员来学校兼课，将实际生产经验带入课堂。在一些工厂内建立了供学生实习的基地，鼓励成绩优秀的学生去这些地方工作或者实习，为生产发展提供更高水平的理论指导。

此外，南开大学还设立了专门研究中国社会现实问题的机构，如经济研究所和应用化学研究所等就是这样应运而生的。应用化学研究所由美国麻省理工学院博士张克忠负责，张伯苓亲自定名，尤其突出应用二字。该研究所下设三部，其中化学部专门负责化学分析和鉴定各种工商物品；制造部以先进的科学方法制造当时中国实业界所需之物品；咨询部用来解答各界关于化学工业上的困难问题。可以说，南开大学创办的这些研究所，是中国同等大学中最早一批从事应用性研究的实际部门，在历史上占有独特的位置。

南开小学：活的教育

南开小学的成立，和南开大学一样，一方面是为了满足实际的需要，另一方面是为了实现理想。早在 1927 年热心助学的华南圭夫人就曾说："张校长，你办小学，我愿意捐助最先的一千元。"说到做到，没几天，华夫人的支票真的来了。本来张校长就一直考虑南开学校很多教职员的子女到了上学的

---

① 《南开大学发展方案》，王文俊等编：《南开大学校史资料（1919—1949）》，南开大学出版社 1989 年版，第 38—39 页。

年龄，而附近没有合适的小学，需要办一所小学。恰巧当年的暑期补习学校有笔余款，可以拨充开办小学的经费。于是，张伯苓就用六德里原来南开女中所租用的民房，作为校址，聘请南开的教职员作为校董，聘请河北女子师范学院的毕业生作为教员[①]，南开大家庭的新成员——南开小学在1928年诞生了。

虽然只是一所小学，但是校内设施却非常完备，以方便设计教学法的顺利实行。除了一栋教学楼外，校内有操场、足球场、篮球场、网球场、沙坑、滑梯、摇船等设备，此外还有儿童商店、儿童银行、食堂、厨房、职工宿舍和体育器械储藏室等。

一切准备完毕之后，南开小学开始招生，共有五十多人前来报名，分为一、二年级两个班，小学部先是由钱伯超具体负责，后由马恩华、姜叔和等人继任。随着小学高年级班级的添设，设计教学法比较完整地融入小学部的日常教学中。为此，南开学校还特意聘请克伯屈（W. H. Kilpatrick）教授的高徒、美国人阮芝仪（Rankin）博士为实验导师，从事具体实验。

所谓设计教学法，就是主张在学习的过程中，学生应该是决定学习目的和学习内容的主角，而教师的任务则是合理地安排教学环节，引发学生的学习兴趣，并从旁协助学生选择开展活动所需要的教材。因此，这种教学法的实质是让学生充当学习的主动者，而教师则成为配合者和引导者，师生之间并非传统意义上的知识输出和接受者。如当时一年级开设的"娃娃家"的单元教学，二年级的"人类的老祖宗"单元教学正是这种教学方法的典型代表。

为了培养小学生的社会实践能力，学校还开设了学生商店和学生银行，小学生们在教师的指导下亲自参与各项活动。各种买卖或者储蓄活动都模拟真实的商店和银行来进行，使学生们具有很强的参与感，锻炼了生存能力。除了这些课程和练习之外，在小学礼堂里面还摆放着当时非常罕见的钢琴。学校还设有种植园和畜养基地，以便培养孩子们的动手能力。由于该方法主张调动儿童的学习兴趣，启发学生积极学习的主动精神，因此南开小学充满了生动活泼的学习气氛，堪称活的教育，旨在教人而不仅仅是教书。这样教育方法和理念也被其他小学校吸收借鉴。不仅如此，张伯苓校长打算将这种活的教育在小学、中学、女中、大学中都实施好。

至此，南开学校已经发展成为包括中学部、大学部、女学部、小学部等

---

① 申洋文主编：《黄钰生文集》，百花文艺出版社2009年版，第49页。

分部在内的私立学校,学生总数已经超过了三千人。在那个内战频仍的年代,如此规模的私立学校能够得以维持,足以证明南开具有非凡的生命力,更难得的是,南开对既教书又教人的活的教育的不懈探求。

转危为机　开创新局面

　　然而事情总是不会一帆风顺的,1929 年教授出走事件就使南开学校面临一场危机。这年春夏之交,南开大学按照往年的惯例发放下学期聘书,因为薪金问题,正在南开大学商学院教授经济学的萧蘧看到其他和自己水平相当的教授都有五至十元不等的加薪,遂向自己的堂弟、同在南开大学担任政治学教授的萧公权说:"我在这里五年了,这回仍没加薪。我想这是他们对我示意。我不能赖在这里了。"恰巧此时历史学教授蒋廷黻也接到清华大学的邀请,来找萧蘧商量去留问题。见此情形,萧公权也决定离开南开大学。对此,萧公权后来回忆说:"叔玉①脱离南开,可以说是不欢而散。学校当局对他的态度,不能令人满意。这增加了我脱离南开的决心。"②和他们一起离开南开大学的教授,还有生物学专家李继侗和佛学专家汤用彤。屋漏偏逢连夜雨,物理学教授饶毓泰赴德国留学,陈礼教授也外任工业工程师,他们也相继离开南开大学。这样,南开大学一下子就减少了七位著名的教授,且多被薪金更为丰厚的清华大学聘请而去。

　　毋庸讳言,南开大学和清华大学的办学经费相差很大。私立南开大学的经费一向不充足,大部分时候都是寅吃卯粮,因此无法给教授提供太高的薪金和更好的教学、研究条件。对此,学校尽量保证提供给教授们的薪金一定每月按时发放,决不拖延,而且都是现金,多少弥补了薪金不像其他大学那么高的不足。更难得的是,南开大学所营造出来的良好教育和科研环境,让许多有志于中国崛起的青年教师迅速成长,成为一代不以金钱为主要追求的学术大师。

　　实事求是地说,对于南开这样一所在办学条件并不十分具备的条件下苦苦挣扎的私立大学而言,这么多教授的突然离开,使师生们"确有如遭大劫之感"。南开学校向来有所谓"家庭学校"之称,师生之间的关系非常融洽。

---

① 萧叔玉,即萧蘧。
② 台湾《传记文学》,第 17 卷,第 3 期。

学生根本没有料到他们所尊敬和爱戴的教授会离他们而去。经此风波，南开大学受到损伤。当时，受校长委托，担任评议会主席的黄钰生不断反思、批评自己的言行，主动承担责任："我没有经过评议会，就和两位校长秘书，擅自处理了调薪问题，处理不当，致使萧蘧、蒋廷黼、李继侗等教授，愤而辞职，饶毓泰亦休假出国。我把张校长辛苦建立起来的教授班子，弄得几乎垮台，这是我对不起南开的一件大事。"[1]

当时张伯苓正在欧美访问，闻听此讯，虽也尽力挽回，但是却于事无补。为避免类似的情况再次发生，张伯苓一回到天津，便召集部分教师商谈对策，想方设法要为南开大学的发展寻找新出路。经过一番比较和思考，张伯苓发现："南开坐落于商业都市天津，天津还有个成为华北大工业中心的前景，南开应当把重点都放在培养企业人才和工程技术人才上，而当时的国立清华和国立北大尚未包括这两个领域"。[2]因此，南开大学应当把重点放在培养金融商贸、企业管理和工程技术人才上。

此后，何廉被委以重任。除负责经济研究所之外，他还要主持商学院和文学院经济系的工作。何廉开诚布公地提出了几点建设性意见：第一，把商学院、文学院的经济系和大学的经济研究所合并，采用南开经济学院这个新名称，既教学又科研；第二，根据每门课程教学的需要，按照精减课程、突出重点的要求重新改编大学的经济学与商学教材；第三，为经济学院组织一个独立的董事会负责指导与寻求新的赞助。张伯苓完全接受了何廉的建议，给予全力支持。

1930年，在张伯苓与何廉共同努力下，南开大学经济学院正式宣告成立，由于师资力量得以重新配置，实力大增。创建之初，经济学院共有十位教授、九名讲师、五名教员和八名研究助理员，多在国外著名大学取得了学位。经济学院的成立，体现出南开教育和社会需求相结合、为现代化建设提供智力支持的精神。从某种意义上来说，这也是南开大学推行"土货化"后所取得的一项重要成果。对于这一大胆举措，国内外有识之士都给予关注和支持。南开经济学院在发展过程中，曾得到过美国罗氏基金会的支持。不仅如此，1931年，国际联盟教育考察团来到南开大学考察时，给予南开经济学院充分肯定。南开大学转危为机，开创了新的发展局面。

---

① 申洋文主编：《黄钰生文集》，百花文艺出版社2009年版，第151页。
② 何廉：《何廉回忆录》，中国文史出版社1988年版，第46页。

"痛矫时弊，育才救国"

南开创办的宗旨与目的是"痛矫时弊，育才救国"。南开的诸多教育理念都是针对中国国民性中愚、弱、贫、散、私等弱点而展开的，由此形成了具有南开特色的校风、校貌。

为了改变国民毫无凝聚力和团结力的局面，南开倡导和鼓励学生们在课外时间组建各种社团组织，以合作的方式来开展团体活动，进行群育。丰富活跃的社团活动成为南开学校的一大特色，甚至吸引了社会各界人士的关注。同学们兴趣各异，创办的社团也真可谓五花八门，有研究学问的，还有培养艺术，陶冶情操的，更有增强体魄与技能的。尽管南开社团种类繁多、宗旨不同，但从基本规模到成员构成、组织形式等，都比较规范。每个社团不仅有宗旨、章程、成员资格、固定活动时间，而且还有自己的刊物。从撰文、编辑到发行，刊物的编辑、出版过程都由社团成员自己筹划、自己进行。几乎每个南开学生在课余时间都可以按照个人兴趣参加一个或几个社团。在社团活动中，学生们有着广阔自由的天地，个人爱好和兴趣可以得到尽情发挥。南开的社团活动开人心智，增加了同学们的参与意识，尤其是领导和被领导能力，深受学生们欢迎。

道德教育是南开对学生精神培养的一项相当重要的内容。南开尤重个人仪表，因为在南开的教育理念中，仪表反映着一个人的精神面貌。学校要求学生必须面净发理、衣整履洁，希冀青年一代从最基本的日常起居做起、焕发精神，进而养成为中华民族的振兴大业贡献力量的心态和能力。一衣不整，何以拯天下？张伯苓明确表示，"苓鉴于民族精神颓废，个人习惯不良，欲力矫此弊，乃将饮酒、赌博、冶游、吸烟、早婚等事，悬为厉禁。犯者退学，绝不宽假。在校门侧，悬一大镜，镜旁镌有镜箴，俾学生出入，知所儆诫"[①]促使学生养成观察自己，自我修正的良好习惯。

南开学生形成了在进校、出校之时于镜前理理头发、整整衣扣的习惯，以至于走在街上，即便没有佩戴校徽，也可被一望而知是南开的学生。这说明"这个镜箴，实际上起了积极作用，收到了良好的教育效果，南开学生的

---

① 张伯苓：《四十年南开学校之回顾》，《南开四十周年纪念校庆特刊》，1944 年 10 月，龚克主编：《张伯苓全集》第 3 卷，南开大学出版社 2015 年版，第 155 页。

行为举止，显然与他校有所不同，来访的客人，街上的行人，一看就看得出来。"①因此说，镜箴是严修、张伯苓教育思想和方法的集中体现，是重视培育学生精神、气质的南开教育的成功实践。

当然，南开道德教育的内容远不止这"四十字镜箴"。年轻的学生除应当振作精神之外，更为重要的是接受文明的洗礼，具有坚定的意志以抵御社会上的种种诱惑，只有这样才不会为充满丑恶和腐败的社会所污染和毒化。因此，学校明令禁止学生吸烟、早婚、赌博、嫖娼等，并将这些禁令郑重地写进了校规，张贴在同学们进出的教学楼旁侧，以示警醒。

在追求科学、健康、文明的教育理念的指导下，南开学生逐渐养成了良好的风气。因此时人评论道："南开学校乃一极有精神之学校……学生均甚活泼而眉宇间有一种文雅之态度。"②

校训：允公允能　日新月异

不管是合作精神的提倡、团队力量的培养，还是道德风尚的塑造，南开教育的最终目标乃是克服中国人的愚、弱、贫、散、私五大病态，培养学生们爱国爱群之公德与服务社会之能力，以振兴中华。

张伯苓校长坦言：

> 南开学校系由国难而产生，故其办学目的，旨在痛矫时弊，育才救国。窃以为我中华民族之大病，约有五端：首曰"愚"。千余年来，国人深中八股文之余毒，民性保守，不求进步。又教育不普及，人民多愚昧无知，缺乏科学知识，充满迷信观念。次曰"弱"。重文轻武，鄙弃劳动。鸦片之毒流行，早婚之害未除，因之民族体魄衰弱，民族志气消沉。三曰"贫"。科学不兴，灾荒叠见，生产力弱，生计艰难。加以政治腐败，贪污流行，民生经济，濒于破产。四曰"散"。两千年来，国人蛰伏于专制淫威之下，不善组织，不能团结。因此个人主义畸形发展，团体观念极为薄弱。整个中华民族有如一盘散沙，而不悟"聚者力强，散者力弱""分则易折，合则难摧"之理。五曰"私"。此为中华民族之最大病根。国人自私心太重，公德心太弱。所见所谋，短小浅近，只顾眼前，忽视

---

① 申洋文主编：《黄钰生文集》，百花文艺出版社 2009 年版，第 151 页。
②《教育杂志》第 7 卷第 6 期。

将来，知有个人，不知团体。其流弊所见遂至民族思想缺乏，国家观念薄弱，良可慨也。

右述五病，实为我民族衰弱招侮之主因。苓有见及此，深感国家缺乏积极奋发，振作有为之人才，故追随严范孙先生倡导教育救国，创办南开学校。其消极目的，在矫正上述民族五病；其积极目的，为培养救国建国人才，以雪国耻，以图自强。

因此，张伯苓经过数十年的潜心探索，于 1934 年提出了"允公允能，日新月异"的八字校训①，作为南开通过发展教育来培养救国人才的基本方针。在张校长看来：

所谓"允公"是指要求做到最公……是"大公"，不是"小公"，若是"小公"的话，那就成为本位主义，算不得什么公了。惟其公，所以才能高瞻远瞩，惟其公，所以才能正己教人，发扬集体的爱国思想，消灭自私的本位主义。

所谓"允能"，是指着做到最能，要建设现代化国家必须要有现代化的科学才能，而南开学校的教育目的，就是在培养具有现代化科学才能的新人。既具备着理论知识，又具有实际工作的能力。

所谓日新月异，不但是要能接受新事物，而且是要能成为新事物的创始者；不但要赶上新时代，而且要能走在时代的前列。②

可见，在"公能"校训中，"能"指能力，即有为国家办事的能力；"公"的涵义则相对丰富，它既指为国家，也指为社会承担一定的责任，更重要的是，它要求南开学生能够忘私克私、具有团结合作的精神。1944 年，当张伯苓回顾四十年来南开的发展时，曾总结说：

惟"公"故能化私，化散，爱护团体，有为公牺牲之精神；惟"能"故能去愚，去弱，团结合作，有为公服务之能力。此五项③基本训练，以"公能"校训为指导原则。而"公能"校训，必赖此基本训练，方得实现。④

---

① 梁吉生：《允公允能，日新月异——南开大学校长张伯苓》，山东教育出版社 2003 年版，第 136 页。

② 张锡祚：《先父张伯苓先生传略》，南开大学出版社 2016 年版，第 58—60 页。

③ 指重视体育、提倡科学、团体组织、道德训练、培养救国力量。

④ 张伯苓：《四十年南开学校之回顾》，《南开四十周年纪念校庆特刊》，1944 年 10 月，龚克主编：《张伯苓全集》第 3 卷，南开大学出版社 2015 年版，第 156 页。

可以说,这八字校训确实成了南开师生奉为圭臬的行动准则。"允公允能,日新月异"作为南开的校训,是对南开面向社会、服务社会之追求的高度概括,更是充满朝气之南开精神的核心内涵。南开精神是从南开学校的历史发展中凝结出来的,激励着南开人创造历史,鞭策着南开人奋发努力。南开精神实际上就是南开历史的结晶,注重教育与社会的联系、讲求学生实际能力的培养、焕发师生爱国主义精神可以说是南开精神的主要特征和表现。简而言之:不断超越自己,面向社会,服务社会,造福人群。

正是由于南开学校在施教过程中成功地将科学、道德、文明、爱国精神和团体、合作意识等紧密地结合在一起,因此每个进入南开的青年学生,不仅成为现代人,还深具南开特色。近代百科全书式学者梁启超曾经称赞道:"贵校校风之佳,不仅国内周知,即外来人来参观者,亦莫不称许。"蔡元培也说:"贵校为国中知名之学校。"[1]他们对南开校风的称赞其实就是对南开教育思想与实践的最大肯定。

强国必先强种，强种必先强身

南开教育的一大特点就在于学校将体育放在与智育、德育同等重要的地位,"无论在学校与社会,必须德、智、体、群四育并重,不可偏于求知的智育"。[2]

南开学校体育教学和活动的高水平,主要表现在以下两个方面:

第一,南开体育普及程度非常高。作为一所刚刚建立和发展起来的私立学校,南开经费常常处于入不敷出的状态,而在体育教学和设施建设等方面,却总是慷慨解囊,毫不吝惜。学校不仅修建了大操场、田径场、足球场、篮球场、排球场、棒球场和网球场也是一应俱全,甚至在当时还不多见的冰球场也可以在南开看到。这些场馆不是摆设,同学们完全有机会和可能利用这些场地,参加各种体育活动,锻炼身体。就运动设施而言,南开在当时全国所有的学校中即便不能说是首屈一指,也可以称作名列前茅。

由于学校体育教学的质量和竞技运动的水平同体育教师的素质有着直接的关系,因此,张伯苓不惜重金,聘请很多专业体育教师来南开任教。这些

---

① 南开大学校史编写组:《南开大学校史(1919—1949)》,南开大学出版社1989年版,第45页。

② 南开校友会:《八旬诞辰纪念册》,第45页。

体育教师大都受到过高等院校体育专业的教育和训练，有的还在外国大学体育专业进修过。这些优秀的教师献身于南开体育教学工作，不仅为南开学校培养了大批优秀运动员，而且提高了在校学生的体育运动水平，同时也开创了南开学校重视体育工作的优良传统。

南开实行体育与运动"双轨制"，即除了规定每周三小时的体育课时间需要学生们参加锻炼之外，还鼓励同学们积极参与课外体育活动。一到每天下午四点的课余体育活动时间，同学们便会自觉放下手中的书本，满身轻松地在运动场上各显身手，教室里面则很少再有同学埋头苦读。由于参加体育活动的人数较多，有些运动场所需要提前预订，否则便会有英雄无用武之地的情况发生。体育场、范孙楼后面的各处运动场所从星期一到星期五，总是早早就被人订下，来晚的同学只好"望场"兴叹。

第二，南开体育代表队成绩优异。在广泛开展校内竞赛的同时，南开还通过竞争选拔的方式，组织运动队代表学校参加各种校际、地区间乃至全国性的体育比赛。南开学校不仅常常获得比赛的胜利，还赢得了社会的尊重，与各方面建立起联系乃至友谊。体育成为南开学校与社会各界人士交流的重要方式之一。

南开学校最有特点的体育社团就是球类社团，其中又以足球、排球和篮球社团表现更为优异。1935年冬，由南开足球队同天津足球队联合组成的中华足球队，参加了在天津举行的"爱罗鼎"万国足球大赛（即国际足球赛，爱罗鼎是该赛的冠军杯）。比赛中，中华足球队大显身手，过关斩将，先后以三比零战胜英国队，四比零战胜世界联队，决赛时又以一比零胜了俄侨队，最终以未失一球的优异成绩勇夺"爱罗鼎"万国足球大赛的冠军，在社会上引起了极大轰动，成为国人的骄傲，一时被传为美谈。

南开的篮球队也可以说是体育界的"神话"。1925年左右，南开组成了一支以刘建常为中锋，唐宝堃为右锋，魏蓬云为左锋，王锡良为右卫，李国琛为左卫的实力颇强的球队。这支球队南征北战，频频夺冠，五位球员还赢得了"南开五虎"的美誉。20世纪30年代，南开篮球队更是捷报频传，先是在天津获得万国篮球赛冠军，后在杭州第四届全国运动会上以全胜的成绩获得全国冠军。不久，南开篮球队还代表中国参加了在日本举行的第九届远东运动会，并获得了较好的成绩，成为中国篮球发展水平的标志与象征。

寓教于戏的南开新剧

众所周知，新剧（又称话剧）并不是中国土生土长的艺术形式，而是舶来品。长期以来，很多人只知道是上海的春柳社最早将新剧从日本引进中国，却忽视了在天津还有一位著名的教育家为新剧的发展做了很多开拓性的工作和贡献，他就是张伯苓。周恩来总理曾不止一次地说过：要把天津和北方其他各地的早期戏剧活动写出来。①而在北方新剧发展史上，南开学校的新剧发展是绝对不能忽略的一页。

早在 1909 年，张伯苓就将自编自演的一出新剧搬上了南开中学的舞台，从而成功地另辟了一条从欧美直接将舞台新剧引入中国的蹊径。因此，称张伯苓是中国北方新剧第一人，绝不为过。这不仅成为南开新剧的起点，也成为华北范围内新剧的发轫。该剧名为《用非所学》，以讽刺笔调揭露了传统势力的保守与顽固，警醒广大知识分子、特别是青年学生，应当与传统社会完全决裂，在清末的时代大背景下具有很强的批判现实的意义。直至 30 年代末，还有南开同学对《用非所学》一剧津津乐道。

"张伯苓主张搞新剧很不容易。那时有人认为搞新剧是下流的，可张伯苓却认为新剧与教育有关。"②此后数年间，每逢校庆或重大节日，张伯苓总要组织南开师生演出新剧，此后遂成惯例。如 1910 年演出了《箴膏起废》，1911年演出了《影》，1912 年演出了《华娥传》，1913 年演出了《新少年》，1914年演出了《恩怨缘》，1915 年演出了《一元钱》等等。其中，《一元钱》还成为上海商务印书馆出版的最早的一部活动电影片之剧本。此后，每逢校庆或重大节日，南开总要组织师生演出新剧，并逐渐形成惯例。新剧不仅是南开校园文化的一大特色，还使南开一度成为天津乃至全国新剧编排、演出的重镇。

1914 年，为了更好地推动南开新剧的发展，南开师生组织成立了南开新剧团，成为南开学校新剧表演正规化和组织化的开端。南开新剧团的组织和分工十分明确。剧团设正、副团长，下设四个部，每个部由教师任部长，学

---

① 中国人民政治协商会议全国委员会文史资料研究委员会编：《文化史料丛刊》第 6 辑，文史资料出版社 1983 年版，第 161 页。

② 中国人民政治协商会议全国委员会文史资料研究委员会编：《文化史料丛刊》第 6 辑，文史资料出版社 1983 年版，第 161 页。

生任副部长，充分体现了师生共同负责的原则。在新剧团成立后不久，张伯苓胞弟张彭春的加盟又将南开新剧的发展推向了另一个高潮。张彭春回到南开学校之后便将自己对西方戏剧研究的心得和创编的经验引入南开新剧，使编演形式更为严格完整，为新剧团注入了新的活力。由张彭春执导的《新村正》《巡按》等新剧获得了很大成功。张彭春的导演工作比 1922 年回国，被中国话剧史专家称为"中国最早的导演"洪深早六年。历史，有时常常会遗忘一部分本应为人们所怀念和记忆的人物，而张彭春在中国现代话剧史上是不应该被忘记的。1926 年后，南开学生曹禺的加入更是为南开新剧团的发展锦上添花。张彭春、曹禺师徒二人联袂编剧演出《刚愎的医生》《娜拉》《争强》《财狂》，不仅成为南开新剧历史上的一段佳话，更是中国话剧史上的精彩一页。

新剧团一共编导、上演了七十多部中外话剧，由此奠定了南开学校在北方乃至全国话剧艺术发展中的地位。这些话剧内容丰富，涉及近代中国社会各个阶层的境遇、揭示了各种社会问题：有的表现了中国广大农村的现实生活，反映出农民与地主阶级乃至帝国主义侵略势力的矛盾斗争；有的揭露了封建官僚制度的腐朽和官场的黑暗；有的描写旧思想、旧道德对人的毒害，宣扬移风易俗、改良社会的新风气；有的探讨个性解放、妇女解放的问题；有的激励青少年勤奋学习、立志救国……剧本题材之广泛、对现实生活中社会问题的及时反映，既是南开新剧的鲜明特色，也反映出张伯苓和张彭春兴趣之所在。

在南开新剧团成员的共同努力之下，南开新剧确实发挥了一定的教育功能，对学生能力的提升和品性的养成起到了很大的促进作用。1916 年，南开学生说道：为诸生所乐遇、校长所乐道的南开新剧，不仅有助于学业进步，而且可以增加阅历，学会自励奋进，确可达爱校爱国之功效。1939 年，《日出》在重庆南开中学上演。演出时，著名演员孙坚白和吴雪前来观看，周恩来也在百忙之中前来欣赏同学们的精彩表演。他不仅和校长张伯苓一起看完这部戏，而且在谢幕之后还特意到后台和每一位演员握手以示祝贺。这台戏不仅是重庆南开中学第一部师生合作的剧目，而且还是第一部男女同台的多幕剧，从剧情到表演形式都体现着全新的创作理念。虽不能说这小小的多幕剧就起到了警醒人们突破传统礼教束缚的作用，但至少会在某种程度上引起人们对新旧观念对比和反思。有的同学在观后感中写道："看了《日出》，看到社会上的重重压迫、重重黑暗，心情久久不能平静。"[①]

身体力行的爱国教育

对于生活在 20 世纪初的中国人来说，国家与民族的悲剧似乎每天都在上演。亲历过"国帜三易"之耻辱、胸怀无法割舍的国难情结的张伯苓一直致力于将爱国的热情同教育救国的理念融为一体，因此南开教育中非常重要的组成部分就是身体力行的爱国教育。南开学校是在国家、民族遭受外侮的时代背景下产生并发展、壮大起来的，因此，年轻的南开学生首先应具备的品德就是爱国，必须"有爱国之心，兼有爱国之力，然后始可实现救国之宏愿"。

开学典礼、周年纪念、每周三固定的修身课及不定期的各种集会都成为南开开展爱国教育的重要场合。每次讲演，会场都要进行一番精心的布置，讲台上必高悬国旗，两旁大书"爱国"二字，以激发青年学子对祖国的热爱之情。当然，爱国思想的培养，并不仅仅限于举办几次演讲或者举行若干仪式，而是要让学生全身心地投入到切切实实的爱国活动中去。只有这样，爱国思想才能真正转化成为爱国行动，才能对国家危亡之局势起到挽救的作用。南开的一切活动都是围绕着爱国这个中心展开，锻炼身体，为了祖国；钻研科学，为了祖国；甚至于课外的文娱活动，也是为了祖国。[②]

当然，南开从不放过任何一次进行爱国教育活动的机会。每年的"五七国耻日"，南开都要组织师生举行纪念游行活动，以铭记日本侵略者提出旨在灭亡中国的"二十一条"的屈辱和中国人民为反抗外来压迫而进行抗争的传统，同学们高唱"五月七日，城下盟，杀我主权，谋我江山，追印度，逐波兰，大家猛着鞭"的爱国歌曲，甚至自发地斋戒一天以表达勿忘国耻之念。同时，学校还结合社会热点时政问题组织学生们撰写文章，讨论国家大事，甚至在考试试卷中也有所体现。如 1919 年的第一学期曾以《欧战格局与中国前途之关系》为题，作为考试的试卷，并组织时事辩论。

到了 20 世纪 20 至 30 年代，反对日本帝国主义的斗争成为近代中国最主要的反帝爱国斗争。南开学校深受日本侵略者之害。当时，日本侵略军驻扎在天津海光寺，而这一区域正好位于南开中学和南开大学之间。于是，在同

---

① 崔国良等编：《南开话剧运动史料（1923—1949）》，南开大学出版社 1993 年版，第 115 页。
② 申泮文主编：《黄钰生文集》，百花文艺出版社 2009 年版，第 127 页。

学们琅琅的读书声中，时常夹杂着日本侵略军在墙子河畔的打靶枪声。对于具有爱国主义光荣传统的南开人来说，手枪、步枪、马枪声，声声入耳。日本侵略军有时候还肆无忌惮地以南开校园为军事演习的目标，直接将炮口对准校园，南开学校遭受着敌人的公开挑衅。面对穷凶极恶的敌人，南开师生毫不畏惧。他们虽然知道自己手无寸铁，无法直接和日本侵略者展开搏杀，但却巧妙地以学校为基地，直接或者间接地展开反抗日本侵略者的活动。这一时期，南开中学和南开大学每年的招生都会吸引一些从朝鲜远道而来的学生，最多时竟然有二十余位。学校总是不顾日本方面施加的种种压力，毫不犹豫地将朝鲜学生招收进来，并置于自己的保护之下，对他们的生活和学习给予无微不至的关怀。有的朝鲜学生因为国破家亡，缴不起学费，学校便慨然同意免除他们的学费和住宿费，让他们能够在学校里面专心学习，培养能力，以备将来报效国家。这对于一个经费经常短缺、捉襟见肘的私立学校来说，确实不是一件容易的事。南开将民族的利益置于崇高无上的地位，践履笃行着爱国精神。

东北研究会的成立

20世纪20年代末至30年代初，日本军国主义者对东北乃至整个中国虎视眈眈，四处制造矛盾，挑起事端，图谋扩大侵略。1927年8月，张伯苓在主持第八届远东运动会之后，从上海乘轮船亲赴东北考察，花费了大约三个星期的时间。他看到日本人沿着铁路线建立了很多殖民机构，对中国肆意侵略的情形，亲身感受到"不到东北，不知中国之博大；不到东北，不知中国之危机"。回津后，他先后在大学部与中学部做题为《东北归来对旅途情形及东北现状的感想》的演讲，表达了对东北存在隐患的忧虑，组织成立满蒙研究会，加强对东北的研究。张伯苓在校庆日讲话中说到办满蒙研究会与爱国、救国的关系："近来更要有'满蒙研究会'之组织……我们的救国之目的才不至于妄谈。"南开大学的蒋廷黻、萧遽、张彭春、何廉、李继侗等教授组成东北实地调查团，到东北进行深入、细致的社会调查。该考察团回校之后，编印了《日本问题专号》，对日本军国主义者侵略东北的野心加以揭露。

为了更好地研究东北问题，1928年10月，南开大学将"满蒙研究会"更名为"东北研究会"，下设视察部和研究部。该会在成立宣言中明确指出："即以东北内地情形而论，吾人对于东北之山川、道路、物产、风俗、政治、经济、社会情形之调查研究者又有几人？反观外人公私研究机关之林立，设备之完善，经费之雄厚，调查之周详，能不汗颜乎？"①这句话不仅道出了研究东北问题的重要性和迫切性，而且表达了要自我赋权，搞好东北研究的强烈愿望。南开大学也因此引发日本侵略者的极端仇视。在天津出版的日本报纸多次称南开大学研究满蒙是受"赤化"影响，并谓"南开为排日之根据地"。

有鉴于南开大学东北研究会的研究工作取得了非常出色的成绩，太平洋学会研究组主任 John. B. Condilff 还特意捐助了两千美元购书款，以支持研究会的调查研究工作。大连、哈尔滨等地的学术团体也经常就东北问题同南开大学学者进行相关资料和信息的交流。1929 年 10 月，张伯苓与何廉出席在日本召开的太平洋国际学术会议。会上，他们二人和日本代表数次就中国东北问题展开激烈交锋，表明中国学者的严正立场。

仅仅由几个教授利用东北研究会的调查成果来进行学术研究和交流是远远不够的，应该让包括南开学子在内的越来越多的中国人了解东北的历史和现状，进而对日本军国主义者侵略东北的狂妄野心有所警惕。于是，东北研究会主任、日文教员傅恩龄把日本南满铁路株式会社研究部出版的有关东北地区自然资源、经济环境、人文地理等情况的资料汇集起来，编成了数十万字的比较全面地展示东北地区风貌的《东北地理教本》一书，并以此书作为教材为南开中学高年级学生开设必修课程。在近代中国，开设有关东北的专门课程是南开学校的独创。著名历史学家何炳棣对《东北地理教本》一书评价很高，认为该书"有系统地介绍了东三省的自然和人文地理，特别是各种自然资源。这本教材无疑是当时国内有关东北地理有限著作之中最好的一部。举国上下悲愤之际都知道东北地旷人稀，资源丰富，对祖国将来的建设极为重要。但只有南开中学才能以扼要的科学知识和大量的统计数字教导学生加深了解何以东北对祖国是那样重要、神圣"②。这位南开学子深知"张伯苓校长一向注意日本对满蒙的野心，尤其是对东北资源的垂涎。所以九一八事变之前，早已嘱咐精通日文的校长秘书傅锡永③……编出一本专书，以为南开大、中、女、小四部通用必读的教科书，定名《东北经济地理》"④。天津事

---

① 《东北研究会缘起》，1927 年 11 月 14 日。

② 何炳棣：《一个可以向全世界挑战的记录》，南开大学校长办公室编：《张伯苓纪念文集》，南开大学出版社 1986 年版，第 196 页。

③ 傅锡永，即傅恩龄。

④ 《东北经济地理》即《东北地理教本》。

变后，"南开四部被逼停课。1932 年初复课时，学生马上每人就拿到一本十几万字的"《东北地理教本》，必修此课。因此说，南开学校是近现代史上笃笃实实最爱国的学校①。八十四年后，张伯苓教育思想研究会在南开大学及其出版社的支持下，重新影印出版了这部书，名为《八十四年前的东北地理教本》。②

大丈夫精神

1931 年 9 月 18 日，日本帝国主义发动了九一八事变。事变发生后的第三天，南开师生集会，张伯苓发表了题为《东北事件与吾人应持之态度》的演讲，立场坚定地表明了自己和南开誓死反抗外来侵略的爱国态度。当东北全境沦于日本侵略军之手后，学校当即做出决定：凡是家在东北的南开学生，其生活费全部由学校暂垫，学费也可以缓交。对那些因为战乱而流亡关内的东北大学学生，学校也尽可能让他们到南开来继续完成自己的学业。

南开大学学生立刻成立了国难急救会，发动同学抵制日货。学校庶务课也积极配合，不再采购日本出产的教学用品。同时，全校同学开始停止娱乐、勤苦节俭、卧薪尝胆。怒而削发的同学有二十多名，早晨到操场锻炼身体者日益增多，晚间教室也人满为患。10 月 24 日，国难急救会的三百多名同学决定赴南京请愿。然而在 11 月 8 日晚，由土匪、兵痞、流氓、汉奸、恶霸组成的便衣队袭击中国保安队，天津局势顿时失控，请愿团只能暂缓出发。11 夜，日本侵略军对南开大学断水断电，迫使师生离开校园，暂避他处。更为甚者，12 月 5 日，日本侵略军铁甲车载日兵二十余人，来至南开大学，并将炮口对准了校门。如此反复骚扰，迫使学校停课近一个月。

天津日本驻屯军总是寻找各种各样的借口向南开学校师生挑衅。九一八事变发生一个多月之后，几乎每天都有一些奇奇怪怪的日本来宾，如官吏、和尚，甚至是尼姑、娼妓等跑到南开学校来，以"参观"为名，在课堂、实验室、学生宿舍、图书馆大肆干扰学生们正常的学习和生活。南开大学的黄钰生、傅恩龄等人每天都要花费大量的时间和精力来应付这群人，以免滋生事端。最令人气愤的是，日本在天津的驻屯军把南开大学的校园当作他们的

---

① 参见何炳棣：《南开中学是近现代史上笃笃实实最爱国的学校》，沈卫星主编：《重读张伯苓》，光明日报出版社 2006 年版，第 107 页。

② 傅恩龄编：《八十四年前的东北地理教本》（上下册），南开大学出版社 2015 年版。

练兵场。男生宿舍前的操场，是机枪"阵地"，就是秀山堂和荷花池相隔几十米的那块小地方，也有日本军喊操的口令声和嘎嘎的机枪声，扰得秀山堂内的课堂无法上课。黄钰生等派人告诉日本军官："这是我们的课堂，课堂正在上课……"日本军官假装发令撤兵而去。但是，第二天又有日军在秀山堂前操演。他们就是用这种耍无赖的方法，进行搅扰的勾当，而且持续不断。当南开大学向日本驻津领事馆提出抗议时，日本领事倒打一耙说："你们取缔抗日，军队就不会来了。"①日本侵略者将爱国的南开师生看成是眼中钉、肉中刺，必欲除之而后快。而南开的师生坚定爱国决心，誓不向日本侵略者低头。

1932 年初，日本军国主义者又在上海发动了"一·二八事变"，继续扩大对中国的侵略。当时，南开同学立刻组织成立了支持十九路军抗日的募捐队，汇洋 500 元。九一八事变一周年的时候，南开学生在校门口悬挂"收复失地"的标语。驻在海光寺的日本军官大怒，派一队士兵用刺刀把标语布和字一齐取下，寄回本国。②

1933 年 1 月，长城抗战开始，8 日，《大公报》为榆关受伤官兵募集抚恤金，张校长立即响应，捐款一百元。9 日，该报登出捐款者名单，张伯苓居首。南开大学师生还准备了千余条毛巾、千余块肥皂、三百斤糖果，派师生代表王九苓等四人送到抗战将士的手中，并致慰问电称："榆关失陷，全国震惊，苟不抵抗，则大河以北将立非我有。"张伯苓多次亲笔致函在前线抗击日本侵略军的爱国将领，慰勉他们"努力杀敌，为国争光"。

对于南开师生的捐款款物，抗战将士非常感动。第二十九军军长宋哲元在《大公报》上不断鸣谢："敬启者：敝军奉命抗日，侥幸破敌，本为军人之天职，谬蒙各界之赞许，或以军实捐助，或以食品慰劳，拜嘉惠而滋惭，感云情而知奋。哲元忝总师干，愧无酬报，惟有拼命杀敌，用副厚望。谨率全体官兵登报鸣谢，尚希鉴察。陆军第二十九军军长宋哲元率全体官兵鞠躬。计收到天津南开学校捐助背心一百三十件，旧棉袍、旧皮袄、棉裤、旧毛衣、手套、毛绒手套共八十三件，绷带布五百十六斤，饼干八百磅，药棉花一百五十磅，肥皂三百块，担架床一百架，手术台十架，留音机二具，唱片三十二块，钢针六合，慰劳纪念章五枚，望远镜二只，画报十九本，咸菜五十斤，以上各品已由该校师生张锋伯君、丁辅仁君等四十五人携带赴前方慰劳救

---

① 黄钰生：《被日寇洗劫的南开大学》，申泮文主编：《黄钰生文集》，百花文艺出版社 2009 年版，第174 页。

② 申泮文主编：《黄钰生文集》，百花文艺出版社 2009 年版，第 126 页。

护。"①从捐赠物品来看，真是五花八门，每一件物品，都表达了南开师生的爱国心、报国情。就连厦门大学教职员救国会也委托南开学校代购白布裤褂四百套一并送往前线。宋哲元在《大公报》4月5日的鸣谢中特别提及此事。

当全国人民的目光都聚焦喜峰口、大刀队的时候，南开师生又组织了"冀北前方救护慰问团"，由张颖初率领，中学部学生冷冰、大学部学生郭责虬、李肇聪、梁思达、张介源等人在通县、三河、蓟县一带抢救从古北口火线上撤下的伤员，救援用血肉之躯筑起新的长城的抗日英雄。

1934年，华北局势正紧，社会上有人担忧南开正处于天津日本军营的虎口之下，一旦形势有变，将难以为继。罗隆基《我对南开的印象——纪念南开三十周年》一文中自信地答道：

> 三十年的南开，功用在什么地方？南开不是有一两万毕业生了吗？南开不是还有一、二千肄业生吗？南开校长不是常说"我办学校的动机和目的是救国"吗？果然如此，受过南开教育，受过张伯苓教育的人，当然不肯让八里台、让天津、让华北落到他人手里去的。果然如此，南开依然是由无穷无尽的生命。

正如罗隆基所言，南开精神的传递和发扬不在张伯苓校长一人，而在数以万计的南开学生。侵略和战争不但没有摧毁南开人的意志，反而检验了南开精神的至真至纯，成就了南开历史上的又一段柳暗花明。在这历史转型背后奔淌不断的是南开人自强不息、迎难而上的精神之流。

南开学子在日本侵略军气焰正炽之际，以极大的勇气当面表达爱国情怀。1934年，第十八届华北运动会在天津召开。来自察哈尔、陕西、山东等十二个省市和地区的运动员齐聚一场，河北省省长于学忠、绥远省主席傅作义等官员及美国、日本、德国等国家驻天津的领事也出席了。张伯苓是这次运动会的副会长兼总裁判长。入场式开始后，随着运动员们的陆续进场，正对主席台的四百多名南开学校的啦啦队队员，在素有"海怪"之称的队长严仁颖的指挥下，突然用黑白色手旗打出"勿忘国耻"四个大字。前来观看比赛的三万多名观众顿时被南开学生大胆的爱国行为震惊了，立刻报以一阵紧似一阵的掌声。掌声未息，南开学校啦啦队员们又一变手势，打出了"收复失地"四个大字，同时发出震耳欲聋的呼喊。观众们的情绪被调动起来，纷纷起立

---

① 《宋哲元鸣谢》，《大公报》1933年3月25日。

向南开学生鼓掌致敬。另有一些南开学生拿出事先准备好的抗日传单，从看台的不同位置散发开去，观众竞相拣阅。

在现场的日本驻天津总领事被这突如其来的行动惊呆了，初而坐立不安。后离席而去，并向向天津地方当局提出严重抗议，不满南开学生们的爱国行动。日本驻华大使馆向南京国民政府外交部提出抗议，逼迫南京政府饬令校方对学生严加约束，严禁南开学校以后再发生类似的事情。张伯苓表面应允，当他把严仁颖等学生领袖们找来时，第一句话说的就是"你们讨厌"，第二句却说"你们讨厌得好"，第三句话竟然是"下回还这么讨厌"，最后叮嘱说"要更巧妙地讨厌"。说完，张伯苓微笑地看着眼前的这些可爱的学生。

1935年，为响应北平学生的"一二·九"运动，南开学生又举行了"一二·一八"大示威和"一二·二〇"南下请愿行动。南开学校师生是天津抗日的中坚力量，在抵制日货、反对华北自治、宣传十九路军抗日事迹等一系列活动中都有突出表现。因此，在日本，南开这个抗日中心也很出名。①在游行示威的队伍中，南开学校的师生总是非常引人注目。沦陷以前，天津的爱国学生运动多是由南开学生领导和组织的。如南开中学的同学在九一八事变前后组织了名为"十人团"的爱国团体，以演讲的方式向广大市民宣传爱国思想。甚至连南开小学的学生们也组织了十个抗日募捐小分队，走上街头，向家长和爱国人士募捐，以支持抗战。1937年天津沦陷后，一些青年学生自发组织了秘密抗日团体——抗日杀奸团。在杀奸团牺牲的二十多位烈士中，就有好几位曾在南开学校学习过。

永不忘记——毁校之难

日本侵略者对坚持抗日爱国立场的南开学校师生极端仇视，以至于全面侵华战争爆发之后，便迫不及待地向南开学校下了毒手。七七事变爆发后不久，日本侵略军就在天津发动了"七二八"事变。南开学校首当其冲，遭受毁校之难，为国家和民族做出巨大牺牲。7月29日黎明，日本侵略军架起大炮，将炮口直接对准南开大学，狂轰滥炸。"炮轰之后，继以抢劫，抢劫之后，

---

① 在日本大阪，有两个日本便衣警察找到黄钰生，劈头一句话就是："听说你们南开大学是北支反日的中心。"（黄钰生：《日本之一般》，《南大周刊》1929年12月24日）

再继以炮轰，炮轰还不够，而继以纵火焚烧，一时南大成了一片火海。"[①]首先被摧毁的便是木斋图书馆，能容纳二十万册的大书库及四百个座位的阅览室，不见了，十四万五千多册中外文书刊也消失了，国内外罕见的数百种元明清善本，和令外国学者都羡慕不已的各国数学期刊，经济研究所收藏的图书资料命运多舛。[②]这座文化的殿堂，尽管建筑物只剩下了支架，仍矗立不倒。

　　从白天到夜晚，日本侵略军的炮声不断，南开校园惨遭多次袭击。30日，日本侵略军又派出飞机对南开中学、女中和小学进行大规模的轰炸，投掷了无数炸弹。当晚，一百余名日本侵略军士兵携带汽油，乘车闯进南开校园，大肆抢劫图书典籍、资料和实验仪器，随后又向未炸平的楼房泼洒汽油，丧心病狂地纵火焚烧。就这样，整个美丽的南开校园在熊熊战火中被摧毁殆尽，损失惨重。南开大学部的秀山堂、木斋图书馆、芝琴楼女生宿舍、单身教师宿舍楼和大部分平房，均被夷为平地。中学部的西楼、南楼和小学部的教室楼也成为一片废墟。黄钰生等留校教师义无反顾担负起转移师生的艰巨任务。幸得其他南开校友的帮助，南开大部分师生安全地离开了天津。

　　南开学校是抗日战争全面爆发以来中国第一个遭受日本侵略军丧心病狂大肆摧毁的高等学府。据事后统计，南开大学遭受的损失大约有六百六十三万元。南开中学、南开女中和南开小学损失总计一百二十一万元。就连原思源堂西侧悬挂的刻有《金刚经》的校钟也难逃日本侵略者的魔爪。由于日军袭击过于突然，很多教师都未能将弥足珍贵的手稿、研究成果和书籍、资料等随身带出，这对中国文化和社会的发展造成了无法估量的损失。此后的八年时间里，南开竟然成为日军驻屯步兵团第二十七师团所属搜查队、通信队的驻地，神圣的学府变成了日本侵华的军营。第二次世界大战结束后，战败投降的日本不得不归还了从南开抢掠的少量外文书，但还有大量珍贵的图书资料至今仍未被归还。私立南开学校所蒙受的战争损失也一直没有得到任何赔偿。

　　日本侵略军疯狂炸毁南开学校的惨剧发生之时，张伯苓正在南京开会。闻此噩耗，他强忍悲愤，在南京向记者们发表了一番慷慨激昂的演说："敌人此次轰炸南开，被毁者为南开之物质，而南开之精神，将因此挫折，而愈益

[①] 黄钰生：《黄钰生自传》，申泮文主编：《黄钰生文集》，百花文艺出版社 2009 年版，第 175 页。

[②] 黄钰生：《黄钰生自传》，申泮文主编：《黄钰生文集》，百花文艺出版社 2009 年版，第 175—176 页。

奋励。故本人对于此次南开物质上所遭受之损失，绝不挂怀，更当本创校一贯精神，而重为南开树立一新生命。本人惟有凭此种精神，绝不稍馁，深信于短期内，不难建立一新的规模。"①

7月31日，蒋介石专门约见了张伯苓、梅贻琦、胡适等人。张伯苓当即表达坚持抗战的决心，掷地有声地说："此刻南开的校舍被毁的烟火未熄，只要委员长决策抗战，南开的牺牲有无限的代价，无上的光荣。我拥护委员长决策抗战……南开已被日军烧掉了。我几十年的努力都完了。但是只要国家有办法，能打下去，我头一个举手赞成。"蒋介石当场表示："南开为国而牺牲，有中国即有南开。"②当晚，胡适将日本侵略军毁坏学术机构的野蛮行径电告国际教育组织负责人孟禄博士，希望该组织主持正义。

南开蒙受毁校之难后，全国各大报刊媒体和社会各界人士纷纷发表文章或声明，声讨日本侵略军的残暴行径，对张伯苓和南开师生表示深切的同情和全力的支持。7月31日的《中央日报》发表题为《南开精神》的社评，对张伯苓所树立起来的南开精神给予了极高的评价：

> 南开大学前、昨两天被日军轰炸，这是黄种人毁灭文明的行为，也是东亚文化史上的奇耻。我们为同种人惭愧惋惜，同时更要表现东亚正统文化的精神……昨天南开大学校长张伯苓先生的谈话："敌人此次轰炸南开，被毁者为南开之物质，而南开之精神，将因此挫折而愈益奋励。"六十二岁的老人，三十四年苦心经营的学府，一朝毁灭，而所表现的态度，乃"重为南开树立一新生命"，这就是南开精神。全世界的文明国家，应该注视东亚最新发生的毁灭文化的行为。全国同胞，应郑重记着张伯苓先生的言论。全国同胞要发挥张先生讲的南开精神，这是对张先生最大的安慰，也是南开物质毁灭的唯一收获。③

1937年8月28日，国民政府教育部高等教育司给清华大学负责人梅贻琦等人寄去一封公函。函称："奉部长密谕：指定张委员伯苓、梅委员贻琦、蒋委员梦麟为长沙临时大学筹备委员会常务委员。杨委员振声为长沙临时大学筹备委员会秘书主任。"9月，长沙临时大学筹备委员会成立，南开大学与北京大学、清华大学三校校长任常务委员，全权负责临时大学校址勘定、经

---

① 《中央日报》，1937年7月31日。

② 张伯苓：《世界·中国·南开》，《上海文化》第12期，1947年1月1日，龚克主编：《张伯苓全集》第3卷，南开大学出版社2015年版，第193页。

③ 《中央日报》，1937年7月31日.

费支配、院系设置、师资招聘、学生收受以及建筑配置等具体事宜。两个月后，长沙临时大学就开学授课了。

12 月上旬，长沙临时大学成立了国防工作介绍委员会，为学生们直接参加抗日工作提供实际帮助。为此，张伯苓向学生们宣布："凡服务国防有关机关者，得请求保留学籍。其有志服务者，并得由学校介绍。"不到两个月，根据教务处登记簿的记录，在长沙临时大学提出申请保留学籍、领取肄业证明和参加抗战工作介绍信的就有近三百位同学。

张伯苓经常通过周恩来把南开的学生推荐到抗战前线去工作。重庆南开中学保存了张伯苓写给周恩来的多封亲笔信。

其一写于廿六年十二月十六日（1937 年 12 月 16 日）：

> 翔宇贤弟大鉴：
>
> 兹有南开校友杨作舟君原任所得税事务处湖北办事处收发主任，近以国家危急，拟投笔杀敌，赴陕北工作。用特专函介绍，即请酌为委用为荷。专此敬请
>
> 刻安！

其二写于廿七年一月十六日（1938 年 1 月 16 日）：

> 翔宇贤弟鉴：
>
> 兹有南开校友罗君沛霖愿到贵军作无线电设计制造及修理工作。查罗君于一九三一年由南开中学毕业后考入上海交大电机工程科。一九三五年在交大毕业后即服务广西第四集团军无线电工厂，旋入上海中国无线电业公司工程部工作。为人聪颖干练，学力极佳。爰驰书介绍希酌予任用是幸，专此为颂，时绥

其三写于廿七年四月廿二日（1938 年 4 月 22 日）

> 翔宇贤弟鉴承：
>
> 赠玉照业经何先生转交收到，谢谢。兹有南开大学毕业生傅大龄君，曾担任母校物理助教数年，人极诚笃，作事努力。现拟赴陕效，俾极积极参加救国工作。苓特为介绍，即望赐予接洽，并酌量委派工作，是所至盼。专此。
>
> 顺颂
>
> 近祺

南开大学学生何樊功亦是投笔从戎大军中的一员，他离校后到达鲁西北，任游击队总司令部挺进队参谋，于 1938 年 8 月在济南齐河为国捐躯。此前，在 1937 年淞沪抗战中驾机撞击"出云舰"的空军飞行员沈崇诲亦是南开中学 1929 班学生。很多南开学生在抗日战争中奔赴战火纷飞的疆场，奋勇杀敌，直至献出自己的宝贵生命。而留守校园的师生也不甘落后，他们秉持"越难越开"的南开精神，以笔作枪，奋斗在大西南，将对侵略者的仇恨转化为研究的动力。在由长沙步行至昆明的旅途中，南开学生刘兆吉沿途采风，搜集民歌二百多首，后由闻一多、朱自清等作序正式出版。还有一大群学者，如姜立夫、柳无忌、陈序经、黄钰生等人，笔耕不辍，著书立说，创造出一个又一个奇迹。

尽管南开学校为国蒙难、被日本侵略者破坏殆尽，但是南开精神并未被摧毁。在重庆，一所名为南渝的中学，正逐渐发展起来，成为南开学校生命力和奋斗精神的延续。

开枝散叶：南开分校落户重庆

20 世纪 30 年代初期，日本侵略者在占据东北的同时还步步紧逼，造成华北局势的紧张。对此，张伯苓格外担心。他清楚地知道一旦时局恶化，南开学校的发展必然会受到严重的影响。为了防患于未然，他把目光转向了天津以外的地方。经与胞弟张彭春商议，他有了去重庆发展的初步打算，关键是能否找到合适的地方建立南开分校，以备不时之需。在 1935 年冬，张伯苓应邀出席在重庆举行的全国禁烟会议。就这样，带着在异地开创南开新辉煌的希冀，张伯苓南下重庆。

抵达重庆之后，张伯苓的建校计划得到了南开校友胡光杰、胡仲实兄弟的大力支持和帮助。刘湘的妻弟周成虎也因为仰慕张伯苓的为人和尊重南开的声誉，决定将他在市郊沙坪坝的一百三十亩土地捐给南开建校。经过胡氏兄弟等人的进一步努力，这片土地逐渐扩充，直到七百余亩。1936 年春，张伯苓从天津派来得力助手喻传鉴等人，协助胡氏兄弟建造校舍。南开人素以办事效率高而著称，没过几个月，便提前完成了先前制定的建校一期计划。在一片原本非常荒凉的土地上，建起了二层楼房一座，讲室二十二间，礼堂兼风雨操场一座，宿舍楼房一座，食堂一所，盥洗室、浴室、厕所各一座，教师住宅七所。这所新校名为南渝中学，取南开在重庆设校之意。当学校规模日渐成形之后，南开于是年开始在重庆招生。由于南开久负盛名，因此当人们听说南渝为南开在重庆之分校的时候，纷纷慕名而来。第一批就招收了二百二十多名学生，分设初中四个班，高中二个班。

秋天，张伯苓又一次来到重庆，一方面是为了学校发展筹募经费，另一方面是为了制定学校的第二期校舍修建计划。重庆社会各界知名人士得知张伯苓此行的意图后，纷纷慷慨解囊，支持南开的教育事业。蒋介石首捐五万元，刘甫澄、吴受彤、康心如、陈芝琴、范旭东等人亦捐赠校舍建筑费、大量的实验仪器和图书资料等。

张伯苓的这一未雨绸缪之举的确为日后南开在重庆的兴建起到了相当大的作用。当1937年7月底日本侵略军将天津南开学校蓄意破坏之时，重庆南渝中学早已做好了接纳南下师生的充分准备。张伯苓坐镇重庆，安排部分南开学校的教师和学生相继南下，辗转来川，一方面保证他们照常工作、继续求学，另一方面力争南开的基本规模维持不变，巍巍南开的精神也得以绵延不绝。1938年，南开校友总会建议将南渝中学更名为重庆南开中学。虽然天津的学校被毁，但是南开依然屹立于中国的西南大后方，弦诵弗辍，工作未曾间断。重庆南开中学为莘莘学子提供了一个战乱之中能够继续安心读书的圣地。

此时，在重庆本地招收的学生加上从天津以及其他遭受战乱之苦的地区辗转过来的青年学生，在校生总数已经多达一千六百余人。1940年，南开大学经济研究所在重庆恢复，何廉任所长，方显廷任代理所长，陈序经为研究主任，招收研究生十人，正式开始工作。同年，重庆南开临时小学成立，又招收学生百余名。南开精神得以传播到中国西南地区，并经受抗战的洗礼，继续发扬光大。

时任行政院副院长的孔祥熙后来在见到张伯苓的时候，不禁感叹道："不是南开跟着国民政府搬到重庆，而是国民政府跟着南开搬到重庆来的。"他的这番话，说出了一些人的心声，因此重庆的报刊纷纷发表评论，盛赞张伯苓敢为天下先的爱国、救国胆识与行为。[1]沧海横流，方显英雄本色。在抗日战争中，惨遭毁校之难的南开学校，不仅没有功亏一篑，更不会低下高贵的头颅，而是傲然独立，成为民族不亡的象征和希望，在中国西南边陲凤凰涅槃，重造一新生命，展现出昂扬不屈的精神风貌。

---

① 参见丛林：《春秋广记：重庆南开史话》，《重庆南开校友通讯》，第41期，2014年6月版，第152—153页。

合组西南联合大学

南开大学被日本侵略军破坏之后，很多学生无法继续接受高等教育。与此同时，其他一些教育机构也由于日本侵略军入侵华北的影响而不得不南迁。经国民政府教育部筹划，决定将北京大学、清华大学和南开大学三校联合，以解决战时中国的高等教育问题。作为一所私立学校，南开大学能够和中国的顶尖学府北京大学、清华大学合并。这本身就足以证明南开大学的实力和水平。

如前所述，1937年9月，长沙临时大学筹备委员会成立，南开大学与北京大学、清华大学三校校长任常务委员，全权负责临时大学校址勘定、经费支配、院系设置、师资招聘、学生收受以及建筑配置等具体事宜。两个月后，长沙临时大学顺利开学授课。

为了适应战时的特殊环境，长沙临时大学还于1937年11月15日成立了以张伯苓为队长、黄钰生和毛鸿为副队长的大学军训队，对学生进行军事管理和训练。12月上旬，长沙临时大学又成立了国防工作介绍委员会，为学生们直接参加抗日工作提供实际帮助。

然而，长沙并非是这场文化大撤退的终点，日本侵略者恣意的炮火使开学不久的长沙临时大学不得不面临转迁的局面。12月13日，日本侵略军侵占南京之后，气势汹汹，溯江而上，武汉、长沙等地的局势顿时紧张起来。因此，长沙临时大学的师生们不得不再次转移，迁往昆明。1938年2月，历时数月的长沙临时大学完成了自己的历史使命，师生们在第一学期结束之后即转赴昆明。

由于战时交通困难，除了女同学和体弱的男同学经粤汉铁路到广州由香港、越南进入昆明外，三校师生二百多人组织了湘黔滇步行团，徒步前往昆明。这个具有特殊意义的湘黔滇步行团由南开大学教务长黄钰生任指导委员会主席，曾昭抡、闻一多、袁复礼、李继侗等与其共任辅导员。步行团还请来张治中麾下的师长黄师岳中将担任团长，负责师生们的安全。从长沙到昆明，距离一千五百多公里，路途遥远，道路艰难。一路上，师生们或跋涉于风雨泥泞之中，或踯躅于高山深谷之上，或暂栖于荒郊野外之地，或投宿于古庙稻棚之内，可谓备尝艰辛。但是，师生们仍以十分乐观的态度，"高唱义勇军进行曲，满怀抗战必胜的信息前进"①。师生们沿途发表演讲，宣传抗战，鼓舞士气；同时不失时机地采集标本，勘探地层，领略西南地区人文自然风光，可谓苦中求乐。

这段同甘共苦的经历培养了师生们亲密无间的感情。胡适任中国驻美大使时，还曾将湘黔滇步行团的照片放大后在美国广为宣传。在中国教育史上，将永远感念着长沙临时大学的师生们风雨同舟、千里跋涉的这段光辉岁月。

共创中国教育奇迹

根据国民政府国防最高会议通过的决议，国立西南联合大学于 1938 年 4 月 2 日正式成立。西南联合大学仍然由蒋梦麟、梅贻琦和张伯苓任最高行政领导——常务委员会委员。张伯苓深知，在这种情况下如果三位"校长"都去负责学校管理工作，那么极有可能出现矛盾和问题，最终导致管理混乱，因此将管理职权全部交给蒋、梅二人，自己前往重庆南开中学。他有些调侃地对蒋梦麟说"我的表你戴着"，意即"你代表我"。后来，蒋梦麟也另兼他职。于是，西南联合大学的许多具体事务统由梅贻琦掌管。但这并不意味着张伯苓彻底放弃了对西南联合大学的责任，他在重庆期间，经常乘坐飞机来到昆明，处理有关西南联合大学的重要校务，并经常为学校的发展四处奔波。无论如何，北大、清华、南开三校联合时期的稳固和发展，是和这三校校长、老师和学生的共同努力分不开的。

当时，不论是清华大学还是北京大学的校长以及一些知名教授，多多少少都和南开大学有着千丝万缕的关系。蒋梦麟曾长期担任南开大学校董，参与南开大学的策划与发展。梅贻琦是私立中学堂的第一届毕业生，他走上教育道路，更和张伯苓的教诲和引导有着直接的关系。此外，北京大学教授丁文江、陶孟和、胡适都曾担任过南开大学的校董，汤用彤、罗常培等人也曾在南开大学任教，陶孟和、江泽涵、吴大猷、钱思亮等都是从南开学校毕业的。清华的李济、蒋廷黻、李继侗、萧蘧教授等都来自南开大学。共同的南开奋斗经历和南开情结使三校顺利地通过了磨合期，克服了最初的困难。西南联合大学也因为凝聚了北大、清华、南开三校的精华，成为抗战时期中国

---

① 申洋文主编：《黄钰生文集》，百花文艺出版社 2009 年版，第 153 页。

最著名的高等学府之一。

西南联合大学的教师阵容十分强大，可以说是汇集了中国现代各种学术流派的代表人物。他们的治学方法多种多样、学术观点新颖独到、讲课方式各具特色，认真而严肃成为他们每个人治学和教书、育人的共同特性。教授们丝毫不因战争的不利环境而放松对学生们的要求。自由的选课制和宽松的学分制，让学生们可以根据各自的兴趣和爱好从各位名师那里获得广博的知识和思想的启示，从而打下坚实的学术根基，形成广阔的学术视野，养成良好的学术素养。因此，西南联合大学成立后不久就以教育质量的高水平而闻名全国，甚至有不少的沦陷区青年冒着各种各样的危险穿越火线来西南联合大学读书。

在西南联合大学中，与北大、清华相比，南开大学面临的考验更为严峻。西南联合大学不再像长沙临时大学那样，拥有整个学校可以自行支配的经费，而南开大学和北大、清华的财政情况也有所不同，政府给南开大学的资金是算在给私立专科以上学校的小部分补贴款之内的。1938 年 1 月至 6 月，教育部发给南开大学教职员救济金和校产保管费八千五百元，仅相当于平津六校十二万元救济费的 7%，不仅数额少，而且发放单位——教育部还多有刁难，不仅要南开大学列出员生救济费、保管费的概算，还要求有救济教职员的详细名单，并且先要送到教育部审定，然后要南开大学派人亲自携带单据到重庆去洽领，稍有迟延，就拒不发放。抗战时期，张伯苓和南开的老师们曾为南开大学的发展、解决严重不足的经费问题而绞尽脑汁。但是，也应该看到，对于包括南开大学在内的私立学校而言，能否在战争状态中生存下去是关键的、至关重要的问题。而南开大学得到了政府的资助，与北大、清华联合组成西南联合大学，得以在战争时期继续发展，这本身就是很难得的机会。

在历经千辛万苦，经受抗战烽火洗礼的艰难时候，张伯苓校长仍然怀揣梦想，高歌猛进："南开之事业无止境，南开之发展无穷期，所望我同人同学，今后更当精诚团结，淬厉奋发，抱百折不回之精神，怀勇往直前之气概，齐心协力，携手并进，务使我南开学校能与英国之牛津，剑桥，美国之哈佛，雅礼并驾齐驱，东西称盛。是岂我南开一校一人之荣幸，实亦我华夏国家之无疆之光辉也。"[①]

---

① 张伯苓：《四十年南开学校之回顾》，《南开四十周年纪念校庆特刊》，1944 年 10 月，龚克主编：《张伯苓全集》第 3 卷，南开大学出版社 2015 年版，第 163 页。

复兴之路

　　早在 1941 年美国于"珍珠港事件"发生后加入对日作战之时，张伯苓便极有远见地预言了战争的结局。他一针见血地指出："太平洋战争爆发，暴日徒自速其败亡，我与同盟国之最后胜利为期当在不远。"①从那以后，张伯苓就经常召集南开大学的教师们商讨复校的相关事宜，包括学校性质、院系设置、复校用款以及人才延揽等问题。何廉、邱宗岳、杨石先、伉乃如、陈序经等人纷纷献计献策。1945 年 8 月，日本军国主义败局已定，南开大学便将复校工作提上议事日程，并准备付诸实施。

　　1945 年 8 月 11 日，张伯苓写信给蒋介石，提出希望与要求："南开大学未来之发展，需费颇巨。在最初十年所需之款，拟请按照北大、清华经费数目，由政府拨付。南开原有之校舍、设备，均被敌人破坏无余。兹拟请政府就华北敌产中指定相当财产，予以赔偿，并作学校永久基金"。②可是，蒋介石却想趁南开大学需要政府资助之际把南开由私立大学改为国立大学。经过仔细权衡，张伯苓终于找出了一条权宜之计：同意将南开改为国立大学，但是以十年为期，十年之后仍改为私立。1946 年 4 月 9 日，国民政府教育部宣布将南开大学改为国立，张伯苓仍担任校长。

　　复兴南开大学的工作是从接收校产开始的。1945 年 9 月至 10 月，南开先后派喻传鉴、黄钰生回到天津，负责校产清点接收工作。张彭春也自美国赶回天津，参与复校工作。10 月，张彭春抵达天津。由于当时南开资金奇缺，张彭春亲自筹划并主持了复校募捐运动，并拟定以联币五亿元为最终目标，预计在三星期之内完成。尽管当时通货膨胀极其严重，五亿元也是一笔不小的数目。张彭春一方面凭借他在外交界及政界的影响力，多方联系筹款复校；另一方面同工商各界广泛联络，寻求同情者和支持者。经过一番努力，筹款任务顺利完成，并远远超过了计划指标，计物资在内，共募集了超出最初设想几至十倍的资产。足见南开在社会上的威望之高！

　　1946 年 1 月，黄钰生、喻传鉴等人在第六区重庆道成立了"南开大学复校办事处"。经过多日奔波和不懈努力，1 月 7 日，南开大学收回了在八里台

---

① 南开大学校史编写组：《南开大学校史 1919—1949》，南开大学出版社 1989 年版，第 321 页。
② 南开大学校史编写组：《南开大学校史 1919—1949》，南开大学出版社 1989 年版，第 325 页。

的校舍基地八百五十三亩，连在六里台的敌产中日中学、农场、综合运动场、苗圃和米谷统制会仓场等一百一十亩土地也收归南开所有。这样，沿卫津河南北二里、东西一里范围的土地，皆归南开。其他敌产、校舍也被陆续收回。在南开人的精心筹备下，一座座宿舍、办公室、实验室、教学楼重新建立起来。1946 年 5 月 4 日，西南联大在重庆举行了最后一次毕业典礼。典礼在慷慨激昂的《西南联合大学进行曲》中结束。7 月 31 日，国立西南联合大学光荣地完成了自己的历史使命。南开大学师生陆续返津，"渤海之滨，白河之津，巍巍我南开精神"的校歌又回荡在南开校园中。次年春，经济研究所也自重庆迁返天津。

更可贵的是，抗战胜利后，在清查汉奸时，无论在南方还是北方，都没有发现南开的学生做过汉奸。1947 年初，中央通讯社唐际清作为南开校友会南京分会的召集人，向出席欢迎茶会的张伯苓校长说：抗战胜利后，在被立案惩处的汉奸中，没有一个是战前的南开学校学生。虽然这个消息暂时也许不宜公诸报端，但是凡我南开校友理应为此自豪。3 月中旬，南开校友、天津市市长杜建时也向张校长报告，在北平、天津等市立案的汉奸之中，没有一个南开学校的毕业生。这让张伯苓喜不自禁，他说："这比接受任何勋章都让我高兴。"[①]所谓的勋章，就是国民政府在抗战胜利后，颁发给党政军各界抗战人士的奖励，"有关国民参政会部分领衔者即为张伯苓校长"[②]。

南开师生素以爱国著称。众所周知，抗日战争期间，中国大学中第一个遭到日本侵略军轰炸的就是南开大学。当被西方记者追问为何要轰炸一所举世闻名的高等学府时，日本军官答道："南开大学是一个抗日基地"，"南开学生抗日拥共，他们老是给我们制造麻烦。"

南开大学的确是一个抗日基地。南开学校的诞生和发展就是张伯苓校长为拯救国家命运而努力的成果，爱国精神是南开精神永远的核心。校长张伯苓正是由于深受甲午中日战争失败的强烈刺激，遂萌生教育救国之理想。他毕生以教育救国为己任，影响着每一个南开人。张彭春曾在提议创设南开大学的演讲中指出"国魂之保守，毅力之增加，身体之锻炼，吾校师生尤宜时时勉励，以期无负全国厚希教育救国之忱云"。南开学校的成长寄托了近代爱国人士和教育家们的无限希望。20 世纪 30 年代，当日本军国主义对中国发动疯狂侵略之时，诞生才十多年的南开大学成为抗日先锋，成为中华民族不屈的脊梁。

---

① 张元龙：《南开为中国而牺牲》，南开大学党委宣传部、南开大学校史研究室编：《抗战烽火中的南开大学》，郑州河南大学出版社 2015 年版，第 450 页；《南开校友》第 2 号。

② 2015 年 8 月 27 日，台湾黄埔后代联谊会会长、抗战学者丘智贤给笔者的电子邮件。

迎接新曙光

　　1948 年下半年，正是国共两党激烈对决的关键时期。面对节节败退的困境，国民党当局更是疯狂地加强对一些大都市的控制，企图挽回败局。而天津这座水陆交汇的重要城市则成为共产党、国民党争夺的焦点之一。抗战胜利后由昆明返回天津复校的南开大学更是处于焦点的中心。国民党当局大肆展开新一轮的屠杀和肃清行动，其主要目标之一就是在校的进步师生员工。南开大学亦被列入肃清名单。暑假前夕，国民党教育部通电校方："鉴于局势严重，将校内共产党及共产党嫌疑或接近共产党、营私自便有企图的分子，不论员生，均视作危害学校分子，在此暑假内分别处理，务求肃清。"此后一段时间，一道道"清除间谍，安定后方"的密令接踵而至，南开大学陷入黎明前的黑暗。

　　中国共产党南开大学地下组织及其成员早已做好充分准备，要齐心协力，准备共同迎接挑战，为天津早日解放贡献各自的力量。与此同时，他们也采取了一些积极而又相当稳妥的应对措施，如在一些进步同学中加强爱国革命的宣传；减少大规模的集会活动，尽量避免暴露身份和损失有生力量；找寻一些合适的机会将一部分比较活跃的进步同学送出天津，送到解放区。

　　8 月 19 日这一天，面对日益不利的时局变化，恼羞成怒的国民党地方当局气急败坏地采取突然袭击的方式，围剿南开大学的进步师生。当天下午，中国共产党南开大学地下组织成员接到《大公报》记者，同时也是中共地下党员的傅冬菊的紧急通知，从而准确地掌握了这天晚上国民党地方当局将会大规模的突击搜查进步师生的行动计划，于是立刻着手动员进步同学转移到校外安全地方或者是教师家中躲避一时。果不其然，凌晨三点多的时候，趁着夜深人静，一批武装警察、特务疯狂地冲进了南开大学的校园，按照事前拟定的黑名单展开搜捕行动。由于事前得知消息，并采取了适宜的对策，大部分进步同学已经转移到安全的地区，因此，只有张义哲、谭桂荪、阚甸民、郝鸿明、江德平、白耀堃、薛暮棣等 7 名同学来不及转移而不幸被捕。国民党地方当局自然不愿善罢甘休，于 21 日在天津各重要报刊媒体上登出所谓的"通缉令"，通缉脱逃的学生共 117 人，其中包括李恩泽、王万里、高光纬等 23 位南开大学的同学。

　　国民党地方当局色厉内荏的垂死挣扎，从反面进一步告诉南开大学的师生：胜利的曙光就在眼前。因此尽管国民党地方当局发动了全城的搜捕行动，南开大学的师生员工还是团结一致，保护有生力量，齐心协力反对国民党地方当局逮捕迫害学生的非法行为。吴大任、邢公畹等教授将一些进步学生接到了自己家里；在7名朝夕相处的同学被捕后，南开大学的学生们立刻行动起来，张贴公告，争取社会各界人士的支持，抗议国民党地方当局的无理行为，并要求立即释放被捕同学，甚至为此还专门成立了"营救被捕同学委员会"；《南大周刊》迅速做出反应，利用报刊媒体，向南开人披露事实真相。在黎明到来之前的沉沉黑夜里，这样的抉择和行动需要多么大的勇气！南开大学师生的英勇无畏，在此种情境下显得更难能可贵。经过南开大学师生和社会各界人士的共同努力，国民党地方当局终于在12月中旬以起诉证据不足为由，先后释放了被捕学生，灰头土脸地结束了这场闹剧。

一计不成，国民党地方当局又生一计。11月底，国民党教育部发布了一通密电，准备让南开大学南迁广州。这样做，一方面可以破坏天津城市内部高等教育的布局，另一方面也可以将南开大学的资源据为己有。而对于南开大学广大师生而言，是否南迁实质上就是要做出一次历史性的选择，到底是跟国民党走还是跟共产党走？因此，是否同意南迁，恰恰是表明自己政治立场的一次重大举措。对此，中国共产党南开大学地下组织展开了一系列深入而细致的工作：个人谈话、召开座谈会、张贴宣传海报，迅速稳定了大部分教授和同学的情绪，明确了应该坚持的态度和立场；曾担任南开大学学生自治会常务理事的张法文特地从冀中地区冒着生命危险秘密返回学校，先后拜访了张克忠、冯文潜、吴大任、黄钰生、鲍觉民等知名教授，向他们详细分析了目前的局势和将来的发展态势，并代表中共党组织转达了对他们的诚挚慰问，希望他们在这关键时刻能够做出正确的抉择，留在学校，留在天津；中共天津工作委员会书记黎智还专门拜访了时任学校秘书长的黄钰生，向他宣讲党的有关政策，诚恳地希望他能够以身作则，保护学校，反对南迁。正是这些中国共产党地下组织成员坚持不懈的努力，使得很多教授和学生都坚定了留津护校的信念。经过讨论，南开大学做出了决不迁校的抉择。

当迁校阴谋失败后，国民党当局又采取了更为阴险的招数，开列出一批"南下抢救教授"名单，将南开大学的著名学者、教授的名字全部写到上面，并许诺为他们提供免费的机票，帮助他们离开南开大学。但是，众志成城的南开大学教授们非常坚定地留了下来，决心与学校、同学们共同迎接新中国的曙光。

为了更好地集聚力量，保护经历过风风雨雨的南开大学学校，中国共产党地下组织还联合师生员工于 12 月 11 日组织成立了"护校委员会",又名"安全委员会""应变委员会"等。委员会由教授会、讲助会、职工会以及学生自治会的代表共同组成,教师代表中有萧采瑜、吴大任、滕维藻等教授,学生代表中有吴公绍、盛昌大、杨用尧等人。经过民主选举,萧采瑜教授任主席,吴大任教授任秘书,委员会还下设纠查队、运输队、救护队、消防队等组织,其主要任务就是维持学校安定、避免校产损失、保护师生安全。因此,委员会将留校的所有师生员工都集中转移到较为安全的甘肃路东院,还派人到校外尽可能多地购买粮食及生活物资,以备不时之需。为了防止在战争持续进行期间校产遭到损坏,委员会还动员全校师生员工一起努力将学校重要的图书资料、实验仪器转移到安全的地方。在东院生活和学习的南开大学师生员工不畏辛苦,吃在一起,住在一起,宛如一家人。为了丰富生活,安全委员会经常组织一些学术演讲、时事座谈、学习会、联欢会、体育比赛、歌唱比赛等,甚至还公开或半公开地学习党的各种重要文件。几乎每天晚上,都热闹地上演着各种文艺节目,而主题只有一个,那就是盼望胜利。师生们欢聚一堂,以自己的方式表达着对即将到来的胜利的向往和难以按捺的欣喜之情。

气急败坏的国民党当局不甘心大势已去,企图孤注一掷,垂死挣扎。他们声称要派兵驻扎到南开大学师生员工集中的东院内,以保护为名,行监视和控制之实。英勇不屈的南开大学师生们在安全委员会的统一安排下,组织了二百人的纠查队,由中国共产党地下党员吴功俊担任队长,以棍棒、石头作为简单的武器,日夜值班巡逻,反对敌人进入学校进行破坏活动。南开大学的教授们还纷纷联名发表通电,反对国民党驻兵学校、破坏文化教育事业的野蛮行径。中国共产党地下组织成员们秘密印发了上万份《中国人民解放军宣言》和《约法八章》等重要文献,组织人员,采取各种方式向社会各界人士广泛散发,深入进行党的政策和当时国内国际形势的宣传工作,安抚民众的情绪,满怀信心迎接天津解放的到来。南开大学师生员工组织进行的有条不紊的护校工作,得到了社会各界人士的一致好评。天津《益世报》发表文章,称赞"南大在战云中更坚强了,那里有严密的组织,划一的行动,坚强的意志。他们准备着应付与克服一切可能的困难"。

1949 年 1 月 14 日,国民党和共产党的军队在天津的对决正式展开。士气高昂的中国人民解放军不久就占据了主动地位,向国民党军队发起总攻。南开大学的师生们按照安全委员会的事先布置,转移到了较为安全的地下室。外面炮声隆隆,地下室里师生们彼此握紧了双手,盼望着胜利的到来。就在中国人民解放军胜局已定的情况下,仍有一小部分国民党残余势力凭借坚固防御工事，拼命抵抗，不肯投降。就在这时，南开大学的一位同学挺身而出，自告奋勇要为中国人民解放军带路。正是在他的带领下，中国人民解放军绕到国民党军队的背后，从后面向敌人的据点发起猛攻。终于，负隅顽抗的国民党军队举起了白旗，宣告投降。

天津解放了，南开也迎来了更为美好的未来。当天下午，南开大学员工们就要求上街举行大游行，欢庆解放。1月16日，满怀喜庆心情的南开大学师生员工组成浩浩荡荡的游行队伍，拉起"欢庆天津解放"的巨幅，抬着同学们连夜绘制出的毛主席、朱总司令画像，走出南开大学校门，走向天津市中心滨江道附近，迎接南开大学辉煌的未来……

张伯苓校长——光耀千秋

1951年2月14日晚，张伯苓突患中风，口角歪斜，不能言语。2月23日，经抢救无效，张伯苓与世长辞，享年七十五岁。

这位七十多岁的长者将自己几十年的生命历程和南开学校融为一体。南开由私塾至中学、大学、女中、小学而建成全国首屈一指的私立学校体系，倾注了他大量的心血。张伯苓就像抚养孩子一样，眼看着南开学校的出生、成长和壮大，经受着长大的艰辛，分享着成长的快乐，享受着成功的喜悦。张伯苓虽然在晚年曾陷入国民党的政治泥潭而不可自拔，但最终还是坚定地选择留下来，与南开大学的师生一道迎接中华人民共和国的成立。

1949年，张伯苓在告别重庆南开师生时发表过这样一段演讲：

> 南开教育，特重"公""能"。惟"公"故能牺牲小我，完成大我。惟"能"方克事无不举，举无不成。今新民主主义教育，目的乃"为人民服务"，而欲为人民服务，自必须要有服务之本领，则"公""能"训练，与新教育之主旨，亦相符合。现当社会组织、教育制度全面改造之时，希望将此"公""能"二字，加以新的诠释，并求彻底实施，藉以提高学生之政治水准及文化程度……

这不仅表明张伯苓校长倡导的公能教育与中国共产党主张的"为人民服务"目标是一致的，而且说明在新中国建立时期，张伯苓校长的思想与时俱进，将公能教育理念和新民主主义教育的精髓有机地结合起来，将南开完整地捐献给了政府，日新月异，走进新时代。

张伯苓的逝世，使南开痛失一慈爱家长，教育界痛失一忠厚长者，社会痛失一坚定爱国者。在张伯苓生命垂危之时，南开校友会会长阎子亨提议代他立下遗嘱。众人公推黄钰生代笔。黄钰生和张伯苓的关系一向非常密切，而且又长期参与南开发展，因此二人相交相知最深。黄钰生将遗嘱起草完毕之后，交南开大学中文系教授张清常润色定稿。遗嘱全文如下：

> 一八九七年，余愤于帝国主义之侵略，因严范孙先生之启发，从事教育，五十年来，矢志未渝。凡余所尝致力而未逮之科学教育、健康教育、爱国教育，以允公允能、日新月异，与我同学共勉者，今将在人民政府之下，一一见诸实施。余所尝效力之南开大学，南开中学，重庆南开中学，在人民政府之下，亦将积极改造，迅速发展。今日之人民政府为中国前所未有之廉洁良好政府，其发展生产、友好苏联之政策，实为高瞻远瞩，英明正确之政策。凡我友好同学，尤宜竭尽所能，合群团结，为公为国，拥护人民政府，以建设富强康乐之新中国。无限光明远景，余将含笑待之。友好同学，务共努力。
>
> 张伯苓
>
> 一九五一年二月二十三日①

南开最好的学生之一周恩来得悉恩师逝世的噩耗后，次日中午就从北京赶到天津、前往灵堂吊唁，并敬送题有"伯苓师千古"和"学生周恩来敬挽"的花圈。他诚挚地说："校长的一生是进步的、爱国的，他办教育卓有成绩，是有功于人民的，咱们都是他的学生。人民政府对校长十分关心，对他寄予希望，对他去世，十分可惜。"②

作为一名基督教徒，张伯苓的丧礼由天津基督教教会的王牧师主持。送殡之日有两千多人随棺木缓缓而行，大都是张伯苓的家人、生前好友、南开校友及敬仰者。4 月 8 日，张伯苓追悼会在南开女中礼堂举行。黄钰生怀着万分悲痛的心情宣读悼词，缅怀这位以毕生精力发展中国教育事业的教育家：

> 张伯苓先生逝世后四十四天，他七十六岁的生日后三天，他的朋友和学生在他所创办的学校之一——南开女中的礼堂，开会追悼他。这个追悼会，适应了许多人感情上的要求；这个追悼会，可以起团结和教育的作用。
>
> ……

---

① 《天津日报》1951 年 2 月 26 日。

② 瞿安贵：《回忆张校长逝世的日子》，宋璞主编：《张伯苓在重庆》，重庆出版社 2004 年版，第98 页。

我们今天所追念的是伯苓先生对于教育的贡献。他所办的学校，他所教的学生，就是他的贡献最雄辩的见证。南开，张伯苓，在人们的心中，早就成了不可分离的联想。凡是亲炙过他的教训的人，像我们这些四十、五十、六十岁的人们，谁不敬仰而又亲爱我们的老师——四十多年，为教育、为中国，辛辛苦苦，劳碌奔波，到处碰壁。失败了再起来，起来了又失败，愈失败愈奋斗，这教育工作者、教育家、一代人师，中国新教育的启蒙者，张伯苓先生。①

南开大家庭的大家长，走完了自己的人生之路，留给南开学校的精神遗产，足以光耀千秋。

---

① 黄钰生：《张伯苓先生追悼词》，申泮文主编：《黄钰生文集》，百花文艺出版社 2009 年版，第 122—123 页。

日新月异：追求卓越

　　南开学校诞生于风云际会的近代中国，它不但见证了无数新鲜事物在中国这块土地上的破土而出，还在"日新月异"精神的引领下，追求卓越，在从传统到现代的转型中，创造了许多"第一"。

中国奥运第一人——张伯苓

　　1907 年 10 月 24 日，张伯苓在天津学校第五届联合运动会闭幕典礼和颁奖仪式上，以"雅典的奥运会"为题发表演说。他不仅介绍了古代奥运会的历史、现代奥林匹克复兴的过程，而且提出欧洲许多国家的皇室成员和美国的一些高级官员也对奥运会很有兴趣。需要强调指出的是，张伯苓明确提出："此次运动会的成功，使我对我国选手在不久的将来参加奥运会充满了希望，因为，虽然许多欧洲国家奥运选手获奖希望甚微，但他们仍然派出选手参加奥运会。"所以，他提议："中国人应该加紧准备，在不久的将来也出现在奥运赛场上。"这一演讲的内容在次年出版的英文版《天津青年会报》上，以《竞技运动》为题有所反映。[1]张伯苓成为明确提出中国要参加奥运会的第一个中国人。

　　1910 年 10 月，张伯苓与基督教青年会总干事格林等人在南京共同组织召开了第一次全国运动会，并出任总裁判。这次运动会被国民政府追认为首届全国运动会。此后，凡是中国举行的大小运动会，张伯苓都要担任裁判或者其他重要职务，直接参与推动了中国体育事业的发展。第一次全国运动会刚结束，张伯苓就组织成立了"全国学校区分队第一次体育同盟会"，并亲任董事。这是中国第一个全国性的体育社团，也就是以后"中华全国体育协进会"的前身。

---

① 参见孙海麟主编：《中国奥运先驱张伯苓》，人民出版社 2007 年版，第 20 页。

　　1915 年，第二届远东运动会在上海举行，张伯苓以中国体育代表会总领队的身份出席。在这次运动会上，中国运动员、南开学生郭毓彬在 880 码和一英里赛跑中连得两块金牌，成为第一位在国际体育比赛上获得奖牌的中国人。

　　1923 年，张伯苓负责筹办第十届华北运动会。在志同道合的友人们的协同倡导下，他克服了种种阻力和困难，毅然决定，从筹备到举行完全打破外国人的垄断，从裁判到一般人员均由中国人承担，比赛用语不准说英语。第十届华北运动会真正被办成了中国人的运动会，不仅使参加这次比赛的中国体育工作者和运动员们扬眉吐气，并且还开创了中国人自办运动会的先河。

　　1945 年 6 月，抗日战争胜利在望，中华全国体育协进会召开会议，商讨今后五年的计划，张伯苓和各位理事、监事对于中国体育事业的发展抱有极大的希望，决议申请第十五届奥运会于 1952 年在中国召开。虽然没有申办成功，但是张伯苓仍然当之无愧地成为中国奥林匹克第一人。

开风气之先的军乐队

　　在南开学校初期的社团中，最有特色的要数南开军乐队。而此乐队，也最能体现张伯苓的独特眼光。该乐队的指导老师陈子诚是张伯苓特意从清朝皇室洋乐队中聘请来的。陈子诚是光绪年间慈禧太后下令成立洋乐队时被甄选入宫的，曾随宫中德国教习学习音乐多年，并多次在国家庆典或者重要场合演奏。清朝灭亡之后，张伯苓购买了一批乐器，成立了南开军乐队，并聘请陈子诚前来执教。在当时的中国各所高等院校中，还没有哪所学校拥有达到如此规模和水准的乐队，因此，南开军乐队备受人们的关注，也可以说是民国初年新式学校中的一大创举，在京、津两地乃至全国范围内都颇负盛名。每逢天津或北京召开大型运动会，都要请南开军乐队为先导，高奏进行曲，带领全体运动员绕场一周。南开举行校庆活动的时候，更是要高奏军乐，作为开场。每次张伯苓从国外游历归来，在车站下车的时候，军乐队也要用激昂的乐曲来迎接校长的归来，堪称当时天津的一大亮丽景观。张伯苓组织军乐队，绝非仅仅限于在各种场合表演一下，招摇、显示一番，而是要通过社团活动，凝聚力量，服务社会。南开军乐队就扮演了张伯苓倡导移风易俗的先锋。

国旗行礼的滥觞

1916 年，张伯苓想起前数年在美国看到美国学校的学生每日向国旗行礼的场面，遂决定在南开推行一种简单而有效的方法来让学生们表达对国家的热爱。

前八年，余在美国时，参观一小学校，校长每晨率学生对国旗行礼，以养成学生爱国之念。吾校亦自今日起，每星期三至此，先对国旗行三鞠躬礼，以表爱国之诚。吾国古时，皆以孝治天下，其说甚正。盖孝为人之本，失其孝则道衰矣。然细推之，往往失于偏重家庭之观念，少世界之眼光。若以爱国言，则无论奉何宗教，属何种族，皆无反对之理。今中国正值艰难之步，无论汝尚赖国家，即使国家有赖于汝，汝亦当急起救之。西谚有云："A friend in need is a friend indeed"，所谓雪里送炭，方为真友。人之对于国家亦然。然少年人因抱爱国之热诚，见国家一切腐败之事即怨恨之。夫既爱之，又何恨之？即他人有不爱国者，惟可设法感动之，断不可遽尔怨恨，往招反抗也。美人对于本国爱重特甚，无论事之善恶、理之屈直，凡属己国即爱之。吾对于吾国固应爱重，然有不良者，必随时改革，所谓爱而知其恶也。又有因爱己国而怨他国者，试思，但以一点之恨力又何补于弱？且遍观古今中外，无有以弱国而辱强国者。惟应自强不息，发扬爱国之精神，自可无虞。吾又谓：人之爱国，不可徒存消极主义，而独善其身，必也有动人之力，如火把然，自燃之后且能助燃，以次相燃，则功著矣！苟遇有不易燃者，当有忍耐之心。惟燃时不免有风浪之阻碍，设火力不足，值此未有不扑灭者。如本校自开办以来，屡遇险阻，其所以未颠覆者，以火力足也。故吾甚愿诸生以火把自命，匪独自燃，且能助燃，则方为真正之爱国。①

这种培养南开学子爱国精神之方法，在当时国内似乎尚不多见。

---

① 《校风》第 44 期，1916 年 11 月 1 日。

中国第一所发布经济调查成果的学校

1926 年 8 月，南开大学正式开设了社会实践课程——社会调查课，规定大学文、理、商三院按不同系科，分别到社会上进行实地调查与研究。张伯苓还提出开设此课的六大宗旨：培养学生的实际观察力；引起学生的职业兴趣，作未来选择职业的准备；谋学校生活和社会生活的联系；注重客观事实作为学术研究的根据；为学校教学和课程改进的科学基础；将视察结果提出报告，为关心社会问题者提供参考资料。

为了对中国经济问题进行深入研究，教师们带领学生进行实地调查，大规模地开展以物价指数为主的经济统计工作，完成了中国进出口物价物量及物物交易指数、华北批发物价指数、天津工人生活费指数、天津外汇指数、上海外汇指数等。这些成果都成为民国时期的中国官方物价指数，对于经济发展起到了相当重要的参考作用。

经济研究所的最初活动范围是在天津、河北等地，后来逐渐扩大，北到东三省，南到广东顺德；进行了天津地毯业、织布业、针织业、粮食业、磨坊业、鞋业、棉花运销业，河北省高阳县织布业、宝坻县（今属天津市）手工业、中国煤矿及十七省华商纱厂、东北移民问题、河北和山东两省棉花产销、静海县（今属天津市）典当业，河北省及定县（今定州市）、静海县地方财政的调查。此外，经研所还将一些关于天津的经济统计在天津《大公报·统计周刊》上连续发表，有效地满足了社会需要。南开大学可谓近代中国第一所将经济调查成果公布在大众传媒上的高等学校，因此"颇为读者欢迎，前后共出二百五十余期"①。经济研究所还出版了《经济周刊》《政治经济学报》、*Nankai Social and Economic Quarterly* 等为国内外学术界所推崇的经济专刊，成为天津乃至中国物价状况的真实记录者和研究者。经济研究所的成立"兼任研究及教学两种任务，并谋二者之间的充分互力者，在国内尚为首创"②。

通过这些调查，学生们取得了对社会的最基本的认识，使南开与社会之间的互动关系更加紧密。南开的一些调查成果对于改良社会也起到了一定的

---

① 《南开大学经济研究所一览》，1949 年 5 月。
② 王元熙：《介绍南开大学经济学院之研究事业》，《清华周刊》，第 38 卷 4 期。

作用。1931年，学校还将同学们的社会调查结果编纂整理出版，名为《天津南开社会视察报告》。这种社会实践课程可以说是南开的一大特色，培养了同学们的各种实践能力，使广大青年学子更加贴近中国社会，让他们对中国社会的现状有了更直观、更深刻的认识和了解。

学校体育堪称一流

作为一所私立学校，南开学校的经费常常处于入不敷出的状态，但在体育教学和设施建设等方面，张伯苓总是慷慨解囊，毫不吝惜。20世纪20年代中期，南开在校学生不过千余名，但整个学校就有十五个篮球场、五个足球场、六个排球场、十七个网球场、三处器械场以及两个带有四百米跑道的运动场。此外，还有单杠、双杠、木马、吊环、平梯、吊绳、跳箱等多种体育器械。就运动设施而言，南开在当时全国所有的学校中不说是首屈一指，也是名列前茅。

1931年，南开学生自发组织了南敏体育会。此后，该会逐渐发展，终于成为全校规模最大、人数最多、组织最健全的学生体育组织，建立起了自己的足球队、篮球队、排球队和田径队。因此，在各种比赛中，南敏体育会的成员常常是南开学校代表队的参赛骨干。南敏排球队成立伊始，就立下了"胜复旦，克燕京，为南开雪耻"的誓言，旨在改写以前南开排球队曾经败给复旦大学和燕京大学的惨痛记录。球队成员中包括了在天津排球界都很有名气的刘志聪、卢开周、金阿督和王大纯等几员战将，实力不容小觑。1933年春，南敏排球队士气高昂地出征北京，一举击败燕京排球队，又以破竹之势战胜了北京所有的一流排球队，取得了八战八捷的优异成绩，载誉回到了天津。是年冬，张伯苓聘请了天津的著名排球教练陶少甫出任南敏排球队指导。队员们在名师的严格训练下，取得了很大进步。1934年4月，南敏排球队南下宁沪，先后在南京、杭州等城市战胜了南京体育专科学校队、金陵大学队、航空军官学校队等对手，随后辗转前往上海，挑战当时国内最负盛名的复旦大学队。经过艰苦的奋战，南敏最终以一局的优势力克复旦，一跃而为全国大学排球队中执牛耳者，南开亦成为当时全国大学排球运动当之无愧的佼佼者。

南开五虎闻名遐迩

　　南开大学的篮球队可以说是体育界的"神话"。1924 年，南开篮球队在友谊赛中败给了清华篮球队，还被对手嘲笑为"篓子"队。在北方俗语中，"篓子"是"拙劣无可取"的意思，是以暗讽南开篮球队的水平极低。

　　1925 年，南开中学一、二年级的王锡良、魏蓬云和李国琛等人发起组织了一支篮球队，为发奋图强、不忘清华的嘲讽，特意以"篓子队"为队名。后来新考入南开的刘建常以及学校少年队的唐宝堃也加盟进来。五人被确定为主力队员后，形成了一支以刘建常为中锋，唐宝堃为右锋，魏蓬云为左锋，王锡良为右卫，李国琛为左卫的拥有相当实力的球队。经过体育教师齐守愚的悉心指导，南开篮球队在天津市篮球比赛中小试牛刀，勇夺冠军。1928 年，五人在天津青年会干事董守义的亲自指挥下，在华北区男篮比赛中接连战胜了北京师范大学、燕京大学、冯庸大学和山西山左大学、山右大学的篮球队，荣获华北区冠军。从太原获胜载誉归来之后，南开篮球队受到了全校师生的热烈欢迎。张伯苓亲自接见并鼓励大家要戒骄戒躁，总结经验，继续前进，迎接新的考验。为提高篮球队的水平，张伯苓正式将董守义聘请到南开，任球队专职教练，每周一、三、五下午对南开篮球队进行辅导，针对球队的弱点进行系统训练加以改进。不久，南开篮球队在技术上、作风上都有了很大的提高。

　　由于南开篮球队在北方过关斩将，大出风头，因此张伯苓接到上海体育协会的邀请函，请南开篮球队去上海和一些篮球队进行比赛。张伯苓、董守义、章辑五亲自率领篮球队远征上海，又一举击败被称为"三强"的沪江大学队、外国人组成的西青队（即"海贼"队）和美国在上海的海军陆战队篮球队。正当南开篮球队三战三捷准备凯旋返津时，菲律宾篮球队也恰好从日本远东运动会获得冠军之后路经上海。菲律宾队自恃为多次远东运动会篮球赛冠军，便提出和南开篮球队在赛场上一争高下的要求。南开队自然不会示弱，迎敌而上，经过奋力拼搏，终于以六分的优势战胜了菲律宾队。从此以后，这五名主力队员被誉为"南开五虎"，扬名神州大地。同年冬天，"南开五虎"又去大连与日本球队进行了三场比赛，结果获得全胜。此后，又远征沈阳，和同泽中学、东北大学以及冯庸大学进行比赛，取得三战三捷的佳绩。1930 年，南开篮球队更是捷报频传，先是在天津七支球队中脱颖而出，获得万国篮球赛冠军，后在杭州第四届全国运动会上以全胜的成绩获得全国冠军。此后，南开篮球队还代表中国参加了在日本举行的第九届远东运动会，并获得了较好的成绩，成为中国篮球发展水平的标志与象征。

如今，在南开大学的校园内有一条"五虎路"，纪念着这段过往的历史。

国内教育捐款之最高纪录

对张伯苓来说，1944 年是很重要的一年——既是南开建校四十周年，也是他的六十八岁寿辰。看着自己一手创办的南开学校经历了四十年的风风雨雨，张伯苓不禁感慨万千，写下了《四十年南开学校之回顾》一文。述而不作，这是张伯苓的一贯作风。该文便是他为数不多的阐释自己教育理念和实践活动的文章之一，详细地阐述了自己抱定教育救国理念的心路历程和奋斗经过，记述了南开学校从早期家馆创业到中学、大学、女中和小学以及研究院的发展历史，总结了南开学校在这四十年中逐渐形成的精神特质和风格，并对热心教育事业、积极扶持南开学校发展的社会各界人士表示了由衷的感激之情。

张伯苓还特意提到一件令自己十分感动的事情：分散在中国大江南北和世界各地的南开校友，为了表达对南开学校特别是张伯苓校长的敬意，发起了"伯苓四七奖助金"运动，取庆祝南开学校创立四十周年和校长七十寿诞之意。最初只打算从社会上募得一百一十万元的捐款（四十万加七十万），谁知，一发而不可收。"伯苓四七奖助金"发起之后，受到社会各界人士的广泛支持与响应，在各地产生了深刻的影响，收到预想不到的效果，很快就收到二百八十万元捐款。南开校友会见状，于是就将这场活动的募捐数额提高到四百七十万元。可到待整个活动结束时，捐款总数竟然超过了六百万元。这一结果也极大地超出了张伯苓的预料。他说："此实完全出乎吾人之意料，创造了国内教育捐款之最高新纪录。"①由此，我们不难体会出社会各界人士和南开校友们对南开学校历经风雨却巍然挺立的爱戴之心，以及他们对这位投身中国近代教育事业四十余年的教育家的尊崇之情。

对此，张校长深有感触地说："此一事实，实足以验证社会人士对我南开

---

① 张伯苓：《四十年南开学校之回顾》，《南开四十周年纪念校庆特刊》，1944 年 10 月，龚克主编：《张伯苓全集》第 3 卷，南开大学出版社 2015 年版，第 161 页。

有良好之反响与热烈之爱护。其所以能如此者，当由于吾人之工作，已深得社会人士之信任与重视耳！今后吾人更应如何加紧努力，加倍奋斗，以期无负社会之厚望也。"①

---

① 张伯苓：《四十年南开学校之回顾》，《南开四十周年纪念校庆特刊》，1944 年 10 月，龚克主编：《张伯苓全集》第 3 卷，南开大学出版社 2015 年版，第 161 页。

薪火相传：南开精神

翻看南开学校的历史，人们不禁感叹道：南开不仅是一所有特色和传统的学校，而且发展很快，在短短的数十年间便成为一代名校，令人叹服。"从1898 年南开中学前身严氏家塾的六个学生，到 1948 年的包含大、中、女、小、渝五部，在校生达四千余人的一代名校，南开的发展是'超常规'的。考虑到这几十年间战乱频仍，政治经济环境相当恶劣，张伯苓竟能开创如此辉煌的事业，后人很难不深表敬佩。"①更难得的是，南开大学在建校时就分设文、理、商三科，寄托着"文以治国，理以强国，商以富国"的远大理想。

为了实现"商以富国"的理想，张伯苓在南开学校带头破除传统观念。早在 1919 年，他就"劝大家省钱，合力去作买卖"，目的就是要改变不利于中国实业发展的各种状况。在他看来，"以前有思想的人，多半不想实业；而办实业的人，又多半无思想"②，这种局面必须打破。1923 年，他将普通商学系、银行学系和会计学系组成商科。张伯苓不仅主导学科发展，而且关心学生成长。1924 年，商科学生要组织学生会，张伯苓尽力赞助，并给予厚望："吾愿三十年后南开学校之商科学生在中国商界可逐渐减杀外人之势力也。"③1930 年，张伯苓将文、理、商三科改为三个学院。

张伯苓不仅是民国时期担任校长职务最长者，而且有办学理念和精神。张伯苓办南开学校的目的，就在于"痛矫时弊，育才救国"。他认为中华民族存在的主要问题有五个方面：一是"愚"；二是"弱"；三是"贫"；四是"散"；五是"私"。在这五种问题中，又以私心尤为严重。因此，张伯苓在创办南开学校的过程中，有针对地提倡"德、智、体、群"四育，以服务社会，造福人群。所谓"允公允能，日新月异"的八字校训，旨在培养学生爱国爱群的

---

① 陈平原：《中国大学十讲》，复旦大学出版社 2002 年版，第 237 页。

② 张伯苓：《教育宗旨当本国情而定》，崔国良编：《张伯苓教育论著选》，人民教育出版社 1997 年版，第 74 页。

③ 张伯苓：《振兴实业，增进物质文明》，崔国良编：《张伯苓教育论著选》，人民教育出版社 1997 年版，第 119 页。

公德心，与服务社会的能力。正是由于南开学校成功地实施科学、道德、文明、爱国精神及团结意识培养与提升相结合的教育，每个进入和走出南开校门的学生，不仅成为现代的人，还深具南开的特色。南开校风于是形成，并被一代代发扬光大。对南开校风，梁启超、蔡元培等人均给予高度评价。

在办学方向上，南开大学不断调整，·张伯苓总是择善而从。1924年秋，南开学校成立二十周年庆祝活动过后不久，校园内就掀起一场"轮回教育"风波。当风波过后，张伯苓回到南开继续主持校政。他不仅接受了学生们的善意致歉，而且调整了办学方针，推行土货化，提出："教育总之不可仿造，当本国情而定"，"教育方法可随时改变而宗旨不变"，南开大学应该以"知中国，服务中国"为志愿，"以中国历史，中国社会为学术背景，以解决中国问题为教育目标"。①于是，南开大学设立了很多研究中国社会现实问题的研究机构，如经济研究所和应用化学研究所等。南开经济研究所的前身是 1927年成立的"社会经济研究委员会"，后经合并改建而成经济研究所，简称经研所。研究中国经济状况和华北地区特别是天津的经济问题。在所长何廉的带领下，经研所汇集了一些著名的经济学者如方显庭、鲍觉民、吴大业等，成为南开的学术重镇。他们的研究对于 1937 年以前中国的农业经济、工业经济、地方财政经济统计等均做出了杰出的贡献.

1930 年，在张伯苓与何廉等诸位南开同仁的齐心协力下，经济学院正式成立。大部分教师都在国外著名大学取得了博士学位，如耶鲁大学的方显庭和张纯明、哈佛大学的丁佶、伊利诺斯大学的李庆麟和陈序经、加利福尼亚大学的李卓敏和林同济、哥伦比亚大学 W. Y. 林以及纽约大学的袁贤能等人。经济学院的成立，体现了张伯苓将南开的教育和天津乃至全国的社会需求相结合、为现代化建设提供智力支持的高瞻远瞩，也是南开"土货化教育"的继续发展。

南开是培养大师的摇篮。南开大学成立后，就陆续聚集起一支优秀教师队伍。文科方面，有教授历史学的蒋廷黼、教授人类学的李济、教授政治学的徐谟和萧公权、教授英文的司徒月兰等人；理科方面，有教授化学的邱宗岳和杨石先、教授数学的姜立夫、教授物理的饶毓泰等人；商科方面，有教授经济统计的何廉、教授经济学的萧蘧和李卓敏、教授商学的唐文恺等人。在这些学者中，有的已经是各自领域中名噪一时的大师；有的则是刚刚从国

---

① 《南开大学发展方案》，王文俊等选编：《南开大学校史资料选（1919—1949）》，南开大学出版社 1989年版，第 39 页。

外留学归来，在学术上很有潜质的青年学者。他们受到南开大学朴实的学风、稳定的生活环境、优良的教育质量以及张伯苓个人魅力的吸引，齐聚南开。尽管万事待兴的南开大学给予教师的薪水并不太高，但是依然有不少学者甘愿放弃其他学校的高薪聘请来到南开执教。从这个意义上来说，南开大学成为这些有为、有志学者步入中国高等学府的第一个阶梯，而张伯苓则成为他们步入学术殿堂、创造学术乃至生命辉煌的引路人。梅贻琦是第一届学生，张伯苓的及时劝导，不仅决定了他持续几十年的教书生涯，而且成就了著名学府的一代掌门人。经济学家李卓敏后来成为香港中文大学的第一任校长。历史学家蒋廷黻名震海内外，为至今仍雄踞大陆史坛的南开大学历史学科奠定坚实基础。汤用彤、罗常培等人曾在南开大学任教，江泽涵、钱思亮等都是从南开学校毕业的。张彭春，在教育、戏剧、外交上成就卓著；著名数学家陈省身和戏剧家曹禺也是南开教育成功的典范。著名物理学家吴大猷不仅培养了诺贝尔奖获得者李政道等人，而且还曾任台湾"中央研究院"院长。他说过一番话颇为中肯的话：

> 南开在声望、规模、待遇不如其他大学的情形下，藉伯苓识才之能，聘用年轻学者，予以研教环境，使其继续成长，卒有大成，这是较一所学校藉已建立之声望、设备及高薪延聘已有声望的人为"难能可贵"得多了。前者是培育人才，后者是延揽现成的人才。我以为一个优良的大学，其必须的条件之一，自然是优良的学者教师，但更高一层的理想，是能予有才能的人以适宜的学术环境，使其发展他的才能。从这观点看，南开大学实有极高的成就。①

在办学过程中，张伯苓发挥私立学校的传统和优势，以本校学生、教师增加凝聚力，海纳百川，用外来学生、教师增加冲击力，两者形成合力，共同发展，办事效率很高，喻传鉴、华午晴、孟琴襄、伉乃如"四大金刚"，忠心耿耿且又精通本职业务，几乎终生服务于南开，不计名利、兢兢业业地为南开的发展和壮大贡献出了自己的智慧和力量。无怪乎有人说："南开之成功在于稳定，而稳定的关键在于有这四根台柱。"张伯苓通过教育为中国培育"新人种（族群）"，为社会培训"新国民"，为国家培养救国的各种领袖人才，南开出现两位总理绝非偶然。

---

① 吴大猷：《南开大学和张伯苓——大学和校长的特色》，王文俊等选编：《南开大学校史资料选（1919—1949）》，南开大学出版社 1989 年版，第 75—76 页。

南开具有百折不挠的奋斗精神、永远都不泯灭的爱国情怀，这是活的灵魂。1898 年 7 月 1 日，清政府和英国政府签订了屈辱的《中英订租威海卫专条》，把威海卫、刘公岛及附近岛屿和陆岸十英里范围内的地方租让给英国。张伯苓目睹中国官兵降下日本的太阳旗，升起了中国的龙旗；不过半个月，再降下龙旗，升上英国米字旗的悲惨一幕。因此，他立志以教育救国。为改变中国人的面貌，提倡体育、新剧和社团生活，养成健全人格，重塑人们的心灵。

而更能体现南开爱国情怀的，还是张伯苓不畏日本侵略军的疯狂破坏。1937 年，七七事变爆发后不久，日本侵略军就在天津发动了"七二八事变"，而南开学校成为第一个牺牲者。张伯苓在南京向记者们发表了慷慨激昂的谈话，表达自己的爱国情怀和重建南开学校的顽强意志。7 月 31 日，在面见蒋介石的时候，张伯苓掷地有声地表达了抗战到底的决心。在抗战中同样遭受巨大损失的天津《大公报》在社评《从南开复兴说到一般教育》中指出：

> 张伯苓校长是中国教育界伟大人格之一，而其所以伟大处，经此劫火更得证明。他承继严范孙先生四十年辛苦扶植的教育实业，一旦无端为日本炮火故意摧毁，而丝毫不能消灭他的勇气，反而更增长激发他的信仰。他本是一位热诚的爱国者，现在更灼热化了，并且极端乐观……这种伟大精神，确足以代表中国民族的新觉悟，而为我们所万分钦佩的。

张伯苓在昆明通过与北京大学、清华大学建立西南联大，使南开大学重获新生；战后南开大学则如涅槃的凤凰，回到白河之滨的天津，再造辉煌。

二

校父严修捐资办学

校父严修留给南开的不仅仅是有形的金钱和物质，更多的是无形的精神财富和遗产。他用自己的言行，彰显了勇于牺牲、无私奉献的精神，以及舍弃个人财富、乐于为国家和民族培育人才的高贵品质。严修的所作所为也都成为南开精神的一部分，陶铸着一代又一代的南开人

严修（1860—1929），字范孙，祖籍浙江宁波慈溪东乡。清朝顺治年间，其七世祖严应翘徙居北上。咸丰初年，严氏在直隶顺天府三河县开盐，成为盐商。其父严克宽继承祖业，营盐有道，至晚清时期，严氏家族已成为显赫的盐商家族。1862年，三岁的严修随全家从三河县迁往天津。他自幼饱读圣贤书，早年接受过比较严格的传统教育，在科举考试的过程中比较顺利，得到功名，先后担任过清朝政府的翰林院编修、贵州学政、学部侍郎等职务。但是不同于一般官吏，严修具有比较强烈的民族正义感和对世界潮流的敏锐洞察力。他率先大声疾呼：中国自强之道在于教育，并以奏请光绪皇帝开设"经济特科"以改革科举制度而著称于世。于是，创办新式教育，造就新式人才，就成为严修的毕生的追求和事业。

严修一生之中所进行的各项教育实践活动大多是在天津进行的。值得称道的是，他先是以家宅为基地，开始创办新式教育的实践活动，"成为天津教育界首屈一指的人物"①。毫不夸张地说，清末民初天津乃至直隶地区兴办的近代新式学校，多与他存在着直接或间接的关系。他先后参与兴办或者倡办的学校包括天津私立第一小学、第二小学和十六所官立男子小学、十一所官立女子小学、天津师范学堂、北洋女子师范学堂、北洋政法学堂、直隶高等工艺学堂等。而严氏家馆，则是他最初改革传统教育的实验基地。

1898年春，严修在其家宅开办严氏家塾，聘请刚从北洋水师退役回津的张伯苓主持家塾。学生只有六人，其中严修子侄五人，包括严智崇、严智怡、严智庸、严智钟、严智惺，另外一位则是故人子弟陶孟和。人数虽然不多，

---

① 侯杰、秦方：《百年家族张伯苓》，河北教育出版社2004年版，第23页。

但是所学的课程却非常重要，包括英文、数学、理化等西学在内。"严氏家塾"的创办建立起天津民办新式学堂的最初形式，也是严修新式教育思想的最早试验，为后来南开学校的成长奠定了初步基础。

历经甲午战败和自己亲身经历的科举考试的种种束缚，特别是随着欧风美雨的袭来，严修逐渐认识到明治维新后日本的教育最值得学习。于是，从1902年到1903年，他赴日本考察教育。1904年，他再度访问日本，更加坚定了创办新式教育的志向，并与张伯苓形成改良私塾、创办新式学堂的共识。回国后，即将严氏家塾与王奎章的王氏家塾合并，在严宅的偏院设立私立中学堂，后改为敬业中学堂，1905年，又改为私立第一中学堂。1906年，邑绅郑菊如捐地十二亩，严修、王益孙、徐世昌、卢木斋、严文彬集银二万六千余两，其中严修捐银五千两，兴建南开新校舍。①1907年秋，新校开学，由于地处南开，于是更名为南开中学。1911年，直隶提学使傅增湘将天津客籍学堂和长芦中学堂并入南开，原两校所得办学经费也一并拨给南开中学，校名遂改为公立南开中学堂。从1906年到1910年，严修在学部任期内因捐资助学和协助社会教育事业，负债两万余两及银元一万八千余元。

1918年底，严修和张伯苓远赴美国考察教育。出国前，不精英语的严修曾特意延师学习，但由于年近花甲，进展不快，仅能勉强听读。尽管如此，严修还是凭借其对教育理想的热忱和不畏艰辛的精神，在半年之内踏访了美国多个教育机构，遍晤美国社会各界人士，求取现代教育的真髓。严修在美国考察时，美国政府曾为其配备一名保镖，以负责考察团的安全工作。那名保镖事后对同行的范源濂说："我看到过许多 gentleman，只有严先生是一位完全的 gentleman。"②归国后，张伯苓在南开师生举办的欢迎宴会上感言："教育是一国之根本，并且一国的人才全由大学产生而来。现在我国教育不兴，人才缺乏，不禁使人感而思奋，要立即创办大学。"③

1919年秋，南开大学正式宣告成立。9月7日、8两日，学校举行了招生考试。周恩来④、马骏等九十六名学生成为南开大学第一届学生。其中，理科十九人，文科四十九人，商科二十八人。另有十四名各科教员。9月25日，南开大学举行了开学典礼。严修、黎元洪、范源濂、卢木斋等社会名流

---

① 参见张大民主编：《天津近代教育史》，天津人民出版社 1993 年版，第 107 页。

② 梁吉生：《一位不服输的教育先行者——记黄钰生先生谈爱国教育家严范孙》，申泮文主编：《黄钰生同志纪念集》，南开大学出版社 1991 年版，第 240 页。

③ 梁吉生：《张伯苓与南开大学》，山西教育出版社 1995 年版，第 19 页。

④ 周恩来经张伯苓批准，予以免试入学。

到场祝贺。南开大学的建立，在天津乃至中国私立大学史上都具有里程碑意义。

创校伊始，大学设立文、理、商三科，各科教师都很少，只有教授两三人和助教一两人，学生人数也不多，从十几人到几十人不等。1929年，改设文、理、商三科为文、理、商三个学院。南开大学的学科设置也充分体现了"知中国""服务中国"的宗旨。南开大学的教师来源主要是一批从美国留学归来的青年才俊。

众所周知，私立学校发展的最大困难即在于资金问题。而南开大学之所以得以建立并发展起来，与校父严修的鼎力支持密不可分。南开大学筹办之际，已届花甲之年的严修不顾体弱多病，强忍刚刚丧子的巨大悲痛，于京津大道上风尘仆仆地四处募款筹资。他亲赴北京，到教育部拜见教育总长傅增湘，讨论南开大学立案事宜；在六味斋约见蔡元培、胡适、陶孟和等北京名流，听取他们有关创办大学的各种意见和建议；在中山公园会见梁士诒、曹汝霖、周自齐等人，向他们陈述张伯苓创办南开大学的构想，并趁机筹募办学经费。此后，严修又奔波于太原、保定、南京等地，请求阎锡山、曹锟、李纯等资助张伯苓办学，还派人遍访各省军政长官及教育当局，敦请鼎力相助。为了就近与张伯苓等人筹商大学创办事宜，严修甚至提出要在南开学校内为自己设立一间办公室，以便帮助张伯苓出谋划策。

南开大学成立以后，严修一如既往地支持张伯苓，为南开大学的兴建捐款赠地。1919年，他不仅向南开大学图书馆捐赠了三十余种数百册的中文典籍，而且还向张伯苓捐赠了两千美元的购书款。1922年，他又向南开捐了五亩多土地。1924年再将自己收藏的《二十四史》《九通》等十种古籍赠给南开大学图书馆。1923年，当南开女中建立时，严修从朋友言仲远处募得一千元的资金，毫不犹豫地全部捐助给了张伯苓。可以说，没有严修的努力和支持，南开大学就不会如此迅速地创建起来，也很难达到这样大的规模。

严修对南开最好的学生周恩来也十分欣赏。1917年，在周恩来即将从南开中学毕业的时候，严修特意让人送给周恩来家世表，并准备将幼女智安许配给他，只因智安正在读书遂作罢论。后来周恩来得知此事，也表示反对："我是穷学生，假如和严家结了亲，我的前途定受严家支配。"1919年秋，南开大学开学前夕，严修宴请社会名流以求对南开大学支持，还特意邀请周恩来陪同。当1920年周恩来因为五四运动被迫离开南开时，又是严修在南开设立了"范孙奖学金"，并和张伯苓商议，用这笔奖学金支持周恩来赴法深造，使周恩来在法国的生活得到了稳定的物质保证。周恩来在欧洲参加共产党后，曾有人劝严修不要再给予周恩来资助了，但是严修认为人各有志，继续支持周恩来。①周恩来评价严修是"封建社会的一个好人！"②

　　严修在 1929 年 3 月 15 日病逝于天津。校父的去世，对于张伯苓和整个南开大家庭来说，都是无法挽回的损失。自 1898 年聘请张伯苓入严馆执教以来，严修就尽其所能地帮助张伯苓实现其教育救国的理想。在长达三十多年的交往中，严修一直给予张伯苓无私的帮助，从物质到精神，无微不至。他们之间早已不是雇佣者和被雇佣者的关系，而成为为中华民族教育事业共同奋斗的知己。张伯苓固然是南开学校的创办者，但是他一直强调，没有严修先生的支持，就不会有南开。作为一位在近代中国教育界和天津地方社会都很有影响力的人士，严修通过自己的力量及其社会关系网络为南开系列学校的创立和发展做出了重大贡献。从 1904 年私立中学堂的兴建，到 1919 年南开大学、1923 年南开女中、1928 年南开小学的陆续建立，在这个私立学校体系逐渐构建的过程中，处处都离不开严修的心血浇灌。

　　对于严修的不幸逝世，报刊媒体给予了很多报道和评论。《大公报》发表社评《悼严修先生》，称严修的逝世"诚为学界之大不幸"，并赞扬严修为南开的发展所做出的不懈努力。

　　　　以兴学为务，慨出私产，发起南开，筚路蓝缕，惨淡经营，至今日蔚华北一大学府。数十年前严氏提倡之诚，赴义之勇，饮水思源，有令人不能不肃色起敬者！

　　严修逝世时，张伯苓正在欧美为南开的发展而四处奔波。闻此噩耗，张伯苓不禁哀叹天不假人：自己在离开南开远赴欧美之前，严修还一切安好，可等到满载而归时，和这位热心支持南开发展的校父已经是天人永隔了，甚至连最后一面都见不到，实在让人难过！张伯苓满怀悲痛，召集南开师生举行隆重的追悼会，纪念这位一生支持中国教育事业、支持南开的老人，并发表悼文：

　　　　严先生道德学问，万流共仰，个人追随颇久，深受其人格之陶冶。南开之有今日，严先生之力尤多，严公逝世，在个人失一同志，在学校

---

① 参见王文俊主编：《南开人物志》第 1 辑，南开大学出版社 1994 年版，第 12 页。
② 《天津日报》1992 年 2 月 22 日。

失一导师，应遵严先生为校父。①

世界各地的南开校友听闻此讯，纷纷捐款，在南开中学建成"范孙楼"以兹纪念。如今，南开大学八里台校区矗立的范孙楼已成为南开人对校父的长久纪念。1936年，校友们又敬塑严修铜像。至今，在南开大学东门内的小花园中仍安放校父严修的铜像，供南开学子和社会各界人士瞻仰。2019年4月2日，严修研究会宣告成立，表明南开人吃水不忘挖井人，不仅要尊敬与缅怀这位校父，而且要与社会各界人士一起探求他的教育爱国、救国的思想、理念和行动，解读他对南开精神的滋养。

据熟悉严修的人说："他的人格，可以用恬阔二字代表，在旧礼教的极规矩的生活中，他过得非常舒服自得，但并不是懒、松懈。同他谈话，即是盛处也会使身心俱静，收了浮躁的汗珠。不多话，可是语有深意，无崖岸，任何人皆能近，可是极有主张，我们看说他是外圆内方，但这还觉得不十分恰当。"在社会急剧转型的近代中国，"在现在不中不西的时候，像严先生这样的生活，很难能可贵"②。他的生活态度、理念、追求，与张伯苓校长形成互补和良性互动。这既是南开大学的宝贵财富，也是中国高等教育、中华文化的珍贵遗产。

---

① 《天津文史资料选辑》，第8辑，天津人民出版社1980年版，第128页。
② 申洋文主编：《黄钰生文集》，百花文艺出版社2009年版，第33页。

严氏子孙的南开情缘

　　一生致力于捐资办学的南开"校父"严修在教育自家子孙时同样一丝不苟。如果说他用毕生资财换来了津门的庠序林立和人才辈出，那么他能留给子孙的，就只有一心报国的执着精神和两袖清风的傲然风骨了。

　　严修经常教导子孙粗衣简食，以警惕好逸恶劳，排除享受。严修之孙严仁驹在二十岁前，从未穿过呢绒绸缎。严家孙辈在学校所穿制服，皆是按兄弟长幼顺序传用，结果往往是冬季制服已由黑色洗成绿黑夹白色泽，夏季制服亦由白色转变黄色。但子孙无有对此发怨言者。严仁赓在回忆自己的祖父时，亦曾提到这样一件小事：有一次，严修率家人去北宁公园游览，主持人事先闻讯，敞开大门，在门外恭候迎迓；而严修却执意先去售票处为全家人购齐门票后，才率众徐徐入门。

　　严修在日常生活中流露的勤勉朴素、自立自强、不倚仗权势捞取利益的品格，给子孙留下了深刻印象，使他们终身受益。身为南开学校校父的严修，其个人精神面貌也成为南开精神的重要组成部分，因此，严氏子孙所承之家族精神，亦可谓与南开精神同宗。在实际行动中，严氏子孙或在社会上以实业辅助启蒙、或在南开学校以才干报效国家，延续着严修先生未竟的报国事业。

严智怡、严智开的文博志业

　　严智怡（1882—1935），严修之次子，中国近代博物院事业开拓人之一，曾长期担任南开校董。严智开（1894—1942），严修之五子，著名画家。兄弟二人为近代天津博物馆事业的创立和发展，做出了十分重要的贡献。

　　严智怡很早就意识到中国亟须创办能够传播知识、开启民智的教育型博物馆。[①]因此，1909 年从日本东京高等工业学校毕业归国后，他就开始着手

---

① 陆惠元：《天津博物馆五十年沧桑录》，《天津文史》第 32 期。

筹划创办中国人自己的博物馆。

1913 年，严智怡模仿日本产业博物馆的建制，将天津劝工陈列所改组为直隶省商品陈列所。[①]这一举动，成为他致力于近代博物馆建设的试验和起步。在改造天津劝工陈列所的过程中，严智怡明确提出"在天津应该自己建设博物院，以辅助教育的事情"[②]，并认为应该在现有商品陈列所的基础上筹建博物院。为此，他付出了很多心血。

为了筹集各种资料，1914 年，他带着早已拟好的计划，赴美国旧金山参加"巴拿马万国博览会"。在美国期间，严智怡除了布置好展出工作外，还考察其他国家在博览会的展出，甚至远赴美国东部考察博物馆、美术馆以及农业机构，并和一些博物馆建立资料和展品的联系，征集了许多人种学标本。[③]可见，他是有意识地调查、学习美国各大博物馆的陈列方法和组织机构等，为创办博物馆做进一步的准备。回国以后，严智怡利用在国外考察期间搜集到的资料和自己的调查、研究所得，开始了紧张的筹备工作。好在令人头痛的经费问题，并没有给他带来更多困扰。因为所需的各项经费均由直隶省署教育科、天津劝学所以及各学校解决，交给商品陈列所代办。

经过多方面的紧张筹备，博物馆终于可以开馆了，然而天有不测风云，原定于 1917 年 10 月 10 日正式成立的"天津博物院"，由于这一年 9 月直隶省闹大水灾，而被迫延期至次年 6 月才举行开幕式。俗话说得好，"塞翁失马，焉知非福"。由于筹备充分，这次展览会上的展品极为丰富，吸引了众多参观者。布展展品计有自然类一千四百余种、历史类两千三百余种。[④]同时，还设有武术馆、游艺馆、演说坛和余兴部（演出杂剧），并附设茶社。据统计，陈列馆的参观人数达两万八千余人，游艺馆也有一万五千余人。

1923 年 2 月 25 日，该馆展品已达万件之多。这是近代中国人在天津自办的第一座博物馆，由严智怡担任首任院长，华石斧担任副院长。后来，天津博物院因军阀混战曾一度停止开放。1928 年，直隶省改为河北省，时任河北省政府委员兼教育厅厅长的严智怡，为博物院向省政府申请到每月固定的经费收入，天津博物院得以开馆并更名为"河北第一博物馆"。1934 年，又更名为"河北博物馆"。这时正值近代中国博物馆事业发展的重要阶段，河北博物馆的展览活动也进行得有声有色，吸引了大量的参观者。在这一时期，

① 陆惠元：《天津博物馆事业的拓荒人——华石斧》，《天津文史丛刊》第 11 期。

② 《天津近代博物馆概览》，《天津文史资料选辑》第 105 辑，天津人民出版社 2005 年版，第 209 页。

③ 陆惠元：《天津博物馆五十年沧桑录》，《天津文史》第 32 期。

④ 《天津文化概况》，天津社会科学院出版社 1990 年版，第 306 页。

该博物院举办了很多比较有代表性的展览，如"全国铁路沿线出产品第三届展览会""全国矿冶地质展览会"等，此外，还参与了天津美术馆举办的"岐阳世家文物展""河北省救济黄河水灾书画物品展"等，在社会上产生了比较重要的影响。

就在严智怡积极谋求天津博物院发展之时，他的弟弟严智开也于 1929 年主持建立了天津市立美术馆。这是中国历史上第一座向公众开放的美术馆，也是天津人自办的第三座博物馆。需要补充说明的是，天津第二座博物馆为 1925 年严修、林墨青仿照山东济南广智院创办的天津社会教育广智馆。

严智开早年曾先后就读于日本东京美术学校、法国巴黎美术学校和美国哥伦比亚大学。学成归国后，他越来越感到中国美术在历史上虽然比较早就发达起来，但是人们对于美术在社会文化中的价值和意义了解不够，使得普通国民无法充分获得美育。于是，他向时任天津特别市市长的崔廷献提出了创立美术馆的主张。严智开认为："昔拿破仑战争时代尚设美术馆二十余处，今吾国建设方新，津埠中外具瞻，盍先举行。"①这一想法得到了崔廷献的首肯，于是，崔廷献市长委派严智开着手筹备美术馆。筹建之初，严智开深感"是馆之设，在吾国为初创，无可参仿"②，因此函请中外美术团体及专家做建馆顾问，并再次东渡日本考察，拟出了《天津美术馆计划大纲》十六条；又依据大纲第十二条，拟订了《天津美术馆组织规程》和《天津美术馆美术研究组简则》等文件，从组织构成到活动经费、从陈列展览到人才培养都进行了极为详尽的筹划。

1929 年 12 月，位于河北公园③的天津市立美术馆馆舍破土动工，至 1930 年 9 月竣工。1930 年 10 月 1 日，天津市立美术馆正式对外开放，直属天津市教育局。该馆以"保存美术物品、供民众研究与参考、造就美术人才、促进工业美术化"为宗旨，陈列品包括历史文物、古代石刻、工业美术、建筑模型、古今书画、东西绘画、中外雕刻、古今拓照、美术摄影等九类。除了陈列之外，该馆还举行过国画、摄影、石刻、图案、广告、儿童珍玩、全国小学国画、岐阳文物、历代书画、扇面、故宫书画拓片、中小学工艺等几十个专题展览。

随着天津博物院、美术馆的相继建立，天津的博物馆事业日趋发展成熟。博物馆事业的发展，也有利于天津城市文化的保护、成长和继承，而这与严

---

① 《天津近代博物馆概览》，《天津文史资料选辑》，第 105 辑，天津人民出版社 2005 年版，第 217 页。
② 《天津近代博物馆概览》，《天津文史资料选辑》，第 105 辑，天津人民出版社 2005 年版，第 217 页。
③ 即今河北区中山公园。

智怡、严智开的辛勤努力是分不开的。

"海怪"严仁颖的传奇人生

　　南开学校曾经出现过两大怪，"海怪"严仁颖和"陆怪"张锡祜。前者是校父严修的第十个孙子，后者是校长张伯苓最钟爱的孩子。严仁颖从南开中学到南开大学，不论在话剧舞台上，还是在体育上，一直是校内的活跃分子，因此他的名号在20世纪20至30年代的南开人中，几乎无人不知、无人不晓。

　　众所周知，成立于1914年的南开话剧（早期称新剧）团是近代中国学校社团中的佼佼者，历来以新鲜活泼的演出而名扬津门，并为南开学校赢得了"北国话剧的摇篮"等美誉，在中国话剧史上占有一席之地。南开话剧团取得的成绩离不开校长张伯苓和其弟张彭春的大力扶持和指导，他们分别扮演着南开话剧的创始人和把西方现代写实剧介绍到中国来的第一人的角色。除此之外，时子周、伉乃如、华午晴、周恩来、"海怪"严仁颖等众多师生也是南开话剧的重要创作者和实践者。

　　严仁颖参与南开话剧的创作演出，有一定的"家族"传统。其祖父严修不仅自己十分爱好戏剧，而且对戏剧的教化功能有着比较深刻的认识和了解。因此，严修特别注意戏剧改革工作，从鉴赏、评审、编剧以至指导演出，无不投入较大热情。早在1906年，严修就在自家东院搭起凉棚，组织亲友及儿孙演出话剧《箴盲起废》，由张伯苓等人担任主要角色。这是天津最早的一次话剧演出。1909年，严修又在自己的家里演出了张伯苓编导的话剧《用非所学》，由张伯苓和范莲青、严智怡等人参加演出。从此，严修与张伯苓商定，每逢南开学校周年纪念日都要举行一次话剧公演，作为辅助教育和丰富学生文娱生活的一种形式，从而也确立了南开编演话剧的传统。因此，严仁颖的话剧情结似乎也与这种家庭戏剧文化和学校校园文化的熏陶不无关系。

　　严仁颖就读于南开中学时，曾积极参加南开话剧团《争强》的演出活动，表现出了高超的表演才能。1930年，他担任校庆游艺会主席，并独具匠心地进行设计和安排。在多达二十八项游艺活动中，《错》《好事多磨》《虚伪》等三个独幕剧最具代表性，演员表演各尽所长，赢得了观众的交相称赞。[1]1931年春天，因演出话剧《谁的罪恶》，严仁颖为自己赢得了"海怪"的称呼。1935

---

[1]《廿六周年纪念之盛况》，《南开双周》第6卷第3期，1930年11月30日。

年，为赈灾筹款，南开话剧团演出《上寿》《财狂》等剧。在《财狂》一剧中，严仁颖扮演厨子兼马夫。他用喇叭般的嗓子、坛子般的块头、矮矮的个子、滑稽的衣服和装饰，把一个忠厚朴实的仆人演得活灵活现。《大公报》曾以较多版面加以介绍，称赞此次演出为"华北文艺界的盛事"①。

　　抗战开始以后，南开学校自天津迁往西南地区，部分参与戏剧创作和演出的师生流散了。由于受到环境改变和物质条件匮乏的限制，南开的话剧创作与演出受到了很大的影响。尽管如此，严仁颖仍然坚持对南开话剧的那份热爱，创作了反映学生生活的话剧《王先生欢迎张校长》②。1937年底，此时已经身为校长室秘书的他，还担任了话剧团体怒潮社的辅导和兼职导演。这期间，他曾导演过《炸药》《少奶奶的扇子》等剧。为激励社会各界抗日斗志，他还率领学生到数十里以外的地方演出《我们的国旗》和《重整战袍》等剧目。1939年南开校庆时，他导演并参与演出的《日出》获得极大的成功。1940年，他先是导演《夜光杯》，后又推出《财狂》。1941年，准备到美国进修并兼任《大公报》驻美国记者的他，还在《雾重庆》中扮演了一个配角。③

　　除了在南开话剧发展中给人们留下难以忘怀的记忆外，严仁颖在体育方面也具有极高的天赋，足、篮、排、垒四大球，样样来得精通。抗战胜利后，已经35岁的他还参加过天津运动会，并且榜上有名。不过，最令人称道的还是严仁颖与南开啦啦队的关系。早在20世纪20年代，南开学校啦啦队就已经活跃于各大比赛场了。尽管当时啦啦队还不是一个非常正规的学生团体组织，但是"海怪"严仁颖和"陆怪"张锡祜却是学生们公认的带队。严仁颖曾总结自己的带队经验说："喊啦啦词要用天津话，不用国语北京话……你看，清华、清华、Qing Huá、Qing Huá，声音往上飘，远不如南开、南开、Nān Kài、Nān Kài 声音往下沉，打远。这就是影响深远！天津话比北京话在四声排列上往前错一个声，从 Nàn Kāi 往前错到 Nān Kài，就特别有劲！"④在严仁颖、张锡祜等人的组织下，南开啦啦队还有一手绝活，即能够以人排出"允公允能""南开精神""体育建国""运动第一"等等字样，远远望去颇有气势。他

---

　　① 崔国良、夏家善、李丽中编：《南开话剧运动史料（1923—1949）》，南开大学出版社1993年版，第109页。

　　② 参见崔国良、夏家善、李丽中编：《南开话剧运动史料（1923—1949）》，南开大学出版社1993年版，第11页。

　　③ 参见《天津市南开中学建校八十五周年纪念专刊》，崔国良、夏家善、李丽中编：《南开话剧运动史料（1923—1949）》，南开大学出版社1993年版，第118页。

　　④ 田鹏：《我的恩师严仁颖先生》，中国人民政治协商会议天津市委员会文史资料委员会编：《天津文史资料选辑》第59辑，天津人民出版社1993年版，第55页。

们不但可以随着一声令下，一下子便排出一字，还可以一笔一画写出一个字来，为比赛现场增添不少情趣。

　　1934年，东北沦陷已经三年，华北又有被日本侵略者吞食之虞。而南开中学早已在忧心国家、目光长远的张伯苓校长的指示下，开设了"东北经济地理"课程。正在南开中学就读的严仁颖不仅了修读这门课程，还在1931年的暑假，跟随这门课的老师傅恩龄先生参加了"华北海口旅行团"，游历了环黄海、渤海（包括旅顺、大连、葫芦岛在内）的十几个口岸，参观了海军实弹演习。①因此，面对日本侵略者的嚣张气焰，严仁颖的心中早已义愤难平。

　　这年的10月10日，第18届华北运动会在天津举行，日本驻津总领事亦出席本次运动会开幕式。南开学校的大学部、男中部、女中部同学和少数校友共280余人，为迎接运动会的召开自愿组成啦啦队。严仁颖担任大队长，负责男中部同学排字训练，并由男中部的军乐队为啦啦队伴奏。在这次运动会上，啦啦队的队员们表现出极强的抗日救国思想。入场式开始之后，随着运动员们的陆续进场，正对主席台的400多名南开学校的啦啦队队员，在素有"海怪"之称的队长严仁颖的指挥下，突然组成"勿忘国耻"四个大字表达爱国情感，前来观看比赛的3万多名观众顿时被南开学生大胆的爱国行为震惊了，立刻报以狂风骤雨般的掌声。掌声未息，南开学校啦啦队员们又一变手势，打出了"收复失地"四个大字，同时发出震耳欲聋的呼喊。田鹏在《我的恩师严仁颖》一文中记录下了当时南开啦啦队的唱词，气壮山河的语句和斗志昂扬的爱国情绪在今人看来仍具一种穿透岁月的感染力："十月十日天气寒哪，河北省的哥们儿玩的欢哪，天冷不怕心里暖哪，喘着气、出着汗、光着胳臂拼命干哪，嗯哪呼嘿!河北省的哥们儿黄金也不换哪，哪呼嘿!"还有"十八届华北运动会，开在河北天津卫。众英豪精神焕发，时时不忘山河碎。卧薪尝胆立大志，收复失地靠我辈。待等东北光复日，中华民族万万岁!"②现场观众们的情绪立刻高涨起来，纷纷起立为南开学生鼓掌。天津《益世报》对此事曾做了专门报道："由海怪严仁颖领导之下……男队员服白上衣，女队员，灰上衣，男队员每人手执黑白两面之布幔一只，受严之指挥，临时缀为各种文字。勿忘东北，勿忘国耻……大博观众鼓掌……唱歌词句中如努

---

　　① 田鹏：《我的恩师严仁颖先生》，中国人民政治协商会议天津市委员会文史资料委员会编：《天津文史资料选辑》第59辑，天津人民出版社1993年版，第55页。

　　② 田鹏：《我的恩师严仁颖先生》，中国人民政治协商会议天津市委员会文史资料委员会编：《天津文史资料选辑》第59辑，天津人民出版社1993年版，第55页。

力奋斗歌之'众青年精神焕发，时时不忘山河碎，北方健儿齐努力，收复失地靠自己'，尤能发人猛醒，其意又非止为运动会助兴已也。"①开幕式上南开学生排出的这些字样和吼出的唱词，触动了此刻中国人民的心声，博得了观众一致的好评。南开学生在华北运动会上的抗日举动，震惊了天津、华北乃至全中国。

　　日本投降后，从美国进修归来的严仁颖回到天津，担任天津《大公报》馆副经理、经理，同时在南开大学兼课。这期间，他不顾繁忙的行政工作，还像在南开学校当学生、当老师的时候一样，活跃在话剧舞台上，参加运动会拿奖。天津解放前夕，严仁颖去美国与妻女会合。周恩来总理曾嘱严仁曾带话给他："叫老十回来吧!运动会啦啦队排字是他的首创，回来搞体育、搞话剧、搞新闻都好!"可是，周总理的话带到美国时已晚，严仁颖已于1953年8月9日患脑溢血病逝了，终年仅40岁。②

————————

① 《南开啦啦队大出风头 男女队员汗流夹背》，《益世报》1934年10月11日。
② 田鹏：《我的恩师严仁颖先生》，中国人民政治协商会议天津市委员会文史资料委员会编：《天津文史资料选辑》第59辑，天津人民出版社1993年版，第54页。

"益德王"与南开的渊源

清末民初的天津，有一个商人群体异常活跃，那就是盐商。在老百姓熟知的天津"八大家"里，以盐业起家的"益德王"，就是一个叫得响当当的名字。而"益德王"三个字之所以能在近代天津历史上熠熠生辉，除了其在商界的影响力外，还因为这个老字号与南开学校的一段不解之缘。

"益德王"能与南开结缘，是因为王家历来热心新式教育。看到严修开设家馆、聘请张伯苓教子侄读书，把私塾办得有声有色，一向重视教育的王奎章立刻抓住时机，礼聘张伯苓来自己的家馆教书，严、王两家的关系也日益密切。严馆与王馆，一时间成为具有"魅力"的名字，不断吸引津门社会各界人士的目光。

1904 年 8 月，严修、张伯苓从日本考察教育归来，他们强烈意识到教育振兴是日本富强的主要原因，要救中国，就必须从教育着手，要办新式教育，就得建立包括小学、中学、大学等在内的一整套体系。而此时，严馆、王馆的规模已经无法容纳更多的学生，教学设备和教学方法也不完备，于是严修有了创立中学的想法，但是他还需要更多像张伯苓这样的志同道合者。有一个人的名字不停在严修脑海中闪现，这便是"益德王"的第三代传人——王益孙。

王益孙身材高大，嗓音洪亮，性情耿直，为人爽快。他不仅在商界，也在其他各界结交广泛，祖上传下的家业在他手上日渐兴盛。深受父亲王奎章的影响，王益孙对子女的教育从不放松。比起父亲来，他对新鲜事物的接受能力更强，希望子女和家人能得到更加系统正规的新式教育。接下父亲创办的家馆后，王益孙除继续聘请张伯苓教授家馆外，又聘请一位英国人教英文、一位德国女士教德文，还聘请了语文、数学、物理、化学教师来教他本人和夫人及姨太太们学习。同时他还从国外购买了大量的先进科学仪器，订阅了大量的外文书刊杂志。

严修感到地方教育事业的建设，绝对少不了这样一位热衷新式教育的人物，于是决定向王益孙寻求支持。与此同时，每天往返于严、王两馆教书的张伯苓也不断地向"益德王"的当家人传递这一信息。而王益孙对严修办学的努力和艰辛早就看在眼里，记在心里，所以当严修与王益孙会面，说明将严王两馆合并、创办中学的想法时，二人一拍即合。严修十分诚恳地告诉王益孙，创办中学面临的最大困难是资金不足、设备不全，而没有硬件，这学校无论如何是办不起来的。王益孙深深理解严修的不易，当即表示一定尽全力支持。这一年的秋天，严馆与王馆合并，定名为私立中学堂。

私立中学堂的校址选择在严家的私宅偏院，改建费及学校用具由严修捐助，王益孙不仅为学校捐助了理化仪器、书桌、书橱等，还把国外订阅的外文书刊、杂志一起捐助出来。严修与王益孙商议后决定，两家每月各出银一百两作为学校的日常经费。但是随着学校规模的扩大，花钱的地方越来越多，到处都捉襟见肘。此时已改名为私立敬业中学堂的学校又面临经费严重不足的问题，为了让这株幼苗坚强地生长下去，严修和王益孙商定每月两家各增加出银一百两。后来为了给师生联合组织的军乐会购置乐器，两家又各捐银五百两。年底，学校更名为私立第一中学堂。在王益孙的鼎力支持下，严修、张伯苓坚定地实施着自己的新式教育理念，严修也常常因为遇到王益孙这样的知己而感慨不已。

1906 年，学校在天津城西南的"南开洼"建立新校址，严修又开始为筹募经费四处奔波，王益孙这回更是鼎力相助，出银一万两。在他的带动下，天津盐商纷纷慷慨解囊。通过天津各界的共同努力，学校共筹得经费两万六千余两白银，教室、办公室、宿舍、礼堂等很快建成。看着崭新的校舍，严修与王益孙相视而笑，而严修心中对王益孙的感激更是溢于言表⋯⋯王益孙与严修的结缘，"益德王"与南开的结缘也最终成为百年过往中的动人一页。

南开精神的倡导者

——张伯苓

作为中国近代著名教育家，张伯苓为中国近代教育事业奉献了毕生的精力。他所创建的南开学校体系，在中国教育史上熠熠生辉。在其长达近半个世纪的教育实践中，他提出了一系列切实可行的教育理念，最终凝聚成可贵的"南开精神"。他高举爱国主义大旗，将中国传统文化和西方近代文明融会贯通，不厌其烦地启迪学生的智慧，进行着心灵洗涤、人格塑造、精神振奋与养成的神圣事业。他借助学校这一舞台，不断顺应时代发展的需要，将"育才救国"的理念发扬光大。

力雪东方病夫之奇耻

近代中国的内外交困，特别是在政治、经济、文化诸方面的颓废与衰落，毕业于北洋水师学堂的张伯苓早年曾参加甲午中日战争，并目睹了中国的惨败，感受颇深。中国与英国士兵身体与精神状态的强烈反差，给他留下深刻的印象。"在刘公岛时，亲见英兵之身体魁伟，服装整严，对于中国人几不以人类相视；反观前清旧兵，衣服破烂，胸背之前后皆带一'勇'字，面色憔悴，两肩高耸，营中官长，泰半与鸦片相周旋，自感此番痛切之激刺，即以改良教育为己任，力雪东方病夫之奇耻"。[①]因此，他不仅将自己的志向由军事救国改为教育救国，而且认定民族性中的某些固有弱点，是导致近代以来中国积贫积弱的原因之一。

在他看来，这些困扰中华民族的痼疾：一是愚，即民性保守，不求进步，

---

① 章辑五：《南开之体育》，王文俊等选编：《南开大学校史资料选（1919—1949）》，南开大学出版社1989年版，第539页。

教育不普及，人民多愚昧无知，缺乏科学知识，充满迷信观念；二是弱，即重文轻武，鄙弃劳动，鸦片烟害泛滥，早婚流行，导致民族志气消沉；三是贫，即科学不兴，灾荒叠见，生计艰难，政治腐败，贪污盛行；四是散，即不善组织，不能团结，因此个人主义畸形发展，团体观念极为薄弱；五是私，即自私心太重，公德心太弱，所风所谋，短小浅近，只顾眼前，忽视将来。张伯苓逐渐意识到要挽救中国的危亡，就必须对人进行彻底的改造。只有重新塑造这个国家赖以存在的人群，才是为中国谋出路的最终手段。南开校训"允公允能，日新月异"寄寓了张伯苓建设中国人心灵，振奋民族精神，改变中国命运的无限希望。

于是，原先并不是问题的身体①和精神成为张伯苓等近代中国知识分子关注的焦点。他们希望改变中国人的身体，完成中国人心灵建设，从而奠定振奋民族精神，实现中国富强的基础。塑造适应时代发展需要的新国民，变成时代的急切需要，也几乎成为这一时期知识分子们的某种共识。梁启超曾在《新民说》中指出："国也者，积民而成……则未有其民愚陋怯弱涣散浑浊，而国犹能立者。故欲其身之长生久视，则摄生之术不可不江，欲其国之安富尊荣，则新民之道不可不讲。"②对此，张伯苓也深有同感。这在张伯苓的言论中得到了印证："建筑屋宇首须地基巩固，屋宇之大小与地基之巩固成正比例，诸生亦有地基，即身体的康健，良好的习惯，知识、技能是也。"③为此张伯苓联合严修创办了南开系列学校，将育才救国的理念转化为具体的实践，并从培养学生入手，以实现重建中国人心灵，振奋民族精神的远大理想。

受爱国心的驱使，张伯苓积极寻找创办新式教育，重建中国人心灵，振奋民族精神的内在动力。他在探索中，曾透过个人的生命体验，获得了巨大的精神力量。"故不敢徘徊于玩世派中，且信重生之奥义，及将来永生之希望，亦不敢流连于厌世派中。盖玩世之张伯苓，一变而为厌世之张伯苓，再变而为乐天之张伯苓矣！"④他本着"非以役人，乃役于人"的精神，将德、智、体、群四育，融入南开学校的建设中。因此，南开教育的主要目标，就是将

---

① 身体在此处表达一种广泛的含义，不仅包括体魄的强健也包括心智的完善。

② 梁启超：《新民说》，中州古籍出版社 1998 年版，第 46 页。

③ 张伯苓：《宜注意团体教育》，崔国良编：《张伯苓教育论著选》，人民教育出版社 1997 年版，第 201 页。

④《张伯苓先生自述信道之理由》，崔国良编：《张伯苓教育论著选》，人民教育出版社 1997 年版，第 3 页。

学校建设成学生接受知识传授和生活管理的场所，磨炼身体和训练心智的场域，养成完善的人格并获得身心的均衡发展。在张伯苓看来："青年在预备时期如知识之增进，身体之锻炼，道德之修养，三者须同时并进。"①可贵的是，他在生命的最后一刻仍然希望能够坚持与贯彻这一主张。他赞同遗嘱中的这番表述："凡余所尝致力而未逮之科学教育，健康教育，爱国教育，以允公允能，日新月异，与我同学共勉者。"②

近代中国是用质朴晓畅的形式将"公众"与国家作为其身体忠诚的对象，而南开学校这样的新式教育更有利于将其日常化、制度化，并推广开来。该特质是某些社会组织与社会运动所不具备的，或者不容易彰显出来的。因此说，张伯苓通过学校教育的开展，特别是校规的完善、体育的提倡等，使规范身体，重建中国人心灵、塑造人格和振奋民族精神的设想在南开——这片沃土中实践出来。在这个过程中，也足以显示出新式教育在约束与塑造学生身体方面具有超强的力量。

赋传统"修身"以现代意义

修身课，成为张伯苓从事中国人心灵建设、人格塑造和振奋精神的主要手段之一。秉持严复开创的"开民智，鼓民力，新民德"③的传统，张伯苓特别重视修身课。修身，本来自中国传统文化，却得到南开校长张伯苓的灵活运用。正如他在《中国教育之两大需要》中所强调的那样："中国虽采用新法，亦不可弃固有之美德。盖彼以吾人修身制度，为中国古代文明之所成果，实不可以进步之利益，喙而牺牲，然吾人亦必须改变者，因世界为日日改变者。"④于是，在南开的课堂上，"修身"这个古老的主题被赋予全新的意义。具有教师与校长双重身份的张伯苓，在讲台上充分施展擅长演讲的天赋，运用言语的力量进行身体的游移性表演，实施着对广大学生的心灵洗涤、人格塑造、精神振奋和养成，进而使学生接受其"教育救国"的理念、精神。

张伯苓对于学生心灵洗涤、人格塑造、精神振奋和养成主要集中在以下

---

① 崔国良编：《张伯苓教育论著选》，人民教育出版社1997年版，第205页。

②《张伯苓遗嘱》，崔国良编：《张伯苓教育论著选》，人民教育出版社1997年版，第340页。

③ 有关民智、民力、民德的论述，参见王栻编：《严复集》，中华书局1986年版，第13—15页。

④ 张伯苓：《中国教育之两大需要》，崔国良编：《张伯苓教育论著选》，人民教育出版社1997年版，第61页。

三个方面：

　　其一，戒除学生在家庭和社会上染上的一些恶习，学会做人。张伯苓反复强调："诸位校友一方面做事，一方面须不堕落，不颓唐，能够'束身自好'。"①在他眼里，一个人若不能对抗自身情欲的作祟，小德的流失会导致大德的溃防失据，最终则致使整个中国的道德体系不再具有约束的作用。这说明身体在近代中国除了具有社会化属性之外，还有"一种负面意义的连粘"②。显然，张伯苓是希望以在青年学子的体内根植道德规范等方式，驱除中国的陈年积习，最终进行一种不流血的革命。

　　其二，养成实干的作风，培养学生坚忍不拔的精神品质。这是张伯苓对学生进行心灵洗涤、人格塑造、精神振奋和养成的核心内容。他在《欲成事者须带三分傻气》一文中特别强调"凡成事者，中途必经受折磨，须经过此种阻力，不因失败而灰心，而后始有成功之一日"③。在漫长的教育实践中，他正是凭借这种百折不回的精神将"育才救国"的理念贯彻到实践中去，并通过自己的一言一行影响着、感染着南开的师生。"南开同学及各方友好最近问我，究竟要办几个南开中学，我的答复是简简单单六个大字'一直办到我死'。四十多年以来，我好像一块石头，在崎岖不平的路上向前滚，不敢作片刻停留。南开在最困难的时候，八里台笼罩在愁云惨雾中，甚至每个小树好像在向我哭，我也还咬紧牙关未停一步。一块石头只须不断地滚，至少沾不上苔霉；我深信石头愈滚愈圆。路也愈走愈宽的。"④这对塑造南开学生发挥了极为重要的作用，其影响直至今日仍然存在。

　　其三，树立学生的集体主义意识与国家观念。这也是张伯苓对于学生进行心灵洗涤和人格塑造的理由和目的。所有的学生应"努力于有益国家的事业。求知识，不仅限于个人方面，应当扩而大之。凡对于国家有益的事业，我们校友们就要通力合作，多做贡献"⑤。这种将身体的改造与国家命运紧

---

　　① 张伯苓：《对于南开校友的展望——燃起了民族复兴之火》，崔国良编：《张伯苓教育论著选》，人民教育出版社 1997 年版，第 218 页。

　　② 黄金麟：《历史·身体·国家——近代中国的身体形成（1895—1937）》，新星出版社 2006 年版，第 87 页。

　　③ 张伯苓：《欲成事者须带三分傻气》，王文俊等：《张伯苓教育言论选集》，南开大学出版社 1984 年版，第 12 页。

　　④ 张伯苓：《世界、中国、南开》，崔国良编：《张伯苓教育论著选》，人民教育出版社 1997 年版，第 332 页。

　　⑤ 张伯苓：《对于南开校友的展望——燃起了民族复兴之火》，崔国良编：《张伯苓教育论著选》，人民教育出版社 1997 年版，第 218 页。

密联系起来的做法，在近代中国社会转型过程中被经常采用，实缘于部分知识分子逐步认识道："苟民力已尔，民智已卑，民德已薄，虽有富强之政，莫之能行。"[①]实现近代中国社会政治变革单靠少数政治家的力量是不够的，必须依靠四万万中国人的不懈努力。

正因为如此，张伯苓通过与其他国家个人与团体的成败得失比较，发现问题的本质。

　　今观吾国人民之特性与各国人之特性比较何尝不能与战胜，譬如吾国之一兵与各国之一兵相角赛，吾国之兵可能占优胜，吾国一学生与各国一学生毕业上竞争，中国学生亦能占优胜。故中国之个性与各国之个性比较中国均能战胜，若以中国四万万人民与各国比较，必更优胜矣。而确不然，乃因中国个性合起来反不如一个个性力量大。外国是合起个个性来能有极大力量，究其原因，我国实之组织力也。[②]

他不仅将身体与民族性等问题置于国际的视野下加以审视和比较，而且借助对各国情形的叙述性再现，将国家前途与民族富强建立在借鉴外国成功经验的基础之上。这不但是对中国传统教育的成功否定，也为其对学生进行心灵洗涤、人格塑造、精神振奋和养成寻找到有力的支撑。欧美国家的纵横天下，使张伯苓这样的近代教育家充分认识到倡导民族主义与集体主义的重要性。他大力宣扬中国人一旦树立起国家观念，必定也能产生类似的效果。这种联想与希望，在南开学校的修身课上也被张伯苓反复阐述，从而对学生产生了巨大冲击。还有一点需要特别指出的是，在语体的编造上，张伯苓也颇为用心，充分显现出一代教育大家的风范。他不是以强行灌输的方式谋取宣传效果，而是以能促发学生进行自我要求的第一人称的语体"我要如何如何"的方式，进行规约与内化。[③]

开学典礼，又何尝不是如此？1935 年 9 月 17 日，在开学典礼上，张伯苓发表了《认识环境，努力干去》的演讲。他不仅告诉新生日本侵略军的指挥部就设在海光寺，与南开大学、南开中学近在咫尺，而且表情严肃、语调深沉地问在场的每一位学生："你是中国人吗？你爱中国吗？你愿意中国好吗？"这三句话，掷地有声，当场就激起学生的强烈共鸣。大家异口同声地

---

① 王栻编：《严复集》，中华书局 1986 年版，第 26 页。
②《青年版会开秋季大会》，《益世报》，1920 年 9 月 20 日。
③ 参见黄金麟：《历史·身体·国家——近代中国的身体形成（1895—1937）》，新星出版社 2006 年版，第 28 页。

回答着校长的追问："是！爱！愿意！"这声音从心底发出，让发声者血脉偾张，叫聆听者感到震耳欲聋，心灵受到极大震撼。随后，张校长又语重心长地告诉南开新生：要爱国就要"努力干去"，而且要"苦干""死干"，要"咬定牙根，紧张而又紧张向前努力"，要"公""诚""努力"[1]。张伯苓不但打动了莘莘学子，而且也成就了一堂优秀的爱国主义教育课。

作为南开学校的学生，周恩来在一篇题为《本校始业式》的作文中曾经这样写道："生等既秉家训，负笈而来，即当殷勤向学，勿使半途而废……且生等应宜自思应发奋自立以日新乎？抑随流逐波以自弃乎？孜孜屹屹以近三育乎？抑又优优游游以筱光阴乎？锻炼身心以图强乎？抑饱食终日无所用心乎？所是所非，故明了易见。然切不可因其易而存疏忽之心也。"[2]这篇作文从一个侧面反映出周恩来在接受张伯苓的教诲后所进行的独立思考，在扪心自问和层层设问中，已明确表达出"发奋自立以日新""孜孜屹屹以近三育""锻炼身心以图强"等意愿。显然，张伯苓的谆谆教诲对于周恩来等学生的心灵洗涤、人格塑造和、精神振奋和养成具有重要意义，并得到深刻认同，以至于提醒自己"切不可因其易而存疏忽之心"。更为重要的是，学生们通过接受新式教育，既获得各种科学、文化知识，又掌握了自我言说的本领，还被赋予书写的权力，使其通过在校刊上发表文章等形式，对教育者提出的理念等进行回应，并在同学、教师、校长等读者中树立自身的形象。与此同时，张伯苓等教师、校长的身份又巧妙地发生了转化，成了读者。他们通过对学生文章的阅读，品评其中所传达出的思想观点，检视自己教育的成果。"好校长""好教师""好学生"，就是在校长、教师和学生的彼此互动中逐步完成的。

难得的是，南开的修身课、开学典礼还充分体现出教化性权利向社会的进一步伸展。张伯苓教育南开学校的学生不仅要做"好学生"，而且要成为"好公民"；既要爱学校，更要爱国家、民族，还要服务社会，造福人群。这种通过校长的反复言说，教师的辅导，学生的参与来达成的洗涤心灵、塑造人格和振奋精神的修身课，进一步反映出身体在近代中国被不断赋予新的价值和意义之现实。身体，早已被赋予政治意涵，成为某种象征。在学校中，教化权力与知识的强力介入，使得与修身课相关的教学内容变为一种有效的手段，使施教者教师、校长和受教者之间有时出现位移，有时界限变得模糊，但洗涤心灵、塑造人格等功能却得以加强。

---

[1] 参见张伯苓：《认识环境，努力干去》，《南开校友》第 1 卷第 1、2 期合刊，1935 年 10 月 15 日，龚克主编：《张伯苓全集》第 3 卷，南开大学出版社 2015 年版，第 241—244 页。

[2] 崔国良编：《张伯苓教育论著选》，人民教育出版社 1997 年版，第 10 页。

耐人寻味的是，在这个过程中，很好地体现出施教者与受教者之间的多重互动关系。张伯苓等人借助讲演的形式，以身体作为思想传达和社会实践的载体，使静态文本具有某种动态的意味，进而达到启迪、感染受众的目的。与此同时，作为受众的学生，通过聆听、思考、书写等环节，对张伯苓等人的主张做出回应，同时实现着对于身体和心灵的自我约束。可以说，南开修身课所取得的教学效果，往往是在多重互动中取得的，是校长、教师和学生共同努力的结果。

循科学精神

南开学校作为育人之所，"智育"在其办学思想中的地位自不待言，惟南开"智育"强调一种科学精神。近代以来，中国科学技术和综合国力远远落后于西方列强。此乃中国落后挨打的重要原因之一。张伯苓坚信科学可以救国、强国：

> 故苓当办学之初，即竭力提倡科学，其目的在开通民智，破除迷信，藉以引起国人对于科学研究之兴趣，促进物质文明之发达。今者科学与国防建设发生密切之关系，无科学无国防，无国防无国家，愈见提倡科学之重要。[①]

在创办私立中学堂的初期，张伯苓就特别注意完善实验设备，注重研习实用科学技术。他一贯强调：

> 惟是科学精神，不重玄想而重观察，不重讲解而重实验，观察与实验，又需有充分之设备。[②]

在发挥早年从日本购来仪器效能的基础上，张伯苓每年都为实验室添置一些新的实验器具，让学生们有更多做实验的机会。这在国内的学校中并不多见，更不要说在私立非教会学校了。来南开参观的国内外专家学者，对南开学校完备而先进的实验设备赞叹不已。

---

① 张伯苓：《四十年南开学校之回顾》，崔国良编：《张伯苓教育论著选》，人民教育出版社 1997 年版，第 307 页。

② 张伯苓：《四十年南开学校之回顾》，崔国良编：《张伯苓教育论著选》，人民教育出版社 1997 年版，第 307 页。

　　张伯苓提倡科学，旨在打破科学知识长期以来为少数人所垄断的局面，努力将科学知识普及和推广到社会各界人士中间。1916 年，天津决定成立一个博物馆，南开学校和张伯苓皆积极参与和支持。南开大学创办不久，张伯苓便决定利用大学的师资和设备在社会中推广知识，普及应用科学，举办暑期学校，开设一些基础课程，帮助青年学生和一些中小学教员补习各种应用学科知识，提高科技知识水平，受到社会各界人士的广泛好评。

　　在社会科学方面，张伯苓在接触西方社会科学理论之后，认为应当将其引入南开学校的教学中，以使学生及社会各界人士加深对中国国情的理解和分析。

　　　然吾中人之对中国，语焉而不精，知焉而不详，非按科学方法所研究既不能一致，故亦不能谓之真知。彼则以社会、经济、博物、政治、宗教等学理分类揭出，故有规则，有条理，较之中人所述似为较胜……何谓旧南开新责任？即为余与诸生从兹立志唤醒一己，唤醒国人，醒后负责任为世界发明新理论，新学说，使世界得平安，为人类造幸福。①

　　同时，张伯苓认为学习社会科学也是近代中国社会转型的需要："当学社会科学，即打破旧家族制度，而成国家。旧家族可以谓之一堆一块，分不清楚，不成民国，今当将此制度打散了，使成个人，然后再合起来使成社会，促成国家。"②

　　张伯苓反复强调学生应利用已学知识为社会服务。1929 年，他在美国费城中国同学会晚宴上的演讲中说："中国学生负改造中国之责任。国中人士负政治社会之责者多无知识。其有知识者又多无经验。国人百分之八十不识字，而能识外国文者尤少。诸君旅外读书，负改造社会之重任，自当与美国学生之享受太平极乐国者不可同日语。今诸君有最好之机会，来此读书，就应利用此机会负将来改造社会之重任。"③

体育与南开精神的养成

　　张伯苓深知中国人体质之弱与体育的不发达关系重大，因此"提倡体

①《校风》第 61 期，1917 年 4 月 18 日。
②《南开校风》第 116 期，1919 年 3 月 11 日。
③ 张伯苓：《中国之现状》，崔国良编：《张伯苓教育论著选》，人民教育出版社 1997 年版，第 183 页。

育……不遗余力"。在他看来，"有了好身体，才能有坚强的意志，担起建设国家的重任；身体若不好，就失掉作事的本钱，什么也谈不到了"①。身体，成为人们承担建设国家重任的根本和基础。

为了提倡体育，张伯苓通过对比中国与西方、日本的情况，得出这样的结论："德智体三育中，我中国人所最缺者为体育。欧美之道德多高尚，公德与私德并重。我国人素重私德而于公德则多疏忽，近则于公德亦渐知讲求矣。欧美人之知识发达，学术皆按科学之理得来，我国人固望尘莫及。然其学术发达之年代尚不为久，我国人竭力追之，犹可及也。至体魄，则勿论欧美，与日本人较，已相差远矣……今日学校生徒，若非提倡运动，其软弱亦犹昔耳。"②张伯苓的见解，不可谓不深刻！尽管时人已经认识到"人民的一切苦楚都基于贫弱的原因"，但是却存在某种错误的看法，即"提到强便有一种联想，就是军队、军火等"。对此，张伯苓感到问题的严重，遂明确提出自己的观点："其实不然，乃是关于我们个人身体的锻炼……这不是个人的不健全，乃是我们的历史使然，一代一代的传下来形成了我们危弱的身体，所以我们身体的健壮是要紧的。"③在他看来，道德问题需要长期教养，无法一蹴而就；通过体育活动雕塑学生的身体，用雄壮健美的身体取代现有孱弱的身体；教育学生树立国家观念与集体观念就成为塑造新国民的最直接也是最有效的手段。

正是基于这样的思考，张伯苓通过提倡球类运动，开展田径比赛，出外旅行以及开设体育课程，开展课余体育活动，组织运动队和举办运动会等多种形式，提高学生们的身体素质，摸索洗涤心灵、塑造人格的有效途径。他还根据中国人的体格情况，制定各类学生体育及格标准，颁行运动员资格、运动员须知、运动队建制、运动员的标准、对裁判员的正确态度、奖励运动员的规定等规章制度，采取各种切实可行的管理措施与方法，从而有效地保证了体育运动水平的提高。在 20 世纪上半叶，南开学校运动队成为中国学校体育的一面旗帜，"南开选手历年来在天津、华北、全国和远东运动会上得银杯（冠军杯）数十枚，锦旗百余面"④。

---

① 张锡祚：《张伯苓与南开大学》，南开大学校长办公室编：《张伯苓纪念文集》，南开大学出版社 1986 年版，第 23 页。

② 张伯苓：《中国人所最缺者为体育》，崔国良编：《张伯苓教育论著选》，人民教育出版社 1997 年版，第 21 页。

③ 张伯苓：《中国的富强之路》，崔国良编：《张伯苓教育论著选》，人民教育出版社 1997 年版，第 190 页。

④ 邢纯贵：《南开体育教育的先驱章辑五》，王文俊主编《南开人物志》第 1 辑，南开大学出版社 1994 年版，第 323 页。

　　张伯苓在提倡体育的过程中还十分注意体育精神的传扬。他认为，学生从事体育运动"对身心两方面，应当同时注意"①。他要求南开学校的学生遵照运动规律，不断提高运动水平，切忌赶时髦。张伯苓尝指出："运动的宗旨，就是尽己之所能，不断地求技术的烂熟。按部就班，脚踏实地的去做，对于现下青年男女，以此当作一种'时髦'或'虚浮'，我是绝断不赞成的。"②在他看来，学生参加体育活动既要积极向上争取佳绩，又要以乐观豁达的心态面对失败。张伯苓特别反对学生专挑有些弯的竹竿比赛跳高的做法，并认为"给甲方助兴的观众，常常在乙方失败的时候，加以恶意的喝彩（所谓喊倒好）"③等行为，是中国体育界的不幸。

　　张伯苓希望学生在体育活动中增强团队意识。为此，他自我赋权，提出："中国人既是弱，但是能联合还好，可是还是四分五裂，自私自利，合作的精神丝毫没有，这是中国人的大病，治这种病必须在学校做起，我们要联系团结，联系合作。"④为了联合全国体育界的力量，作为中国奥林匹克的第一人的张伯苓还发起组织了"中华全国体育协进会"。他不仅致力于组织、主办国际或国内各种各样的运动会，向外国人展示中国人运动的身体，而且为时人示范，展现独特的运动魅力，将更多的学生吸引到运动场和竞技场。他还积极创造条件，使中国加入了远东体育协会、国际足球协会、国际游泳协会等国际体育组织，为中国体育走向世界架桥、铺路。1931年，在他的参与和推动下，中国正式成为国际奥委会成员，中国体育进入了国际大家庭。不仅如此，张伯苓还主导"中华全国体育协进会"申请在中国举办1952年奥运会。这是因为，体育不仅是强壮国民身体的重要手段，而且可以借助运动员身体的展示，使中国以崭新的姿态步入世界，弘扬奥林匹克精神。提倡体育，是张伯苓为学生们洗涤心灵、塑造健康人格和振奋民族精神的重要举措。同时，这也有助于学生们形成国际视野，体味他所倡导的"世界之中国"等意涵。

　　实际上，通过提倡体育建设中国人的心灵、塑造健康人格和振奋民族精神是张伯苓意识到单靠政府的行动不能挽回国家丧失的主权后，所提出的一

---

① 张伯苓：《中国人所最缺者为体育》，崔国良编：《张伯苓教育论著选》，人民教育出版社1997年版，第21页。

② 张伯苓：《中国人所最缺者为体育》，崔国良编：《张伯苓教育论著选》，人民教育出版社1997年版，第21页。

③ 张伯苓：《中国人所最缺者为体育》，崔国良编：《张伯苓教育论著选》，人民教育出版社1997年版，第21页。

④ 张伯苓：《中国的富强之路》，崔国良编：《张伯苓教育论著选》，人民教育出版社1997年版，第190页。

个带有很强针对性的主张。这不但使严复所倡导的"开民智，鼓民力，新民德"有了具体的行动方向，也使南开学校迅速成为符号，具有了象征意义。一方面，张伯苓借助南开学校与天津基督教青年会在提倡体育等方面的合作，实现共赢，为中国近代体育的发展做出了巨大的贡献，同时也为社会团体与教育机构的合作发展树立了榜样。另一方面，促使学生在参加体育运动的过程中得到了身心的协调发展，为最终实现张伯苓洗涤中国人心灵，塑造健康人格和振奋民族精神的教育目标提供有效的途径。于是，学生的身体已经不再只是一个会受到生老病死纠结的生物体，而是可以在国家、民族意志的指引下，焕发出有利于这种意志与价值的力量。张伯苓提倡体育，巧妙地利用体育加诸身体的想象与期待，达到建设中国人心灵、塑造健康人格和振奋民族精神的目的。

洗涤心灵，塑造人格

张伯苓创立的南开学校有一套严格的风纪制度，旨在通过建立制度化的规章实现学生的自我约束，并在这个过程中塑造学生的独立人格。

为了在日常学习生活中建立起良好的校风、校纪，南开的校规中对学生的仪表亦有要求。其目的就是要学生对自己的身体实行自我约束和管理，实现心灵的自我教育，养成独立人格。不仅如此，南开学校还创行了一套十分正规化和制度化的学生管理模式，即使受教育者的身体在时间与空间上均受到严格管制，经受一系列的规范与调教。在这个过程中，树立"模范生"是张伯苓通常采用的方法。1927年，南开学校出现风波。学生乐永庆、林受钻由于在学校改革中支持了校方的立场，并揭露了南开学生风潮的内幕，从而被张伯苓树立为典范。此举的目的就在于："透过一个外在、理想的行为图像，达到自我比拟，自我监视的效应。"[①]而在这场风波中发挥过重要作用、坚决反对改革的学生会则成为负面典型。张伯苓就严厉指出："学生会又口口声声以'为同学谋利益'为口号，而所行所为反日趋危险区域，是名虽为同学谋利益，实是妨害及你们的学业和安危。"[②]因此，他将学生会的行为定义为劣

---

① 黄金麟：《历史·身体·国家——近代中国的身体形成（1895—1937）》，新星出版社2006年版，第84页。

② 张伯苓：《学校是大家的学校》，崔国良编：《张伯苓教育论著选》，人民教育出版社1997年版，第174页。

等的象征，并使参与风潮的学生接受诸如记过、剥夺荣誉、停学与退学等一系列身体惩戒。而他对这种惩罚的有效性所进行的深入探讨，更激发起学生自我管制的热情。

在推行"学生自治"的同时，张伯苓也同样强调校长和教师要扮演重要角色。在他看来，管理学生，校长和老师负有主要的责任。当南开风潮过后，非常善于总结经验和教训的张伯苓就深刻检查出校长、老师和学生之间缺乏沟通是造成风潮的主要原因。他坦言："我太忙，不能常与同学交谈。致师生之间发生隔阂，由隔阂而发生误会。"①在学生管理中，教师的作用也没有得到充分发挥。于是，他提出师生"各司其职，各理其事，校长既不过劳，校事已有秩序，而进步自易矣！"②显然，张伯苓是要将教师与学生置于一个必须按照规矩而自我约束的生活场域之中，并强调教师要处处以身作则，因为他们是"学生凝视的对象与道德楷模"③。这种规定生成的主要目的就是要达到一种近乎福柯自体看管④的技艺的效果，通过互相监视，最终实现自我监视。

为了使学生们心悦诚服地接受各种规范，张伯苓提出学校不应是"组织的结合"而是"精神的结合"⑤。要想达到这一境界，就必须"以学生为主"⑥，也就是实现学生的自我管制。因为"学校不是校长的学校，而是大家的学校"⑦，所以要学生们共同努力，集体主义精神随之增强。于是，他在学生中提倡的自动与自治活动成为南开校园文化的一大特色。众所周知，南开学校所倡导的学生自治活动，是以非常严谨而细密的规章制度来规范与指导学生的日常生活。尽管其中的规定是以近代中国的国家体制作为模仿的对

---

① 张伯苓：《学校是大家的学校》，崔国良编：《张伯苓教育论著选》，人民教育出版社1997年版，第175页。

② 张伯苓：《学校是大家的学校》，崔国良编：《张伯苓教育论著选》，人民教育出版社1997年版，第29页。

③ 黄金麟：《历史·身体·国家——近代中国的身体形成（1895—1937）》，新星出版社2006年版，第77页。

④ 有关"自体看管"的讨论，参见：Michel Foucault, "Technologies of the Self", 辑于 Luther H. Martin, Huck Gutman & Patrick H. Hutton（eds.）, A Seminar with Michel Foucault, pp. 16-49.

⑤ 张伯苓：《学校是大家的学校》，崔国良编：《张伯苓教育论著选》，人民教育出版社1997年版，第174页。

⑥ 张伯苓：《学校是大家的学校》，崔国良编：《张伯苓教育论著选》，人民教育出版社1997年版，第174页。

⑦ 张伯苓：《学校是大家的学校》，崔国良编：《张伯苓教育论著选》，人民教育出版社1997年版，第175页。

象，但是培养学生的意志品质、树立集体观念等指导思想却显而易见。提倡学生主动参与学校规范的建立，不仅凸显了社会制度对于校园文化的渗透，而且是将身体的权利落实到学生个人的行为，其最终目的无非就是希望出现一种身体管理的结果。①

树立良好风纪，是张伯苓管理南开系列学校的成功经验之一，也为其洗涤学生心灵、塑造健康人格、振奋民族精神，为中国造就人才提供有力保证。通过校务公开、责任分担和学生自治等管理手段，张伯苓有效地培养了学生的独立人格，使他们成为学校的主人。他以为："作主人就要独立，要负责任，然而有思想的人，宁可身体不安逸，也要精神自主。"②于是，张伯苓重建中国人心灵、塑造健康人格、振奋民族精神的目标有了具体的努力方向和丰富的内涵。

然而，张伯苓借规范学生身体，重建中国人心灵，塑造健康人格，振奋民族精神的影响远不止于此。当南开学校的学生以个体身份走入公共空间时，他们的身体和行为实际上成为一个载体，承载着有关变革的价值、意义，体现了张伯苓改变社会现状、挽救国家民族危亡的心愿，并取得了良好的效果。"南开中学生的行为举止，显然与他校有所不同，来访的客人，街上的行人一看就看的出来。"③这就是社会各界人士对张伯苓建设中国人心灵、塑造健康人格、振奋民族精神的种种努力的认可和赞赏。

张伯苓创办南开系列学校，从一开始就同国家兴亡联系在一起。这充分说明他具有希望变革社会的强烈政治诉求。值得肯定的是，他将对"新民"的打造作为实现救国理想的有效途径，并以学校为舞台，运用开设修身课、提倡体育、树立风纪等多种手段，在师生互动中对学生进行身心塑造。在这个前提下，南开学校的教育为学生走入社会成为现代国家的合格公民做了充分的准备，这也是张伯苓"育才救国"理想的具体化。

为实现救国的理想，张伯苓主要是从以下两个方面对学生进行心灵重建，人格塑造，进而振奋民族精神，那就是：爱国爱群的公德心以及适应社会的能力。他曾经说过："南开教育的目的，简单地说，是在研究学问和联系做事……研究学问，固然是要紧，而熏陶人格，尤其是根本……人格要与人合作，才能表现……我希望你们同心协力地去合作，表现你们的人格，而达到你们

---

① 参见黄金麟：《历史·身体·国家——近代中国的身体形成（1895—1937）》，新星出版社 2006 年版，第 74 页。

② 王文俊等编：《张伯苓教育言论选集》，南开大学出版社 1984 年版，第 188 页。

③ 王文俊等编：《张伯苓教育言论选集》，南开大学出版社 1984 年版，第 188 页。

的目的。"①于是，他以传授科学文化知识，提倡体育以及进行道德建设等为媒介，洗涤学生的心灵，培养学生健康的人格，为建设中国人的心灵、振奋民族精神尽心尽力。在他艰苦探索、努力实践、积极进取、百折不回的拼搏中，自觉、自创、自治、自动等精神得到发扬光大。

---

① 张伯苓：《熏陶人格是根本》，崔国良编：《张伯苓教育论著选》，人民教育出版社 1997 年版，第154 页。

致力于中国现代化的张彭春

张彭春（1892—1957），又名蓬春，字仲述，人称"九先生"，1892 年 4 月 22 日出生于天津。1908 年，他以优秀的成绩毕业于南开中学。同年，张彭春考入北京游美预备学务处（即清华学堂前身），成为第二届庚款留美生，进入美国克拉克大学。1913 年，张彭春以优异的成绩提前一年毕业。1915 年，他获得哥伦比亚大学文学硕士及教育学硕士学位，后在美国担任中国留美学生联合会指导。1916 年至 1918 年，张彭春在南开学校担任专门部主任兼代理校长。1922 年，以《从教育入手使中国现代化》的论文获得哥伦比亚大学教育学博士学位。其间，他还一度担任中国欧美教育考察团秘书、哥伦比亚大学中国教育研究会会长。1922 年 7 月至 12 月，张彭春应中华教育改进社之请赴英国、法国、德国、俄国、波兰、丹麦等国家考察教育制度。1923 年至 1926 年，他任清华学校教务长。其后任南开中学主任、南开大学教授。抗战爆发后，张彭春从事外交活动。可见，他在一生中为中国的教育、戏剧、外交做出了巨大的贡献。

致力于中国教育现代化

1916 年 8 月初，张彭春怀着"育才救国"的雄心壮志留美归来，任南开学校专门部主任。

甫就任，张彭春就展示了自己长远而独到的教育眼光，将多年的见闻和领悟毫无保留地传授给了南开学校的学生。例如，他曾一再提醒南开同学及早锻炼组织能力，紧跟日新月异的时代步伐：

> 我国家庭组织，率关血脉，不关宗旨。故对于责任一事，每分析不甚清楚。似绝非国家之福。将来吾决其必有绝大变更也。诸生眼光或未及此，是以今日明告尔辈，慎勿失此绝大机会。不然者社会之改良，国

家之发达，以及惊天动地之大事业，绝非无宗旨之组织及不负责任之分子所能侥幸以成者也。①；

　　且今日二十世纪，一组织之世界也。组织之中，必有领袖。领袖之能力大，则影响于世者大。今之伟大人物，几何无能力而能成大事者②。

同时，他一再对学生强调实干的重要性：

　　汝辈在校中虽能知几许道德、学术，诸凡所知，果能一一力行乎。故知之而行之。行所当行，中立不倚。青年事业，尽在斯矣。③

这些言论表面看来为张彭春一人之言，实际却离不开对"允公允能，日新月异"这一根本思想的探寻。有张彭春、张伯苓这样目光如炬、思想先进的教育家的苦心经营，南开能走出诸如周恩来这样的领袖人才也不是意外之事。

由于在美国留学时已经体认到世界进入激烈竞争的时代，因此张彭春坚持认为"欲挽社会，非有一般知识高超，道德纯厚之新少年，其眼光、其魄力，均不足以促进其事业。徒志不足有为，识高方见经济"④。为此，他提议筹办大学。

1916 年 8 月 21 日，张彭春在新学年开学典礼上首次公开发表创办南开大学的意见。学生周恩来对他的讲演做了如下的记述："先生新自美归，此次演说为全校同学聆教之第一次。演说意旨，在于以教育为救国之大本，而教育所以能养成良美之国民者，要非使学生知识优美，道德高尚，身体强健不为功。是以大学之设，为吾校刻不容缓之图。而国魂之保守，毅力之增加，身体之锻炼，吾校师生尤宜时时勉励，以期无负全国厚希教育救国之忱云。"⑤

8 月 22 日，张彭春又邀集了南开学校专门部的师生进行座谈，讨论改办大学的问题。在座谈会上，他进一步提出了改办大学的具体意见，其中包括办学目标、学制和学科设置等等："今专门部将改为大学，即系期望诸生深造，后来庶免有心长力绌之弊，而得左右逢源之妙。大学科目有政治、社会、哲学、心理、经济、教育、中国文学、英国文学、历史等门。德文拟定为随意科之一。"并谓："将来悬想之标的，使南开大学生纵不能发明新理，为世界

---

① 《南开校风》第 72 期，1917 年 9 月 13 日。
② 《南开校风》第 88 期，1918 年 1 月 17 日。
③ 《南开校风》第 85 期，1918 年 1 月 4 日。
④ 《励学》第 2 期，1916 年 8 月。
⑤ 飞（周恩来）：《校风·校闻》第 36 期，1916 年 9 月 4 日。

学问之先导，亦决不令瞠乎欧美开流之大后，必与之并驾齐驱。"①在这次讲演中，可以看出他具有教育救国、不甘落后的理想和抱负：使南开大学培育出来的学生低则可以与欧美各国"并驾齐驱"，高则可以"发明新理为世界学问之先导"。不久，在一次修身班上所发表的讲演中，张彭春再次谆谆地告诫学生："二十世纪纯然一学术竞争之世界，而非有心无力者之所能为也，明矣，故吾劝诸君在学识上注意。"②这说明他提出办大学不仅仅是停留在一般意义上的"教育救国"的思想认识，而是把视野扩大到世界的范围，即把办大学置于"世界学术竞争"的高度去认识。

张彭春的这一提议在南开学校的师生中引起了很大的震动与反响。严修和张伯苓都很重视他的意见，并且接受了创办南开大学的建议，延请张彭春草拟改组大学的设想和计划。

1919年2月4日，南开大学筹备课成立，张彭春被任命为筹备课主任，主持南开大学的筹备事宜。张彭春还与张伯苓、华午晴、马千里等人赴北京参观几所大学的校舍建筑，并且主持制订了《南开大学计划书》，于1919年5月中旬刊行。它包括校舍规划、学科设置和课程之详细规定等，是创办南开大学的大纲和蓝图。他还为在外辛苦奔波筹款的张伯苓和严修出谋划策，让他们将这份计划书附在捐契后面，这样一来，便可以让那些有意出资的各界人士清楚地看到自己所要捐助的大学究竟是什么样子。③事实证明，这个方法的确发挥了不小的作用。因此，张伯苓后来称张彭春为"南开大学的计划人"。

为了办好南开大学，张彭春决定再次出国深造。1919年6月，他进入哥伦比亚大学攻读博士学位。

1921年，张彭春回到天津。在中学礼堂，南开大学的全体同学集会欢迎张彭春。会上，他也作了《大学教育之旨趣及今后中国大学应取之方针》的演讲。④《南开周刊》第53期上，还发表了许承钰的《欢迎张仲述先生回国》一文，表明南开人对他的期待。

1923年，刚回到南开没有多久的张彭春被清华学校借去参与改办大学的筹备工作。在清华转向正规大学的道路上，张彭春起到了十分重要的作用，成为清华大学历史上一位非常关键的人物。

---

① 拙（孔繁霭）：《校风·校闻》第36期，1916年9月4日。

②《校风》第45期，1916年11月8日。

③ 参见《南开校风》第126期，1919年5月19日。

④ 参见《南开周刊》第52期，1922年12月16日。

五四运动以后，随着全国中等学校和学生的数量不断增加，开办更多的高等院校以满足社会发展需要显得非常必要。但是有着充裕经费支持的清华学校却仍然只停留在中等学校的水平，显然不太符合社会的需要。与此同时，"国内舆论，对于留学政策，颇多指摘，教育思潮已趋于学术独立、教育自主之途径"①，作为留美预备学校的清华学校自然成了众矢之的，遭到了有识之士的批评甚至抨击。为了摆脱这种尴尬的局面，增设大学部成为清华学校迫在眉睫的任务。

1922 年，曹云祥出任清华校长，开始推行创办大学的改革。鉴于张伯苓在教育界的声望及其创办南开大学的成功经验，又因为张伯苓以前也曾担任过清华学校的教务长，和清华学校的渊源颇深，曹云祥便请张伯苓举荐合适的人才，协助筹备清华大学部。张伯苓考虑到胞弟张彭春曾经接受过清华学校"庚子赔款"之助，又亲身体验和考察过美国和欧洲各国高等教育之状况，还在南开大学的创办过程中积累了一定的经验，肯定能为清华大学的创办做出积极的贡献，遂将张彭春推荐给曹云祥。曹云祥慨然应允，将张彭春聘为清华教务长。张彭春为众望所归，对清华学校改办大学做出很多实际贡献，为其教育目的与教育方针的确立、课程学制的设定等各个方面出谋划策，极大地推进了清华学校改革的顺利进行。

1923 年 9 月，清华学校成立了新课程委员会，由张彭春出任委员长。他除了要审定课程外，还要负责筹划学校新教育方针的制定以及改办大学的计划。张彭春在代表新课程委员会向全校教职员提交的报告中，明确提出创办清华大学的总纲领，希望清华能够成为"一造就中国领袖人才之试验学校"。在此纲领的指导下，清华大学若要改变以前作为出国留学预备基地之地位，就应该树立起独特的学风，"特别鼓励创造学力、个人研究及应付中国实际状况及需要之能力"，具体方法就是要"在利用教室内外实际生活之动作，使经验近世文化之要领"②。这一纲领，提纲挈领地提出清华大学的奋斗目标、发展前景，表达了张彭春对清华大学美好未来的期盼，即希望清华学校一改昔日单一发展之路向，成为一所为国家培养优秀人才的高等学府。同时，他也进一步明确了清华大学的努力方向："一方面注重创造学力和个人研究，以补救中国固有之缺乏；一方面注重应付中国实际问题之能力，以补救留学外

---

① 《清华周刊》第 35 卷，8、9 期合刊，1931 年 5 月 2 日。
② 《清华周刊》第 293 期，1923 年 11 月 1 日。

国之缺失。"①

1924 年 2 月，曹云祥聘请几所中国著名高等学府的创办人和负责人担当清华大学的筹备顾问，张伯苓身在其中，并和胞弟张彭春一起为清华大学的创立、发展贡献智慧和力量。同年，张彭春还对清华的课程设置进行了一系列的改革，如减少讲课时间、选课自由、中西文化知识并重等。为了消除清华学校长期以来一直偏重西方知识、忽视中国传统文化的弊病，张彭春多次主持召开教职工座谈会，专门研究改善国文教学等问题。为此，他重新制定了学校的中文课程体系，并聘请了一批精通新学的教师，以加强国学师资力量。

1924 年 10 月，张彭春主持制定了《清华大学之工作及组织纲要》，提出清华大学的教育体制格局，包括普通科、专门科以及研究院各部。该纲要成为 1925 年 4 月 23 日外交部批准的《清华学校大学部暂行章程》的蓝本。同时，清华学校还组织了大学临时校务会议，张彭春被推选为副主席。不久，清华学校正式组成新校务会议，张彭春当选为旧制部主任兼大学普通部主任。同年，清华招收了第一届大学部学生，清华大学开始步入发展轨道。张彭春认为学校里机械式课本的教育，是使教授者学问人格缩小的制度，遂提出了创办大学研究院的意见，专聘中外造诣颇深的名师来清华大学授课，推动了清华研究院国学门的成立。

张彭春还将南开学校尤为重视校风建设的优良传统带到了清华学校，并为此付出了极大的努力。1924 年 5 月，张彭春在清华发表了题为《校风的养成》的讲演，力陈树立良好校风的重要性和迫切性，极大地教育了清华的广大师生。②在此基础上，他又亲自组织制定了《清华学校学生缺课新章（草案）》等章程，以严格的纪律来督促和规范学生的行为，对于培养和树立清华良好的校风起到了比较积极的作用。此外，在戏剧的理论研究和表演等方面颇有建树的张彭春还为清华美术社作了《中国戏剧漫谈》的专题演讲，并为 20 至 30 年代清华戏剧活动的发展奠定坚实基础。

1926 年春，清华大学内部发生了"少壮派"和"保守派"之争。当时，清华大学有一批年轻的留学归来人士，多在美国著名院校如哈佛大学、耶鲁大学获得学位。这些人思想开明，反对官僚政客控制清华，主张仿照西方国家大学的体制，实行教授治校，并且迅速形成了所谓"少壮派"。"少壮派"

①《清华周刊》第 302 期，1924 年 1 月 11 日。
②《清华周刊》第 315 期，1924 年 5 月 9 日。

在学校内颇有影响力，同以校长曹云祥为首的"保守派"水火不容，针锋相对，因而遭到了后者的排斥。具有留美背景的张彭春，作为清华学校改革的倡导者和推行者，自然也成为保守势力排挤的对象。张彭春迫于无奈，只得辞职。张彭春在清华师生中素来享有很高的威望，他的去职在学校中引起了轩然大波。不仅"少壮派"与"保守派"老师之间的矛盾进一步激化，学生们甚至自发组织游行请愿，高呼"打倒清华恶势力""挽留张彭春"等口号，出现了一场"挽张去恶"的风潮。然而，张彭春去意已定，遂谢绝了挽留，毅然返回天津。

张彭春对清华大学的贡献可通过陶行知的评价加以概括："一是将清华学校与游学完全划分，停招旧制之留美预备班。二是建立新学校，完全在本国造成本国领袖人才为目的。三是游美学额之给予，完全公之全国各大学之毕业生，以公开考试定之"，且"这三项政策是清华学校最切中时代需要制改革。"[1]

除参与南开大学、清华大学的创建工作之外，张彭春还曾遍访欧美各国，为中国教育现代化事业而东西求索。

1919年，当南开大学筹备完毕即将开学之时，张彭春重返美国哥伦比亚大学研究院攻读博士学位，同时赴各地演讲。另外，他还担任中国教育委员会秘书并出任华盛顿会议天津代表。1922年4月，刚过而立之年的张彭春在哥伦比亚大学修完博士课程，并通过了论文考试，以学位论文《从教育入手使中国现代化》获得博士学位。这篇论文主要围绕中国现代化和教育之关系展开论述，其中有关改善中国教育之观点迄今仍为国内外教育界所认同。

1922年7月，在中华教育改进社的支持下，张彭春先后访问了英国、法国、德国、波兰、丹麦和苏联等欧洲国家，并详细考察了各国的教育状况。1923年1月，张彭春回到天津，受聘担任此时已颇具规模的南开大学之教授，并将在西方国家所了解到的教育改革经验引入南开大学的教学和管理当中。

1931年1月，张彭春奔赴芝加哥大学讲学，主要讲授中国哲学和中国文艺。同时，他也在芝加哥艺术学院开设了有关中国文艺的课程。3月，他又到哥伦比亚大学任教。此后，张彭春又相继访问了荷兰、芬兰、德国、苏联、波兰、奥地利、瑞士以及法国等国家，收获颇丰。

1932年1月，张彭春结束了在国外长达一年多的讲学和访问，回到天津，继续在南开任教。这次游历，苏联给张彭春留下了深刻的印象。他在南开多

---

[1]《新教育》第1卷第26期，1926年5月28日。

次发表了有关苏联社会的演讲，包括《在苏俄所看见听得跟想到的》《共产主义的哲学背景》《苏俄教育状况》等，详细地介绍了苏联各方面的发展变化。不仅如此，张彭春还受到苏联半工半读教育的启发，向张伯苓申请在南开秋季开学之后的高一班仿行创办一个"新教育试验班"，学生一周读书，一周做工，以实现他所提倡的"心力同劳"教育思想。他认为，应该逐步确立"从消费的转向生产的，从动小筋肉的转向动大筋肉的，从舞弄笔墨的转向改造物质的，从靠人生活转向自食其力，从个人竞争转向团体合作"的"力心同劳"教育工作新方向。在张伯苓的支持和投资下，木工厂、铁工厂、印刷厂等三个工厂在西广开相继建立起来，作为张彭春进行教育试验的基地。[①]其中木工厂负责木器加工，铁工厂负责机械制造，印刷厂负责南开学校各部教材资料的印刷事宜。这样，工厂既是培养学生实际动手能力的场所，又成为学校坚实的产业基础。为了深化这一教学改革，张彭春还特意聘请在日本留学时也是在半工半读式学院完成学业的葛畔珍为厂长，郭沈初为工程师，李金寿为财务总管。这些工厂除了供学生们学习工艺外，还对内、对外承接各种业务，如制造医院用品、学校家具等。一年之后，由于产品订货越来越多，市场需求不断增加，生产任务日益繁重，学生们的生产能力尚不能满足这样的需要，再加上张彭春又要出国，工厂只好脱离学校，成为独立的企业，迁至南开马场道，另设新厂。

1936 年，张彭春受教育部借聘，以交换学者的身份前往英国，在牛津、剑桥等十余所著名学府做学术讲演，向英国教育界介绍中国文化的变迁。是年 8 月 7 日到 14 日，世界新教育会议第七届会议在英国伦敦召开，五十余国代表前来参加。张彭春、陶行知代表中国出席了这次会议。这一年，张彭春在剑桥大学修订完成专著《中国：何来，何去？》，后改名为《中国在十字路口》，交由伦敦伊文思公司出版发行。

张彭春的多次巡回讲学和交流访问，不仅丰富了他的教育思想，更把世界一流的教育理念和方法引进中国，有助于实现他的中国现代化理想。

透过张彭春在中国近代教育史上的人生轨迹，深入考究其言行，便不难发现，张彭春为中国教育现代化所做出的努力与奋斗，成为他一生中甚为华美的篇章。

---

① 参见董庶：《1929—1935 级史》，《南开 1935 班毕业纪念册》，1935 年 7 月。

跨越中西艺术的大师

　　在美国克拉克大学留学期间,张彭春不仅广泛阅读和研究西方戏剧作品,而且学习欧美戏剧理论和编导艺术,甚至尝试撰写剧本。1916 年,张彭春从哥伦比亚大学获得教育学与文学硕士学位后回国。

　　在南开,除了帮助张伯苓一起经营管理学校之外,他还凭借自己深厚的西方戏剧理论功底和宝贵的创作经验,赢得了张伯苓等人的信任,成为南开新剧团导演及副团长,先后导演过《醒》《一念差》《新村正》等剧。而张彭春将新剧引入南开,不仅是出于个人的兴趣爱好,还是为了培养学生的乐群精神,他在 1917 年敬业乐群会欢迎新同学的演说中说道:“如音乐、演剧、作文、踢球,凡当乐时,每生同意之感。而一种团体性,亦因之而生。如我等今夕之会之乐,则乐之果可少乎哉。矧新旧同堂,师生一气,剧演于上,乐作于下,其乐何如,我知其乐陶陶也。”①

　　作为一位醉心于戏剧艺术的教育家,张彭春不仅对西方话剧艺术有着深入的了解和研究,而且长期以来就有一个向世界介绍中国传统艺术——京剧的梦想。1920 年,在美国哥伦比亚大学研究院攻读博士学位的张彭春,曾组织中国留美学生表演了自己改编的传统剧目《木兰从军》,以此为国内受灾民众筹款。为了吸引美国观众,张彭春在编写剧本时,适当地做了一些修改,删除了抒情性的诗句,取而代之的则是简单明了的台词。1921 年 2 月 24 日和 25 日,由洪深导演,留学生们用英文将这出中国古装戏剧搬上了纽约百老汇克尔特戏院的舞台,博得了美国观众和媒体的高度赞誉。《纽约时报》刊发评论文章,对演出给予高度评价:“昨天的演出受到了高度的赞扬……他们都是业余演员,与职业演员相比较,大有技高一筹之概。”②由此可见,张彭春的这次尝试无疑是十分成功的。“中国的戏剧,如何才能得到世界地位,决不是闭户自诩可成的,必须注意到世界的需要”③,这是张彭春长期以来对中国传统戏剧艺术走向世界的期盼与祝愿。与梅兰芳携手,指导梅剧团在美国、苏联的成功演出,使张彭春的理想变为现实。

　　1930 年,华美协进社（China Institute in America）孟治盛情邀请梅兰芳

---

① 《南开校风》第 71 期,1917 年 9 月 13 日。

② 黄殿祺:《话剧在北方奠基人之一——张彭春》,中国戏剧出版社 1995 年版,第 180 页。

③ 重庆南开中学《公能报》,1946 年 11 月。

率团前往美国进行访问和交流。应出生于天津的中国驻美公使伍朝枢之邀，梅兰芳一行出席了中国驻美国大使馆为他们举办的欢迎宴会，并表演了取材于中国古典文学名著《红楼梦》的京剧选段《千金一笑》。恰逢此时，正在美国讲学的张彭春应邀观看。表演结束之后，张彭春到化妆室问候梅兰芳，梅兰芳谦虚地向他征询观看演出的意见。谁知就是这一问一答，拉开了两人合作的序幕。

张彭春十分坦率地指出，美国人并没有完全看懂这出戏，原因就在于中美两国的文化差异较大，对于一些为中国人所熟知、反映中国传统文化的细节，美国人却难以理解。张彭春的一番话，令在演出时也有同感的梅兰芳受到触动。于是，他当即提出要与张彭春合作，共同将中国传统艺术更好地介绍给西方人。而张彭春也希望借助梅兰芳精湛的表演技艺，对传统京剧做必要的改革，使其能够在中外文化交流中扮演更重要的角色。因此，在征得张伯苓校长的同意之后，张彭春便慨然应允出任梅兰芳剧团的导演。梅兰芳完全接受张彭春的建议，先是聘请熟悉美国演艺界的希腊裔美国人喀帕卡斯（F. E. Kapaks）负责联系和安排剧团的全部演出事宜，而后又与当地报刊媒体进行沟通，努力做好宣传报道，以期扩大影响。果然，梅兰芳的演出还未正式开始，便已经引起了美国社会各界人士的广泛关注。

不仅如此，张彭春还根据美国观众的欣赏习惯，大胆整合了剧目。每次演出的剧目都要多样化，如同一桌菜肴具备不同的色、香、味，才能引人入胜。在他看来，虽然外国人不懂中国话，但是若表情动作做得好，也可以使他们了解剧情。因此，张彭春和梅兰芳等人反复商议，决定上演《刺虎》《贵妃醉酒》《青石山》《芦花荡》《汾河湾》《打渔杀家》《霸王别姬》《春香闹学》等传统优秀剧目以及剑舞、羽舞、杯盘舞等观赏性很强的舞戏。此外，为了适应不同观众的欣赏品味，张彭春一方面建议每晚安排四场不同的剧目，另一方面请梅兰芳把各种舞戏抽出来单演一场。特别值得肯定的是，张彭春大胆尝试改革表演程式，将剧本精练集中，减少纯交代性场次，废除检场，净化舞台等。[①]例如，对于经典剧目《贵妃醉酒》，他就建议减少进酒、调情等表演次数，把演出时间压缩，由45分钟减至25分钟，甚至亲自拿着表来计时。张彭春的大胆改革，取得了良好的效果。

除了剧场表演之外，报刊媒体的评论往往在某种程度上决定和影响着演员演出的成败，演出效果的评定。为了提高梅兰芳的国际知名度，并为演出

---

① 《大公报》，1930年8月30日。

造势，张彭春主动和美国著名文艺评论家斯塔克·杨（Stark.Young）联系，向他详细介绍了中国的京剧艺术和梅兰芳的表演造诣，并赠送《中国戏的组织》《梅兰芳艺术一斑》等宣传品，还邀请他观看了剧团的彩排。因此，在正式演出开始之前，由一向对中国戏剧怀有浓厚兴趣的斯塔克·杨发表的文艺评论，通过报刊媒体已将梅兰芳的艺术成就和京剧的巨大魅力展现在观众面前，从而产生了巨大的宣传效应，以至原定需要两个星期售出的门票仅三天就销售一空。

1930 年 2 月 16 日，梅剧团在纽约百老汇第四十街剧院的首场演出正式开始，这也是中国艺术家在美国舞台上的第一次盛装亮相。在张彭春的严格监督下，该场演出按时开幕，准时结束，令美国人惊讶不已。他还一连数日，场场担任司幕，为梅兰芳在美演出大获成功付出辛劳。《申报》记者也不禁大加赞赏："此次登台，戏目均由张彭春先生排定，张君对于剧学确有深切研究，尤能了解观众心理。每晚准九点钟开演，至十一点钟止。张彭春先生司幕，时刻之准，为美国剧院所少见。"①

之后，梅兰芳率领剧团又陆续到芝加哥、旧金山、洛杉矶、檀香山等地演出。一路上，张彭春始终尽力提供协助和指导。不仅如此，在每场演出前，他总是穿着正式礼服上台，用英语向观众介绍即将表演的剧目。平时，他甚至还要为梅兰芳起草在当地举行的座谈会和欢迎会上的发言稿。对此，南开校友总会留美分会进行了详细报道："张仲述先生现正为梅兰芳先生帮忙演剧，终日疲劳。梅先生在纽约蒙各界人士之热烈欢迎，大半皆张先生之力也。"②

通过这次美国之行，梅兰芳以精湛的演技充分展示了中国京剧艺术的魅力，征服了美国观众。他的表演得到美国艺术家、评论家们的好评，斯塔克·杨陆续发表了《梅兰芳和他的剧团的节目》《艺术使节》等文章，介绍中国京剧的历史渊源和梅兰芳的艺术成就。著名舞蹈家玛丽·伏·瓦特金斯（Mary. F. Watkins）女士也于 1930 年 5 月在美国《舞蹈》杂志上发表文章，对《霸王别姬》给予了很高的评价，评论家乔治·西·瓦伦（Gorge. C. Warren）对《春香闹学》做了专题评论。梅兰芳本人也荣膺加州普蒙纳大学和南加州大学所授予的两个荣誉博士学位。

1935 年，梅兰芳应邀赴苏联演出，再次约请张彭春担任访苏演出的总导

---

① 《申报》，1930 年 3 月 29 日。
② 《南开双周》第 5 卷第 4 期，1930 年 4 月 28 日。

演。出发之前，张彭春对梅兰芳的演出计划，进行了反复思考，两人共同商定了表演剧目，还特意邀请戏剧家田汉参与讨论。最后决定上演的剧目是《刺虎》《贵妃醉酒》《汾河湾》《打渔杀家》《宇宙锋》《虹霓关》，以及剑舞《红线盗盒》、羽舞《西施》、袖舞《麻姑献寿》等。

1935年3月12日，梅兰芳、张彭春一行乘坐苏联提供的专轮"北方号"抵达莫斯科，受到了各界人士的热烈欢迎。苏联对外文化协会还特意在剧团演出之前出版了《梅兰芳和中国戏剧》一书，广为宣传。书中收录了张彭春的《京剧艺术概观》一文，充分表明张彭春在梅剧团中的地位以及苏联文艺界对他推介的重视。

在这次访问演出中，出现了一段小插曲，确实耐人寻味。梅剧团此行增加了一位新团员——杨盛春，乃杨隆寿之孙，是位演艺精湛的武生。在排练的时候，杨盛春总觉得张彭春是搞新剧出身的外行，哪有资格来指导排练传统京剧，遂自作主张，想和张彭春过过招，掂掂他的分量。在排演时，杨盛春故意不认真练习，不按照张的指导意见去做。张彭春就是不让他过关，不厌其烦地指导杨盛春一遍又一遍地做。最后，直到杨盛春不得不按照标准张彭春的要求表演时，张彭春才说："好！台上就照这样做。"事后，杨盛春十分服气地说："敢情张先生还真有两下子。"大家都笑道："你才知道他能吃几碗饭，连梅大爷都得听他的，人家是外国博士，懂得洋人的脾胃。"确实，梅兰芳也极为钦佩张彭春，逢人就讲："干话剧的朋友很少真正懂得京剧，可是P. C. 张（注：指张彭春）却是京剧的大行家。"

梅剧团在莫斯科演出六场，在列宁格勒演出八场。每场演出完毕，观众们都会奉以热情的掌声，一再要求梅兰芳返场。最后，苏联对外文化协会又邀请他们在莫斯科大剧院加演一场，作为临别纪念。莫斯科大剧院是苏联戏剧界的最高殿堂，也是众多艺术家梦寐以求的表演场所。梅兰芳能在此演出，足见苏联戏剧界对其表演艺术的推崇。这次公演，梅兰芳被掌声请出谢幕多达十八次。当时《工人与戏剧》杂志发表评论文章，提出"梅兰芳在莫斯科和列宁格勒的演出，应被视为苏中两国人民文化交流的新里程碑"①。

此外，张彭春还陪同梅兰芳拜访了苏联著名戏剧大师斯坦尼斯拉夫斯基（Константин Сергеевич Станиславский）和丹钦科（Nemirovich-Danchenko, VladimirIvanovich）、爱森斯坦（Сергей Михайловин Эйзенштейн）、梅耶荷德（Meierkholid）等人，并多次和他们进行座谈，交流经验。这些苏联戏剧

① 黄殿祺：《话剧在北方奠基人之一——张彭春》，中国戏剧出版社1995年版，第283页。

界著名人士对梅兰芳的表演也大加赞誉，认为梅兰芳的表演技艺已经具有极高的艺术水平。张彭春后来曾说过，"苏联的戏剧造诣很高，他们对梅剧团做出的评价，震动了整个欧洲剧坛"①。梅兰芳、张彭春等人还在苏联参观了戏剧学院、电影学院和在莫斯科历史博物馆举行的苏联十七年戏剧艺术展览会，并观摩了许多苏联戏剧、歌剧和芭蕾舞表演，从中受益良多。

回国之后，张彭春撰写了一万多字的论文《苏俄戏剧的趋势》，概括此次访苏"一方面是想把中国的戏曲介绍到国外，另一方面也是借此观摩吸收外国戏剧艺术丰富我们的民族艺术"。在南开的课堂上，张彭春还经常兴致勃勃地向同学们讲述自己随梅兰芳剧团在美国、苏联演出的经历和体验。

美国、苏联之行，既圆了张彭春使国粹走向世界的梦想，也进一步验证了他的艺术超越国界的理论，即中国传统戏剧与西方戏剧虽然是在不同的文化环境之中孕育产生的，但是凭借着艺术的直感，异文化圈的欧美观众完全可以理解和欣赏中国的京剧艺术，两者的关系不是互为冲突，而是相得益彰。

建构"二战"后国际新秩序

张彭春一生除了致力于中国教育现代化、弘扬国粹外，还在外交事业上取得了不凡的成就，为维护国家利益和世界和平作出了贡献。

张彭春在早年留美期间，就曾凭借着自己清晰的思维、善辩的口才、流利的语言当选为其就读的克拉克大学学生辩论队队长，并率队四处征战，屡次获得胜利。20 世纪 20 年代，张彭春又数次到欧美访问、讲学、募捐，30 年代初期，他又担任梅兰芳剧团访问美国和苏联的总顾问。这些经历使得张彭春积累了丰富的对外交流经验。

1937 年，当日本军国主义者大举侵华之际，张彭春接受政府的聘任，赴英、美等国宣传中国抗战形势，以争取国际舆论的支持与援助。1939 年 1 月 19 日，张彭春在美国华盛顿发起组织了"不参加日本侵略委员会"（American Committee For Nonparticipation In Japanese Aggression），请曾任美国国务卿的史汀生先生出任该委员会的荣誉会长。由此增强了与国际上各种反对日本侵略势力的组织、人士的联系，得到史汀生等国际知名人士的大力支持。为了壮大声势，张彭春还联络了美国三十个和平团体，以争取他们对中国抗

① 黄殿祺：《话剧在北方奠基人之———张彭春》，中国戏剧出版社 1995 年版，第 285 页。

日救国战争的实际支持，取得很大的成效。"当时美国四十余和平团体中约有三十"①均与张彭春"常有往还，此等团体所造之气氛，有利中国"。

1939年7月，在张彭春和"不参加日本侵略委员会"的大力游说下，更由于日本军国主义者的对华侵略严重地损害了美国的在华利益，美国国会通过了"对日经济制裁法案"，并废除了美日商约。张彭春为中华民族联合国际力量争取抗日战争的胜利做出了重要贡献。

由于在国际舞台上展现出卓绝的外交才能，张彭春在1940年被任命为中国驻土耳其全权公使。在土耳其履任期间，张彭春曾经代表中国政府，于1942年3月16日，与伊拉克签订了友好条约，还曾用英语向伊拉克皇室做过两次演讲。此外，张彭春还在巴格达发表了有关中国和阿拉伯文化的讲座，将儒家思想和伊斯兰主义进行了精辟的比较。之后，张彭春又被调往智利出任大使一职。

1946年，刚刚成立的联合国决定起草一份世界范围内的人权宣言，这是一个具有划时代意义的构想，对于人类的和平、平等、发展关系重大。因为"在世界历史上，国际社会的成员从来没有一道成功地为不仅仅是一个国家或者一类人，而是为不论任何地方和任何时代的所有人定义他们应该享受的权利和自由"②。为了落实联合国此一决议，共有五十九国派出了代表参与宣言的起草。宣言起草委员会主席是美国总统罗斯福的夫人，此外黎巴嫩人查理·马里克（Charles Malik）和法国人勒内·卡森（René Cassin）等人也参与了起草工作。

当时中国尽管正处于内战时期，但是国民政府仍然指派具有丰富外交经验、精通中西文化的张彭春参加了《世界人权宣言》的起草工作。由于他在起草工作刚刚启动的时候就已经提交了自己的方案，并具有相当高的建设性，因此，被推选为起草委员会的副主席。

五十九个国家代表齐集一堂，共同商议、起草《世界人权宣言》，可谓人类创举。然而，因为不同国家具有各自不同的文化传统、价值观念，乃至国情，因此在起草《世界人权宣言》的过程中，各国代表不可避免地会产生许多问题和矛盾、误解甚至是争端。张彭春凭借其广博的中外文化知识、出色的外交手腕，化解了谈判过程中的无数次僵局，成为东方文化与西方文化的调解和沟通者。例如美国的代表最早提出"All men are created equal"的文字

---

① 南开校友会：《张伯苓先生百年诞辰纪念册》，第215页。
② 《高尚的使命——联合国〈世界人权宣言〉诞生过程》，http://www.yavis.org/jiawen/3/12.htm。

（"人生而平等"，英文中"人"与"男人"同为一词，所以也可以译为"男人生而平等"），遭到若干女性代表的抗议，认为损害了女性权益，另外 create 这一个字也隐含造物主的意思，受到其他非基督教国家代表的质疑。张彭春主张立足于普遍主义，坚持取消一切借助于自然和神的措辞，他的观点最终为主席罗斯福夫人所接受。法国代表卡森先生甚至声称：全靠张先生用适当词句，摒除障碍，宣言才得以顺利通过。

在起草宣言的过程中，张彭春感到最快活和最满意的是自己成功地将中国传统的儒家文化融入了《世界人权宣言》之中。张彭春说："宣言应该既反映出托马斯·阿奎曼的思想也反映出孔子的思想。"例如，《世界人权宣言》第一条指出："人人生而自由，在尊严和权利上一律平等。他们富有理性和良心，并应以兄弟关系的精神相对待。"其中，"良心"（conscience）一词便是基于张彭春的建议，是融入儒家价值观的典型反映。他甚至还建议起草委员会成员花上几个月时间来深入研究儒家思想。对此，学者萨尼·突维斯（Sumner. B. Twiss）认为："中国代表张彭春当年把儒家的一些理念、观点引入《世界人权宣言》的审议过程，这种努力导致了宣言的最后形成并通过。在智慧的高度上，张彭春对宣言的形成所尽的责任比谁都要大，他将具有更为普遍性而非纯粹西方的思想注入于世界人权宣言之中。"①

1948 年 12 月 10 日，经过两年的反复讨论和不断修改，联合国最终通过了《世界人权宣言》。张彭春代表中国政府对宣言投了赞成票。罗斯福夫人在联合国大会上发表讲话的时候，再次强调了《世界人权宣言》所具有的划时代意义："我们今天就要面临一个无论对联合国的历程还是对人类生命来说都十分重大的事件。人权宣言很可能就成为全世界所有人的国际宪章。我们希望联合国大会颁布的人权宣言和法国人民 1789 年宣布的《人权和公民权利宣言》、美国人民采纳的《人权法案》以及其他国家在不同时间采纳的类似宣言具有同等重要的意义。"②而张彭春这位杰出的中国外交家，居功至伟。

在纪念《世界人权宣言》签订五十周年的庆祝活动中，联合国有关机构特意邀请张彭春的后人参加此次盛会，以缅怀他为这份人类国际宪章的制定所做出的卓越贡献。

纵观张彭春一生的努力，其对于近代中国的贡献不言而喻。在抗战胜利后的演讲中，他深情地回顾了自己的往事，并充满感情地说："个人三十多年

---

① 《"五四"的反省与超越——以现代性与传统为中心的思考》，http://www.siwen.org/wenhua/54fxycy.htm。
② 《高尚的使命——联合国〈世界人权宣言〉诞生过程》，http://www.yavis.org/jiawen/3/12.htm。

来，有时致力于教育，有时从事外交，有时也研究戏剧，表面上看起来，似乎所务太广。其实一切活动，都有一个中心兴趣，就是现代化。"①

---

① 重庆南开中学《公能报》，1946 年 11 月。

兢兢业业的马千里

马千里（1885—1930），名仁声，字千里，祖籍浙江绍兴，1885 年生于天津一个没落官僚家庭。生性悲天悯人的他，自幼就目睹了国家贫弱和社会的不安定给人民带来的痛苦，因此他的身上并没有一般官家子弟的纨绔习气，反而在少年时期就怀有国家兴亡、匹夫有责的爱国之心、救国之志。为此马千里勤奋求学，在童年的私塾中就屡考第一名，之后又陆续在俄文馆、北洋大学俄文专科班、上海私立振华学校和天津私立敬业中学（即南开学校）读书。在校期间，马千里表现甚为活跃，曾任南开学校自治励学会会长，参加过国民禁烟会、技击团、军乐队、演说团等组织。①

躬身教育，栽育良才

1912 年，马千里应校长张伯苓之邀留校，教授算术、代数、几何、法制等课程。已为教师的马千里持续学生时代的活跃状态，在教学之余积极参与学校的社团活动。演出新剧是南开校园文化的一大传统和特色。1911 年，还是学生的马千里即在南开学校周年纪念会上表演新剧。马千里在剧中扮演一女角，这是他第一次粉墨登场，颇有几分不自在。他曾于日记中写道："第一次扮女角，脸红耳热，话说不出，勉强为之。"②成为教师后的他又在《华娥传》《新青年》《恩怨缘》《仇大娘》《一元钱》等新剧中扮演女角。他曾带领南开新剧团的同学赴北京观看广德楼用南开新剧团自编剧本上演的《恩怨缘》及《仇大娘》，并在回津的火车上指导周恩来排演《华娥传》。1913 年，重视演讲的张伯苓校长委托时子周、马千里二人主持"练习演说会"。马千里不仅经常给同学示范演讲，还带领演说团乘火车赴塘沽、大沽、邓善沽、葛沽、

---

① 参见马翠官等：《马千里先生年谱》，《天津历史资料》，1981 年第 10 期，第 16 页。
② 马翠官等：《马千里先生年谱》，《天津历史资料》，1981 年第 10 期，第 17 页。

咸水沽、白塘口等地演说。在 1915 年青年会主办的官中、高工、水产、南开四校学生辩论会上，马千里辅导的南开学生黄春谷、施奎龄、周寿年参加辩论，并获全胜。此外，他也与同学一起创办报刊、参加学校照相研究会等。

1915 年，张伯苓受聘往直隶第一女子师范学校代理校长之职，马千里同往任监学。1916 年，齐壁亭接任直隶第一女子师范学校校长。原来的萧监学坚决不肯续任，马千里勉强任职。因此，除在南开学校兼课十二节外，他还要竭尽全力帮助齐校长办好直隶第一女子师范学校。

在直隶第一女子师范学校任教期间，马千里不但对各科教学进行了改进，还经常组织学生到校外参观。他极其重视学生文体活动的开展，到校不久就添置了游木、乒乓球、篮球等多项体育设施，鼓励学生锻炼。马千里还将南开学校重视德育、强调修身的传统移植到了直隶第一女子师范学校，他亲自教修身课，给学生讲国内外形势和做一个中国人的责任，教育学生要关心国家大事，关心人民。①1916 年，直隶第一女子师范学校决定举行十周年校庆活动，马千里全面负责筹备工作。为此，他连续几个星期都未能回家。一天，妻子张祝春打来电话，告诉他家里三个孩子都得了猩红热症。他急忙赶回家中，只见"秋官欲死，嘴唇尽黑，声音不能吐字，珠官亦昏迷不醒，琪官疹子尚未出来，大概皆不得了"。三个孩子都病得相当严重，非常需要护理和照顾。作为父亲的马千里十分疼爱每个孩子，可又放不下学校里的工作，只好安慰了妻子一番，便匆匆赶回学校。张祝春也很理解丈夫，独自担起了照顾家庭的责任，无微不至地呵护着病重的孩子，让丈夫毫无后顾之忧地投入到工作当中。待直隶第一女子师范学校校庆活动结束之后，马千里马上赶回家，看到"珠儿更难看，秋官亦未好，琪官已抽风，恐不能过今日"，心如刀割一般。在母亲的精心看护下，秋官和珠官终于摆脱病魔，恢复了健康，但年纪幼小的琪官却因抵抗力较差而不幸夭折。张祝春因为没日没夜地照顾几个重病的孩子，再加上难以承受的丧子之痛，身心憔悴，终于病倒了。②

1921 年，在天津著名药商乐达仁的资助下，马千里创办了达仁女学，并任校长。他公开表示，他可以当校长，不拿工资（每月只拿车马费十元），完全尽义务，但会负责处理校内一切事情。在这位思想进步的校长管理下，达仁女学以开明、活泼而见称。师生们自由地参加社会上各方面的爱国进步活动，完全不会受到校方的干涉。

① 廖永武：《爱国教育家和社会活动家马千里》，中国人民政治协商会议天津市委员会文史资料委员会编：《近代天津十二大教育家》，天津人民出版社 1999 年版，第 63 页。
② 马翠官等：《马千里先生年谱》，《天津历史资料》，1981 年第 10 期，第 19 页。

马千里一直对自己的学生爱护有加。1917年，当周恩来欲赴日留学但却囊中羞涩时，马千里立刻到南开学校找张彭春、华午晴、时子周等人为周捐助路费，并带头捐出十元，尽管他自己的生活也不宽裕。

一心为国　五四先锋

马千里人生的青年时期正值传统中国的衰朽之时。1908年，光绪帝及西太后那拉氏相继去世，在南开学校读书的马千里在日记中写道："全堂学生皆往学会处吊孝，白其帽白其袖，予未与之俱往，匿之于便所。"[①]同那个时代许多怀有报国之心的青年一样，马千里一直在忍辱与求知中焦急等待，等待中国昏暗政局的云开之机。

1911年12月，一心拥护革命的他得知滦州新军准备起义，遂与华仲临、华实甫、张国青等共同谋议，准备趁滦县起义军来津时进行策应。此时，他和张祝春结婚仅一年多，长子马秋官也才几个月大，尚在襁褓之中。但是，胸怀大志的马千里决意为建立民主国家尽自己的绵薄之力，便对妻子说："今夜晚我有事，如不能回来，明早你带孩子到七太太家去避一避。"张祝春闻听此言说："你要革命就不该成家，你走了，家怎么办？"马千里舍不得娇妻爱子，但他更明白，倘若国已不存，何来有家，便安慰妻子说："清廷腐败，不推翻它国家将亡，若国家亡了，哪还有什么家？"此次策应因为援军没有赶到而未能实现。对此，马千里非常懊丧："今日之机会可惜，又为之错过。天津果不能起事乎？果无起事之资格乎？"[②]

1917年，张勋扶保宣统皇帝复辟，马千里甚为气愤，在日记中写道："滑稽短命政治剧，看你横行到几时？"[③]1918年，马千里还与温支英到上海拜访孙中山，会晤许久。

1919年，五四运动在北京爆发。消息传来，天津学界迅速掀起了波澜壮阔的反帝爱国运动浪潮。一向抱有宏伟爱国志向的马千里坚定地和学生们站在一起，全身心地投入了这场轰轰烈烈的运动之中。5月16日，马千里在日记中表露了为拯救国家而置生死于不顾的决绝态度："予自今日起不记日记

---

① 马翠官等：《马千里先生年谱》，《天津历史资料》，1981年第10期，第15页。

② 廖永武：《爱国教育家和社会活动家马千里》，中国人民政治协商会议天津市委员会文史资料委员会编：《近代天津十二大教育家》，天津人民出版社1999年版，第58页。

③ 马翠官等：《马千里先生年谱》，《天津历史资料》，1981年第10期，第20页。

了，抱日记存放起来，因为吾要做事情时候到了，不能把所有的计划全记上，不然将来被捕时不用口供，从日记里不全看去了！"①凭借出色的口才，马千里在天津多次组织演讲宣传，号召民众选用国货、抵制日货，使人们深受感动。6 月 18 日，马千里凭借自己在教育界的威望和出色的社会活动能力，荣膺天津各界联合会副会长。他在演讲中说："今日成立斯会，原赖各界热心国事，惧中土之沦亡，然必须同心协力，相辅前进，无论何种党派或官僚派如何设法从中破坏，我等必竭力抵御之。"②怀着坚定不移的决心，马千里终日不顾个人的安危，不计自己的得失，把全部精力投入了开展各界联合会的工作。

6 月 25 日，天津各界联合会通电北京，反对签署和约，要求取消"二十一条"和密约，请政府惩办卖国贼，但遭到政府取缔。在各界联合会三次派出代表赴京请愿未果却反被拘留的情况下，各界爱国群众纷纷举行示威游行表示抗议。10 月 12 日，全津学生二千余人，公民一万余人聚集在东马路基督教青年会会所，共同抗议警厅暴行。各界公推马千里、时子周等人作为代表面见省长，在他们的据理力争下，被捕代表终于获释。③

紧接着马千里又积极筹备召开了国民大会，天津抵制日货运动由此开始。1920 年 1 月 23 日，当学联调查委员发现魁发成料器庄私藏日货后，奸商竟然勾结日本浪人殴打学生。当国民大会众委员欲惩办奸商时，遭到警厅干涉，并拘捕马千里等数人。各界联合会和学生联合会也遭到反动当局的查封。周恩来等人为此前往省长处请愿，遭到大批军警镇压而被逮捕。④

当局的暴行激起了社会有志人士的共同抵制和抗议。宋则久、边清洁等人继续积极进行抵制日货的各项活动，张伯苓等人加入遭到封禁的各界联合会，以示对爱国行动的声援，并对当局造成压力。南开和女子师范的教职员亦辞职以示抗议。社会各界有识之士的支持和帮助，对后来马千里等代表的获释具有很大推动作用。

马千里等人在被关押的两个多月中，面对警厅妄图消磨意志的行为，仍能泰然处之，丝毫无所动摇。尤其是马千里，身处逆境却仍保持乐观积极的心态。不仅利用争得的读书和聚会机会，组织大家学习和开展演说等文体活动，使大家在狱中也能得到继续学习和锻炼，他还为将来的教育工作和社会

---

① 马翠官等：《马千里先生年谱》，《天津历史资料》，1981 年第 10 期，第 24 页。

② 马翠官等：《马千里先生年谱》，《天津历史资料》，1981 年第 10 期，第 24 页。

③ 参见马翠官等：《马千里先生年谱》，《天津历史资料》，1981 年第 10 期，第 24—27 页。

④ 参见马翠官等：《马千里先生年谱》，《天津历史资料》，1981 年第 10 期，第 28 页。

活动提前做出计划安排，如要对少年军事教育提出建议，改造天津体育社；扩张商团；提倡中等以上学校军事教育；提倡高等小学兵式操。并计划将来要办新闻报纸的发刊词内容；介绍世界之新潮流，改进社会之旧习；主张国民有民主的参政权和自由权；奖励爱国的执政者；提倡男女教育之普及；介绍社会舆论及讨论问题等等。深陷囹圄的他仍能如此不顾自身安危，心系民众，不能不说是宗教的无我、隐忍和青年会的"人生皆为大众服务"的高尚精神在其中发挥了重要作用，使其如此坚忍不拔。也许正是这种精神感染了其他代表们，大家一齐"化郁愤为愉快，集愉快为力量"，不仅精神上更加振作，也更增强了大家斗争到底的决心。①

在代表们的坚决斗争和社会舆论的压力下，审判厅不得不于 17 日释放全体代表。社会各界皆为其庆祝。

出狱之后，当马千里得知张伯苓被迫勒退了二十多名参加爱国运动的南开学生后，极为不满，遂决定辞职。张伯苓为挽留人才，亲自请他回校，希望他能回心转意。但马千里仍以"性情不适于教育界"为由，离开了南开学校，表现出"吾爱我妻兄，吾尤爱真理"的精神追求。不过，离开南开学校并不意味着彻底断绝了和南开的联系。1929 年，南开校友总会成立，马千里被推选为主席。从南开学校辞职后，马千里创办了《新民意报》，自任主编。该报以追求爱国进步、支持女权为宗旨，还连续刊载周恩来所著的《警厅拘留记》《检厅日录》，在当时的天津报界一枝独秀。

革除旧习　支持女界

在南开学校就读期间，马千里显露出卓越的才华，受到张伯苓的赏识，觉得这是一位不可多得的人才，也是妹妹可以托付终身的男子汉。于是，张伯苓有意将小妹张祝春介绍给马千里。

马千里一向反对传统包办婚姻，因为在他十九岁时，就由家里做主和高氏结婚。但是一年多之后，高氏便撒手人寰了，所留下一个女儿也不幸夭折。这在马千里心中留下了无尽的悲伤和愁苦。为了改变这种命运，马千里明确提出自己续娶的择偶条件：一、在校求学五年以上；二、必放天足；三、订婚时换帖男女家互换，由本人收藏；四、订婚后男女可时常见面交流思想；

---

① 参见马翠官等：《马千里先生年谱》，《天津历史资料》，1981 年第 10 期，第 31 页。

五、婚礼皆去旧习。①张伯苓觉得，张祝春非常符合马千里提出的条件，而这些要求也与张祝春接受的新式思想相一致。因此，他就将张祝春介绍给马千里认识。两人相见之后，都非常满意，可谓情投意合，不久就举行了简单的订婚仪式。订婚之后，两人互通书信三十余封，进一步加深了彼此之间的了解，很快就到了谈婚论嫁的地步。1910年9月，由张伯苓做见证人，两人在张祝春任教的普育女校礼堂举行了新式婚礼。这场婚礼摒除了旧式婚礼的繁缛礼节，显得朴素而庄重，连新房中的被褥窗帘门帘都是用素色爱国布制作的。当日，新妇穿藕色袄青色裙，坐马车到学校举行婚礼。婚礼仪式十分简单，先由新人向证婚人和双方家长及亲友行鞠躬礼或作揖礼，随后新人及来宾讲话，礼毕照相后回家。当时，天津《醒俗画报》以《改良婚礼画》为题对这桩新式婚礼予以报道：

> 日昨下午，为私立中学学生马仁声君与普育女学教员张祝春氏，假普育女学堂内，举行结婚礼之期。是日往贺者，除两家之眷属及该堂之男女员司十余人，该堂之学生一百六十余人外，计男宾到者百余人，女宾及各堂女生到者三百余人。新郎首先到堂伫候，至二钟余，新妇始乘马车到堂，少息行礼，礼毕同归。一时雍雍济济，诚创举亦盛举也。社会上果慕而效之，未始非改良风俗之一端也，兹将行礼秩序列后：（一）振铃入礼堂；（二）冰人致喜词；（三）行同拜礼：一跪三叩；（四）行交拜礼：三揖；（五）谒见男家尊长；（六）谒见女家尊长：均一跪三叩；（七）行见两家平辈礼；（八）两家晚辈谒见礼；（九）谢冰人礼：均三揖；（十）两家互贺礼；（十一）来宾贺礼；（十二）谢来宾礼；（十三）仆人贺礼并谢赏；（十四）茶点。

此后，他们结婚行礼的照片还被张贴在报馆门前。这次新式婚礼在当时的天津可谓开风气之先，对旧式婚姻形式造成了一定的冲击，引起了较大的社会反响。

马千里不仅通过实际行动使自己摆脱了传统婚姻制度的束缚，还猛烈抨击了传统婚姻制度对女性身体的戕害和精神的束缚、提倡男女平等："以妇女为男子之附属品，洞其耳，缠其足，闭之室中，不使知外事，不使求学问，行一夫多妻之制，妾可买妻可出，一任男子之自由，以节烈为妇女唯一之美

---

① 马翠官：《马千里先生日记摘抄》，中国人民政治协商会议天津市委员会文史资料研究委员会：《二十世纪初天津爱国教育家马千里先生诞生百周年纪念1885—1985》，1985年版，第90—91页。

德。夫节烈故美德，然其夫不死，美德即不得而彰。我以为妇女之美德，不仅在此也。嗟乎！天之生人同此圆颅，同此方趾，本无分贵贱也。孰主张是而无是无非，公里极不平等之制度哉！"①1911 年，马千里鼓励妻子张祝春发起女子禁烟会和天足会，代她们拟订详细章程，计划组织办法，使天津妇女在禁烟中发挥作用，同时掀起妇女放足的热潮。1919 年，他还建议南开中学应当添招女生。

在主持直隶第一女子师范学校和达仁女学期间，马千里得以专心实践自己的女子教育思想。尤其是他创办的达仁女校，成为 20 年代天津妇女运动的一个中心。他先聘请了李峙山（毅韬）、邓颖超、王贞儒、周之濂、冯梅仙等五四运动中的爱国女青年来校任教。后又有鲁自然、陈奕涛、张广煦、许广平等人应邀加入，充实了达仁女学的师资力量。在马千里的带领下，达仁女学的教师和毕业生曾利用业余时间和星期日办了两班妇女补习学校，以普及妇女教育。1922，马千里帮助女学生周仲铮脱离家庭，入校求学。此外，他还帮助邓颖超等人组织女星社，并协助刘清扬等女界人士创办了当时全国唯一专门讨论妇女问题的日报——《妇女日报》。

1926 年，达仁女学由于与革命活动有过多粘连而在当局的压力下被迫停办。12 月 21 日下午，全校师生在操场举行散校仪式，向国旗敬礼，唱国歌和马千里编的校歌："达仁教我为人，奴隶社会应打破，不良制度预备推翻，人类同享平等福，根本在教育。"②

1927 年 3 月，马千里加入了当时在天津尚未公开活动的国民党，后任国民党天津指导委员会委员等职。北伐战争之后，他被任命为河北第一中学校长，一如既往地热心于教育事业。1930 年 2 月 19 日早晨，马千里刚刚到校就因脑血管充血而昏迷，后于 3 月 1 日病逝，年仅 45 岁。

---

① 金庆畴笔录：《马千里先生修身谈》，《直隶第一女子师范学校学刊》，1916 年第 2 期。
② 廖永武：《爱国教育家和社会活动家马千里》，中国人民政治协商会议天津市委员会文史资料委员会编：《近代天津十二大教育家》，天津人民出版社 1999 年版，第 81 页。

张氏后人的南开情与缘

张伯苓和夫人王淑贞共育有七子一女，但只有四个儿子长大成人。他们是张锡禄、张锡羊、张锡祚和张锡祜。四个儿子似乎都遗传了父母的优良基因，个个英俊挺拔、高大威猛，认识张家的人都说张家一门四虎，可是了不得。张伯苓对这四个儿子的要求非常严格，尤其注重提升他们的道德修养。他常说："我不给孩子留财产，我给他们留德。"张伯苓以身作则，言行一致。他病逝后，家人在他的衣兜里只发现了七元钱和两张过期的戏票。在学业方面，张伯苓对孩子们的要求也很高，一点都不放松。为了搞好他们的学习，张伯苓在力所能及的情况下为孩子们提供一切必要条件。收音机传入中国不久，张伯苓就在家里安装了一台矿石收音机，让孩子们坚持每天收听外语新闻，以便有效地提高英语听说水平。为了让孩子们拥有健康的体魄，张伯苓还特意在家中的庭院内安装了简易的体育器械，让孩子们在读书学习之余强身健体。在张伯苓的教育下，他的四个儿子德智体全面发展，在各自的领域里都有所成就，他的孙子女也为社会做出卓越贡献。

数学专家张锡禄

长子张锡禄，生于 1901 年，后改名为希陆。张希陆曾就读于南开中学，但他并没有因为父亲是校长而放松对自己的要求，在学习上不但不敢有丝毫懈怠，反而更加严于律己，脚踏实地、勤奋努力地学好每一门功课。从南开中学毕业之后，张希陆考入清华学校。五四运动爆发后，他积极投身反帝爱国洪流，并于 1920 年代表北京学生回到天津，组织示威游行，赴直隶公署请愿。在当局以武力镇压学生的爱国行动的过程中，张希陆还被军警用刺刀刺伤。后来，他考取了清华学校"庚子赔款"赴美留学资格。张希陆自幼对学习数学抱有非常浓厚的兴趣，并显示出极高的天赋，所以到美国之后，便毫不犹豫地入读了威斯康星大学的数学系，获得学士学位之后，又转入芝加哥大学研究院继续学习数学专业。之后，张希陆将一生的精力和热情全部投入到数学的教学和科研工作中去。1928 年毕业后，张希陆丝毫不留恋在美国的优越生活，义无反顾回到祖国，投身于自己所热爱的事业。

回国后，张希陆历任南开大学数学系教授、厦门大学理学院院长兼数学系主任、西南联合大学教授以及中法大学经济数学及统计学教授。抗日战争时期，他供职于中央银行人事处，任视察专员。新中国成立后，张希陆坚定地留在了祖国大陆，为国家建设贡献自己的才智和力量，成为在海内外有着广泛影响力和号召力的爱国人士。20 世纪 50 年代，当朝鲜战争爆发时，张希陆响应政府号召，积极参加抗美援朝运动，并做了一些实际工作。

1953 年，张希陆参与北京石油学院数学教研室的筹建工作，担任数学教研室主任，兢兢业业、任劳任怨，为祖国的数学科研事业辛勤工作。张希陆的科研能力非常强，同时也是一位甘为人梯、桃李满天下的好教授。多年来，他培养的很多学生都已成为海内外知名的专家学者。"文化大革命"期间，张希陆遭受迫害，身心受到严重摧残，以致晚年卧病在床。改革开放以后，世界数学界泰斗陈省身教授曾表示要与张希陆合作，但因张希陆身体状况欠佳而终未如愿。1988 年 11 月 5 日，张希陆因病在北京去世，享年八十八岁。全国政协主席邓颖超以及阎明复、卢嘉锡、钱伟长、周培源、童小鹏、曹禺等人均送来花圈表示哀悼。中央统战部的领导还特意会见了张希陆的家属表示慰问。张希陆的夫人张淑贞系南开校友、著名外交家张平群之胞妹。张希陆夫妇生子女五人，分别是女儿张媛美、张媛和、张媛庆等。

驰骋商场的张锡羊

次子张锡羊，出生在 1907 年，早年就读于南开大学商学院，毕业后走上了经商之途。他多年在外奔波，最远曾到过哈尔滨等地进行经贸活动。抗日战争时期，张锡羊与敖世珍、钟瑞可、张灏、宋挚民等人在成都创办了新华公司，经营工程建筑等业务。

张锡羊深谙父亲提倡的奋斗精神，尽力服务社会，因此公司的经营管理亦具有浓厚的南开色彩，养成员工以公司为家的观念，同人之间齐心协力，共谋发展。或许可以认为，新华公司是南开在四川发展的一个实业基地兼办事处。张伯苓每次到成都，总是住在那里。抗日战争结束后，天津设立了管理城市公共设施的公用局，所辖的电车汽车管理处负责公交营运。1946 年下半年，张锡羊出任天津公用局局长兼电车汽车管理处处长。为了解决当时颇为严重的无票乘车问题，张锡羊带领部下到各条公交线路进行监督检查，刹住了这股坏风气。

新中国成立后，他和家人一起留在了天津，长期在粮食部门工作，后在"十年动乱"中遭受迫害，去世。张锡羊的夫人是叶磊泽，夫妇二人生有六名子女，分别是女儿张媛贞、儿子张元兢等人。张元兢又名元敬，为张伯苓的长孙。

多才多艺的张锡祚

三子张锡祚，生于1908年。他自幼身体单薄，就读南开中学时因染肺病休学。张伯苓曾四处延请名医为儿子诊治，但疗效并不明显。经过母亲王淑贞的护理和照顾，张锡祚的病情逐渐停止恶化，并稳定了下来。抗日战争时期，张锡祚和父母同住在重庆南开中学。经重庆名医为其去除九根肋骨，他多年的肺疾终于被治好。病愈之后，张锡祚不愿继续待在家里，就去经营小型工商业，开办农场，为南开学校的发展尽自己的绵薄之力。常年的病痛，非但没有压垮张锡祚，反而使他养成了与疾病搏斗的坚韧性格。他性格喜静，练就了一手漂亮的毛笔字，还非常喜欢摄影。

新中国成立后，张锡祚任天津文教工业公司财务科科长，精于会计工作。当张伯苓和夫人回到天津之后，张锡祚和父母同住，并为二位老人养老送终。张锡祚在"十年浩劫"中身受迫害，于1976年前后去世。他与瞿秋白的侄女瞿安贵结婚。瞿安贵为人贤淑，张伯苓经常在人前人后称赞三儿媳对老人照顾周到，十分孝顺。张锡祚夫妇育有女儿张媛良、儿子张元龙。

为国捐躯的张锡祜

四子张锡祜，生于1913年。他是张伯苓最钟爱的孩子。张锡祜长大成人之后身高在两米开外，因此外号是"长人"。张锡祜热爱运动，是个优秀的运动员，就读于南开中学时，曾代表天津参加在杭州举行的全国运动大会，在校内小有名气，是和"海怪"严仁颖齐名的"陆怪"。

张锡祜上高中二年级时，国民政府在杭州笕桥初建空军学校，在全国范围内招生。胸怀雄心壮志的张锡祜在征得父亲同意之后，前去应考，凭着良好的文化素质和身体条件，被录取为军校的第三期学员。望子成龙的张伯苓亲自将儿子送入学校，接受军事教育和训练。1934 年，张锡祜从空军学校毕业，张伯苓作为学生家长应邀参加了毕业典礼，并代表全体学生家长发表了慷慨激昂的讲话。当张锡祜回津探亲时，张伯苓还以岳母教子的故事勉励儿子在国难日甚一日之际，树立起报效祖国的雄心壮志，为抗击外来侵略而发奋努力。毕业之后，张锡祜先是担任空军某队队长，后奉命赶赴抗日前线。张伯苓得知儿子上战场的消息之后，在南开中学向学生讲话时还兴奋地说："前几天我接到四儿子的来信……我不因为儿子赴前线作战，凶多吉少而悲伤，我反而觉得非常高兴。这正是中国空军历史上光荣的第一页，但愿他们能把这一页写好！"作为父亲，他将对儿子的担心深深地藏在了心底。

　　1937 年，张锡祜奉命执行轰炸日本侵略军的"出云"舰的战斗任务。临行前，他给父亲写了这样一封信：

父亲大人：

　　自别慈颜，男等于上月九日返赣，近日男身体精神一切均佳，请大人勿念！时局以近日所见大战当在不远！天津情形前接大哥来信称尚为平静，母亲已迁入英租界！昨见报载南开大中两部已均为日人分别轰炸焚毁！惨哉。大人数十年来心血之所积，一旦为人作无意识之消灭！然此亦可证明，大人教育之成绩！因大人早日即不亲日又不附日，而所造成之校友人均为国家之良材！此遭恨敌人之最大原因！而有如此之毁灭！然此又可为大人教育成功之庆也！尤有可喜者，母校虽惨遭不幸，而独生子——南渝中学，早于去岁成立，而今年又有新建筑成立！望大人万不可过份伤感，而以余力以培养此最为可贵之独生子，使我南开精神永远光大于我大中华民国之人间！男等现已奉命出发，地点因系秘密性质，函札之中不敢奉禀！一俟有妥善之通讯处，当再禀知！儿昨整理引装，发现二物定以告禀于大人者，其一即去年十月间，大人于四川致儿之手谕，其中有引孝经句："阵中无勇非孝也。"儿虽不敏不能奉双亲以终老，然亦不敢为我中华之罪人！遗臭万年有辱我张氏之门庭！此次出发非比往常内战！生死早置度外！望大人勿以儿之胆量为念！其二即为去年十月间随来抗日时空军出动前，委座之训词，今随禀奉上，望大人读此主张不以儿之生死为念！若能凯旋而归，当能奉双亲于故乡以叙天伦之乐，倘有不幸虽负不孝之名，然为国而殉亦能慰双亲于万一也！

家中情形不知近日如何？母亲大人不知是否南下？儿意最好请母亲入川与二哥同住，因沿海各省一旦开战将无一片静土！母亲一生历尽磨难，而当晚年又遭此变乱，其不使老人太过痛苦耶！不知大人意下以为如何？大人在京如零星事物，可找叶民代办，彼前曾来信托儿转禀，日来采备颇为忙碌，时间仓促余容再禀，专此敬请

金安

男锡祐谨禀
二日晨时①

可谁又能想到，这封信竟然是张锡祐的绝笔。此次出战，张锡祐虽然胜利地完成了任务，但却机毁人亡，牺牲在江西南昌。他为了消灭日本侵略者而付出了自己年轻而宝贵的生命，被安葬于南京航空烈士墓第七十四号。当时，张伯苓正在重庆。他接到儿子光荣战死疆场的噩耗，默然半晌，然后对陪伴左右的张锡祚说：“我早就把他许给国家了，遗憾的是：他还没有给国家立功。”

为了避免夫人受到精神上的刺激，张伯苓一直隐瞒着儿子的死讯。当夫人问起时，他就以孩子去美国培训为托词搪塞过去。直到抗日战争胜利之后，张伯苓看再也隐瞒不下去，就语重心长地对夫人说：“一个军人的职责是打仗，老四已为国捐躯，这是意料中之事，一直瞒着你，是怕你伤心过度，你是明理之人，事情已是如此，望你不要太伤心。”闻听此言，王淑贞强忍悲痛，一言不发。第二天，等到张伯苓出门之后，她便要三儿媳瞿安贵陪着她来到泥娃娃三爷面前，坐在椅子上放声痛哭。她哽噎着说：“我早预料老四牺牲了，我总希望老三爷在天之灵能保佑我的孩子能回来！”从此以后，性格坚强的她再也没有提过四儿子的事，尤其是在丈夫面前，更是无论如何也不流露出一丝一毫的悲伤之情。她是怕自己的过度感伤会影响到丈夫的情绪，给他添乱，只好暗自强忍丧子之痛。

九先生的后人

和张伯苓的后人有所不同的是，张彭春的后人都在美国成长、读书、结

---

① 原信由张伯苓之孙张元龙提供。

婚、就业。他们在异国他乡延续着张氏家族的血脉，也承继着张氏家族自强不息的精神……

张彭春的长女张明珉出生于 1922 年。在张彭春和妻子归国的途中，刚刚满月的小明珉突然发起高烧，由于航行中没有很好的诊治条件，延误了治疗，最终落下了后遗症，造成终身残疾，甚至连生活也不能自理。抗日战争时期，张明珉随姨母在上海度过了艰难的战乱年月，日本投降之后赴美国定居，同父母住在一起。父亲去世之后，张明珉伴随母亲居住在洛杉矶郊外的寓所。

次女张新月出生于 1923 年 11 月。"新月"这个名字，还有个很特别的来历。张彭春一向崇拜印度大诗人泰戈尔（Rabindranath Tagore），尤其欣赏他的《新月集》。所以当二女儿出生之后，他便以"新月"为名唤之。恰巧这时，张彭春正与胡适、徐志摩、陈西滢等人组织文学社团。他们为团体的名称问题而思来想去，绞尽脑汁也没有取得一致的意见，张彭春遂提议以"新月"二字来命名。于是便有了在中国现代文学史上著名的"新月社"，《新月》月刊更是名噪一时。

抗日战争时期，张新月曾在重庆南开中学学习两年。1940 年，张彭春夫妇出国前把她送到上海继续求学，和四姨及姐姐张明珉住在一起。不久，张新月从东吴大学附属中学毕业，旋即入读震旦女子大学。抗日战争胜利后，她和姐姐一起飞往美国与父母团聚。张新月在美国的求学经历和母亲蔡秀珠的经历极为相似，同样也是先入私立瓦萨女子大学，获得化学学士学位，然后又获得哥伦比亚大学研究院理学硕士及威斯康星州大学博士学位。毕业之后，张新月投身于教育事业，先后执教于霍普金斯、迪肯森、爱欧那、马利芒特、罗斯福等知名大学。她的丈夫郑师拙博士是神经生化领域内的专家。他们婚后育有郑宗舜等二子一女，现居美国加州圣河西市。

张彭春的长子张晨钟，又名辰中，1940 年以后便随张彭春夫妇远赴土耳其、智利和美国。在美国，张晨钟先是获得了哈佛大学的文学学士学位。之后，他又对数学产生了浓厚的兴趣。凭着与生俱来的天分和坚持不懈的努力，张晨钟最终获得了加州伯克莱大学的数学博士学位。毕业之后，他先后任教于康奈尔大学、南加州大学以及洛杉矶大学等著名学府。张晨钟和一位名叫高玛吉的外国女子相爱结婚，婚后育有张元芩、张元平等一子三女，现居美国加州洛杉矶郊外。

次子张远峰，与兄长张晨钟一样，随父母远赴国外，并在当地生活和学习。在美国，张远峰先获得普渡大学电工学学士及硕士学位，后又获得哈佛大学应用物理学博士学位，毕业后任教于普渡大学、纳伯斯卡州州立大学及克来芒特大学等知名高校，并曾在华盛顿州立大学、洛杉矶大学、圣地亚哥大学暑期特别班任教。张远峰娶瞿汉平为妻，有一子一女，长期居住在美国加州克来芒特城。

江山代有才人出

人们总爱说"隔辈亲"，一般来说，祖父母对孙子女的宠爱多于对自己的子女。可张伯苓对第三代的管教和要求却依然极为严格，他的孙子、孙女不但没有因为祖父的缘故而在南开学校享受特殊待遇，反而受到了更为严格的要求。

长孙张元敬小时候有些贪玩，考试有时也会不及格，张伯苓便规定他每天早晨站在窗下读外语，直到严厉的祖父说声"够了"，才可以休息。孙女张媛贞在重庆南开中学上初二时因数学考试成绩不理想而被祖父严厉惩罚，留级重读。在孙辈们的印象中，张伯苓从不轻易地表扬或批评谁，但只要他们表现出色，祖父也从不吝给予肯定。所以，在孙辈们的记忆里，"祖父批评了谁，表扬了谁，这在我们家中都是一件大事"。年幼的张元敬曾把自己的压岁钱送给学校里一位卖报的贫穷老人，张伯苓知道之后，在其他孙子孙女们面前表扬了他，为的是让年幼的孩子们都懂得应该尽自己力量去帮助别人的道理。后来，张元敬悄悄离家，偷着参加了共产党领导的华北野战军。他的祖母得知后十分担心，祖父却拍手称赞孙儿做得好。张伯苓严格的家教培养了孩子们的爱心，同时也使他们树立起认真负责、力争上游的做人原则。张氏家族的第三代人都铭记着祖父"要么不干，要干就干好"的谆谆教诲，在各自的岗位上努力工作，取得了一定的成绩。同时，他们继续传承和发扬着张氏家族的优良传统。小孙女张媛华在内蒙古插队十年，同伴们一个个都托关系陆续离开，但是她从未利用祖父的关系，全凭着自己的能力，不断奋斗。她当过农民，当过工人，后来终于成为一名出色的会计师。而张媛和夫妇曾公派出国近十年，却根本没想过要把儿子送到国外。

大孙女张媛美是南开中学 1951 届毕业生。新中国成立后，张伯苓全家离渝北返，先在北京居住。张媛美就在那时考入了燕京大学心理学系。1952年，全国高校院系调整，将清华大学、北京大学、燕京大学的文理学院合并在一起，组成新的北京大学。1955 年，张媛美从北京大学毕业之后，服从组织分配，到上海体育学院任教。她把这份工作当作是祖父当年倡行体育的精神和实践在新时代的延续，一干就是一辈子，成为新中国体育的开拓者之一。当时，上海体育院校号召向苏联学习，学生们不仅要学习体育技术，还要学习思想理论，而张媛美开设的心理学课程则成为上海体育学院开设的第一门理论必修课。在毫无前人经验可资借鉴的情况下，张媛美悉心钻研，大胆尝试，终于闯出一条独具特色的教学之路。除了校内的教学工作外，张媛美还要负责教授校外的函授课程，三十多年如一日，奋斗在体育教学第一线。最忙的时候，她一天要去三个城市授课。从这些人生经历当中，张媛美深深体会到了当年祖父创办教育事业的艰难，而当看到自己亲手培养出来的学生逐渐成长起来，她同样体会到了当年祖辈、父辈的欣慰和满足。

一分耕耘，一分收获。1984 年，上海体育学院授予张媛美奖章、奖状，以奖励这位长期辛勤耕耘在教学第一线的园丁。1985 年，她又获得了国家体委特奖，并且荣膺"新中国体育开拓者"的光荣称号，还被授予奖章、奖状和奖金。退休之后，张媛美仍然为各种各样的社会事务而奔忙，担任许多社会职务。她曾任上海市侨联的联络员、上海市侨界知识分子联谊会会员、上海市政协常委直属第三学习组组员，还积极参加上海市政协举办的台、港、澳、侨联谊活动。同时，张媛美还是上海市民主促进会的外联员、上海市南开校友会名誉理事长及上海市燕京大学校友会副总干事。张媛美的儿子、女儿和女婿均在美国获得了学士、硕士、博士学位，在各自的工作岗位上做出了一定的成绩。她的妹妹张媛和是北京市政协委员。

张媛庆：郎平的启蒙教练

在张伯苓的孙女中，最引人注目的是张媛庆。她为中国排球运动挖掘出一位蜚声世界的优秀运动员和教练员——郎平。张媛庆可以说是把郎平带上排球之路的第一位教练。

当时，年满十四岁的郎平通过测验进入了北京市第二业余体校接受训练，时任该校教练的张媛庆一眼就看中了这个高高瘦瘦的女孩子，觉得她的身上有着成为一名优秀球员的潜质。在同时进入体校开始接受训练的这批孩子中，郎平的身体条件并不是最突出的。更不幸的是，郎平进入体校之后不久，脚部骨膜就发炎了，平日走起路来都是一瘸一拐的，更别说参加正常训练了。几经治疗，郎平的病情仍不见好转，有近半年的时间都无法参加常规训练。张媛庆看在眼里，急在心头。她不甘心就这样放弃了对郎平的培养和训练，但又非常担心假如继续训练下去的话可能会使郎平的伤势恶化。为了给国家造就一个优秀运动员，张媛庆觉得自己一定要负起责任，想方设法帮助郎平。于是，张媛庆在工作之余，四处打听对这种病的治疗方法。后来，她听一位大夫说，北京青年女子篮球队在最初训练时，也有一些体质不太好的队员遇到过这种情况，只要能熬过三五个月，自然就会好起来的。为此，张媛庆特意帮助郎平重新制定了训练方案，根据病情适当地调整了运动量。

三个月之后，病症真的就逐渐消退了，郎平又能参加排球队的集体训练了。细心的张媛庆非常注意观察郎平平日里的一举一动，发现她的柔韧性和协调性非常好，而且接受能力和模仿能力也非常强，尤其是训练态度很好，特别认真。即便是张媛庆在指出其他队员动作中存在的问题和辅导别人记住一些技术动作要领时，郎平也会在一旁静静地看着，然后反复琢磨，以免犯同样的错误。张媛庆非常满意郎平的表现，决心要认真栽培这棵排球运动的好苗子。她除了平日精心组织训练外，还争取每次出去比赛都让郎平上场，一显身手，有时还让郎平承担打主攻的艰巨任务，以增强其自信心，丰富其比赛经验。赛后，张媛庆会及时针对郎平在比赛中暴露出来的问题，帮助她在训练中一点一滴地克服和纠正。功夫不负有心人，在张媛庆的耐心指导下，仅用了两年的时间，郎平的排球技术就大为提高。十六岁时，郎平被国家青年队相中，从此步入了其排球生涯的更高阶段，直至成为世界著名运动员，取得过世界冠军、奥运冠军。现在，郎平也是指导过中国国家队和美国国家队等队伍、经验丰富的主教练，带队取得过一系列骄人战绩。以后，张媛庆还陆续担任北京垒球协会副主席、高级教练等职务，长年奋斗在体育工作第一线。

张媛贞：医学界的创新者

张伯苓的另一个孙女张媛贞是一个地地道道的南开人。从幼儿园到小学、中学乃至大学，张媛贞的所有时光都是在南开校园中度过的。抗日战争时期，张媛贞在重庆南开小学和中学读书，并一直和疼爱自己的祖父母生活在一起，对祖父的爱国情感非常了解。抗日战争胜利后，她从重庆回到天津，常常陪伴在祖父母身边。对于祖父所提出的"允公允能，日新月异"的南开校训，张媛贞也有自己的深刻体会："这就是说要出于公心，培养能人，不断地去创新、改革。"1956 年，她跨出南开校门，走上了工作岗位。从此以后，张媛贞就一直以这种创新改革的精神要求和鞭策自己。即使在"十年动乱"期间，她在教学八小时之外仍悄悄地进行创新活动。

1976 年之后，张媛贞在多年研究针刺镇痛的基础上，和南京大学医院董绍荣、杨克义医生一起从事"董绍荣耳压法"的研究。这是一种用小颗粒压迫耳部的有关穴位以治疗胆结石症的独创疗法。由于这是一种全新的治疗方法，起初引起很多人的怀疑，甚至连一些领导也不重视他们的研究。可是张媛贞就像祖父当年办学那样执着，对此项研究的前景充满信心。她对合作者说："这些非议和不信任，可以促使咱们更加认真更加踏实地干下去。让咱们用科学的论证来回答这一切吧！"

事实胜于雄辩，不久，这种治疗方法经南京大学的十七位相关专家、教授评议，终于通过了鉴定。他们认为，用耳压法治疗结石症有着广阔的发展前景，可以在临床上大力推广应用，并主张进一步把研究推向深入。这一成果公布之后，立即引起美国、日本、瑞典与我国香港等国家和地区的有关专家及结石症患者的极大关注。日本的中国针灸医学研究会副理事长平井荣三郎和全日针灸学副会长黑须幸男主编的《耳针法》在国际学术界具有广泛的影响力，堪称权威著作。他们在编写这本书时，曾写信向张媛贞索取相关论文。1985 年 10 月，张媛贞出席在北京人民大会堂举行的"各民主党派、工商联为四化服务表彰大会"，国家主席李先念、全国政协主席邓颖超等领导人接见了与会代表。会后，邓颖超特意单独接见了张媛贞，向她询问张伯苓后人的近况以及她本人的工作情况。

张媛贞的丈夫曾昭琪也毕业于南开大学，后任南京大学生物系藻类教研组副教授，还是国际孢子花粉学会会员。在完成自己的教学、科研工作的同时，曾昭琪非常支持妻子的事业，鼓励她积极投身到科研工作中去，并主动分担家务。他们夫妻二人都是中国国民党革命委员会的成员，曾昭琪是民革江苏省委候补委员，张媛贞是民革南京大学支部的负责人。张媛贞还兼任南京市南开校友会秘书长。她和他的兄弟姐妹一样，与南开有着无法割舍的情缘。①

---

① 《南开春秋》第 1 辑，第 73—75 页。

张元龙：南开精神的弘扬者

身为张伯苓最小的孙子，张元龙一出生就和祖父母生活在一起。祖父离开人世时，张元龙年仅三岁。祖父在他的心目中，大概也只是留下了一个经常带他起早遛弯儿、给他买早点吃的慈祥老人的形象。虽然祖辈、父辈开创的辉煌已经汇入历史的长河，但几乎与中华人民共和国同龄的张元龙靠着家族传承下来的那股拼搏奋斗精神，闯出了一条属于自己的人生道路。

1961 年，张元龙考入南开中学。他生性活泼，对排球运动产生了浓厚的兴趣，不仅是学校排球队的队长，而且还兼任教练。他大量阅读有关排球战术、技术等方面的书籍，不断修订校队的训练计划，加强科学训练，使得南开中学排球队的比赛成绩不断提高，他的学习成绩却受到一定影响。运动不忘读书，好强的张元龙上课认真听讲，课下用功复习、预习，很快就提高了学习成绩，也逐渐摸索出一套自学的好方法。

1968 年，张元龙从南开中学毕业，随后便远赴内蒙古自治区哲里木盟插队。插队生活是十分艰苦的，张元龙开始思考今后的前途和出路。于是，他一边劳动，一边学习，既学习哲学，又学习第二次世界大战史，并写下了许多学习笔记。其中一本厚厚的关于"二战"史的笔记，花费了张元龙大量的心血。他希望有一天能够靠出色的军事才能驰骋疆场，保家卫国。结果，他未上战场先上球场，因出众的运动才华被调到了排球队，准备当二传手。后来由于种种原因，张元龙的排球梦又未能实现。结束插队生活之后，张元龙被选调到吉林省通化地区云峰热电厂工作。1978 年，张元龙考入天津大学自动化系学习。1982 年大学毕业后，张元龙留在天津工作，历任市电力局研究所室主任、市区供电公司总经济师以及热电公司副经理、市第二热电厂第一副厂长、三源电力总公司副总经理、三源电力集团副总经理、房地产公司总经理等职。张元龙天生爱追求新鲜事物，常常不满足于稳定的现状。他从事过文学创作，编过电视剧本，做过大众传媒工作，还担任过《天津青年报》的主编，甚至还曾"下海"经营饭店。在曲折而丰富的人生道路上，无论是在什么样的环境中，也无论是在什么样的岗位上，张元龙总是将周围的同事和员工当做兄弟姐妹一样来尊重与爱护。他常说，自己的人生经验就是"欲人爱之必先爱人"。

张元龙曾活跃在天津市政治、经济生活的第一线，先后担任全国人大代表、全国工商联执委、民建中央委员、天津市政协常委、天津市民建副主委、天津市青联副主席、天津市工商联会副会长等职。曾任天津市第十四届、第十五届人大常委会副主任、全国工商联常委、天津市工商联会长。后为十一届全国政协常务委员、全国工商联副主席、中国侨联副主席等。他积极建言献策，参与国家、地方政治事务。仅在 2013 年，他就在全国政协会议上，提出《环境危机背景下北京分流与首都分置的构想》《GDP 改革：还原其经济指标的意义》《中国不应限制英语教育》等提案，展现出书生报国的情怀。2014年，他关注环境议题，提出《垃圾问题就是文化问题》《实施国家战略，构建循环社会，发展循环经济》等提案。2015 年，他在抗战胜利 70 周年纪念这一特殊历史时刻，在全国政协会议上提出《关于在中国设立审理对日战争索赔的专事法庭的提案》，在天津政协会议上提出《关于发掘天津抗日英烈事迹和抗战纪念遗址标识的提案》，产生广泛社会影响。

不仅如此，早在此前的一年，即纪念中国人民抗日战争暨世界反法西斯战争胜利 69 周年之际，他组织天津《每日新报》与张伯苓教育思想研究会①、南开大学等高等院校师生联合推出了三大纪念抗日战争系列报道以及一个纪念抗日战争胜利 69 周年特刊。发现"天津市忠烈祠"石碑，"南开系列学校被炸 77 周年"深度报道，专访张伯苓后人张元龙等历史亲历者、亲闻者，并以南开为中国牺牲、为和平永生以及"让历史照亮人类的共同未来，日本要反省，中国当自强"等报道、评论和专访，披露了许多鲜为人知的南开乃至天津抗战英雄事迹和相关遗址。其中包括南开中学毕业生沈崇诲、张伯苓之子张锡祜、耀华中学校长赵天麟等烈士，以及南开学校被炸遗址、蓟县元宝山庄张锡祜烈士墓碑、大公报社旧址、承德道天津受降仪式现场和 1934 年华北运动会南开学生打出"勿忘国耻"组字的河北体育场等，这些都引起了读者和社会各界人士的持续关注。

张元龙在接受《每日新报》记者采访的时候说：

> 在历史上，天津是座英雄的城市。"七七"事变后，天津成为全国抗日最前线。自那之后，在中国整个抗战阵营中，天津发挥了巨大的作用。在这个意义上，理解"南开为中国而牺牲"这句话，其背后的东西就非常非常多了。1927 年，南开满蒙研究会不仅对东北沦陷区进行调查研究，而且还接收当时沦陷区的学生；1934 年，第 18 届华北运动会南开拉拉队用黑白两色手旗打出"勿忘国耻"，刺痛了被邀参加开幕式的

---

① 2006 年 10 月 19 日，张伯苓教育思想研究会在天津成立，张元龙担任顾问。

日本天津驻屯军司令官梅津美治郎；甚至南开"教育救国"的理念等，都是南开被炸的历史深层原因。著名的国际记者爱泼斯坦曾详细记录日本的记者招待会，一个日本军官说，南开大学是一个抗日基地，凡是抗日基地，我们就要一律摧毁。随后，另一个日本军官对记者说，我们要炸南开大学已经有 20 多年的愿望了。

当记者提出："南开被炸这个历史事件已经过去了 77 年，今天我们重提这件事，有怎样的重大意义？"

张元龙坦率地提出自己的想法：

我一直有一个非常强烈的观点，咱们纪念半天，不是纪念我们叫人家炸了、我们叫人家打了，我们要纪念的，应是我们当年这种顽强的战斗精神。为什么说南开是最爱国的学校？为什么说南开是为中国而牺牲？正因此，我特别想建一个纪念馆，记录抗战中天津人的壮举，纪念这种爱国精神。让我们天津人看了振奋，觉得当年确实南开和天津为中国抗战做了贡献，天津人值得为此骄傲。

他还向记者展示了两封重要函件，其一是 1937 年 8 月 25 日，日本国驻上海总领事冈本季工致外务大臣广田弘毅的密函。在这封来自日本外务省档案的密函里，冈本季正写道：

作为文化设施的南开大学历史地位，正如您所知道的那样，它作为一所私立学校，社会联系广泛，众多毕业生活跃社会各界，势力极大。目前看来，虽然我军对南开大学的行动属战时不得已而为之，但若对此漠然不管，对中国方面自不必说，就是对外也会造成很大影响，对我方来说这是一个大大的失策。事到如今，已无他法，但尚可在时局告一段落后，外务省乃至帝国政府对于对南开大学复兴工作尽量予以帮助，减轻不利影响。我认为这是极为必要的。为此特呈此鄙见，望贵大臣预先予以考虑。

这封密函还提到了张伯苓在庐山国是会议上关于对日开战的谈话，引起中国政要的震惊，表明了南开在中国抗日阵线中的影响。

其二是张锡祜出征前给张伯苓的绝笔信。他饱含深情地说，"叔叔的信中有这样的话：儿虽不敏，不能奉双亲以终老，然亦不敢为我中华之罪人，遗臭万年，有辱我张氏之门厅。此次出发，非比往常内战，生死早置之度外。

望大人勿以儿之胆量为念……不以儿之生死为念！我叔叔是飞行员，在抗日战争中执行任务时牺牲了。这信里体现出当时我们中国军人的抗战骨气和爱国精神。"

正是为了让子孙后代牢记那段历史，让日本军国主义者记住历史的教训，所以在 1995 年，南开大学化学系教授、中国科学院化学学部委员、南开校友会会长申泮文和张伯苓、严范孙家人曾启动对日索赔议案。张元龙参与了此次活动，并回忆道："申泮文是中国第一个提出爱国主义教育的人，在他的带领下，我们当时对日索赔议案的主旨是建立一个基金，让中日两国的中学校长和教师长期互访，从教育和文化开始，然后做更多中日和平的努力。材料都在这里。"

记者提出《中日联合声明》中明确表示放弃索赔的条款，那南开索赔的依据是什么？张元龙胸有成竹地说：

1972 年的《中日联合声明》里有一句话，就是日本对中国造成的损害要进行深刻的反省，也就是对战争是要追责的。放弃索赔的依据就是当时毛泽东主席提出的一分为二的理论，就是把军国主义和日本人民分开，为了减少日本人民的负担而放弃战争赔偿。从 1972 年的联合声明到 1978 年的日中友好条约再到 1998 年的中日联合宣言，所有的基础都是日本不再走军国主义道路。但是，从 1982 年教科书事件，到 1985 年、2001 年中曾根、小泉以首相身份参拜靖国神社，再到 2010 的钓鱼岛争端，这一系列事件已经可以看出日本一步步走向军国主义复活的险境。那么，联合声明、友好条约、联合宣言的基础就没有了。在这种情况下，我们完全有权利要求对战争的责任进行追究，完全有权利进行索赔。还有值得注意的是，当年，《中日联合声明》中方草案第七条这样写着："为了中日两国人民的友谊，中华人民共和国政府放弃对日本国要求战争赔偿的权利。"但是在最后声明正式发布时，原来草案中的"权利"二字已经换成了"要求"。一词之差说明，我们放弃的是动作"要求"，而保留的是固有的"权利"。也就是我刚才说的，南开保留着随时向战争罪行追偿的权利。

既然如此，南开学校的对日索赔议案为什么还会中止呢？张元龙道出其中的原委，主要有 3 个原因：

第一个原因，凡是到日本索赔的人，都受尽了屈辱，并且倍感伤心。

为什么日本在中国犯下的罪行，我们要到日本去索赔，我们为什么不能在中国建立专门处置对日索赔的专事法庭？最近有报道说，潘家峪惨案中受害的一千多人的后人，已经开始在中国法庭申请索赔。这就是一个进展。第二，我们的索赔需要大量的证据。因为当时是私立校，而现在是公立校，财产过渡的证据，没有相关部门的配合，我们是做不到的。第三，索赔不能只是金钱的补偿，很多的伤害，尤其这么长时间的伤害，不是金钱能够弥补的。必须得对当年的罪行有追究，赔偿的结果是能够保证历史的悲剧不再发生。当年，张伯苓在得到南开被炸的消息时说：教育是立在精神上的，而不是立在物质上的。我们现在的索赔也应该如此。我们保留着随时向他们的罪行追偿的权利。

为什么要保留追偿的权利？张元龙有自己独特的观察和思考：

我还要说一件属于揭秘性质的历史事实。2013 年 8 月 6 日，日本下水了一艘直升机驱逐舰，然而无论在吨位还是在技术上，它都超过了英国和西班牙等国的现役航母。更重要也更微妙的是，它叫"出云号"。早在 1896 年，拿中国满清政府的巨额赔款建造的一艘装甲巡洋舰，就叫"出云号"。后在淞沪战争中，这艘"出云号"用大炮轰击上海城区。当时中国军民千方百计地想把它打沉，结果都是无功而返。最后，南开中学毕业生、空军飞行员沈崇诲，用自杀式轰炸的方式将其重创。

这个历史事实的另一条线是，俄国有一艘巡洋舰叫"瓦良格号"，1904 年 2 月 9 日遭到日本海军的袭击后自沉。而击沉瓦良格号的就是"出云号"装甲巡洋舰。苏联建国后，又建了一艘航空母舰还叫"瓦良格号"，而这个"瓦良格号"就是中国第一艘航母"辽宁号"的前身。

而且，全世界都知道，8 月 6 日是广岛原子弹爆炸的日子，被特意命名为"出云号"的直升机驱逐舰选择这一天下水……其用心耐人寻味。

今天我说这件事的目的，就是提醒我们一定要正视日本军国主义正在复活这个现实。日本政府至今没有对侵华战争作过深刻反省并承担应负的责任，中国与日本间的战争赔款问题也没有真正解决。如果这些问题都不解决的话，不管钓鱼岛问题，还是东海问题，都将缺少互信的基础。

我的看法，战争不能是我们唯一的选项。所以我们要积极挖掘历史真相，希望获得日本有识之士，热爱和平的人士的共识。我们挖掘、思考的这些东西应该能够启发中日两国的政治家和精英的智慧和良知。为避免中日第三次战争的发生，日本要自省，中国要自强。在对日索赔案中，有慰安妇的索赔，有潘家峪惨案一个村的索赔，还没有一个文化教育机构为诉讼主体的索赔。我希望通过南开索赔议案的推进，以文化和教育的方式，开启与日本以及世界进行深层沟通的渠道。我无法预测最终的结果，但是这些话、这些事必须要说要做，并且要把它当做历史记载下来，要让亲历者、亲闻者的记忆，成为历史的记忆，成为国家和民族的集体记忆。[①]

为此，在 2015 年的全国政协大会上张元龙提交了《关于在中国设立审理对日战争索赔的专事法庭的提案》，出于以下几点思考：

> 首先，索赔的权利不是问题。1972 年签订的《中日联合声明》中，中国放弃的是对日索赔的"要求"，而不是"权利"。战争赔偿的权利不会灭失的。而且，《中日联合声明》签订的前提是日本放弃军国主义路线。现在日本逐渐复活军国主义路线，破坏了《中日联合声明》的前提条件。因此，对中国对日索赔的权利和要求均可重申，国家的索赔权利俱在，何况民间索赔权利更是毋庸置疑。

> 其次，管辖权也不成问题。根据纽伦堡和东京法庭审判结果及联合国规定，受害国对战俘罪犯有管辖权，特别是人身伤害、财产损失不得援引国家豁免权的条例。而且已有国家立法支持管辖权，如美国加州以及韩国大法院的胜诉判决等。诉讼时效更不是问题。日本民事赔偿请求权为 20 年，但是战争为非民事行为，国际公约中规定，对战争罪行的追究，是不适于诉讼时效限制的。

> 再就是日方应诉问题。事关国家的尊严和国家的责任、人民的尊严和人民的权利，不管日本是否会到中国应诉，在中国对日本罪行的审判重在对历史的记忆，其过程比结果更重要。对历史事实的认定是最终历史问题的解决的基础。随着时间推移，当事者逐渐老去，不把历史记忆留住，我们将是历史的罪人！[②]

正是怀揣着民族正义感和历史的使命感，张元龙四处奔走，接受天津电

---

① 《张伯苓后人张元龙：南开为中国牺牲　为和平永生》，《每日新报》2014 年 7 月 29 日。

② 张元龙：《南开为中国而牺牲》，南开大学党委宣传部、南开大学校史研究室编：《抗战烽火中的南开大学》，河南大学出版社 2015 年版，第 453 页。

视台的专访，全力支持《长城抗战》专题片的摄制。

对于青年人，张元龙更倾注了巨大的心血和热情，帮助学生、学者更加主动地追寻和认识历史真相。2014 年 8 月 18 日，他出席了由南开大学研究生院、历史学院和长治学院历史文化与旅游管理系联合主办的"抗战历史的新史料与新解读"硕博士暨青年学者学术论坛，在南开大学范孙楼，他与来自南开大学、天津师范大学、北京大学、北京师范大学、首都师范大学、南京大学、兰州大学、郑州大学、河北师范大学、西南大学、长治学院、香港中文大学、台湾政治大学、台湾东华大学、美国俄亥俄大学等知名院校的 50 余位硕博士研究生及青年学者共同研讨了抗战史研究的发现，并对青年学者、学生们给予厚望。

2015 年 8 月 1 日，张元龙出席由南开大学研究生院、历史学院、马克思主义学院和安阳师范学院历史与文博学院联合举行的长城抗战暨抗战胜利 70 周年高层学术论坛，与来自 20 余所海内外知名院校及研究机构的 50 余位学者，特别是国民革命军二十九军军长宋哲元之外甥女、天津师范大学历史文化学院教授李惠兰，卫立煌将军之孙卫智，中共黑铁山抗日武装起义指挥姚仲明之子、美国波士顿大学博士姚西伊，中国社科院《历史研究》主编李红岩，南开大学副校长朱光磊、历史学院院长江沛，安阳师范学院历史与社会发展学院书记常全喜、副院长刘朴兵等人深入交流。在开幕式上，他以大量的事实，进一步揭露了日本侵略者采用疯狂的手段轰炸、烧毁、掠夺南开的罪行，并且剖析日本侵略者炸南开的深层原因，讲述南开学校的爱国传统。他披露：当著名记者爱泼斯坦追问为何要轰炸举世闻名的高校时，日本侵略军的军官毫不掩饰地说："南开大学是反日的基础"，"南开学生是反日的，是共产主义者。他们常常找我们的麻烦"。针对长城抗战、南开等高等院校对抗战的研究还不够充分的问题，张元龙特别呼吁应大力倡导、开展相关领域的研究。

8 月 31 日，张元龙出席在北京光明日报社举行的《东北地理教本》重印版首发式暨学术研讨会。他不仅详细阐述了此书的编纂过程，而且还指出 84 年后重新影印出版这部教材的多重价值和意义。

《东北地理教本》并不仅仅是一本教材，除了它自身的教育意义、学术意义以外，还充分显示了其特有的社会意义、舆论意义，尤其是在当时国际背景下、中日关系中的政治意义。例如，《东北地理教本》在"结论——东北问题之解决方策如何"一章中深刻指出："尚有一事，亦需注意：日人经营东北之政策，现已改用组织力，资本，及技能之三者，拟将征服一切。吾国人民亦应洞察其计，努力扩张及充实，学校及社会教育，而亦以组织力，资本，及技能之三者，与之相对抗。"

不仅如此，《东北地理教本》不仅专辟一章详细论述"东北与国际之关系"，还直接把东北问题当做国际问题，甚至准确预言了第二次世界大战，教本指出："东北不幸，国家不幸，竟成为国际间之问题，且有人还称为'东洋巴尔干'，并曰：'东北日人俄人与华人之势力，失其均衡之时，恐即第二世界战争开始之时。'"1939 年二战爆发，1941 年日本迫不及待地偷袭珍珠港，固然有太平洋战略的考虑，但也一定与日本对美国在中国东北处处对其制约的记恨有关。由此亦可见，中国是世界上最早开始反抗法西斯侵略国家，中国本土是亚洲反法西斯的主战场，中国在世界反法西斯战争中的地位和作用是不容忽视和低估的。

在他看来，《东北地理教本》虽然广泛涉及地缘政治、经济、历史、社会以及地理诸多方面，但是处处饱含着对民族尊严、国家主权和政体屈辱的忧患、忧愤和忧思。例如，"辽东半岛日本租界地"一章开篇道："甲午一役辰巳一役，皆与此间租借历史有重大之关系。俄既得之而复失之，日本始得之，继失之，终复得之，而为主人者，乃袖手作壁上观，一听他人之争夺劫杀而莫能置喙于其间，亦可哀矣。"再如，"东北与国际之关系"一章，论及日俄战争之后："不但俄人在东北一切权利，移于日本，且又加多……是我中国虽名中立，实甚于战败，是尤不平等条约中之不平等者也。"个中情怀，用教本中言，即"诚国民创巨痛深，寤寐难忘者也"。如今，中国早已结束了那段屈辱的历史，中国人的站起与中国的崛起开创了全新的世界格局。唯此，我们却不能放弃对那段历史的思考，更不能忘记。

今天审视《东北地理教本》，更发人深省的，是其中坚定的理性态度。教本指出："努力于建设事业，但不存敌忾心，亦不作徒然刺激日俄人之言行。态度光明正大，勿存过激及侥幸之心理。""经济上实行门户开放，机会均等主义。使吾国及世界各国人士，得以自由发展。""对于任何外人，应存光明正大的心理，不应对其生有压迫心理，亦不应受外人对于吾国所有强国心理之恶影响。"这是真正的大国思维，不恃强凌弱，也不临强示弱。

在座谈会上，张元龙不仅再次明确指出："《东北地理教本》表明，南开是最早发现、最早揭露日本军国主义图谋我国东北的野心的，也是最积极地以社会和学校教育的方式参与抗争的组织群体。"而且还特别强调"这本书也同时启发我们，中国的抗战历史要提前、延伸到'九一八'事变之前"①。

同年 9 月 25 日，南开系列学校"南开与抗战"座谈会在南开大学省身楼举行。张元龙感慨良多，对时任南开大学校长龚克在当年新生开学典礼的演讲中，要求新生"从认识抗战烽火中的南开开始，去了解我们的学校是怎样被侵略者夷为焦土的及其前因……进而认识南开的全部历史，以真正理解……什么是南开人对民族、对世界、对人类的历史担当和社会责任"给予很高评价，认为这是非常明智的。对所有中国人来说，他提出也应该把上个世纪的抗战放在中华民族的悠久历史和遥远未来中思考。紧接着，他和与会者分享了自己的思考：

> 中华民族五千年历史，历尽磨难，遭到强邻、列强欺侮，几近亡国亡种，但总能在磨难中生存、在烈火中重生、在毁灭中崛起。一定是在民族文化中有很多倔强的根在支撑着我们。我以为，其中之一是中华民族那种"士"的精神，之二是高度的理性精神。这两种精神可以用孔子的两句话来概括："以直报怨，以德报德"，"士不可以不弘毅，任重而道远"。一百多年前的中国知识分子，秉承民族精神，为挽救民族危亡，毅然选择教育救国道路的壮举。这其中，严范孙、张伯苓就是中国"士"的典型代表，并且，他们通过教育事业把这种精神传承至今。今后，还是要靠教育把这种精神传承下去。

他深切地感受到：此次座谈会促进了对南开精神、南开与抗战、南开与中国等问题的深入研究。此前大家一直在探讨一个问题，就是为什么日军要轰炸南开、为什么南开不出汉奸，现在我们得出的结论是教育的力量，这是中国的一种"士"的精神。南开不仅仅是天津的、现在的，更应该是世界的、历史的，它具有一种中国文化的力量。和平无疑是未来的方向，南开曾经为中国牺牲，今天还应该为和平而努力。具体来说："南开被炸距今已 78 年。78 年过去，南开人和中国人在烈火和废墟中站起来了！但日本人使用逼迫我们付出的巨额赔款，逃避应该给我们的巨额战后赔偿。我们没有听到他们对南开受害者道一声歉，没见到他们为南开受害者付出一分钱！我们向往和平、准备宽恕，但是，无原则的宽容换不来永久的和平，中日历史恩怨的终结必须要以认定真相、追究责任、经济赔偿的方式了结。中日之间出现的令人焦虑的趋向，历史遗留问题是重要原因！背负历史的包袱，中日均无法远行。

---

① 《东北地理教本：印在教材里的民族记忆》，《光明日报》2015 年 9 月 1 日。

当年南开作为一所民间文化机构，被炸毁，被掠夺，金钱的赔偿只能作为善意的表示，根本无法弥补对我们的伤害，只有通过中日双方在共识的基础上，在历史的废墟上，搭建一座民间的教育文化的沟通平台，才能开始中日共同为世界和平发展努力贡献的新篇章。当年，我们曾以文化教育反抗侵略，如今，我们应以文化教育促进和平！"①

在张元龙看来，大学者，应该有大楼、大师、大事、大义和大量杰出的校友！他直言不讳地说："评价一个学校的水平，重要的是它为社会和世界培养了多少杰出校友，不管大学、中学都是一样。因此，校友就是学校最重要的财富。今天南开全球校友大会就是南开学校成绩的展示，必将在南开的史册上留下重要一页！"对于南开的活动，他热心参与，对于南开的历史经验，他也十分熟悉，简直是如数家珍，可以一一道来。

其一，张伯苓是南开学校的校长，作为校长，除了教学，他的另一个主要任务是为学校募捐。然而，他同时也曾经是中国另外 28 个学校的董事或董事长。据不完全统计，从 1917 年到 1948 年，张伯苓催请捐助的函电，超过 200 次。其中有不少次是为帮助其他组织或个人。张伯苓出席与南开学校没有直接关系的会议共 380 多场，各类讲演、报告、讲话，共 482 次。张伯苓担任的社会职务共有 209 个，大到"国民参议会副议长"和"中华教育文化基金董事会"董事长，小到"未能归家学生组织暑假乐群会"的名誉总干事。其中，除了教育和体育之外，还涉及宗教、文化、外交、禁毒、废娼、灾害等众多社会领域。②

其二，南开曾有一条重要的经验，就是"私立非私有"。南开是社会的，她曾是中国最成功的公益项目。据不完全统计，南开自 1904 年至 1950 年，起码获得 80 余名独立捐款人、14 家机构、4 个校友会、5 个政府机构的捐赠，总量达 150 笔之多。严范孙捐得最多，几乎倾尽家财，鲁迅虽然只有 4 元，但对南开支持的态度是鲜明的。从严范孙、王奎章到胡适、鲁迅，从袁世凯、徐世昌到黎元洪、李纯，从张学良、傅作义到卢木斋、卢作孚，以及中华教育基金会到洛克菲勒教育基金，计募得：银 4.25 万两、金 1.02 万两、美元 4.7 万元、公债 40 万元、银洋 1100 元、现大洋 6368 元、墨银 15 元，以及后来以十亿元计的法币、国币、金圆券。再加上耀华的玻璃、启新的洋灰、开滦的煤，再加上土地、房

---

① 张元龙：《在南大"南开与抗战"座谈会上的发言》（未刊稿）。

② 张元龙：《在纪念张伯苓诞辰 140 周年座谈会上的致词》（时为 2016 年 4 月 5 日，未刊稿）。

屋、设备，以及账上的汤圆千枚，如果要想折合成现在的人民币，恐怕南开经济学院要立个项。因此可以说南开是中国历史上最成功众筹公益项目。

最值得注意的是校友捐款。比如，1944 年 1 月发起的"伯苓四七奖助基金"活动，预定目标是到 4 月 5 日募款 110 万元。结果到当天，募捐达到 470 万元。到 7 月 17 日活动最后结束时，募款总数超过了 600 万元，创造了当时国内教育捐款的最高纪录。以校友捐赠为办学经费来源，是美国哈佛、耶鲁采用的方式，南开 70 年前就已成功实践。[1]

而张元龙也在深思为什么会有这么多的社会贤达和校友为南开学校踊跃捐资。对于这个问题，张元龙以为用 1935 年 6 月 23 日在"三六"募款庆成会上张伯苓的致辞作为答案最为精辟。张伯苓当时就说："我一向主张要公不要私，三六募款之所以成功，一方面是校友诸君热心母校，同时也是公而不私的缘故。比如，诸位要是募三万六千元钱来纪念我六十岁，我相信结果一定不是如此；假如这笔款的用途不是用之于为公的奖学金，结果也不会如此。"因此，张元龙真切地感到：南开的成功，就在一个"公"字。[2]

作为南开学校的创办人，严范孙曾因"张伯苓薪俸并未增加，殊觉不安"，多次以"校长薪金太廉"，提议董事会加薪，均为张伯苓婉拒。张伯苓则感叹严范孙"可惜身体太弱——也难怪，书房的环境，身体如何能好——七十岁便故去了。"他们两人，或倾尽家财，或不治家产，都是"内无余帛，外无赢财"，这正是他们化私为公的写照。对此，张元龙深有体悟。故而他不仅以张伯苓的两句话"私立非私有，留德不留财"为自己的座右铭，而且将这两句话制成一对镇纸，送给朋友、师生。因为这两句话不仅"描述了严范孙、张伯苓所代表的一代教育先驱们的所作所求，也应该是我们今天的所思所求，因为其中包含了关于公与私的深刻启示"[3]。

对于南开学校的师生，张元龙也是充满敬意。在《杨石先教育思想研讨会暨纪念诞辰 120 周年座谈会》上他做了一个发言——《南开精神的伟大实践者和传承者》，谦恭地写道："我与杨石先先生接触不多，记得当年我姐姐考取南开大学后，杨先生第一时间亲自到我们家报信，临走时，是我送他出

---

[1] 张元龙：《南开学校是当时中国最成功的公益项目——在南开校友总会第六届理事会 2016 年（扩大）会议暨第三届全球南开校友会论坛上的致辞》（未刊稿）。

[2] 张元龙：《在纪念张伯苓诞辰 140 周年座谈会上的致词》（时为 2016 年 4 月 5 日，未刊稿）。

[3] 张元龙：《在纪念张伯苓诞辰 140 周年座谈会上的致词》（时为 2016 年 4 月 5 日，未刊稿）。

来的。据我姐姐回忆，他对杨石先先生佩服至极，杨先生也是全校学生最崇拜的偶像。每年入学式，大家都盼望听杨先生讲话。他的语调平稳，没有废话。那时会场分散在几个食堂。我姐姐他们离主会场很远，好多人偷跑到主会场去，为了看杨先生一眼。我姐姐跟我说，"文革"时武斗，杨先生的家靠近武斗最激烈的第一教学楼。学生要他避难，他坚决不走，因为家里有他的研究资料。我姐姐她们偷偷到他家门口张望，看见杨先生背着手站在窗前，看着正在武斗的大楼，平静而肃穆。我姐姐说，那时她非常感动，只有他这样的学者才有这样气魄。根据杨先生学生的回忆，杨先生被批斗时的，也是沉默无言，昂然而立，目光凝重。"①

此外，张元龙还继承了祖父张伯苓在天津中华基督教青年会所开创的事业。作为理事长，他除组建青年会文化培训部，进行英语、日语、俄语、德语、书法、口琴、烹饪和职业技能培训，开办免费少儿声乐班和初中、高考助学讲座等活动，下设 YMCA 青年合唱团、YMCA 少儿合唱团、YMCA 口琴乐团、YMCA 东方明珠服装服饰表演团、YMCA 吉他俱乐部、YMCA 老年文学社、YMCA 烛光画社、YMCA 老友会等文艺团体，以及鹤童老人院、蓟县下营中学、文静里小区、天津师范学校、天津聋哑学校、西青区王兰庄街等服务基地外，还自 2005 年起联合南开大学历史学院先后举办了"天津中华基督教青年会与近代天津文明""天津中华基督教青年会与近代天津教育""天津中华基督教青年会与近代天津体育""天津中华基督教青年会与近代名人""天津中华基督教青年会与社会服务""青年会义工运动与当代志愿服务发展论坛"等主题的国际学术研讨会。支持天津中华基督教青年会联合南开大学等学术机构，先后搜集整理了《大公报》《益世报》中的青年会资料，选编了青年会历史刊物上的名人文章，编译了青年会外籍干事的报告、信件等外文资料，连同历次会议论文集，于 2015 年出版了《天津中华基督教青年会书系》②。不仅如此，他还为该书系撰写了序言，阐明青年会的宗旨及特色，隆重推介这套融中外文原始资料和研究成果为一体的、近 400 万字的巨制。在天津青年会 120 周年庆典上，张元龙全程参与，并出席了"天津中华基督教青年会书系"的首发仪式，向为该书系做出卓越贡献的单位和个人颁送纪念牌和全套书等，与来自世界各地的嘉宾一道见证了这一庄严时刻。

---

① 张元龙：《南开精神的伟大实践者和传承者——杨石先教育思想研讨会暨纪念诞辰 120 周年座谈会发言》（未刊稿）。

② 罗世龙、侯杰主编：《天津中华基督教青年会书系》，天津人民出版社 2015 年版。

南开校董

——沟通社会与学校之桥梁

2019 年，是五四反帝爱国运动百年，也是南开大学建校百年。在 1919 年，张伯苓所创建的私立南开大学终于诞生了。在那充满纷争和战乱的年代，一所私立大学若想维持下去并不断发展壮大，谈何容易。然而张伯苓却做到了，并使之成为著名学府。至 20 世纪 20 至 30 年代，南开大学不论是学校硬件设备，还是软环境；也不论是教授水平，还是学生素质，在国内均名列前茅。办学的成功，不仅依靠张伯苓个人的努力和奋斗，也离不开促进南开大学成长和发展的校董们长期不懈的支持和决策。校董们既是南开大学的支持者和赞助者，又是南开精神的创造者和践行者。

校董会初创

早在民国初年，张伯苓就敏锐地察觉到，具有高等教育背景的人才随着社会的发展进步将会日显重要。因此，当他看到自己在南开中学精心培养的人才却由于国内高等院校的严重匮乏而流失时，感到甚为痛心！有鉴于此，他下定决心，要尽自己的最大力量来创办一所造就众多为社会所需要的人才的大学，同时也为南开学校的优秀毕业生继续深造提供条件。为此，他专程赴美国著名高等学府哥伦比亚大学师范学院研修高等教育，师从杜威（John Dewey）等知名教育专家，学习和研究与大学教育相关的一系列问题。1918 年底，张伯苓"壮游归来，即着手增设大学"。张伯苓不愧是一位实干家，经过一番雷厉风行的奔忙和筹备，终于使私立南开大学于 1919 年 9 月 25 日正式开学。九十余名新生入校求学。由此，这所中国著名的高等学府起航了。

在南开大学创立和发展时期，中国的大学大致可以划分为三种类型：其一为国立大学，如北京大学、北洋大学等；其二为教会大学，如东吴大学、金陵大学等；其三为私立大学，如南开、复旦等。在张伯苓看来，私立大学的发展须臾离不开社会热心人士的支持与帮助。因此，为了更好地将关注教育发展的社会力量引入南开大学的教育管理之中，张伯苓最初采取了校董会下的校长负责制。

南开大学校董会，从1919年初大学开筹备之日起就略见雏形。最初被称为董事部，成员有南开"校父"严修、教育家范源濂等人。1920年3月，新的董事部成立，成员包括范源濂、严慈约、孙子文、孟琴襄、蒋梦麟、王濬明、陶孟和、刘芸生、卞俶成九人。次年，改称董事会。1929年，根据教育部的统一规定更名为校董会。1932年，校董会的成员有严智怡、颜惠庆、陶孟和、胡适、李组绅、李琴湘、卞俶成、王秉喆、丁文江等九人。

伴随着南开大学教育实践活动的丰富、发展，校董会成员所承担的历史使命与管理职责也日益完善和成熟。20年代，校董会成员一般固定为九人，任期三年，每年有三分之一被改选，可以连任。除了学校董事会之外，各个学院也可以成立自己的董事会。根据南开大学章程，校董会的职责主要有以下四项：一、聘任校长；二、筹备本校经费；三、议决预算及审察决算；四、对于本校章程之制定变更或撤废予以同意。在这四项职责中，第二、三项最为重要。

令人称羡的校董们

从一份份南开大学校董名单中，我们可以清楚地看出，校董们大多数来自为南开大学献力献策的社会力量。他们的身份大致可分为三大类：一为官僚政要，一为学者及社会名流，一为民族工商业资本家。其中，绝大部分人是南开大学的"财东"。因为认同南开大学的办学理念，所以他们慷慨解囊，有钱者出钱，有力者出力，甚至不惜动用自己的社会网络和社会声望，为南开学校的发展和南开精神的传递贡献自己的力量。

这三类校董由于所处社会阶层和社会环境有别，因此对加入南开大学校董会总会有不同的考虑。对于官僚政要们来说，尽管民国初年中国内战不断，政权更迭频繁，但是不管谁来掌权，当权者都一定会把兴办新式教育作为发展社会、积聚力量、树立个人形象，最起码是沽名钓誉的一个重要举措。当权者们也都希望自己的子女能够获得良好的教育，所以竞相把子女送进教学质量比较好的学校中去求学。出于以上考虑，很多官僚政客愿意跻身南开大学校董会，成为其中的一员。对于南开大学而言，历年来就任校董的高官政要不在少数。历任北京政府外交总长、国务总理、内务总长及天津大陆银行董事长的颜惠庆和历任交通总长、农商总长、中国银行总裁、制币局总裁、财政总长的周自奇等人就是其中的典型代表。对于南开大学来说，得到这些热心新式教育的官僚政客的支持与帮助，不仅可以协调学校和政府的关系，还能够为争取政府财政的支援提供条件。尤其是自20年代后期，当私人捐助不再成为南开大校发展的主要力量时，政府资助就显得更为重要。

　　毋庸讳言，官僚政要通过校董会参与南开大学的管理和决策为学校的发展确实带来了一定的益处。然而，书生意气的学生们曾对校长张伯苓接受一些军阀、政客的捐款颇不以为然，甚至大加指责。对此，张伯苓不仅没有责备学生，而且颇有耐心地解释说："美丽的鲜花，不妨是粪水浇灌出来的"，"让他们拿出钱来办对社会有益的事业总比随意挥霍强吧"。严修也非常同意张伯苓的看法，提出："盗泉之水不可饮，用它洗洗脚，总不失为一有益之举！"的确，在民国初年，处于风雨飘摇状态之中的政府时常无暇自顾。一些赫赫有名的国立大学尚不得不遭遇捉襟见肘的尴尬景况，更何况并无政府太多经费支持的私立南开大学呢？如果张伯苓不接受军阀、官僚、政要的支持和捐款，那么南开大学凭借什么力量得以发展呢？没有资金，同学们如何能够在宽敞的操场上奔来跑去，如何能在装潢如新的礼堂舞台上演出新剧，如何能在设备充足的实验室进行物理、化学实验，如何能在明亮整齐的教室里聆听教授上课，如何能在藏书丰富的图书馆里阅览古今中外的书籍资料？由此看来，张伯苓的这种做法，确实是无可厚非的。

　　至于民族工商业资本家，他们更愿意资助像南开大学这样的高等院校。一是由于他们的事业急需南开大学培养的人才的帮助，二是因为他们看到南开大学已与和社会尤其是经济等方面的发展结成了紧密的联系。总而言之，他们一般都具有比较开明的思想和长远的眼光，认为捐资助学是一种义举，不仅有利于社会发展、文明进步，而且也有助于自己事业的扩展和提升。他们认识到南开大学是一所重视办学质量、注重人才培养的高等院校，所以非常愿意慷慨解囊，将自己的赢利投入南开大学，成为南开大学的支持者。

　　当然，能够成为南开大学校董的民族工商业资本家也并非等闲之辈。他们既要有能力为南开大学的发展提供一定的经费支持，又要在社会中具有较高、较好的社会声望，直接、间接地扩大南开大学的社会影响。河南六河沟煤矿的董事长李组绅、天津久大盐业公司暨永利制碱公司创办人范旭东以及天津"八大家"之一的卞俶成，即为其中的典型代表。这些民族工商业资本家的加入，不仅给南开大学带来了经济上的支持，而且为南开大学培养学生、造福社会提供了广阔的天地。范旭东创办的公司就成为很多优秀的南开大学学生毕业之后的重要选择之一。此举小而言之，帮助了学生们个人价值的实现；大而言之，促进了中国民族工业的发展。

校董会中的学者和社会名流们，更让南开大学受益匪浅。其中，曾先后担任教育总长、北京师范大学校长、中华教育文化基金委员会董事长等职务的范源濂，曾担任北大教务长、文学院院长等职的胡适等人，不仅是南开学校建设和发展的一贯支持者，而且凭借各自在社会上尤其是在教育界中的巨大影响力和广泛的人脉关系，为南开大学品质的提升建言献策，加之其丰富的实际办学经验，对南开大学的顺利成长都是颇有助益的。初创时期的南开大学正是在这些校董的扶持和呵护下才得以稳步发展、前进的。

校董们经常根据南开大学及其学生们的需要解囊相助。卢木斋曾担任1913 年南开学校校董，南开学校的最初创立很大程度上离不开他的帮助。1923 年，南开大学迁往八里台新址，但尚无资金建造专门的图书馆，只有思源堂内一所图书馆暂可使用，远不能满足学生们的求知之需。卢木斋了解此情后，于 1927 年 3 月捐出十万元，用以兴建南开大学图书馆。在施工过程中，他还以七十四岁高龄前往工地监督指挥。为丰富馆藏，他又捐出了"知止楼"中的六万卷藏书。在其义举感召下，天津藏书家李典臣、李组绅等人先后捐赠图书十万卷之多。图书馆最终历时一年建成，外形为丁字形，占地九百二十平方公尺，藏书二十万卷，可容纳读者三百人，其规模和设施在当时国内大学图书馆中也堪称一流。1928 年 10 月 17 日，这座新式图书馆于南开大学建校二十四周年之际启用。南开大学为纪念他嘉惠学子，将其命名为"木斋图书馆"。1934 年，柳亚子参观完南开大学图书馆后，赋诗赞曰："百城南西足论功，堂构巍峨缔造雄。十两黄金书万轴，教人长忆木斋翁。"可惜的是，木斋图书馆仅存在了九年，便于 1937 年 7 月底在日本侵略军的炮火下化为灰烬。抗日战争爆发后，卢木斋仍不忘迁往西南的南开大学及西南联合大学的师生，资助二百万元以救济生活困窘的教师。正是在卢木斋等校董的悉心呵护下，南开大学师生才能心无旁骛地专心治学，报效国家。

成就南开：共同的志业

不管校董们是出于什么样的考虑，这些重要的社会力量最终还是集聚在一起，成就了南开大学，也在中国现代私立高等教育史上留下了浓重的一笔。从初创阶段开始，南开大学的办学经费和场地、设施等，就都离不开这些校董们的热心支持和捐助。

从职责和使命来看，校董会成为沟通学校与社会的一条纽带，为南开大学的发展提供了更好的平台。校董会既可以向社会筹款，保证南开大学的生存发展，同时也能够利用成员自身的声望与影响为南开扩大社会网络。而社会网络是南开大学生存与发展的一个必须条件。同时，校董们也向内为南开大学的发展做出了积极的贡献。南开大学的校务十分公开，一般都是由校长张伯苓统筹规划，至于经费的使用、规章制度的变更等重要问题，都需要经过校董会的讨论决定。对于南开大学的实际运作来说，校董会体现出社会力量的实质性介入，对南开的运营起到一定的监督作用。而校董的当选是社会力量对南开大学的支持和南开大学对社会力量的选择双向相互动的结果。

在总结南开大学发展的成功经验时，张伯苓曾非常谦逊地说："社会实可谓南开之保姆，而南开实乃社会之产儿。"此言着实不谬，而校董会亦在这个过程中扮演了非常重要的角色，成为沟通学校与社会的桥梁。

众手造就南开的未来

作为一所私立大学，南开大学不仅是严修、张伯苓等人实践教育救国理念的园地，还寄托了中国乃至世界各国有识之士的殷切期望。中国的仁人志士希望这所屹立于渤海之滨的私立大学能够在张伯苓等教育家的带领下，探索出一条有别于诸多国立大学、教会大学的育人之路，将中国青年培养成栋梁之材，在历史的大潮中与欧美群雄中一较高低，为中华民族赢得光明的未来。因此，南开大学尽管在成长过程中面临过经费不敷、房舍紧缺等问题，但还是在社会各界人士的关爱下，茁壮成长起来。这群护航者的身份多种多样，有军阀、买办、实业家、藏书家……但却印证了中国一句老话：众人拾柴火焰高。他们的主体身份虽然已经在历史长河的冲刷下变得有些模糊不清，但是对南开所做出的贡献却被永远铭记。

李秀山与秀山堂

李纯（1874—1920），字秀山，出生于天津一个小商贩家庭，毕业于天津武备学堂，民国时期历任第六师师长、九江镇守使、江苏护军使、江苏都督。李纯虽然因其军阀身份而受人指责，但一生热心教育，为南开大学的创立和发展提供过重要帮助。

1919 年，严修、张伯苓为筹创南开大学而四处奔波、游说政要。4 月，严修、张伯苓到达南京，会见时任江苏都督李纯。身为天津人的李纯当即允诺捐款，最终捐赠三万七千一百六十五元，为南开大学的初创解决了部分经费问题。南开大学正式成立时，李纯又发表了祝词，表达了对严修、张伯苓教育救国精神的敬仰及对南开大学的殷切期望：

> 我南开私设大学既为倡始，尤所爱国诸公相继兴起，庶愈推愈广遍于全国，将来教育勃兴，人才蔚起，图富图强卓然有以据其大本。自兹

以往，安知我中国大学不足比美国大学？安知中国人才不足比于美国人才？安知我中国国家不足媲美于美国家？

1920 年 10 月 11 日，李纯突然去世，生前立下遗嘱以其二百多万元存款的四分之一捐给南开大学作永久基金。1921 年 4 月 6 日，李纯之弟李桂山的代表在天津懋业银行将五十万零六银元资金交付南开大学。李纯被校董会推举为南开大学创办人，李桂山为基金管理员。

1923 年 6 月，南开大学八里台新校舍落成，教学楼命名为"秀山堂"，并立李秀山铜像，纪念其人其功。

李组绅与南开大学矿科

李组绅（1880—1961），浙江镇海人，是天津有名的早期买办叶星海的外甥。十六岁时，他单枪匹马北上天津闯天下。李组绅先是进入北洋大学学习近代科学技术知识，毕业后从商，曾为美商美丰洋行买办、英商信记洋行买办。1918 年，李组绅、李组才兄弟两人依托舅父叶星海雄厚的资金和广泛的社会关系网络，成立了天津第一家华商对外贸易行——利济贸易公司，成为天津工商业的巨子。作为华北矿业的巨擘，李组绅在中国近代矿业界享有盛名，"真可当得起老行尊之称而无愧"[①]。他除了独立经营六河沟煤矿之外，还赞助成立了龙烟煤矿、正丰煤矿、中兴煤矿、临城煤矿、枣庄煤矿等，并任华北矿业联合会会长一职。在经营管理煤矿的过程中，他深感采冶人才奇缺，"如不广事储备，难免时时为人所制"[②]，因此，他有意培养这方面的专业人才。

在南开大学的发展过程中，严修、张伯苓等人时时刻刻感受到私人办学的困难与艰辛。除了严修斥资助学之外，张伯苓也多处"化缘"募捐用于开展南开大学的各项事业。在办学实践中，严修、张伯苓逐渐认识到：通过募捐的方式，动员达官贵人、巨绅大贾参与百年树人的教育事业，是一件极富深远意义的事。于是，严修、张伯苓与李组绅等人经过反复协商，终于决定

---

　　① 《政海奇人李组绅的生平》，高释石：《古春风影楼琐记》第 11 集，台湾新生报社 1985 年版，第 278 页。

　　② 《政海奇人李组绅的生平》，高释石：《古春风影楼琐记》第 11 集，台湾新生报社 1985 年版，第 259 页。

在南开大学的文科、理科、商科三科之外，另设立矿科。

　　1920 年，在南开大学的不懈努力下，"得李组绅捐资三万元"，用以开设矿科。1921 年，学校财政情况稍有转机，经费第一次有了结余。为此，学校于同年 9 月成立矿科，以薛桂轮为主任。该矿科的成立，"为国内大学办有矿科之嚆矢"，成为"新法探采冶化专才之栽培与储备"之基地。在此之前，矿物所需的重要工程技术人员，多是外籍专家。

　　矿科成立之初，"只设一班，未分系"。1921 年秋，矿科招生四十二人。聘薛桂轮任地质学教授兼矿科主任，李子明担任测绘制图、教授解析几何等课程。1922 年，矿科招生三十六人，并聘请孙昌克为地质学教授。1923 年，王德滋助教来校，一年后离校，由臧毅卿继掌教鞭。在课程安排上，矿科学生除了必修国文、英文，选修数学及物理系课程外，一年级还有地质学、机械制图、平面测量等课程；二年级有应用力学、水力学、结晶学、矿物学、矿山测量、铁道测量等课程，暑假还有一次实习的机会；三、四年级主要有化学分析、材料力学、热机学、电机学、岩石学、选矿学、吹管分析、冶金学、采煤学及有关设计课程。最后是毕业实习。

　　矿科的学制与一般学科相同，唯在寒暑假期间，师生均不得放假，需要进矿下厂实习，增加实践能力。为此，李组绅精心筹划，设立了专门供师生实习的基地。1922 年，建矿课实验室。1924 年，建矿科工厂，主要包括金工部、木工部、打铁部。除此，还建有地质矿石标本室。外地实习则主要是去京西门头沟、唐山开滦、河南六河、秦皇岛柳江、磁县怡立等煤矿，或者考察地质，或者进行矿山测量，时间持续五到七周。与此同时，李组绅、南开大学校方还与美国福特公司创办人亨利·福特（Henry Ford）商议，由南开大学矿科选派优秀毕业生到该公司下属厂矿学习，掌握先进的采矿技术以及生产管理经验等。而所有的这些费用，均由矿科的董事会讨论决定并从经费中拨付。同学们在学习之余，还成立了矿科学会，"会员最多时达八十人"，编印《矿学汇报》《矿学月报》，以促进学术交流。这样的实用型人才培养模式，至今仍为多所学校所推崇。

　　在组织上，矿科也很独特。它是南开大学的一个独立科系，由李组绅每年补贴南开大学三万元，其他所需各项费用，还要自己完全独立负担。其专门设立了董事会，以总揽其事。翁文灏任董事长，李组绅任副董事长。

　　南开大学矿科的成立及其发展，引起人们的广泛注意，教学水平也不断提高。在短短的三年时间里，矿科培养造就了不少专才。学校还推荐王乃宽、姜长英、高许培等九人去美国的福特汽车公司工作。但是由于中国矿业刚刚处于起步阶段，矿科学生出路并不是很好，这又影响到后来矿科的进一步发展。

自 1921 年起，李组绅答应从这一年起每年捐助三万元，作为矿科常用经费，为南开大学渡过财政难关起到了决定性的作用。

表 1　严修、李组绅捐款表（1919—1925）

捐款者名称	时间	款额（元）	指定用途	备注
严　修	1919	2000	购书价	2000 美元
李组绅	1921	20000	矿科常费	
李组绅	1922	10000	矿科常费	
严　修	1924	18130		捐地 5.18 亩
李组绅	1925	45000	矿科常费	
严　修	1926	2000	购书价	2000 美元

从上表中就可以看出，南开大学矿科的诞生与发展以及不断调整与进步都离不开李组绅等人的积极支持。1926 年，李组绅因经营的实业日渐萧条，停止了对于南开大学的资助，南开大学的矿科也就此停办，改设电工科。矿科的部分学生不得不另找出路，转入物理系学习。虽然矿科停办了，但是李组绅与南开大学的缘分并没因此而结束。由于南开大学实行的是校董会下的校长负责制，李组绅也多次担任南开大学校董事会的董事，以其他方式继续支持南开大学的发展。

洛克菲勒基金会与南开

洛克菲勒基金会（亦称罗氏基金团）是美国石油巨头约翰·洛克菲勒（John Davison Rockefeller）于 1913 年设立的，为医学、农业、教育、社会科学研究提供资金支持。张伯苓校长在担任天津青年会董事长期间，曾出席过上海的基督教会议，结识了一些美国人，为与罗氏基金团的进一步接触打下了基础。

当时，南开大学急需一座实验楼，但资金实在缺乏。1922 年，罗氏基金团收到南开的要求后，决定派驻中国分支代表 Gree 来南开大学参观，以试探南开的实力。张伯苓校长决定安排邱宗岳教授为其讲授化学定性分析课。邱先生的授课水平之高让代表 Gree 发出由衷赞叹：在美国大学里也很难听到这么高水平的课！罗氏基金团随后决定捐款十二万五千元，其中的七万元用于为学校建设科学馆。但是建筑费用共需十四万元，另一半必须在国内筹得。幸得河南实业家、袁世凯堂弟袁述之奉母命捐赠的七万元，南开实验楼最终得以建成，并取名"思源堂"，以感念袁氏的慷慨捐助。

从 1923 年到 1932 年，罗氏基金团连续多年为南开理科提供资金支持，最少为一千多元，最多为八千多元。1932 年起，罗氏基金团开始对经济学院大力资助，1932、1933、1934 年连续每年捐款六万元。

罗氏基金团一直关注南开大学这所中国著名私立学校的发展，除提供资金支持外，还为南开作海外宣传，曾特意派人来南开将"四十字镜箴"拍摄下来，寄回美国，刊诸报端，加以传扬。

陈芝琴与芝琴楼

陈芝琴（？—1947），出生于天津，早年为洋行买办，与张伯苓为好友。

南开大学早于 1920 年就实行男女同校，领全国风气之先，然而经过十年还没有一座正式的女生宿舍，只有教师住宅区的两所宅院供女学生临时居住。张伯苓向陈芝琴提起此事后，陈芝琴立即答应承担三万元的全部建筑费用。1931 年，南开大学第一座女生宿舍正式建成，张伯苓将其命名为"芝琴楼"。当时正值日本加紧侵略中国之时，有日本人居心不良，想借机捐植樱花树于楼旁，以示中日友好。张伯苓校长识破其诡计后，与外文系段茂澜教授商议，命人连夜栽种桃花。日本人正式表达捐赠之意时，见芝琴楼已为桃树所围簇，只好作罢。

1935 年，张伯苓又拟在重庆筹建南开分校，陈芝琴又捐赠三万五千元，帮助张伯苓凑足第一期建校工程所需经费。张伯苓将重庆南开中学的科学馆命名为"芝琴馆"。

1937 年 7 月 29 日，芝琴楼在日本侵略者的轰炸中遭受重创。后陈芝琴的产业衰落，举家"仅供饘粥"，其住房被警察局借"接收"为名非法侵占。为回报陈芝琴在漫长的历史过程中对南开大学做出的贡献，张伯苓立即致函他的学生、天津市市长杜建时，请求杜"给予同情之援助"。1946 年，南开大学从昆明迁回天津后，仍将芝琴楼加以修缮后用作女生宿舍。1947 年，陈芝琴去世，张伯苓非常悲痛，经常向同人念及："老友先亡，至甚伤恸，不惟失一知己，且生前对大中两校及重庆南开多所捐赠，实令人思念不已。"

宋棐卿、东亚毛纺厂与南开

在中国商业史上有一个不朽的牌子，时至今日国人对这个牌子仍怀着一份爱之笃深的感情；在 19 世纪三四十年代的天津，也曾经有一位享誉津门的人物——这就是天津东亚毛纺厂的"抵羊"牌毛纺品和创造这个商业奇迹的宋棐卿（1898—1956）。而东亚毛纺厂和宋棐卿亦与南开学校有着千丝万缕的关系——为南开大学捐助过教育资金，也从南开大学吸收了大量的人才。

作为一个私立学校，南开大学的财政资金一直很紧张。身为一校之长的张伯苓为此四处"讨生活"，募集学校各项经费，维持学校发展。他交游广阔，与黎元洪、徐世昌、卢木斋、孙子文、颜惠庆、李纯（秀山）、王正廷、吴鼎昌等社会各界名流结交，其中也包括宋棐卿。

抗日战争结束时，东亚毛纺厂在宋棐卿的提议下就为南开大学的复校捐助了大量资金。其中的一次是在东亚毛纺厂的董事会议上决定的，并且保留了记录：

《民国三十四年十二月二十九日董事会立会第二次会议记录》
提案人：宋棐卿。案由：为燕京大学及南开大学分别复校，先后向本公司募捐，该两校均为吾国著名之最高学府，且又有教育之复兴，各界一致踊跃捐助，本公司对此亦不便落后……对南开大学捐助一千万元。

可以看出东亚毛纺厂和宋棐卿为南开大学复校捐款自有其缘由，一来南开为全国著名高等学府，二来当时社会上很多公司给予南开资助，东亚的捐助也有宣传之意。不过，与其他公司的捐助有所不同的是，张伯苓还是东亚毛纺厂的股东之一。

东亚毛纺厂 1949 年的股东名单中就将张伯苓记为股东之一，和孔祥熙、李宗仁、张廷锷一同被列入重要股东名簿。事实上，张伯苓所持有的公司股份仅仅是 3750 股，与王雨生的 16667500 股、韩复榘的 843000 股、李宗仁的 500000 股、杜建时（天津市市长）的 500000 股相比是微不足道的，他根本算不上股东中的头面人物。把他列为头面人物，一方面是宋棐卿等公司领导人要借重张伯苓的社会地位和社会影响，另一方面，也是出于从南开大学招聘优秀人才的需要。从张伯苓的角度讲，他作为社会活动家，为的是寻求更多的款项，也必须要加入其中，与社会名流"混个脸熟"。他与东亚毛纺厂的其他股东也确实有很大的不同。其他的股东都是往东亚"送钱"的，像韩复榘军阀系统的几个头目曾在 1932 年东亚开办时拿出巨资，王雨生是北洋军阀王占元的后裔，久居津门，一次就为东亚投入五十余万元的巨资。而与他们不同，张伯苓一般都是找宋棐卿和东亚毛纺厂寻求资助。

不过，南开和张伯苓能够给予东亚毛纺厂更加贵重且无可替代的资源——人才。不仅南开的一部分毕业生会选择或被选择到东亚毛纺厂工作，而且东亚还可以直接利用南开的教学资源乃至研究成果，毕竟南开的化工专业一直在全国处于领先地位。比如，东亚化学实验部主任王启录就曾任天津南开中学部理化部主任。通过这样直接关系引入的人才是求贤若渴的宋棐卿所希望得到的。

南开与宋棐卿以及他所悉心经营的东亚毛纺厂，在 20 世纪三四十年代的天津有着千丝万缕的联系，他们相互扶持着，互相提携着，共同创造着津门近代历史上的奇迹。

周叔弢捐书南开

至德周氏家族，以为社会发展做出巨大贡献而誉满全国，周馥、周学熙、周叔弢等是其代表人物。而作为古籍文物收藏家的周叔弢与南开大学之间的故事却鲜为人知。

周叔弢（1891—1984），原名明扬，后改名暹，字叔弢，晚年自号韬翁。安徽至德（今东至县）人。系周馥的嫡孙、周学熙之侄，近代著名的民族实业家，也是闻名海内外的古籍文物收藏家、鉴赏家。历经"半生跌宕"，周叔弢藏书达四万多卷，皆以刻版好、纸张好、题跋好、收藏印章好和装潢好而蜚声天下。周叔弢"爱书如命"，竭尽多半生精力搜求，但他并无"子孙永保"的想法。他多次把凝聚着自己数十年心血的藏书献给国家。周叔弢曾说："回想自己在七十多年的藏书生涯中，常为搜求到一本好书而感到其乐无穷，如今我为这些书籍，来自于人民，又归之于人民，得到了最好的归属、最好的主人，无限欢快，非昔日之情可比拟。"[①]

周叔弢大半生在天津度过，因而与南开大学结下了不解之缘。周氏家祠

---

① 刘运峰：《藏书　因鲁迅而展开》，上海远东出版社 2012 年版，第 231 页。

"孝友堂"藏有珍贵书籍数万册，皆为古代珍藏本。周叔弢出于爱书之心很想把一些书籍捐赠给国家和人民。在他的大力动员之下，经过居住在天津的阖族公议，终于在1950年将家祠"孝友堂"收藏的三百八十余箱六万余册书籍捐赠给南开大学，其中包括明刻本《南藏》及百余部丛书。1954年，他又把精心收藏的中外文图书三千五百余册捐献给南开大学图书馆。这些书成为帮助南开大学师生们学习研究中重要而珍贵的学术资源。

周叔弢愿意为年轻人提供各式各样的帮助。南开大学图书馆专业的一个学生，撰写了一篇关于天津近代藏书家的论文，他遍访北京、天津等地学校、图书馆和书店的专家、学者，根据他们提供的线索编成名单，希望周叔弢能给予审订并提出宝贵的意见。不巧当时周叔弢正在病中，医生为了他的健康考虑不准他会客。这位同学非常沮丧地正准备离开，却被从病房里走出的周叔弢的家人叫住，并向医生求情，希望给年轻人一个见面的机会。原来周叔弢在病房中听见了医生拒绝这个同学的话，觉得自己的身体状况还可以支撑，很想帮助这个年轻人，就嘱咐家人征得医生的同意把同学留下来。他在病房中亲自审阅学生的作品，再通过家人把修改意见转达给这个同学。经过一个下午的如此交流，周叔弢慎重地提出了自己的意见，给了年轻人极大的鼓励和帮助。在周叔弢的指导帮助下，这个同学写出了优秀的论文。这位南开学生与周叔弢未曾谋面却结下忘年之交的故事被人们传为一段佳话。而周叔弢与南开大学的情缘也更深了一层。

1984年2月14日，全国政协副主席周叔弢因病在天津逝世，终年九十三岁。不久，南开大学专门印制了一本精美的周叔弢赠书目录，以此纪念这位对南开大学教育事业做出过巨大贡献的藏书家。

聚焦中外人士目光

南开大学的创立和发展，离不开社会各界人士的支持和帮助。中外人士的关注与评说，往往也是一笔巨大的精神财富，助益南开克服前进路途上遭遇的困难，鼓足不断进取、奋起超越自我的勇力。更不用说，这些中外人士以特有的方式，支持这所新式学校的发展，并从精神层面给予赞誉和肯定了。

黎元洪与南开大学

黎元洪（1864—1928），字宋卿，湖北黄陂人，历任中华民国副总统、总统。1922年下野后，黎元洪寓居天津，一心兴办实业及教育事业。

1919年，严修、张伯苓为创立南开大学筹措资金时，黎元洪率先支持，捐款八千零一十元。9月25日，南开大学开学典礼在礼堂举行，黎元洪出席并发表讲话。他在讲话中说：国家的实业发达，科学昌盛，其根本均在教育。现今国势之危险已达极点，鄙人尤盼望南开大学学生毕业后，去扭转国家的危局。1925年12月，驻守天津的李景林与张之江在杨村附近交战，造成地方秩序混乱，黎元洪热情提供住宅，使南开大学全体女生及部分教员眷属安然躲过灾难。

黎元洪对南开的支持还体现在将子女送入南开学校学习。其爱女黎绍芬为南开大学第一届学生，与周恩来同班，1923年毕业于南开大学。长子黎绍基从日本留学归来后于1923年入南开大学政治系读书，五卅惨案爆发后任学校后援会募捐组组长。黎元洪不仅自己出资捐助，还介绍黎绍基前往顾维钧、杨以德等社会名流处募捐，使其在三日内即募得一万一千余元。1927年夏，黎绍基从南开大学毕业。次女黎绍芳曾读南开大学预科一年。次子黎绍业曾就读于南开中学，后因病退学。

黎元洪等政要之所以帮助与支持南开大学，既是受校父严修、校长张伯苓的教育精神感召，也是对南开大学办学理念的一种认同。

任教半载，情系一生：老舍与南开

老舍（1899—1966），原名舒庆春，字舍予，笔名"舍予""老舍"，老舍是他最常用的笔名，另有鸿来、非我等。北京（满族正红旗）人，中国现代小说家、戏剧家，享有"人民艺术家"的称誉。代表作品有小说《骆驼祥子》《四世同堂》，话剧《龙须沟》《茶馆》等。

1922年8月，老舍毅然放弃了在北京做劝学员的优厚工作待遇，到天津南开学校任中学部国文教员，兼校出版委员会委员和初二七班的辅导员。老舍讲话风趣幽默，颇受同学欢迎。一些班级开班会，也经常请老舍参与。中学部汉语演说会成立时，该会主席还请他到会指导会务，并请他担任顾问和评论员。

老舍在南开任教期间还热心参加宗教活动。1922年10月31日，南开学校中学部青年会童子部在会所举行第四季度首次会，其内容为名人演说捧腹笑话，而由老舍与朱星樵登台表演的相声，受到热烈欢迎。其间，南开学校中学部青年会还组织了一个带有"修身"性质的团体"辰更团"。老舍与赵水澄、程修之、狄先生等被聘请为该团"主领"，带领他们进行一些"修身"活动。此外，南开学校中学部青年会还组织部分师生参加"查经班"的活动，这是基督教影响青年的松散团体，老舍与王治平牧师等被聘请为该班"主讲"，讲演内容多为新约、旧约。南开学校的青年会与天津基督教青年会的关系既极为密切，又非常特殊。因为校长张伯苓是位基督徒，又是天津青年会的会正，因此青年会在南开学校相当活跃，并成为与敬业群乐会、自治励学会并列的校内三大社团。1915年，这三大社团曾组织成立义塾服务团，为学校附近的贫家子弟提供接受免费教育的机会，南开的学生们担任教师，开设如同正规小学一样的课程，深受民众的欢迎。年轻的老舍生活于这些朝气蓬勃又富有责任心的学生们之中，自是获得了相当的活力和动力。正如他自己所说，"我很快活"。

值得一提的是，老舍在南开学校任教期间发表了一生中早期短篇小说佳作《小铃儿》和最早翻译的一篇宗教译文《基督教的大同主义》。《小铃儿》创作于1922年的年底，1923年1月就刊登在《南开季刊》第2、3期合刊上。这篇小说中的某些情节像是自传，虽创作于老舍皈依基督教后不久，但发表后却被有意忽略了，并屡次自贬。老舍先在1935年《我怎样写〈老张的哲学〉》

一文中写道："我在南开中学教书的时候曾在校刊上发表过一篇小说；可是那不过是为充个数儿，连'国文教员当然会写一写的骄傲也没有'"；后在 1936 年《我怎样写短篇小说》一文中再说："我最早的一篇短篇小说还是在南开中学教书时写的，纯为敷衍学校刊物的编辑者，没有别的用意。这是十二三年前的事了。这篇东西当然没有什么可取的地方，在我的写作经验里也没有一点重要，因为它并没有引起我的写作兴趣。"老舍对这篇小说的态度耐人寻味，既然不满意，又为什么反复提及呢？显然，在他的生命中，南开的这段经历包括小说的创作和刊发曾留下深刻的印痕。

《基督教的大同主义》的原著者为老舍的好友、基督徒宝广林。译文约四千字，使用的是半文半白的语言文字。文章内容主要是宣传基督教教义及历史，希望人们不分种族、主奴、男女，主张"在基督耶稣里都成一"的团体大同主义，提出要"扑杀蓄婢之制，以提高妇女地位，置婴孩于家庭中心，而尊崇独妻之制。以牺牲之精神，使社会安堵"。文章称达到这样的境界就是"福音之所在，即天国也"。老舍将这篇文章翻译出来发表，在一定程度上也表达了他本人的宗教观点和宗教情怀，同时也体现了老舍对基督教世界观所具有的终极意义的肯定和追寻。

老舍在南开学校上任伊始，就赶上民国的"双十节"纪念会。他在全体师生参加的大会上发表演讲，阐述了一番既具有宗教色彩，又具有个性诠释特点的宗教爱国的想法："我愿将'双十'解释为两个十字架。为了民主政治，为了国民的共同福利，我们每个人须负起两个十字架——耶稣只负起一个；为破坏旧、铲除旧的恶习，积弊、与像大烟瘾那样有毒的文化，我们必须预备牺牲，负起一架十字架。同时，因为创造新的社会与文化，我们也准备牺牲，再负起一架十字架。"[①]他的这些想法，概括了中国近代民族主义所包含的反抗与建设的两个方面的内容，也超出了基督教教义的原有之义，反映出了利用宗教影响社会改革、推进民族民主运动的初衷。对老舍来说，从担任劝学员到做南开学校教员，是其人生历程中第一次重要的转向，对他今后人生道路的选择产生决定性影响，在此期间基督教青年会对于老舍的接纳和欢迎，延续了他入教伊始的宗教生活，也给他补充了重新生活的勇气和精神支持。

老舍后来回忆在南开的任教生活时说："我去找了个教书的地方，一月挣五十块钱。在金钱上，不用说，我受了很大的损失；在劳力上自然也要受好

① 老舍：《双十》，《时事新报》，1944 年 10 月 10 日。

多的累。可是，我很快活，我又摸着了书本，一天到晚接触的都是可爱的学生们。"①

　　1923年2月，老舍离开南开中学，回到了北京。虽然老舍任教南开的时间仅有半年，但他与南开的情缘并未就此结束。在以后的日子里，老舍无论身在何方，都心系南开、积极参与南开的各项事务。1929年春，校父严修逝世，正在伦敦东方学院教中文的老舍立即响应国内南开校友会的号召，召集留英的南开校友聚餐，讨论为南开修建范孙楼募款的事项。同年6月，校长张伯苓到伦敦考察教育，受到了老舍等校友的热情招待。1946年，张伯苓到美国治病，被授予哥伦比亚大学名誉文学博士。美国校友决定为之庆贺，并补祝张校长七十大寿。身在纽约的老舍闻讯后，与曹禺合写了一首祝寿诗，用朴实幽默的语言歌颂了张伯苓一生坚持教育救国的伟大精神和艰辛实践。他们二人在祝寿会上朗诵了这首诗：

> 知道有个中国的，
> 便也知道有个南开。
> 这不是吹，也不是嚷，
> 真的，天下谁人不知，
> 南开有位张校长？！
> 不用胡吹，不要乱讲。
> 一提起我们的张校长，
> 就仿佛提到华盛顿，
> 或莎士比亚那个样；
> 虽然他并不稀罕作几任总统，
> 或写几部戏剧教人鼓掌，
> 可是他会把成千论万的小淘气儿，
> 用人格的熏陶，
> 与身心的教养，
> 造成华盛顿或不朽的写家，
> 把古老的中华，
> 变得比英美还更棒！
> 在天津，他把臭水坑子，
> 变成天下闻名的学校。

---

① 《宇宙风》第60期，1938年2月1日。

他不慌，也不忙，
骑驴看小说，走着瞧吧。
不久，他把八里台的荒凉一片，
也变成学府，带着绿柳与荷塘！
看这股子劲儿！
哼！这真是股子劲儿！
他永不悲观！永不绝望，
天大的困难，他不皱眉头，
而慢条斯理的横打鼻梁！
就是这点劲儿，
教小日本恨上了他，
哼！小鬼们说："有这个老头子，
我们吃了天津萝卜也不会消化！"
烧啊！毁啊！
小鬼们到处连烧带杀，
特别加劲儿祸害张校长的家！
他的家，他的家，
只是几条板凳，几件粗布大褂；
他们烧毁的是南开大学：
学生们是他的子女，
八里台才真是他的家！
可是他有准备！他才不怕：
你们把天津烧毁，
抹一抹鼻梁，
哼！咱老子还有昆明和沙坪坝！
什么话呢：
有一天中国便有一天南开，
中国不会亡，南开也不会垮台！
沙坪坝，不久，
又变成他的家：
也有荷塘，也有楼馆，
还有啊，红梅绿梅，
和那四时不谢之花！

人老心可不老，
真的！可请别误会：
他并不求名，也不图利
他只深信教育青年真对！
对，就干吧！干吧！
说句村话：
有本事不干，简直是装蒜！
胜利了，
他的雄心随着想象狂驰，
他要留着沙坪坝，
还须重建八里台；
另外，在东北，在上海，
到处都设立南开！
南开越大，中国就越强！
这并不是他个人的主张，
而是大家的信念与希望！
他不吸烟，也不喝酒，
一辈子也不摸：麻将和牌九，
他爱的是学生，
想念的是校友；
他的一颗永远不老的心，
只有时候想听几句郝寿臣，
可永不高兴梅博士的《贵妃醉酒》。
张校长！
您今年才七十，还小得很呢！
杜甫不是圣人，
所以才说："人生七十古来稀！"
我们：您的学生，
和您的朋友，
都相信：您还小得很呢！
起码，还并费不了多大的劲，
您还有三四十年的好运！
您的好运也就是中国的幸福，

　　因为只有您不撒手南开。
　　张校长！
　　今天我们祝您健康，
　　祝您快乐！
　　在您的健康快乐中，我们好追随着，
　　建设起和平的幸福的新中国。[①]

吉鸿昌将军和南开人的友谊

　　这位与吉鸿昌关系密切的南开人名叫喻传鉴，是南开学校的"四大金刚"之一，也被誉为"南开中学柱石"。从 1919 年接受张伯苓校长的邀请，进入南开中学任教开始，他的一生便与南开紧紧地联系在一起。

　　吉鸿昌（1895—1934），河南省扶沟人。1913 年加入冯玉祥的部队，因骁勇善战而从士兵逐步升至军长。1933 年 5 月，他联合冯玉祥、方振武等在张家口组织察绥民众抗日同盟军，抗击进犯察哈尔的日本侵略军，并在 7 月收复多伦等地。这是九一八事变以来，中国军队首次从日本侵略者手中收复失地，极大地振奋了中国抗日军民的士气。但是，他的抗日活动为蒋介石所不容。1934 年 11 月 9 日，在天津法租界遭军统特务暗杀受伤，遭工部局逮捕。11 月 24 日，经蒋介石下令，吉鸿昌在留下了那首著名的"恨不抗日死，留作今日羞。国破尚如此，我何惜此头！"的诗句后，被杀害于北平陆军监狱，时年 39 岁。

　　在吉鸿昌生前，喻传鉴与他曾有一段非同寻常的友谊。而这友谊能够开始，说起来还要拜蒋介石所"赐"。

　　1931 年 8 月，吉鸿昌在被蒋介石派到苏区"围剿"红军时，不但不认真"围剿"，反而接受了中国共产党的思想主张。蒋介石极为恼火，于是逼迫吉鸿昌出国考察，实际上是要解除他的兵权。

　　正是这次考察，使喻传鉴与吉鸿昌两人得以相识、相知。当时，喻传鉴因为在南开学校的成绩卓著，得到庚子赔款奖学金在美国哥伦比亚大学师范学院攻读中等教育学，获得教育硕士学位，即将回国。

　　恰在此时，吉鸿昌来到哥伦比亚大学参观。喻传鉴为吉鸿昌忧国忧民的

――――――――――
　　①《大公报》，1946 年 7 月 1 日。

赤子之心所感动，同时更尊佩其重视教育的远见卓识。而吉鸿昌对喻传鉴献身祖国教育的雄心壮志和精通教育学的真知灼见也十分敬佩。正所谓"酒逢知己千杯少"，二人越谈越投机，越谈兴致越高。谈到最后，吉鸿昌盛情邀请喻传鉴结伴到英、法、德等国去考察中等教育，喻传鉴欣然应允。

在欧洲期间，喻传鉴和吉鸿昌一边考察，一边畅谈教育问题和救国之道。他们共同的愿望是振兴祖国，改变国家贫穷落后的面貌，而要实现这个目标非办教育不可。只有办好学校，让更多的人受教育，有知识，才能使国富民强。此次赴欧考察，历时三个月，喻传鉴和吉鸿昌朝夕相处，友谊与日俱增，大有相见恨晚之感慨。等到1932年7月回国之时，二人成了好朋友。

回国后，二人仍经常来往。早在1922年，吉鸿昌就在家乡创办了吕潭小学，后又创办豫东中学。这些学校得到了喻传鉴的多方指导，在图书、仪器和校舍方面都有了较大的改进和增加。吉鸿昌对此深为感激，认为像喻传鉴这样一心扑在教育事业上，不为仕途劳碌所动的人在中国实在是太少了。这对好朋友就这样在教育事业上互相鼓励、互相支持着。

吉鸿昌在就义之前，特意写信给妻子，嘱咐把女儿托给喻传鉴照料，以教育其成为有用之才。喻传鉴不避杀身之祸，接受好友的重托，亲自安排吉鸿昌之女吉瑞芝的教育问题。

在入读中学之后不久，吉瑞芝便因家境困难想要中途辍学。喻传鉴闻讯，立即从重庆赶回天津，亲自将吉瑞芝送进南开中学就读，全部所需费用由他一人负担。他拉着将军女儿的手说："我决不能让你们失学，你的爸爸是一位了不起的将军，虽是行伍出身，却热爱教育，让更多的人都能学到知识，报效国家，他出钱办学，而你们却得不到求学的机会，我怎么对得起你爸爸的在天之灵？你要好好上学，读书、学知识。"[1]就这样，在喻传鉴的关怀之下，吉瑞芝终于免受失学之苦，顺利完成学业，成为社会有用之才。吉鸿昌将军最后的心愿得以实现。

当然，与南开有着千丝万缕联系的军中名将远不止这三位，比如还有赫赫有名的少帅张学良、保全北京城免受战火的傅作义将军等。

---

[1] 喻传鉴先生纪念文集编辑组：《喻公今犹在 南开中学柱石、爱国教育家喻传鉴纪念文集》，天津教育出版社1989年版，第98页。

与南开心灵相通的外国女性

有一位身份奇特、见解深刻的外国女士，名叫露存（S. Horose），在自己撰写的著作中对南开学校进行了深入的解析，并给予极高评价。

据近代著名女报人、妇女运动领袖朱胡彬夏介绍，露存原籍波兰，长期在法国学习，曾在巴黎大学专攻植物学，却对语言文学特别痴迷，精通英、法、俄、德等国语言。自从与来自中国的华通斋结婚之后，她便义无反顾随丈夫来到中国，在中国生活了超过 15 年。她不仅和丈夫生育了一子一女，而且把中国视为自己的祖国，关心中国人民的疾苦，忧世愤俗，仗义执言。由于露存幼年是在另外一种文化环境中成长的，因此对于中国政教风俗、人情心理的看法和议论，反而比中国人更为公允、透彻。因此，朱胡彬夏与露存相识以后，便听她的言论，读她的著作，不禁为中国女同胞感到欣喜和幸运。

凡生于斯长于斯的中华女子，看到这样勤奋的女子，或许可以少一些自暴自弃，多一些自我振作，以便帮助百姓摆脱困厄，增加祖国的光荣。天生我才必有用。中国现在已经极其贫弱，凡是国民无论男女，都应当不计成败，努力各尽所能来拯救国家。像露存女士这样的人，的确可以作为我们的模范。

透过朱胡彬夏的介绍，人们对露存的情况可以略知一二。那么露存又是怎样自我言说的呢？她在为一本名为《心文》的著作所撰写的自序中写道："我自从来到中国，就想以学校所学到的知识，贡献给这个维新的旧国度。我抱着这个决心，跟随我的丈夫，从西方到了东方。报效社会本来就有言与行两条途径。行动的成效比较浅近，不如言论的影响来得久远。言论最足以打动人心的莫如小说。因此，我先写了《女博士》一书，后又写了《恋爱与义务》，都由商务印书馆出版。第二本书还用中、英文分别刊行。由于它们都受到读者的欢迎，我才想写第三本书（即《心文》——笔者注）来答谢大家。"

为找寻华人自办事业的成绩究竟如何的答案，1923 年露存趁着南开学校22 周年及其女中成立纪念大会的机会参观了整个学校。由学校到天津市，汽车仅 10 分钟；铁路到京城，火车仅 3 小时。然而就在这个地方，在她看来好像已经出了中国，又好像不在眼前这个时代之中。露存有点不敢相信，问自己"难道是真的在梦中吗？"让她产生这种认知的原因在于"没有别的，是因为那个地方的空气、精神和其他地方大不相同罢了"。

　　露存强调指出，中国的混乱，就像狂风暴雨一样，庄稼花草，没有一样东西不被摧残。只有一个地方超然于政治风潮之外，屹然不动，而且又天天进步，永无止境，就她所见，只有南开学校。狂风暴雨中的鲜花硕果，在世界上都罕见。南开刚成立时，仅仅像一粒细粟，然而发芽滋长，终于使花果繁茂丰富，到底是通过什么道路才做到这一步的呢？

　　她觉得：智与力是立国的根本，是一个民族用来抵抗其他民族的强大武器。空洞的言辞、浮泛的学识都是没有益处的。只有宏富而坚强的教育，培养出智力充足的人才，才是宝贵的。露存看到南开学校的新青年，愈发感叹22 年前老成持重的严修、王奎章等人功不可没。她不禁深思：严修、王奎章每人每月二百两的捐款，作为个人而言不能说不多，况且年年月月，连续不断。他们身上所展现出来的果敢、坚毅的精神，难道是普通的慈善家可以等量齐观的吗？露存发出感慨！

　　单就开幕仪式来说，南开学校也是别开生面。露存说："开幕的礼节，我看得太多了，仪式大体相似。达官贵人必定在邀请之列，其中也有人行善捐款，始摇铃，次演说，又继之以军乐。演说无非是在成绩还未见到时就赞颂一番，军乐大体是由中国人来摆弄西洋乐器，演奏别国的音乐。最终必定以照相来结束。然后还要喝酒饮茶以尽余兴。此外就没有什么值得论述的了，只有散会而已。这种老套，我已经屡见不鲜。几度月圆月缺之后，要问这番轰轰烈烈的下文究竟如何，则有的说是奄奄一息，有的说是未生先死，还有的说生固偶然，死已长逝。"反观南开开幕的时候，却与其他学校不同。露存记述道：学生仅 70 多人，既没有娓娓动听的演说，也没有声振天地、有始无终的军乐，纪念照片当然也是有的，但只是寥寥几个人在一起照一下。这几个人本来就是同心同德的，而且他们团结得就像铁链一样坚不可摧。今天偶尔有一两人断链撒手而去，那也只是虽身死而精神却长生不死，永世长存。

　　让露存更钦佩的是张伯苓的一句话，"我只有一个头脑。如果没有强健的肩膀，那么空有头脑又能有什么作为？"作为一校之长的他并不贪功，而是把办学的成功归于喻传鉴、华光霁、尹承纲、章辑五、孟琴襄、伉乃如、潘珍蕙、邱崇彦、张彭春等人的努力。露存以为张伯苓的言行，不就是老子所说的"注重它的内容，不注重它的外表""质朴而不放肆，光亮而不耀眼""有所作为而不恃才傲物，取得成功而不退隐无为"这些话的意思吗？做头脑的他的功劳归于臂膀，做臂膀的把他的功劳归于头脑，下面各级主管、主办人员也是这样。既然这样，那么南开所以能取得这样的成绩，无非是因为它是一个头脑、臂膀兼备的活人罢了，并从细微、容易之处开始，所以才能成其大成其大成其难。露存在比较中，进一步肯定南开办学的成功：事情无论大小难易，如果主事的人没有相当的才能，又不以全部精力始终投入其中，那么细小、容易的事情也都会没有一样能获得成功。

中国各地盛行的倾轧之风，在南开学校也找不到踪迹。在露存看来，倾轧的根源大体是为了争权夺利，而南开校长的义务多于权力。翻看他的账簿，就会发现他的收入并不丰厚，还要为了学校的筹划建设煞费苦心。既然无权可争，无利可夺，争夺不但没有益处反而只有害处。这就是倾轧之风在南开学校得以避免的根本原因。可谓风清而气正。

露存惊奇地发现：南开学校教员、职工的酬劳并不多，中学大概五十到一百多元，大学大概八十到二百多元。这种数目在偌大一个中国，在这样一个人人误以为豪富的中国，实在让人感到少之又少。然而，它却是十足的现金，月月可以依靠的，使大家安居乐业，把全部的力量用在培养子弟的事业。当他们刚来的时候，早就知道要以教书育人为唯一职务，等到他们长期留下来，他们又知道误人子弟是最大的罪恶。一切兼差的陋习、互相倾轧的坏风气，在别的地方屡见不鲜，在南开学校则始终不曾见到。这又是通过什么办法达到的呢？带着这样的问题，露存对南开展开深度观察和分析：兼差本来就是南开校规所禁止的；就是不禁止，也肯定没有人兼差。露存得出这样的结论。

这与其他别地方一般教员的精神状态形成巨大的反差。露存分析到，因为政府的贫穷已经到了末路，他们不得不四处奔走兼差。一个地方没钱，或许还可以从第二个地方得到，第二个地方没钱，或许还可以从第三个地方得到，因此就必须在两个学校甚至三四个学校之间奔走。当他兼差谋职还未成功时，他们当然需要结交应酬以便得到别人的赏识，等到他们谋职已经成功，他们仍然需要结交应酬以便取悦于人，这样不止一个地方，不止一个事后，无时无地不在结交应酬之中，工资的数目本来就不很多，而实际所获得的就更有限。结果只剩得声衰力竭四个字。精神和时间早已用尽，上课前自然没时间预备，上课时自然没东西可讲，到校必定迟到，离校必定早退。这样一方面校长对他们不满意，另一方面学生又对他们不满意。于是，他们既要争取校长的好感，又要争取学生的喜欢，责备首当其冲，而报酬却落在最后面。虽说人人都喜欢听到高薪，妻子听到高兴，家人听到也高兴。可是妻子家人知道一家之主的辛苦吗？忙于奔走，忙于结交应酬，苦于要工资，又苦于赊账或还账。劳苦已经达到极点了，而校长学生，还要在他们后面求全责备。

那么其他地方一般校长的状况又怎么样呢？他们地位更高，交际也更广，薪金的数目更大，而实际利益依然空空如也。最为关键的是，他的地位全要依政局变化而定，如风中的火烛，如水中的浮萍，似乎随时都处于动摇之中。手中简直必须常常拿着风雨表观测气候，明天有风或有雨，有雨如何避开它，有风又如何顺从它，日夜惶惶，在窥测风雨的这一事中疲精劳神。露存形象而客观地揭示出官立学校校长的窘况。

至于南开学校的生活，大体上依靠私人的捐助。因此，它不会被外界的险恶所拖累。张伯苓校长引领着露存到各个厅堂参观，向她详细说明某舍为严氏最初所捐，某地为郑菊如先生所助，某地第一幢新校舍是靠徐世昌、严修、王益孙等人的巨款才造成的；军乐始于何时，乐器是严修、王益孙两先生所购；某舍是大学，是靠黎总统、徐总统的巨资以及李秀山督军的五十万元造成的；某处是地矿科，是因李组绅先生提倡每年捐三万元而特设的；某处为科学馆，是靠美国罗氏基金团的十五万多元，袁述之先母七万元、言仲远先夫人一千元得以建立的；此外，还有蔡虎臣、袁伯森、阎百川、陈秀峰、王子春、李炳麟、靳翼青、许静仁、金伯平、何庆成等人都先后捐助巨款。拨助公款的还有卢木斋、陈小石、刘仲鲁、朱经田等人。所有这些有捐资善举的人，有的还活着，有的已经去世，但露存发觉他们铜像和照片上的形象，似乎都面带笑容，欢乐无限。露存推断他们快乐的原因是：这些新一代青年人的智与力已经比上一代人有所提升，似乎已经收到脱胎换骨的奇效。

再说南开学校的学生，开始只有七十个，时间不长就迅速发展壮大到两千人。更难能可贵的是，已经离校的学生都乐于回母校，和新生联络感情；已毕业或留洋归来的老学生也愿回母校助其一臂之力，新老学生、师兄弟之间的感情十分融洽。校长对于新旧子弟以及教职员的殷勤，也无时不溢于言表，彼此俱为一体。有互助的精神，有持久的精神，又有互相谅解的精神，这样就是想要一事无成，可以做得到吗？露存认为南开人不仅有才能，而且还具备了独特的精神气质。但才能与精神俱存又谈何容易：人不是都有才能的，人不是都具备精神的，才能与精神又常常不相伴随。所以世上的事，有的朝荣夕萎，有的方成旋败，也有的先败而后成。孔子说："为政在人。"成与败全系于人。而人以才能和精神为归宿。谈到南开，露存希望不要忽视这天然的公理。露存对南开学校的推崇溢于言表。

不仅如此，露存还以南开学校为例，提出中国人可以独立兴办事业，并取得成就。她常常听外国人说，中国人独立兴办的事业要是没有外国人帮助，十有八九不能成功，或成功而破费很大。她明确指出：看看南开，这种话就一点都不可信了。南开的费用和成绩构成相当的比例。说到来自国外的帮助，二百名教职员工中只有两名外籍教员。中国人独立兴办的事业，怎么会没有成就呢？怎么会浪费呢……虽然说近年来北京方面的学校十之八九不能令人满意，比较而言，外国办的学校比中国人办的学校要好，因此外国人的话也不是完全不对。但是，露存态度坚决地表示：我不为他们的话并非不对而高兴，我是为他们的话不能全信感到很高兴。其中的关键在一个人字。南开学校的成功既使她坚定了信心，也使她看到了更大的希望。

于是，她在最后表达了这样的期望：愿当今世上的人对这个字有一个深切的理解，产生一个重大的觉悟，得到这个关键就会无事不成，失去这个关键就会无事不败。难道只是兴办学校才是这样吗？[①]

罗隆基与南开往事

在 20 世纪 40 年代的政坛上，曾经有一位被国共两党不遗余力争取的人物，这个人就是罗隆基。罗隆基（1896—1965），江西省安福县人。人们对罗隆基的了解多是著名政治活动家、中华人民共和国政务院委员、森林工业部部长、全国政协常委和民盟中央副主席。历史上更辉煌的罗隆基则是"新月"派的重要成员、胡适自由主义大旗下的"三个火枪手"之一，文笔犀利、言辞激烈。尤其是在 1946 年的政治协商会议和南京和谈中，作为"第三派"代表的他是任何一个研究 20 世纪历史的人都绕不开的人物。但除了这些，他还有一个重要身份——"南开人"。罗隆基自言，他第一次得知"南开"的名字是在清华上"中等科"时。一次，学校里有位美国女教员请学生喝茶。这些小学生喝得兴高采烈、兴致正高时，那位教员突然语重心长地说："孩子们，你们将来都得学南开学校的张伯苓。假使中国多有几个张伯苓，中国一定会强的。"于是，"张伯苓""南开"在罗隆基幼小的心灵中留下了深刻的印象。

1931 年，罗隆基因为在《新月》上发表的社评而被蒋介石"驱逐"出上海，来到天津南开大学任教。从那以后，南开的秀山堂、思源堂、芝琴楼、图书馆、实验室，都成了他生活的一部分。不仅如此，他还有一段和南开"患难与共"的经历。

1932 年初，罗隆基在南开大学任教授的同时兼任《益世报》的主笔。"秉

---

① ［波兰］露存：《心文》，古德诺：《解析中国》，国际文化出版公司 1998 年版，第 252 页。

性不改"的罗隆基将《益世报》变成了抨击国民党政府的阵地，他日日写社论，天天骂蒋介石，骂得越痛快，报纸的发行量越大。《益世报》成了民国时期国内很有影响、大受欢迎的报纸之一。当然他也就成了蒋介石的眼中钉、肉中刺。虽然蒋介石曾间接或直接地向罗隆基软硬兼施、威逼利诱，但罗隆基不为所动，并没有接受这些警告和干涉。

1933年秋天，国民党政府忍无可忍，派了四个特务来天津暗杀罗隆基。特务为了行动顺当，一到天津就去拜会相当于上海杜月笙的天津帮会大亨——潘子欣，请他支持配合。可他们万万没有想到，潘子欣和罗隆基是老相识，闯江湖、占码头的人讲义气，哪会帮别人暗害自己的朋友。潘子欣听罢来者之意，就说："我不认识罗隆基，事情先让我考虑一下，再行答复。"这样就留下了通知罗隆基的时间。很快，潘子欣就派汽车将罗隆基秘密地接到了他的另外一个朋友家，劝说罗隆基离开天津以确保安全。但罗隆基认为此时兴师动众反倒更是不安全，就决定闭门在家，白天不来南开上课，夜间也不去《益世报》办公，静观其变。一个星期后，潘子欣来到他的家中说："事情已经解决了"。南京来的特务无功而返，罗隆基也以为自己已躲过一劫，每日照常来南开上课。

突然有一天清晨，罗隆基在家里接到了一个"学生"的电话，问"罗教授今天是来上课吗？"他不假思索地答道："是的，我来的。"挂了电话后，他顿生疑惑，学生何至用电话来询问教授是否上课呢？他就立即问南开总机，是否有学生向他打过电话。答复说"绝无此事"。于是，他更加警惕，放弃了自备车换了辆报馆的旧吉普。一来换一个车牌号可以躲避特务的注意，二来这个司机是位机灵胆大、身材高大、驾车熟练的年轻人。罗隆基还有意避开了日常的路线，选择了绕道八里台、海光寺的小路去学校。因为这条路很窄，右边是小河，左边是陡坡，所以禁止大车通行，这样他觉得安全些。

可在就要快到南开大学的时候，迎面驶来了一辆敞篷大卡车，司机嘀咕了一句："你看，这样窄的路，怎么能通过两辆汽车呢？"于是，他边说，边赶快把自己的车开到较宽敞的地段准备让路。就在这个时候，罗隆基看清了卡车上站着四个身着制服的壮汉。他立刻躺倒在座位前面的空隙处。两辆车错车时，车上的壮汉掏出手枪居高临下地连开十数枪，司机惊慌道："这是干什么？"罗隆基急忙说："快走，不要理他们。"司机回头一望，子弹都已打在了后排座位上。道路狭窄，卡车根本没办法调头，罗隆基乘坐的车子也很快就开进了南开校园。

在学校，罗隆基仍保持镇定，坚持到教室为学生授课。下课之后，他将途中的遭遇告知张伯苓校长。张校长闻讯后，十分气愤，一面与市长通报，一面发电报要求蒋介石缉拿凶犯。当晚，天津的大街小巷就有传闻，罗隆基已身中十余枪死于非命。第二天，上海和北京的远方亲友向罗隆基的家人发来悼电，让家属节哀顺变。据说，同日夜间，胡适在北京闻知此消息后，亦通过电报向蒋介石表示抗争。

他在南开大学的这段"死里逃生"的经历也使他与南开建立起非比寻常的感情。他曾在 1934 年 10 月 17 日的《南大半月刊》第十五期上，书写过这样一段文字："她培养出来的一种精神。这精神，叫她做'伯苓精神''南开精神'都可……有了这精神，南开怕什么？有了这精神，南开……是可以保险的！"

张自忠与南开学校

张自忠（1891—1940）山东省临清县人。他曾担任察哈尔省主席一职，虽然任期前后不足八个月，时间短，难有多少政绩，但这为他后来主持天津事务积累了初步的经验。他于 1936 年 6 月 18 日调任天津特别市市长，1937 年 9 月 10 日离津。他在担任天津市市长期间，对天津的政治、经济、文化等方面做出了一系列的改革，取得了一定的成功。

由于张自忠早年曾受过系统的教育，在北洋法政学堂受到过新式教育的洗礼，又深受冯玉祥尊师重教观念的影响，加之他有多年亲自主持西北军军事教育工作的经验，因此，他对教育的意义和价值有着深刻的认识、理解。他在任天津市市长期间增设了教育局，并在财政经费短缺和军政事务繁忙的情况下，为天津的教育事业增加了数目可观的投资。

南开中学是民国时期天津最好的私立中学之一，在全国享有盛名，但常常因为经费短缺，出现生存危机。由于没有国家或教会常年拨付的经费作保证，私立学校运转起来尤为困难。张自忠得知后，在财政经费短缺的情况下，毅然决定每年由市财政拨出万元巨款予以补助。为了表示对南开中学的重视，他还曾亲自参加南开中学三十二周年纪念，并与张伯苓校长合影。

1936 年 10 月 17 日是南开中学成立三十二周年纪念日。纪念仪式在瑞廷礼堂举行。那是南开在新中国建立之前举行的最隆重的一次校庆纪念活动。除了张自忠市长亲临现场之外，随同的还有公安局局长程希贤、教育局局长凌勉之等市政府要员。

那天的天气非常好，从清早起，便是万里无云的晴天。南开的大、中、女中、小学各部，在那一天都被装扮起来，院里遍插紫白相间的柱子，柱头上挂满了五颜六色的纸花、小旗和纱灯。举行纪念仪式的中学部更显雍容华贵，一进大门就能看到范孙楼门口悬挂着"三十二周年纪念"七个用电灯排好的大字，楼门上面的墙上正中央还挂着一个用电灯排好的紫色南开校徽，楼门附近又摆满了各色各样的鲜花。走过范孙楼往里一看，又远远看见校园的葡萄架上还耸立着一个斗大的"寿"字。这个"寿"字，也是用电灯排成的。

上午九点半左右，南开小学、女中、高中的学生，便都穿好制服在各部的操场站好了队，到瑞廷礼堂来了。同学们鱼贯进了礼堂门之后，按规定座位一排排坐下。这时，大学部的学生也接踵而至，坐好。礼堂只有一千六百个座位，因人多又加了很多小凳。可是学生们很有秩序，两千多人齐聚礼堂，却静寂得像无人一样。

十时起，振铃开会，参加盛典的贵宾和校友缓步进礼堂。司仪王牧之宣布开会之后，军乐队便奏起声调悠扬的音乐，乐毕。全体起立向国民党党旗三鞠躬，校长走到台中央，说："南开成立今已三十二年，本校前身本是两个家塾，所谓严王二馆，后来改组成为中学，赖社会人士赞助，才得以发展为现在的规模……今幸南开已得到相当的发展，国家亦已大见进步。国人都知自强，我们民族便不致灭亡。我南开师生决不以现状自满，一定要继续努力，好达到教育救国的夙志。"校长讲完话，张自忠市长很受感动，便起立用洪亮的声音，叙述自己的感想。他说："南开是华北最有名的学校，个人非常敬佩；张伯苓先生的办学精神我更非常钦服……我们很期望这个学校的全体师生能够合在一起共同奋斗，来担负救国责任。"张市长在听众的热烈鼓掌中坐下。之后，南开四部的同学代表相继发言。每位同学讲演时间不过五分钟，可语短意长。之后，南渝中学代表演讲。演讲结束后，全体起立，齐唱校歌，歌声充满礼堂，纪念典礼告终。

当天的活动安排很丰富，在纪念会之后举行了严修先生铜像揭幕礼，先由铜像筹建委员会委员陈筱庄报告筹铸意义及经过，之后由张校长宣读前青年会总干事格林的祝贺函，宣读毕，由军乐引导全体来宾至范孙楼行铜像揭幕典礼。十二时礼成。由本校职员招待来宾及校友吃寿面，大家吃得很香。下午在新运动场举行四部联合体育表演及高中军训、初中童子军检阅。全体学生异常活跃，至晚六时余结束。晚七时在瑞廷礼堂举行游艺庆祝会，游艺项目颇为丰富，并有男女教职员合作之新剧《我俩》，当晚参加活动的来宾及同学有两千多人。

那一日，南开道上车水马龙，从早晨九点起，一直热闹到半夜，人流、车流才渐渐散去，特别是晚上，南开学校被照耀得辉煌灿烂，非常好看，到处都洋溢着喜庆、愉快的气氛

1937年七七事变前，南开大学部分学生还参加过一次军训，军训的总队长就是时任天津市市长的张自忠。

根据南开大学老校友的回忆，大概是1937年5月中旬，南开大学接到二年级学生集中军训的通知。当时，华北大学生分北平、天津两地接受军训，在天津军训的除南开大学外，还有北洋大学、天津工商学院的二年级学生，约有五六百人。兵营就在天津西郊韩柳墅原政法学院校址。

因为张自忠集天津市军政、市政于一身，所以不可能天天和学生在一起操练。于是，他就指派一位副师长（兼天津市副市长）担任副队长，负责具体训练事务。

这些学生一入军营，就被要求换上军装。由于当时条件有限，无法提供新的军装，张队长就给这些学生准备了士兵穿过的旧军装。北方士兵普遍比较高大，大个子同学穿上合身，小个子同学穿上后，上身太长，就像大衣，训练起来很不方便。张自忠向来以治军严明而出名，不许军营中出现不穿军装的士兵，包括参加军训的学生。而此时大学生们爱国激情高涨，只要对抗日有利，就是赴汤蹈火也在所不惜，又何况这点不适应！加之张自忠所在部队由于在长城喜峰口率二十九军重创日本侵略军，威震中外，在大学生心目中威信很高，因此学生们都以能在张自忠直接领导下接受军训感到光荣。

张队长还为参加军训的学生配发枪支。虽然多是在军械库里存了几十年的旧式大枪，甚至是不能使用的废枪，但是每个训练班的班长都带有真枪，让这些学生十分羡慕。

军营的规定非常严格，不准吸烟喝酒，不能随便离开营房。一日三餐都要整队，以班为单位，由副班长带值日兵到厨房打饭。没有饭桌，菜就放在地上，全班围成一个圈，立正站好，班长喊唱《吃饭歌》。唱完歌，班长喊："坐下，开动！"大家才开始吃饭。《吃饭歌》的歌词据说是张自忠的老长官冯玉祥创作的：

> 这些饮食人民供给，我们应当为人民努力。
> 帝国主义人民之敌，救国救民吾辈天职。

七七事变发生后，张自忠一面坚持军训；一面加强警戒，要求班、排、连长都带枪以保护学生安全。许多女大学生得知自己的同学在七七事变之后

还坚持军训后，十分敬佩，列队来到兵营慰问。张队长闻讯，不顾由于日本侵略军突然发难致使军政事务如麻、心中如焚，特意打电话让队部代表他表示欢迎，并请女大学生们吃午饭。

不久，日本侵略军发现大学生正在军训，便想以行军演习的名义消灭他们。张自忠认为：这些学生没有作战经验，也没有武器，难以抵抗敌人的突然袭击，但如果马上解散返校，有辱国体。于是，他将计就计，让这些学生来一个夜行军。张自忠命令部下在行军过程中全力保护大学生，同时要求没有枪的学生不能盲目抵抗，要暂且忍耐躲避，保存有用之身以投入长期抗日工作。

在平安度过这一夜后，根据队部命令，各校学生返校，军训结束。在此之前，北平军训的学生已经回校。

军训结束之后，张自忠对这些学生还是放心不下，担心学生们在离津时会受到日本侵略军的刁难，为此专门派部下到天津各码头、车站去帮助他们。

冯玉祥在南开演讲

著名将领冯玉祥（1886—1948），原籍安徽省巢县（今巢湖市）夏阁镇竹柯村，生于直隶青县（今属河北）兴集镇。他曾率领察哈尔民众抗日同盟军与日本侵略军殊死搏杀，收复察哈尔省大部，但由于蒋介石政府的极力阻挠和破坏，终致失败。此后，冯玉祥失去了兵权，不得不四处奔走，到处演讲，鼓动社会各界人士奋起抗日，打击日本侵略者。在抗战期间，特别是于"陪都"重庆，冯玉祥与南开结下了一段情缘。

当时，南开中学在"陪都"重庆的中学里面是最有名气的，学校的师资和设备都优于其他中学。在重庆的军政大员、富商名流都想方设法把子女送进南开读书。一时间，南开中学的公子、小姐如云，成为有名的贵族学校。但这些达官贵人的子女们在成为南开学生的同时也把奢华的风气带了进来。在物质普遍匮乏、许多人都忍饥挨饿的时候，这些贵族学生却过着衣食无忧的生活，并大肆浪费粮食。

一日，张伯苓校长请冯玉祥到南开中学作抗日救国的演讲。张校长率全校师生在校门口迎接，眼看开会时间就要到了，却还没见冯玉祥驱车前来。此时，有学生报告说，有两个大兵在学生食堂吃同学们扔在桌上的半截子馒头。其中有一个大兵，身材高大魁梧，穿一套旧军服。张校长心中明白：这一定是冯玉祥将军！

原来冯玉祥从后门进了学校，走到学生食堂，看见桌上堆着很多吃剩的馒头和一堆堆的馒头皮，非常痛心，便想用自己的行为教育教育这些公子哥和阔小姐们。为此，冯玉祥还把一些剩馒头带到演讲会上，并语重心长地讲到前方将士缺衣少食，弹药不足，乡下农民吃糠咽菜，重庆街头乞儿成群的情况。他着重批评了这种公子小姐的习气，要求他们以后不可再犯！

在南开，冯玉祥将军既发表过慷慨激昂的演说，又充满深情地演唱过爱国歌曲。在南开中学的大礼堂进行"献金救国"的演讲时，他采用一种比较特殊的演讲方式，唱起了"山东小调"：

叫乡党，细听我来讲，我们的东邻舍，有一个小东洋，四十年来造枪炮，一心想把中国亡。

日本人，不讲理，先占了台湾省，又占了我黑龙江，华北华南也霸去，要把咱中国一口吞。

鬼子的队伍虎狼群，杀人放火带掳掠，强暴又残忍，见了闺女媳妇他就抢，三岁的女孩儿，五六十岁的老太太，轮流被奸淫。这大好的河山全破碎，这不共戴天的仇恨，怎能忍？

同胞们，快联合起来！有钱出钱，有力出力，有枪拿枪上火线，组织起来打游击，要把日本鬼子赶出中国去！

冯玉祥唱这些小调时，情绪激动，往往一曲未终，便已泪流满面。作为一名坚强的将军已经如此，在场的听众往往哭声震天。听到冯将军讲到国家兴亡匹夫有责，请求大家捐献钱物、支援抗战时，在场的人们纷纷解囊捐献；有人没有带钱，当场摘下手表、戒指或者脱下西装捐献出来。有一位小姐甚至连手上的宝石戒指也摘下来，捐献出去了。

捐款的效果非常好。这既得益于冯玉祥将军卓越的演讲才能和特殊"道具"，也与南开师生普遍具有爱国情怀和反思自我言行的能力密不可分。因为大家都是中国人，都有一颗爱国之心。这又从另外的层面昭示出一个道理：南开精神离不开关心和爱护中国年轻一代的中外人士的鞭策和激烈。

傅作义——南开的自己人

傅作义（1895—1974），山西荣河（今山西省万荣县）人，国民党高级将领。在关键时刻，他摆脱了蒋介石的羁绊，实现了北平的和平过渡，使这座在中国人心目中拥有至高地位的古都免于战火的蹂躏。傅作义也因此获得了人民的爱戴和政治上的新生。

傅作义将军与南开也是很有缘分的。

1930年春，教育部派专员视察北平、天津的学校，对南开评价甚高，认为南开是私立学校之中"成绩卓然"者。张伯苓于是借此机会在社会上广泛活动，募集资金，发展南开。5月20日上午，时任天津警备司令的傅作义将军来南开大学拜访张伯苓校长，商洽学校发展事宜。一番诚挚的交谈之后已是晌午，校长备粗菜四样，留傅作义在校午饭，又深谈良久，下午二时三刻傅作义才起身辞别。

张伯苓校长常说："只要他们说好，要钱就不愁没词了。"当年（即1930年），天津警备司令部就向南开大学捐助每年小站营田千顷租金，共计两万五千元。这是傅作义将军与南开学校的一段非常重要的交往。从那时起，南开学校就将傅作义视作"热心教育"的自己人。在那些动乱的岁月里，南开人多次向他寻求庇护；而傅作义也为南开精神和校长的个人魅力所感染，对张校长必是以礼相待，对南开的事也是照顾有加。

1948年底，解放军兵临城下。天津警备司令部以南开大学学生散发共产党传单为由，派武装军警进驻校园内搜查。南开大学学生闻之义愤填膺，几百名学生结队守卫在学校门口，维护校园的一方净土。双方僵持不下，对峙了一天多，最后士兵与学生发生了激烈冲突，数名学生受伤。为此，南开师生积极奔走，寻求社会各界人士的支持。1948年12月22日，南开教授四十四人联名致电南开的老朋友、时任华北"剿匪"总司令的傅作义将军，呼吁维护文化教育，反对驻军学校。最后，这场校园风潮以驻军撤出而告以平息。

世态迭变，重以沧桑。1949年10月1日，中华人民共和国成立。傅作义将军由于实现北平和平过渡而获得政治上的新生；张伯苓校长于1949年11月在重庆迎接解放，并慨然要把重庆南开中学献给国家。1950年，满园春色撩起了张伯苓的思乡之情，5月，在周恩来总理的直接安排下，张伯苓夫妇乘坐飞机从重庆来到新中国的首都北京，暂居傅作义寓所。此次张伯苓夫妇北归，周总理特地将校长的住所安排在傅作义家中，正是考虑到傅作义早年与南开的紧密关系，又由于在30年代，傅作义家属曾与张伯苓夫妇同住在重庆沙坪坝津南村教职员住宅区内，傅作义之女傅冬菊又就读于重庆南开中学，因此两家素有往来，交情也不错。这一回，两位故友又被历史安排在了一起，这一住便是四个多月，张伯苓与傅作义时常坐下来畅谈旧事，感慨人生。

南开的守护神

——四大金刚

　　1929 年，走过四分之一世纪的南开，终于迎来了二十五周年的校庆。有人觉得南开学校所走过的风雨历程简直就是一个奇迹，百思不得其解。为了帮助人们了解其中奥秘，校长张伯苓向一位应邀前来参加庆典的外国女士露存说了这样一句话：“我只有一个头脑。如果没有强健的肩膀，那么空有头脑又能有什么作为？”①为了帮助对方理解这句话的含义，张伯苓特别向露存介绍了南开学校的有功之臣，如喻传鉴、华光霁、尹承纲、章辑五、孟琴襄、伉乃如、潘珍蕙、邱崇彦、张彭春等人。虽然她表示“仓促之间，我已经不可能完全想起来”。但是喻传鉴、华午晴、孟琴襄、伉乃如等人很有代表性。因为，在南开学习和工作过的师生们都十分清楚，这几个人就是赫赫有名的南开“四大金刚”。金刚本是佛教寺庙中的守护神，而在南开，化身为四位可敬的学校守护者。他们忠于职守，不计名利，兢兢业业地为南开的发展和壮大贡献着聪明智慧和力量。在成就南开的同时，他们也赢得了人们的普遍尊重。无怪乎有人说：“南开之成功在于稳定，而稳定的关键在于有这四根台柱。”

孟琴襄：美化南开的魔术师

　　孟琴襄（1884—1969），本是私立第一中学堂高级师范班的首届毕业生。1908 年，自欧洲游历归来的孟琴襄受校长张伯苓献身教育的感召，加盟南开，先后担任事务主任、庶务主任，成为南开学校总务部门的掌管者。因其外表憨厚，所以南开人亲切地给他取了一个不太雅的绰号“傻孟”。但事实上，大

---

　　① ［波兰］露存：《文心·华人自办事业的成绩如何》，《解析中国》，国际文化出版公司 1998 年版，第 248 页。

家都很尊重他，知道他是一个办事周到、粗中有细的人。南开学校的大事小情，只要到了孟琴襄的手中，都能得到合理的安排和妥善的解决。因此说孟琴襄是美化南开的魔术师，一点也不为过。众所周知，南开学校的外部环境非常不好，不是荒地就是臭水沟。可是，一走进校园，人们即有来到世外桃源之感。只见绿树成荫，道路整洁，教学楼窗明几净，教学设备摆设整齐，学生宿舍也极为干净，非常适合教师和学生们工作、学习。

从南开食堂管理上，最能看出孟琴襄的能力。当时，校园西墙外是一段臭水沟，极易滋生蚊蝇。为消除蝇患，孟琴襄在食堂外面加建一段玻璃窗短廊，并把纱窗换成两层。此外，他还要用餐的师生员工使用公用的筷子和汤匙，食堂工作人员常剪指甲、常理头发，厨师在每日开饭前列队接受学生代表的卫生检查。这些简单有效的措施，受到广大南开师生的褒扬："全校——大学、中学、女中、小学宿舍，室内室外的整齐清洁——包括食堂无苍蝇等事实，足以证明他在这方面的才干和责任心。"[①]

南开是私立学校，张伯苓一向主张精简办事人员、力求高效。孟琴襄所负责的总务部门，集中体现了张伯苓的这一思想，在南开行政部门中实际工作人员数量最少。当学生达到一千二百多人的时候，行政管理人员只有二十四人。然而工作人员少，并不意味着工作效率低下。庶务课虽然只有一位职员，既要负责计算每位同学的餐费，又要处理诸如收费、编排桌位、通知食堂等琐碎的事情，但是井井有条，从未出过差错。

华午晴：建设南开的财政总管

华午晴（1879—1939 年），早年在张伯苓执教的王氏家馆求学。1908 年毕业于私立第一中学堂后，他留校担任会计工作，曾负责过庶务课事务，后成为整个南开学校的会计课主任兼建筑课主任，总管全校的财务和基建。

作为南开的财政总管，华午晴一贯秉持着少花钱多办事的原则，谋求南开的正常运转。他厉行节约，避免浪费，将每分钱都花在该花的地方。即使一笔小小的经费支出，就算是张伯苓亲自提出来的，他也习惯性地眼望天花板，慎重地思考一番。于是，南开师生取唐诗"白眼望青天"的含义，亲切地称他为"华白眼"。虽然华午晴为人诚实、木讷，不善言辞，但是南开学校

---

① 侯杰、秦方：《张伯苓家族》，新星出版社 2018 年版，第 153 页。

的每一笔进账和花费，他都一清二楚。张伯苓曾自豪地向来校参观的客人们说："你要想知道南开一共有多少资产，我五分钟之内就可以给你算出来。"其中就隐含着对华午晴工作成绩的莫大信任。

不仅如此，华午晴的建筑才能，也是被南开学校拮据的经费硬"逼"出来的。他虽然没有受过正规的建筑专业教育，但为了替南开节省每一分钱，也积极参与学校的建设。他坚持以美观实用为标准，亲自勘测和设计建筑，以避免浪费。南开各校的校舍，几乎都是华午晴亲自带领学生勘测，并亲手绘制出结构图来加以建造的。这样可以在保证设计质量的前提下，节省一大笔设计费。

出于对工作的认真和负责，华午晴坚持每日晚上熄灯时到学生宿舍巡查寝室。平时，他经常在校园中四处走走，看看哪里需要修缮，哪里需要改进，记录下来，着手办理。1914年南开新剧团成立，华午晴还被任命为布景部的负责人。他设计和制作出来的布景、道具，准确地配合了剧情的发展，与演员的精彩演出相得益彰，获得了剧团和观众们的普遍好评。

1939年，华午晴因劳累过度突发脑溢血，在重庆南开中学不幸逝世。为了纪念他多年来服务南开、一丝不苟的精神和创立的平凡而重要的功绩，张伯苓提议以他的名字命名重庆南开中学的礼堂，得到一致赞同。众所周知，南开学校的建筑物，绝大部分都是以捐助修建者的名字来命名的，用一位职员的名字来命名大礼堂，非同寻常。从此，"午晴堂"这个名称在南开师生中广为流传。南开人黄钰生在《早期的南开中学》一文中对华午晴做出如下的评价："这个人诚实、正直、廉洁、能干而才华不外露。他是南开起家的大功臣，是南开的建筑师、会计师又是财务管理员。南开行政廉洁的风气和行政效率之高，是和他的作风和操守分不开的。我和南开的老同学，都非常尊敬华先生，其尊敬的程度，仅仅亚于张校长。"

喻传鉴：严把教学质量关

喻传鉴（1888—1966），是南开中学第一届学生，曾亲身经历过学校草创时期的艰难。从拥挤在严氏偏院一间教室中上课，到搬进私立第一中学堂崭新的教学楼，喻传鉴切身感受到了学校的发展。在学期间，喻传鉴就非常活跃，积极参加社团活动，曾任自治励学会会长。1908年，经过四年学习，喻传鉴以优异成绩考入了北京大学法学院，攻读经济。离开南开时，他依依不舍，因此，从北大毕业后便义无反顾回到母校工作，担任英语教师，并伴随在校长左右，为南开的发展出谋划策。由于喻传鉴多年服务于南开，张伯苓对他的才华和能力了然于心，遂于 1930 年 9 月赞助他去美国哥伦比亚大学师范学院深造。1932 年，喻传鉴获得教育学硕士学位之后，又受爱国将领吉鸿昌的邀请，到欧美各国游历，比较全面地考察了西方国家的教育体制及其运作情况。从欧美回国后，喻传鉴被任命为南开中学部教务主任，并担任大学部教授。1933 年，张伯苓对喻传鉴授以全权，出任南开中学主任。他利用自己在欧美国家考察所得，对学校的课程设置、教材安排等进行大胆改革，极大地提高了南开的教学质量。

作为教学质量的把关人，长期担任教务主任和中学部主任的喻传鉴对教师授课要求得十分严格，丝毫都不能松懈。凡在南开中学就读或者任教过的人，几乎都认为喻传鉴最能体现南开的实干苦干精神。张伯苓总是说："喻先生抢做我做之事，诸位即应抢做喻先生所做之事。"喻传鉴以校为家，甚至连星期日也不休息，经常跑来学校，坐在办公室里检查学生的作业和教师批改作业的质量。

1932 年，随着时局的紧张，喻传鉴受张伯苓指派，赴重庆筹办南开中学分校。他仅用七个月就完成了选址、购地、规划和建造等一系列繁重工作，可谓效率惊人。当重庆南开中学各项工作都步入轨道之后，喻传鉴又回到了天津，继续默默地耕耘着。1937 年 7 月底，在日本侵略者将南开摧毁殆尽之后，喻传鉴不顾个人安危，掩护南开员工家属几经辗转，安全抵达重庆。在重庆工作期间，喻传鉴担任南开中学校长，兼任四川自贡蜀光中学校长。

抗日战争胜利之后，喻传鉴亲自主持了天津南开中学和南开女子中学的复校工作，此后复任重庆南开中学校长。可以说，喻传鉴的一生都贡献给了南开。"文革"时，喻传鉴受到迫害，于 1966 年逝世于重庆。

曾长期与喻传鉴共事的黄钰生对其评价甚高："南开中学柱石，喻先生当之无愧，喻先生兢兢业业，孜孜不倦，专心致志，无丝毫之旁顾者，四十有七年，晚年虽兼有他职，而家在南开、心在南开，萦回于心中者，仍为南开……一生精力，倾注于实现南开允公允能之校训，鞠躬尽瘁，死而后已者。"

伉乃如：教学校务双肩挑

伉乃如（1891—1947），1911 年毕业于直隶高等工业学校化学科，因学业优异而被张伯苓聘为南开中学化学教员。伉乃如讲话风趣、幽默，极富感染力和吸引力，因此深受同学们的欢迎。往往下课的铃声已经响过很久，学生仍端坐听讲。

1920 年 9 月，伉乃如出任校长秘书。他不仅要兼顾教学、行政，甚至还要协助张伯苓筹建南开大学八里台新校舍。从购地、勘查、建设到竣工，伉乃如事必躬亲，贡献良多。1922 年开始，他兼代大学注册课主任，并一度代理男中、女中教务课主任。当时，注册课只有三位工作人员，工作却十分繁杂，不仅要制定授课、考试时间表，核算及宣布考试成绩，掌管和处理学生告假等，还要协助办理入学考试、保管注册事务统计图表、负责监考等。全凭伉乃如运筹帷幄、指挥若定，注册课的各项事务才得以正常运转。每逢新学期开始，同学们都要办理注册、缴费、领书、分配宿舍等入学事宜。由于注册课提前做好了各项准备，因此每个学生只要短短的几分钟就可以办妥各项事宜，效率非常高。

在繁忙的工作之余，伉乃如还热心参与各种社团活动，是南开新剧团的元老。1915 年，他担任演作部部长，演出了《仇大娘》《一元钱》《华娥传》《老千金全德》《一念差》《新村正》《巡按》等剧目。伉乃如还经常与周恩来同台演出、扮演夫妻，因此二人结下了深厚的友谊。

1937 年七七事变之后，南开大学南迁，伉乃如留守天津。直到 1938 年，他才在张伯苓的安排下去重庆工作，继续做校长秘书。非常时期，他的工作负担更重了，需要处理的事情特别多。西南联合大学南开大学办事处凡需请示校长的事情，多要经过伉乃如，有些干脆就由他决定、办理。同时，由于伉乃如在天津南开时期就热衷于话剧表演等活动，因此到了重庆之后仍然忘不了亲临同学们的话剧排练现场进行指导。

抗日战争胜利后，伉乃如参与天津南开中学复校，负责修缮被日本侵略军摧毁殆尽的楼房、修复道路、整理教员宿舍、分配校舍等诸多事务，为南开复校倾注了颇多心血，成为复校过程中的功臣之一。他终生供职于南开，1947 年 10 月 28 日因胃穿孔医治无效逝世，享年五十七岁。张伯苓闻讯后十分悲痛，在致胞弟张彭春的信中说道："讵意伉乃如又于十月二十八日相继身故，同事三十余年，竟先我而去，追念往昔，能勿凄然！"

南开人将辅佐张伯苓的"四大金刚"赞誉为"出自爱国热忱、致力于教育事业的、困难压不倒、灾祸摧不垮的硬汉子"，是张伯苓"同心同德"的合作者。他们和校长志同道合，组成一个精诚团结、配合默契的团队。可以说，南开的日益发展和壮大，和这几位南开同仁的努力有着密不可分的关系。其实，他们仅仅是南开教师队伍中的杰出代表。实事求是地讲，几乎每一位南开的教职员工，都将爱护学校视为己任，各尽所能，为南开做贡献。张伯苓曾十分动情地回忆南开同仁为学校发展所做出的卓越贡献："南中办事诸同人和学生笃信教育万能之梦，至处此经费极困难情形之下，仍能煞费苦心，竞争不息，亦可大增吾辈办学之信心矣。"①

正是由于有这"四大金刚"的保驾护航，张伯苓才能将南开私学体系建设得坚实而牢固。而最让露存感动的是，张伯苓"校长对于新旧子弟以及教职员的殷勤，也无时不溢于言表，彼此俱为一体。有互助的精神，有持久的精神，又有互相谅解的精神，这样就是想要一事无成，可以做得到吗？"②这位外国人似乎找寻到南开精神的某些真谛，以及华人自办事业获得成功的部分根源。

---

① 《南开周刊》，第 41 期。

② ［波兰］露存：《文心·华人自办事业的成绩如何》，《解析中国》，国际文化出版公司 1998 年版，第 252—253 页。

忠诚的捍卫者

——黄钰生

　　黄钰生（1898—1990），字子坚，出生于湖北省沔阳县。1909 年，十一岁的黄钰生离开家乡，随大哥立猷入保定模范小学，1911 年又至天津，住在大舅父卢木斋家。两位舅父①指导黄钰生读书、做人，对其产生深远影响。1912 年春，黄钰生进入南开中学读书。他不仅在课程学习和课外阅读中开阔了眼界，丰富了思想，还积极参加各种各样的课外活动：与李恩贵、孔繁霱、冯文潜等人组织了三育竞进会，参加演说会、唱歌会、查经班，进行抵制日货的演讲等等。其中，张伯苓校长在每周三"修身班"上所讲的处世立身之道对黄钰生的影响尤为显著，被其奉为准则。②1916 年，黄钰生以全班第一名的成绩离开南开中学，插班到清华留美预备学校高等科二年级。五四运动爆发时，他与罗隆基、何浩若作为清华的代表，出席"北京中等以上学校学生联合会"，并开始服膺蔡元培的思想。

　　从清华毕业后，黄钰生准备赴美国留学。大哥曾建议他学医："皮包一拿，五块钱到手。"③可他却抱定教育救国的理念，执意要选择清苦的教育学作为自己的主攻方向和未来的职业选择。为了熟悉美国的风土人情，黄钰生先选择在小城艾普顿的劳伦斯学院攻读文学、哲学，1920 年秋，复入芝加哥大学，主修教育学，副修心理学。黄钰生坦然地承认自己在芝加哥大学四年的学业并不理想，"不如吴有训之于物理学，孟传懋之于医学，雷海宗之于史学，潘菽之于心理学，胡毅之于教育学。"④但他也在频繁的社会活动中收获了一些宝贵经验，担任芝加哥大学中国同学会会长、美国中西部中国留学生会主席。

---

① 即卢木斋和卢慎之。
② 黄钰生：《黄钰生自传》，申泮文主编：《黄钰生文集》，百花文艺出版社 2009 年版，第 147 页。
③ 黄钰生：《黄钰生自传》，申泮文主编：《黄钰生文集》，百花文艺出版社 2009 年版，第 147 页。
④ 黄钰生：《黄钰生自传》，申泮文主编：《黄钰生文集》，百花文艺出版社 2009 年版，第 149—150 页。

更重要的是，他结识了人生伴侣——华侨姑娘梅美德。二人于 1924 年结婚。1925 年春，留学期限届满，没来得及完成博士论文的黄钰生偕夫人归国，到天津任南开大学哲教系教授。1927 年，他被张伯苓任命为南开学校大学部主任①。

专务教育，振兴文科

　　黄钰生先后承担起南开心理学、哲学和教育史的教学工作，以讲课内容丰富、善于启发学生思考而受到学生喜爱。黄钰生在授课过程中多采用西方理论和教材，但从不照搬照抄，而是坚持西方理论联系中国实际，特别注重研究中国的教育问题。他曾耗费大量的心血和精力编著《儿童心理学讲义》。可惜的是，这份珍贵的教材手稿在日本侵略军轰炸南开时被毁，造成了无法挽回的损失。在教育实践方面，黄钰生特别强调理论联系实际，非常重视培养学生的实践能力和社会活动能力。1936 年，他在讲授教育学时要学生到天津里弄和附近农村调查半日制小学的情况，为研究普及教育和扫盲教育寻找根据。②

　　南开大学创立之初的学科设置，带有明显的重理轻文倾向。文科虽然建制较早，但并不受重视。一方面是因为张伯苓认为在中国急需有实际训练的人才之时，不能引导更多的人为人文科学的学习与研究耗尽终生③，一方面是作为私立大学，南开大学受社会赞助颇多，学科设置需多在"投入即产出"的实用方面下功夫④。因此，南开大学学科设置的缺陷常常招致一些国立大学从教者的嘲讽。1926 年，身为文科主任的黄钰生迎难而上，提出了《采集中精力政策以振兴文科计划书》，指出了南开大学文科所存在的诸多弊端："教授少，力量分散；学生少，各系所开课程只顾一系。五系之间毫无贯串，每系学生只得一狭义之学问，裂成片段，使学生如坐狭井。"其解决方案是"文科所授各课，必须有衔接与贯通"，"规定课程，重问题轻学程，全体课程当有系统"。但是，黄钰生的文科改良，并未明确标榜文科为纯学术研究之特质，

　　① 后改称秘书长。
　　② 侯杰、秦方：《百年家族——张伯苓》，河北教育出版社 2004 年版，第 146 页。
　　③ 梁吉生：《张伯苓教育思想研究》，辽宁教育出版社 1994 年版，第 212 页。
　　④ 王昊：《追随张伯苓 心仪蔡元培——南开校史上的关键人物黄钰生》，申泮文主编：《黄钰生文集》，百花文艺出版社 2009 年版，第 393 页。

而是延续了张伯苓经世致用的教育理念："集中之后，南开文科以培养政治、经济之中坚为目的，即造就政治、经济上'应用上，学理上之中间人才，此为目的'"。①此番言论不仅是对张伯苓教育理念的深化，更是黄钰生教育思想的一种真实流露。他在《大学教育与南大的教育》一文中提出大学的意义在于"润身"与"淑世"，"润身"是追求个人学养与精神的满足，"为学问而学问"；"淑世"则是为社会服务，"学以致用"；"在承平的国家，大学教育可以润身为先，而在我们这纷乱的国家，就须以淑世为先了。"②在西南联大，黄钰生"润身淑世"的办学理念得到了更好的发挥。

从容镇定，捍卫校产

黄钰生一生之中，可圈可点之处甚多，最为后人赞扬的莫过于其在动荡时局中对南开大学的忠心守护。

1931 年 11 月 8 日，寄居天津的日本浪人为把溥仪劫持至东北而挑起了暴乱。南开大学与日本军营毗邻，加之南开师生素来抗日，自然在天津暴乱中屡受其害。8 日晚 7 点，南开大学国难急救会在大礼堂开会，宣布次日早 9 点赴南京请愿一事。散会后，各同学便开始返回宿舍整理行装。10 点半左右，日本便衣队在日军炮火掩映之下向中国保安队发动进攻，枪声不止。9 日凌晨，枪声愈紧，请愿团不得不暂缓请愿。学校保安队在大中桥安设电网，堆置沙袋，作防备之势。驻守八里台的十八中队也奉命集中到南开大学，防止便衣队的侵袭。而黄钰生与夫人清晨时并不知便衣队暴乱和请愿活动暂缓之事，正手持食品准备前往车站送请愿团出发，直到在秀山堂前遇见巡查防务的傅璧臣等人，方知暴乱发生。9 日中午，黄钰生与何廉出面，召集请愿团职员在秀山堂校长办公室设临时办公室商议护校办法，并组织师生工友设岗巡逻。③当天午夜，黄钰生通知女生舍监，要女生做好离校准备。舍监随即通知女生，家在天津的回家，家不在天津的联系好到一个天津同学家里去，出发地点在墙子河边小码头，出发时间听候电话。随后全宿舍熄灯。女生们心情焦急地等待黄钰生的撤离指令。直到天边现出鱼肚白，她们才接到登船的指令，

---

① 《南大周刊》第 40 期。

② 黄钰生：《大学教育与南大的意义》，《南开大学向导》，1930 年 5 月。

③ 永庆：《台中蒙难记》，王文俊等选编：《南开大学校史资料选（1919—1949）》，南开大学出版社 1989 年版，第 660—661 页。

并井然有序地到达了码头。黄钰生则早已在码头等候，并目送同学们上船。①11日夜，海光寺一带枪声又起，日军破坏了通往南开大学的电源，全校陷入黑暗之中。留校男生亦不得不移往英租界，教师及眷属也相继离去，只有黄钰生、冯文潜等几人留在学校。待天津秩序逐渐稳定下来以后，南开大学于 12 月 7 日正式复学。在此期间，他与傅璧臣二人还应付了一批批来校骚扰的日本人，不胜其烦，忍辱负重。黄钰生在"天津事变"中的指挥若定和护校如家，令全校师生无不称赞，事后张伯苓校长送给他一书写"沉着应付"的条幅。②

然而，这段经历只是他在更大灾难来临前的一次"演练"而已。1937 年七七事变爆发后，京津局势骤紧。海光寺日本兵营的日军不断骚扰南开大学，日本特务甚至公然到校园内抓捕爱国学生。暑假开始后，大部分同学已离校回家，学校只剩师生工友一百余人。黄钰生与杨石先、郭平凡等人连忙商议校务，决定尽可能动员留校学生回家，不能回家者暂住秀山堂，女同学及教员眷属迁往法租界，留校师生分组搜集消息和巡逻警卫，同时准备外运图书仪器等。③29 日凌晨，日军开炮，第一炮打在河北省政府，第二炮便是南开大学。上午 11 点，一颗炮弹落在秀山堂办公室，幸未爆炸，留守的黄钰生只好离开躲避，与杨石先率领全校师生结队赴教员宿舍二十三号旁乘船暂避。众人上船之际，敌人发现目标，集中射击，但大家仍然相互礼让登船，镇定有序。每当枪弹袭来，郭平凡便低头躲避，与之并肩而坐的黄钰生却仍谈笑风生："老郭莫要自私，你低头，炮弹不就打着我吗？"④全船哄然，气氛轻松很多。船至王顶堤而止，村民招待南开师生以煮玉米。休息片刻之后，黄钰生与杨石先等人决定返校。回校后，只见昔日美丽整洁之校园弹壳密布，一片狼藉。巡查至大中桥时，枪声又起，黄钰生等人急忙返回秀山堂，在地窖内躲避枪弹。不久秀山堂楼顶也传来爆炸声，他们只得突围，行至教员宿舍三号时，弹雨过密，只得折回，在秀山堂匍匐隐蔽，作消耗敌人弹药之打算。此时号房来报，言日本坦克车已开至六里台，众人只得作二次突围，最

① 陈鸎：《黄钰生先生在日本便衣队暴乱前夕》，申泮文主编：《黄钰生同志纪念集》，南开大学出版社 1991 年版，第 203 页。

② 黄钰生：《黄钰生自传》，申泮文主编：《黄钰生文集》，百花文艺出版社 2009 年版，第 150—151 页。

③ 南开大学校史编写组：《南开大学校史（1919—1949）》，南开大学出版社 1989 年版，第 229 页。

④ 郭平凡：《南大被炸之追忆》，王文俊等选编：《南开大学校史资料选（1919—1949）》，南开大学出版社 1989 年版，第 684—685 页。

终到达思源堂旁停船处，乘船离开，摆脱险境。①在此生死存亡之秋，黄钰生并没有想到去抢救自己的家人，甚至连一套换洗衣裳也没有拿出。一番大难之后的他浑身泥水，一脸烟尘，满头乱发，眼镜架只剩一条腿，但手中还提着一大串钥匙，除一把是自家大门的外，其余全是南开大学的。②随后，黄钰生带着这串钥匙历尽艰辛来到南京，见到张伯苓校长，交上钥匙后说："校长，我未能保护好南开大学，但我把南开大学各楼和办公室的钥匙给您带回来了。"张伯苓眼含热泪，握住黄钰生的手，十分动情地说："子坚，你辛苦了！"③

耕耘联大，复建南大

黄钰生辗转来到长沙临时大学之后，又临危受命，担任"湘黔滇旅行团指导委员会"主席，带领清华、北大、南开三校的三百余名师生徒步转移到昆明。一路上，除了负责全团的经费管理、行军路线、宿营、伙食安排等各项事务外，黄钰生还要时刻注意维护全团三校人员的团结。从1938年2月中旬由长沙动身，到4月28日抵达昆明，经过近七十天的风餐露宿、三千六百华里的跋山涉水，该团终于完成了这一壮举。到达昆明的时候，正是黄钰生四十岁的生日，他在自己的手杖上刻上八个大字"行年四十，步行三千"④，引以为豪。

西南联合大学时期，黄钰生除任南开大学秘书长、代教务长、教育学教授，还兼任西南联合大学建设长、西南联合大学师范学院院长。黄钰生为西南联合大学的发展贡献了很多的智慧和心力。当时校舍不够用，黄钰生想办设法在西大门外低价购得荒地一百二十亩，盖起了土坯草顶的"新校舍"，西南联合大学总算才有了自己的教学场所。⑤此外，他还克服重重困难，创办西南联合大学附属小学、中学。

① 郭平凡：《南大被炸之追忆》，王文俊等选编：《南开大学校史资料选（1919—1949）》，南开大学出版社1989年版，第685页。

② 参见陈珍，邢公畹：《忆黄子坚先生》，申泮文主编：《黄钰生同志纪念集》，南开大学出版社1991年版，第330页。

③ 申泮文：《天津旧南开学校覆没记》，南开大学出版社1995年版，第38页。

④ 申泮文主编：《黄钰生文集》，百花文艺出版社2009年版，第153页。

⑤ 侯杰、秦方：《百年家族——张伯苓》，河北教育出版社2004年版，第147页。

　　抗日战争结束之后，南开准备复校，黄钰生在张伯苓的领导下组织成立了南开大学复校筹备处，和诸位同仁共同努力，收回八里台原校舍八百五十二亩，接收六里台的中日中学、农场、综合运动场、苗圃等"敌产"多达一百一十亩。这样，沿卫津河南北二里、东西一里许的地方均成为南开大学的校园。南开学校在抗日战争以后之所以能够迅速恢复，与黄钰生等人所做的大量卓有成效的工作是分不开的。天津解放前夕，黄钰生还掩护进步学生，参加了反饥饿、反内战、反迫害的请愿活动。尤其可贵的是，在黄钰生等人的尽心保护下，到天津解放时，南开学校完整无缺。①校园面积规模空前。

　　1952年，黄钰生调任天津图书馆馆长，正式卸下了守护南开的重担。

　　　　南开抗争的结果，不见得处处成功，南开大学就失败过两次。失败了，不服气，拧着脖颈再干。

　　　　南大不信中国人根本不行，中国事根本未有办法；不信在中国社会作事，必须要圆滑，要敷衍，要应酬，要在茶寮酒店中定大笔的交易；不信中国的问题，不能用科学方法来研究，来分析，来解决；不信喊口号，贴标语，讲主义，可以制服军阀，打倒列强，而救中国；不信撰名词，倡主义，作无聊的浪漫小说，请外国学者来讲演，就是文化，就是学术……南大相信的只有两件事：人格和学问——用工夫修养来的人格，老老实实求来的学问。到南大来要读书，要做实践，要守规矩，要受考试。怕难的不必来，求安逸的不必来，好奉承的不必来，服了这口气的不必来。②

　　黄钰生在1930年的《南开大学向导》中曾这样告知新生南开精神之要义。之后二十年的顽强抗争，证明当初的铮铮誓言并非虚妄之词，黄钰生本人忠实地捍卫了他当初所信仰和秉持的南开精神。

---

① 侯杰、秦方：《百年家族张伯苓》，河北教育出版社2004年版，第147页。
② 黄钰生：《大学教育与南大的意义》，《南开大学向导》，1930年5月。

"桃李不言，下自成蹊"

——忆南开文学先贤

李何林（1904—1988）是中国著名的教育家、学者，鲁迅研究专家、中国现代文学研究学科的奠基者。李霁野（1904—1977）是鲁迅先生的学生和战友，中国现代著名的外国文学翻译家、鲁迅研究专家、教育家和诗人。两位教授均在 20 世纪后半叶以其文学造诣和奉献精神为南开大学中文系、外文系的发展壮大作出了杰出贡献。时光如烟，回望南开历史的悠长画卷，两位教授的精彩人生和奇伟风骨依然秀丽可见。

追随鲁迅

李何林，1904 年出生于安徽霍邱，曾参加过 1926 年的北伐战争和 1927 年的南昌起义。起义失败后，李何林赴北京投奔同乡李霁野，并于 1928 年加入了鲁迅倡导的未名社。1929 年，他编选的第一部与鲁迅研究相关的资料集《中国文艺论战》出版。从此，李何林一生执着于鲁迅研究。他曾在抗日战争的艰苦环境下，撰写了《近二十年中国文艺思潮论》，对鲁迅、瞿秋白在中国现代文学史上的地位做出了实事求是的评价。此外，他的《鲁迅文艺思想的发展》《鲁迅世界观的发展变化问题》《伟大的文学家、思想家和革命家鲁迅》等论文，亦已成为鲁迅研究领域的重要文献，代表了那个历史时期鲁迅研究的最高水平。

作为一名鲁迅研究者，李何林最不能容忍的是他人对鲁迅的恶意歪曲和污蔑。以鲁迅先生的文名和性格，不得罪人是不可能的，所以他生前身后曾遭受过众多小人的"明枪暗箭"。鲁迅刚刚逝世不久，就遭到了充满敌意的中伤和污蔑，对此，李何林不顾一切地撰文为之辩护。针对《大公报》在《悼念鲁迅先生》的一则短评，"他那刻薄尖酸的笔调，给青年不少的不良影响"，李何林拍案而起，斥责这种说法简直就是谬论。梁实秋在鲁迅逝世后向记者发表谈话声称："鲁迅现在和我们走在一起了。"李何林当即反驳说："这是歪曲先生的过去，污蔑先生的现在！"叶公超更以四五千字的长文，曲解与诋毁鲁迅，李何林先生撰文逐一辩驳，激愤地指出："叶君的文章专一攻击不能还手的对象，是十足的谩骂和污蔑！"

李何林不仅全身投入于鲁迅研究，在思想上也秉承了鲁迅精神的精髓，即硬的骨头和软的心肠。

"大跃进"时期，南开大学中文系也受到了一些波及。许多骨干教师在"拔白旗"运动中受到了批判。汉语史专家马汉麟被批判时，李何林气愤地说："拔白旗，拔到马汉麟身上，马汉麟是我好不容易从北京请来的，这是一匹好马啊！"他那愠怒的脸色，斩钉截铁的手势，震撼人心的声音，让在场的人无不慑服！

李何林家里曾有一位老保姆——张妈。说是保姆，实则是在李何林家养闲。张妈生来命苦，李何林十分同情她，不让她干什么活，全家人对她像是自家的长辈一样尊重、爱护。"文革"中，李何林被打为"牛鬼蛇神"，工资扣发，只有少得可怜的生活费用。张妈也被辞退。李何林态度坚决地向造反派提出：给张妈的生活费不能少。他从自己的微薄收入中取出大半给张妈汇去。在平反后，李何林又将张妈接回来，颐养天年，直到在李何林家里去世。

李霁野与李何林一样，同于 1904 年出生在安徽霍邱。他亦将宣传鲁迅、捍卫鲁迅作为自己一生中责无旁贷的义务。

李霁野与鲁迅的交往开始于 1924 年夏。当时，李霁野翻译了俄国作家安德列夫的作品《往星中》，由他的小学同学张目寒送请鲁迅先生指教，由此开始了与鲁迅的交往。1925 年，在鲁迅的资助下，李霁野考入燕京大学读书，后又参加了由鲁迅倡导的未名社，并成为主要创始人之一，从事进步文学的翻译和传播。李霁野是中国最早的翻译家之一，早在 20 世纪二三十年代就最先翻译了《简·爱》《战争与和平》等世界文学名著，其《简·爱》译本到现在仍然十分流行。当然，这些成就的取得与李霁野的翻译水平是紧密联系在一起的。而李霁野的翻译老师正是鲁迅先生。从《往星中》开始，再到未名社，鲁迅将自己的翻译心得无私地传授给了这位年轻的翻译家。鲁迅特别强调翻译应该忠于原著，而李霁野本人的译著正是这方面的代表。他的文笔清新流畅，能够给人以隽美之感。

在追随鲁迅的过程中，李霁野深刻地理解了鲁迅，成为著名的鲁迅研究专家。2004 年出版的九卷本《李霁野文集》，其中关于鲁迅研究的成果为我国鲁迅研究提供了珍贵的史料。

耕耘南开

1952 年，李何林调任南开大学中文系后，进行了大刀阔斧的改革和建设。其任教期间，是南开大学中文系发展最快的时期之一。

李何林首先大力网罗人才，从全国各地聘请知名专家学者，壮大了南开大学中文系的师资力量。他非常重视教学工作，特别强调教学的规范化。从课程设置到教学活动，李何林都亲自规划、检查。其中对教师的课堂教学，从讲稿、讲义、试讲、观摩到板书、衣着、教态等各个环节，他都一丝不苟地严格要求，建立了一系列的规范制度，并形成了中文系的传统。

李何林还强调对学生基本功的训练。他提出"三基"：学好基本理论、基本知识、基本技能；"三好"：写一笔好字、讲一口好话、做一手好文章。这些措施都有力地提高了学生的素质。李何林的教学方法很有独到之处。他给研究生上课通常是以貌似闲聊的方式进行的，看似很随便，实则包含了丰富的知识。他对学生的要求十分严格。在审阅学生的读书笔记时，他总是把笔记从内容到错别字逐一审阅改正之后，再还给学生，用实际行动把认真严肃的治学精神教授给了学生。此后，南开大学中文系的毕业生以基本功扎实闻名全国，与李何林的督导有密切的关系。

此外，李何林还开设了"鲁迅研究"专题课，成为全国高等院校开设鲁迅研究课的先行者之一。南开大学中文系逐渐成为鲁迅研究的重镇，聚集了一批后来闻名全国的鲁迅研究专家。

1949 年，李霁野来到南开大学外文系任教。他采取了很多措施来提高南开大学外文系的教学水平，例如聘请国外资深的专家来校任教，交流教学经验；定期选派中青年教师出国进修，提高自身的教学能力；常常教导学生加强听、说、写、读、译的全面训练；向广大师生提倡多阅读有关国外风土人情的书籍，了解外国的国情和民族生活习惯，提高师生的文化修养等。

在李霁野的倡导下，南开大学外文系于 1960 年设置了俄语专业教研室，力邀曾在斯大林时代蒙受不白之冤、50 年代归国的老共产党员陈有信教授主持教研室工作。这一举措，极大地增强了外文系的实力。随后，日语教研室和各专业的硕士、博士点也相继建立起来。在李霁野的领导下，外文系与时俱进，语种丰富，成为南开的一大亮点。

李霁野退休之后，仍然关心着南开大学的发展。他把自己所获的天津市最高文艺奖——"鲁迅文艺奖"的奖金，全部捐赠给了他为之服务了四十余年的南开大学，设立了"李霁野奖学金"，用于奖励优秀学生。

身正为范

李何林为人耿直，始终坚持实事求是的学风，受人景仰。"文革"期间，学术自由几乎被摧毁殆尽，无人敢言。当时，李何林的一篇文章也曾受到了无端指责和全国性的"围剿"，包括南开大学中文系也曾开过批斗会。面对压力，李何林毫不畏惧。每次批斗会上，他都穿上只有开重要会议才舍得穿的制服，手提一把茶壶，不卑不亢地走上讲台，与"革命师生"进行辩论，有理有据，义正词严，常常让对方无言以对。其风采和骨气早已在中文系传为佳话。

李何林身为人师，十分关心学生。当时，有一部分学生下乡锻炼，大家都以"滚一身泥巴、累一身脏汗"为荣。李何林看了十分心疼，关切地劝说学生："你们要注意身体，讲究卫生啊。平时吃东西的时候，要好好清洗，用些肥皂，洗得干净啊！"

李何林被关禁闭的时候，看守他的是一些学生。学生们之间不允许说话，晚上待着无聊，就找些书来看。李何林见状，十分心疼地劝说道："孩子们啊！晚上看书不好啊，太费眼睛了！"他的好心不但不被理解，反而引来一顿斥责！但是，第二天，他忍不住又劝说起来。

李霁野信义千秋，归还四十年台湾借书的故事，在海峡两岸广为流传。

1949 年，李霁野曾赴台湾大学外语系任教，后来因为台湾政治局势变化，被迫回到大陆。但由于走时匆忙，李霁野在台湾大学图书馆里借的两本书，没有来得及归还。此后，两岸关系被人为阻隔，李霁野一直无法归还这两本台湾藏书。久而久之，这便成为他的一块"心病"。"文革"期间，这两本台湾藏书又被红卫兵翻出来，作为李霁野通敌的罪证。为此，李霁野吃了不少的苦头。然而，幸运的是，李霁野虽然损失了很多的珍贵书籍，这两本书却幸存下来了。

海峡两岸通邮以后，李霁野便委托台湾朋友代为归还了借书，并附信表示真诚的歉意。闻者无不为之感动。

李霁野对后生晚辈也一直是爱护有加。他对年轻人的诗稿，都是认真修改，提出许多宝贵建议，尽自己所能帮助晚辈进步。他还常常找机会与年轻人聊天，在言谈中为他们指导学业。他常常告诫学生："写诗不要操之过急，要有深刻的生活体会。'功夫在诗外'啊！必须注意从根底打起，平时多写些日记和札记，对写诗是有好处的啊！而且要有饱满的激情，和对语言文字上面的硬功夫。"

南开大学中文系和外文系的学科建设和教育发展，离不开李何林、李霁野二位的精心浇灌。二位先贤用自己后半生的沧桑与积淀开启了南开历史的新篇章。

"举起了泥土、思想和荣耀"的诗人们

在南开大学外国语学院，曾闪烁过一个"举起了泥土、思想和荣耀"的诗人群体——梁宗岱（1903—1983）、卞之琳（1910—2000）、查良铮（1918—1977）。提起卞之琳和查良铮（笔名穆旦），对现代诗歌稍微熟悉的朋友都不觉得陌生，可有谁知道他们还是地地道道的南开人！而梁宗岱不仅是新诗的一代宗师，还是卞之琳和穆旦的南开前辈。他们在南开大学不仅是才情盖世的诗人，还是学贯中西的学者。

梁宗岱——真纯的诗歌、愉快的南开生活

梁宗岱于 1903 年 7 月 14 日出生在广东新会县，曾在 20 世纪 20—40 年代初期的中国文坛显赫一时。他建构了象征主义诗论的"纯诗"说、"象征"说和"契合"说，成为中国象征主义诗论成熟的代表。他基于对诗自身特性的洞察和对生命的关切，以诗意的方式去追寻诗和世界的本质。有香港学者评价，五四运动以来只有梁宗岱等数人能较为完美再现原作的意韵风貌。更为重要的是，他通过翻译向国内介绍了西方象征主义诗人及其诗论，同时还将中国诗人和东方的诗学精神介绍传播到国外。

1936 年初，他接受南开大学外文系主任柳无忌之聘，任英文教授，并参与主编天津《大公报·诗特刊》。柳无忌回忆说："宗岱的英文相当通畅，加上他的学识、才气，他在教书时的用功与认真，以及他那股待人接物的热情与做事的劲儿，使我很欣慰，他的参加增强了我们英文系的阵容。"[①]

梁宗岱在南开的岁月，应该算是外文系鼎盛的时期。他开设了新课"西洋文学名著选读"，请各位教授们轮流讲授自己有所研究的西洋名著，张彭春也在其中。梁宗岱后来翻译的《浮士德》即是这时他所讲授的名著。而"人

---

① 柳无忌：《柳无忌散文选 古稀话旧》，中国友谊出版公司 1984 年版，第 71 页。

生与文学社"也由于梁宗岱的到来增色不少。

对梁宗岱而言，在南开大学的生活，应该是十分愉快的。此前，梁宗岱似有四处奔波、生活无定的感觉，在这里不仅可以乐而安之，而且生活得相当充实和丰富。梁宗岱选译了欧洲近代散文创始人、法国著名人文主义作家蒙田的散文集，将其命名为《蒙田试笔》，后编入郑振铎的《世界文库》。他与著名诗人卞之琳、戴望舒和冯至共同创办《新诗》，促成了中国新诗运动中的现代派诗人群体产生⋯⋯

抗日战争爆发后，平津沦陷，他不得不离开南开大学，辗转到了大后方。但是南开人不会忘记这位将歌德精神和浮士德性格集于一身的前辈。梁宗岱对象征诗学的研究和中国新诗的批评，以及为数不多的译著皆显现着鲜明的个性。

卞之琳——诗歌装饰了你的窗子，你装饰了南开的梦

《断章》是中国现代诗中耳熟能详的名篇。它的作者就是卞之琳。

卞之琳，1910 年 12 月 8 日出生在江苏省海门县汤家镇，后于 1929 年进入北京大学英文系，师从温源宁、叶公超、闻一多等人。1933 年大学毕业后，他一直从事文学翻译工作。

1940 年夏，卞之琳从四川大学转往昆明，任西南联合大学外文系讲师，成为南开大学的一员，既为四年级学生讲授中英文学互译，也教大一学生英语。在这期间，他还创作了不少小说、诗歌，并翻译了一批优秀的外国文学作品，主要包括新诗集《十年诗草 1930—1939》、译作《西窗集》和《浪子回家集》、长篇小说《山山水水》。1945 年，应英国文化协会邀请，他以"旅居研究员"的身份去英国做客一年。1946 年春，卞被评升为教授，此时西南联合大学准备解散，他遂决定把去英国的行期推迟至 1947 年暑假，终于 11 月北返天津，到南开大学任教。1947 年，他在南开一边执教，一边发表译著《紫罗兰姑娘》《浪子回家集》《窄门》等，后由上海文化生活出版社于 2 月、6 月、9 月出版，分别为"西窗小书"之一、之二、之三。4 月，译诗《小说家》刊于《东方与西方》一卷一期。6 月 1 日，译诗《西面之歌》发表于天津《大公报》文艺版。

卞之琳一生翻译了大量外国文学作品，创作了许多优秀诗歌、散文、小说。他的诗酝酿了一种无言之美，意境深沉，诗意盎然，有对祖国和人民的

热爱，有对下层民众的悲悯关怀，也有对世局人心的辛辣而诚恳的批评。

卞之琳与梁宗岱曾经翻译了同一首长散文诗——里尔克（Rainer Maria Rilke）的《军旗手的爱与死》，然而，在诗学、翻译的成就上他们或许都不如南开的后来人——穆旦。

穆旦——固执着自己的轨道，把生命耗尽

穆旦是中国 20 世纪 40 年代著名的现代派诗人，同时也是西南联合大学诗人中最有成就的一位。

1918 年 2 月 4 日，穆旦生于天津市北马路恒德里三号，祖籍为浙江海宁，先祖是清代文人查慎行，祖父是清末官僚，后家道中落。他幼时既受益于家中丰富的藏书，又体味着变卖旧物维持生计的艰辛。1924 年，小学二年级的他就有习作《不是这样的讲》发表于刘清扬主编的《妇女日报·儿童花园》上，当时他不满 7 周岁。1929 年，他进入南开中学。穆旦的诗歌创作正式开始于 1934 年至 1936 年在天津南开学校读高中时，在与人合编的校友会杂志《南开高中学生》上发表了 9 首新诗和 3 篇文论。他在发表散文诗《梦》时首次使用了"穆旦"这一笔名。读者在《两个世界》《一个老木匠》《流浪人》《哀国难》都可以看到"不但早慧，而且早熟"的穆旦。《两个世界》中年仅十五六岁的穆旦这样描写缫丝女工的生活处境："生活？简直把人磨成了烂泥！"《哀国难》中他不能抑制胸中的愤怒："眼看四千年的光辉一旦塌沉，铁蹄更翻起了敌人的凶焰。"

1935 年，穆旦考入清华大学。七七事变后，北大为日军盘踞，清华校外枪声阵阵，南开更被日军炸得满目疮痍。他随清华与南开在长沙会合。1938 年 2 月 15 日，三所大学的师生组成"湘黔滇旅行团"，离开长沙，向昆明进发。他在严酷、恶劣的环境下，仍然手不释卷，撕页背诵《英汉词典》。路上，穆旦目睹了贫苦民众"流着汗挣扎、繁殖"的情形。国族危难和诗人的悲情，让他难以抑制。

1940 年，他参加了西南联合大学文学社团冬青文艺社——"冬青社"。受闻一多、卞之琳、冯至等导师的影响，穆旦的诗歌形成了现代主义取向。他曾为香港《大公报》撰文评论卞之琳的《慰劳信集》："七七抗战使整个中国跳出了一个沉滞的泥沼，一洼'死水'。自然在现在，她还是不可避免地带有一些泥污的，然而，只要是不断地斗争下去，她已经站在流动而新鲜的空

气中了，她自会很快地完全变为壮大而年轻。"卞之琳的《十年诗草》《慰劳信集》无疑使他领会到了"怎样用现代主义诗歌艺术，写出中国抗战的现实生活"。

造就穆旦的西南联合大学的生活同样是一首艰辛壮丽的诗篇，读书声、讲课声混杂着防空警报的嘶鸣和风雨声，泥墙茅檐下捧着掺沙的米饭，就着笑谈下咽。学生们争先恐后地借阅着为数不多的图书，在阅览室和露天席地苦读，构成令人震撼的一幕幕。

1940 年 8 月，穆旦毕业后留校任教。1942 年太平洋战争爆发，日军切断滇缅公路，此时已为西南联合大学外文系助教的穆旦毅然投笔从戎，担任中国远征军杜聿明将军的随军翻译。部队被打散后，穆旦只身一人历尽艰难逃到印度。

20 世纪 40 年代中叶，穆旦颠沛于昆明、重庆、贵阳等地，1947 年北上沈阳创办《新报》，另有大量诗作发表于《大公报》《益世报》《中国新诗》，并出版了三部诗集《探险队》《穆旦诗集（1938—1945）》和《旗》。

1953 年，35 岁的穆旦，几经周折从美国芝加哥大学留学归国，任南开大学外国文学系副教授。夫人周与良执教于南开大学生物系。

据后人回忆，他刚回国时，没有读书时那么清瘦也没发福，用英俊潇洒来形容亦不为过，看什么都很新鲜，也很陌生，议论诗时，静心地听，很少开腔，又绝非对这个世界的沉默，而是有学养的文静、深沉，偶尔说诗语惊四座。他的为人与他的诗风迥异。他是位学者也是位诗人，称他为学者型诗人，或者诗人性学者都不甚恰当。他在译介外国名家名诗方面所取得的成就是"五四"以后首屈一指的。

之后的 5 年时间里，不论是普希金（Александр Сергеевич Пушкин）、拜伦（George Gordon Byron）、雪莱（Percy Bysshe Shelley）还是叶芝（William Butler Yeats）、艾略特（Thomas Stearns Eliot）的经典诗作，经过穆旦的精美译笔，润泽了几代读者的心田。这其中包括普希金《波尔塔瓦》《青铜骑士》《高加索的俘虏》《欧根·奥涅金》《加甫利颂》《普希金抒情诗选》《济慈诗选》《拜伦抒情诗选》《雪莱抒情诗选》等。事实上，译诗只是穆旦的副业。虽然他把每个晚上的两点以前和节假日几乎都用于翻译工作，但是他的主业是在南开大学外文系执教英美文学，让南开学子融入诗歌创作生命。

教学相长，穆旦得益于学生之处也很多。他尝言：50 年代"我拿着自己过去的诗，请我南开的学生看，这些学生和他写这些诗时的年龄相仿，也是学外语，而且喜爱文学，喜欢读诗的，但都坦率得可爱的对我讲：他们读得头疼，读不懂，不知所云"。于是他开始反思自己模仿奥登（Wystan Hugh Auden）彻底化，太过了，出现了生硬和晦涩的现象，怨自己对人民群众不了解。由此他愿意多读点当时年轻朋友反映新生活的作品，然后再考虑动笔。相信他人生的坦荡、真诚和对待诗歌的认真、执着，会让每位学人动容。

可悲的是，穆旦与共和国一道也经历了突如其来的狂风暴雨。1957 年 6月至 1976 年，他失去了创作的自由。1958 年 12 月，穆旦甚至遭到更为不公正的待遇：以历史反革命罪被收审。随之，他被开除公职，之后的近 20 年时间里所有的作品全都禁止发表。1962 年，穆旦三年劳动改造期满获释，降级降薪，安排在南开大学图书馆接受监督，劳动改造。尽管如此，穆旦回家后仍然悄悄地开始了自己心爱的翻译工作。《唐璜》的翻译就是在这样极为艰难的生存状况下开始的。功夫不负有心人，到 1965 年，《唐璜》的翻译工作已经基本完成。

然而，万万没有料到更大的灾难还在后面。1966 年"文革"开始后，穆旦全家六口人被赶到只有十七平方米的小屋中居住，凝聚着他大量心血和智慧的手稿被付之一炬或被公然抢走，日用品也被洗劫一空。1971 年，痴心不改的穆旦刚刚解除强制劳动，重返南开大学图书馆，就不顾八小时外另加其他劳动的惩罚性措施，顽强地坚持每天夜里伏在黑乎乎的饭桌上，进行着翻译工作，有时直至深夜。就这样，硬是到 1972 年完成了拜伦的《唐璜》译稿及《唐璜注释》第三稿。

1975 年穆旦从车上摔下，因不能及时医治而致残，侥幸可以免除劳改，"病休"在家。于是，他克服病痛，每天工作十小时以上。痛得实在难受，他就用炉火烧热砖头，烤着伤痛的左腿，咬牙坚持。他修改了普希金的诗作，补译抄家退还的《唐璜》，并在残断的纸笺上新译艾略特的《荒原》。孤寂和困顿，造就了迄今仍被誉为翻译界鸿篇巨著的穆旦译本《唐璜》。学界普遍认为这是最好的、最为传神的中文译本，是"跨越文化和语言的障碍，在与不同文化传统下用另一种文学写作的另一些诗人的心灵交流的产物"。就在1977 年 2 月 24 日去世的前两天，穆旦又完成《欧根·奥涅金》的修订工作。

1981 年 11 月 27 日，南开大学宣布为他平反，在天津烈士陵园举行了盛大的追悼会，校长亲自献上了花圈。

穆旦是说不尽的。作为翻译家，他和戴望舒同为 20 世纪中国最成功的翻译家（王佐良语），他译的《唐璜》被称为中国诗译艺术走向成年的标志之一（卞之琳语）。作为诗人，他将忧郁的沉吟化作苍劲雄浑的时代悲歌。深知生之痛苦，正视生之痛苦，解剖生之痛苦，但又以深刻的热烈、刚强的执着、峻切的忠诚拥抱生命，是穆旦及其诗歌最为可贵之处，也是他在中国现代新诗史上最突出的标志。

在历史的波诡云谲之中，总有一些十分杰出的学人一度为人事纷扰所淹没，蓦然而起的风尘暂时遮蔽了他们的风采，历史也因他们的空缺而留下了不应有的"暗斑"。但南开的后来者不会忘记他们，也不会让他们失望。

南开史学宗师

梅贻琦曾说："所谓大学者，非谓有大楼之谓也，有大师之谓也"。对于南开九十余年史学教学与研究而言，梁启超（1873—1929）、蒋廷黻（1895—1965）、郑天挺（1899—1981）、雷海宗（1902—1962），正是"有大师之谓"的四大宗师。

与清华国学院四大导师的一时群贤毕集不同，南开史学四大宗师则颇有些"千秋之后，盖棺论功"之意。梁启超、蒋廷黻、郑天挺、雷海宗能够成为南开史学的四大宗师，不是因为他们盛极一时的相遇，而是因为他们在几十年的历史中，先后呕心沥血于南开史学。梁启超曾有诗云："十年之后当思我，海天寥廓立多时。"南开史学四大宗师的桂冠，未尝不可以看作是对他们的追认与怀念。

梁启超、蒋廷黻是南开史学奠基时代的两位学术大师。与蒋廷黻相比，梁启超与南开结缘更早。早在 1915 年前后，梁启超渐生摒弃政治之心，而欲用其所长致力于学术研究。因嫌"京师太嚣杂"，遂定居天津，在"饮冰室"中专心于"不朽之盛事"。当时，天津乃是中国近代新式教育的中心，梁启超早已风闻南开学校的盛名。而南开学校的两位创始人严修、张伯苓对这位百科全书式的人物也是心仪已久。1915 年 1 月 30 日，严修"约梁任公与伯苓相聚于醒春居"，梁启超在相见时将其所著《欧洲战役史》相赠。严修、张伯苓与梁启超约定赴南开参观讲演，不料却因袁世凯称帝、张勋复辟之事而搁浅。两年之后的 1917 年 1 月 31 日，梁启超终于如愿履约。在参观完南开学校后，梁启超于全校师生大会上发表演说。在演说中，他称赞南开学校："使全国学校能悉如南开之负盛名，则诚中国前途之大幸。"又勉励南开学生磨炼脑力、坚定意志、开倡新风气。即将毕业的周恩来怀着景仰的心情聆听了演说，并做了详细的笔录。

1919 年，张伯苓与严修在赴美考察美国大学制度之后，"壮游归来，即着手增设大学"。南开大学建校伊始，设有文、理、商三科，为了扩充文科的学术实力，张伯苓想到延请寓居天津的梁启超来南开大学讲学。而梁启超也对新生的南开大学期望极高。在 1921 年的南开大学开学仪式上，梁启超应邀而至，并有感而发："我们要希望大学能办得欧美那样好，能发扬中国固有的学术，不能不瞩望于私立的南开大学了。南开师生有负这种责任的义务，如是南开大学不独为中国未来私立大学之母，亦将为中国全国大学之母。"①

1921 年 9 月，梁启超正式接受张伯苓的邀请，在南开大学讲授"中国文化史"。这门课程成为南开全校学生的必修课。每周一、三、五下午四时至六时举行，后来每周又增加二课时。由于梁启超学识过人而又文采飞扬，每次讲授，听讲者多达数百人，天津各学校的教员、学生争相赶来旁听，成为天津文化界一大盛事。学期结束之后，梁启超将"中国文化史"的讲义整理定名为《中国历史研究法》，由上海商务印书馆于 1922 年 1 月出版。

1922 年、1923 年暑假，1924 年春天，梁启超还先后讲学于南开大学。他利用自己在国内外文化界的巨大影响，邀请国外著名学者如罗素（Bertrand Arthur William Russell）、泰戈尔等以及国内学界名流张君劢、梁漱溟、张东荪人等来南开大学讲学。

应该说，南开史学是幸运的，在其滥觞时期，就得到一代宗师梁启超的关爱。梁启超讲授"中国文化史"之时，南开大学尚没有建立历史学系。1923 年，蒋廷黻受张伯苓之邀，来南开大学任教，正式创建历史系并任历史系主任。南开史学迎来了另一位大师级的学者。

蒋廷黻，湖南邵阳人，1895 年出生于一个薄有田产的农家。1912 年，蒋廷黻只身留美，先获俄亥俄州奥伯林学院文学学士学位，尔后，又于 1919 年夏入哥伦比亚大学研究院，师从著名的政治社会史学者卡尔顿·海斯（Carlton J. H. Hayes）教授，专攻历史。1923 年，他在获得博士学位之后，旋即归国任教于南开大学。

从 1923 年至 1929 年，蒋廷黻一直致力于创办南开大学历史系。这期间无论是对蒋廷黻个人的学术研究，还是对南开史学的开创、发展，都是至关重要的。一方面，蒋廷黻在南开大学历史学系第一次比较系统地建构了西方现代高等史学的课程体系，为全国各大学历史系率先垂范。他所主持开设的课程计有：西洋通史、一百五十年来之欧洲、英吉利通史、美利坚合众国通史、近世欧洲经济史、欧洲文艺复兴及宗教改革史等。在这些课程中，蒋廷黻将西方史学研究的最新方法和研究成果引入了南开，乃至中国。与传统史学的治史方法不同，蒋廷黻还特别强调口述历史与社会调查的重要性。为此，

① 王彦力：《张伯苓与南开天津历史名校个案研究》，南开大学出版社 2015 年版，第 130 页。

他经常亲自带领学生去调查八里台村的村史和裕源纱厂工人生活史。他要学生深入纱厂，了解工人的生活、家庭、工资、工作时间、受教育情况、卫生状况、娱乐活动、年龄状况和死亡率等，并将所调查的结果用于历史研究，还将研究成果登诸报端以贡献于社会。蒋廷黻所开创的田野调查的研究方法，成为南开史学延续至今的一个重要学术传统。

另一方面，南开任教经历也基本上奠定了蒋廷黻日后的治学方向和发展道路。20 世纪 20 年代前后，中国近代外交史的研究者盖寡，蒋廷黻敏锐地注意到这一近乎空白的学术领域的重要研究价值，因此决心开拓出中国近代外交史的研究领域。教学之余，他花费了大量的心血，搜集中国近代外交史的原始资料。经过多年的努力，他终于用现代历史研究法编辑整理了《中国近代外交史资料辑要》，为日后中国近代外交史的研究奠定了重要资料基础。因此，他被公认为"中国近代外交史的拓荒者"。

1929 年，蒋廷黻转任清华大学历史系主任。1935 年，他步入政坛，直到1965 年病逝于美国纽约。蒋廷黻七十年亦学亦官，既编写出《近代中国外交史资料辑要》《中国近代史》《最近三百年东北外患史》等学术名著，也做过国民党南京政府行政院政务处长、驻苏联大使等。然而，执教南开大学历史系的六年，则是蒋廷黻一生中专心于教育与学术的一段美好时光。

如果说梁启超、蒋廷黻是南开史学的奠基者，那么郑天挺、雷海宗则是南开史学的光大者。1952 年，全国高等院校院系大调整，南开大学历史系迎来了郑天挺、雷海宗两位学术大师。一时间众史家如吴廷璆、谢国桢、王玉哲、杨志玖、杨翼骧等云集而景从，从而奠定了南开大学历史学为海内外史学研究重镇的地位。

郑天挺，字毅生，福建长乐人。1917 年入北京大学国文系，20 世纪 30年代，历任北京大学中文系副教授、教授。1937 年抗日战争全面爆发之后，清华、北大、南开三校南迁，组成举世闻名的西南联大。作为西南联大的著名历史教授，郑天挺已与南开史学结缘，再加上他还是西南联大的总务长，更为南开学子所熟知。1952 年院系调整，身为北大历史系主任的郑天挺来到南开大学，在南开园度过了令人难以忘怀的三十年。

郑天挺的学术领域为中国史，犹以明清史最为专长。他的治学理路精于钩陈考证，往往能于细微处洞见大问题，《探微集》与《清代简史》即是他的代表作。早在 20 世纪三四十年代，郑天挺就在明清史研究中取得骄人成就，相继写出《清世祖入关前章奏程式》《墨勒根王》《多尔衮与九王爷》《多尔衮称皇父之臆测》《满洲入关前后几种礼俗之变迁》《清代皇室之氏族与血系》

《清代包衣制度与宦官》《清史语解》等重要论文，奠定了其在清史研究领域中的重要地位。1946 年，郑天挺将自己十数年来清史研究论文汇为专集题名《清史探微》出版。1952 年来南开大学之后，郑天挺取得了多方面的学术成就。其一是撰写并发表十数篇学术论文，其中《清入关前满洲族的社会性质》《关于徐一夔〈织工对〉》等，带动了南开大学史学研究的进一步深入；其二是应邀标校《明史》，对《明史》成书后二百余年的流传和研究情况进行了全面系统的归纳和总结。1956 年 6 月的全国教材会议，郑天挺代表南开大学出席。由郑天挺和唐长孺共同拟定的《中国古代史教学大纲》，为全国高校普遍采用。1961 年 3 月，教育部文科教材会议又决定由翦伯赞、郑天挺共同主编《中国通史参考资料》，由郑天挺主编《史学名著选读》，以供大学本科生阅读参考之用。郑天挺所主编的这些教材对此后中国史学界的后进研究者产生了深远影响，至今，《中国通史参考资料》仍然是诸多高校历史学的必读教材。

除了学术成就的高山仰止之外，郑天挺还有卓越的领导才能。说到南开史学的整体优势，郑天挺当年远见卓识的学科规划，厥有殊功。到南开大学之后，郑天挺首先努力抓好教学。他要求教师上课，必须按教研室集体讨论的教学大纲讲授。讲课前，必须写成讲稿并在教研室内试讲，由教研室共同修改，然后才能正式讲课。郑天挺还经常听课，对教师不时加以指导。在他的引导之下，南开史学的教育质量得到极大的提升。作为历史系主任，郑天挺还为南开史学学术研究作了通盘的规划，先后筹建了明清史研究室和历史研究所。

十年动乱结束之后，年逾古稀的郑天挺继续为南开史学耕耘不已。1979 年，他接受教育部委托，在全国高校招收进修教师十余人，举办明清史进修班。他以八旬高龄，亲自授课，讲授清史概论、清代制度等课程。与此同时，他应邀主编《中国历史大辞典》，组织编修《明清史资料》《清史》等书。1980 年 8 月，在郑天挺的主持下，首届国际明清史学术讨论会在南开大学召开。来自中国、美国、日本、澳大利亚、瑞士、联邦德国、民主德国等多个国家和地区的一百多位明清史专家共聚南开园，就明清史问题进行探讨，堪称一次空前的国际学术盛会。

1981 年 12 月 20 日，郑天挺病逝津门，人们仍然念念不忘他对南开史学所做出的卓越贡献。正是他三十年来的筚路蓝缕，将南开史学打造成海内外史学研究重镇。

雷海宗，字伯伦，河北省永清县人。他 1919 年在清华学堂学习，1922

年公费留美，入芝加哥大学主修历史，副修哲学，1927 年获得博士学位回国。1932 年之后，他历任清华大学及西南联大教授、历史系主任和文学院代理院长。1952 年，雷海宗调入南开大学历史学系，出任历史系世界史教研室主任。或许是天佑南开史学，在这次全国院系调整中，南开大学竟然同时迎来了他和郑天挺两位史学大师。

雷海宗在学术上追求的是中西兼修、贯通古今的治史之道。他的著作往往给人以思考的美和历史哲学高度的恢宏之感。雷海宗留学芝加哥大学时学习的是世界历史，回国之后受到某些人的质疑，认为他对中国历史的研究能力不足。雷海宗受此刺激，遂奋而钻研中国历史，却不想从此奠定学贯中西的大史学家的基础。雷海宗一生的史学著述诸如《中国通史》《西洋通史》《中国的文化与中国的兵》《历史的形态与例证》《殷周年代考》等，皆是充满真知灼见的学术精品。或是充满哲学式的睿智思考，或是发前人所未发之论，至今读来仍令人服膺不已。雷海宗之所以被称为学术大师，就在于他的文章能经受时间的检验而光芒四射。

1957 年全国反右派运动开始，雷海宗在康生所主持的会议上，说出惊天之语："马克思主义在 1895 年就停滞了。"雷海宗的这一席话并无恶意，只是以史家如炬的眼光道破了马克思主义的过于僵化与教条化。然而，雷海宗的"胆大"触及禁区。听完雷海宗这一席话，康生就放言雷先生必须定为右派。雷海宗最终被戴上右派的帽子，后于 1962 年 12 月撒手人寰。

许多年过去了，雷海宗先是被遗忘，尔后又随着政治环境的变化而被重新记起。雷海宗的在天之灵看不到人世间的这些变化。一个历史学家的悲哀在于，他能评点过往的岁月光阴，不论古今中外，却唯独看不到后人对自己的论说。斯人已逝，斯业尚在。身为南开百年来史学四大宗师，雷海宗不仅学贯中西，而且更有一份独特的精神魅力。最好的追念不是去廉价地讴歌和赞扬，而是默默地把先贤往哲的未竟之业继承下来和发扬光大，造福群伦，惠及后人。

南开哲学先贤

历经百年风雨变迁的南开大学哲学系似乎从来不缺少大师，他们或崭露头角之时来到南开，将青涩华年留给了南开；或学术鼎盛之时来到南开，以深厚积淀为南开的辉煌建功立业。

国学大师汤用彤

汤用彤（1893—1964）来南开大学时，年方 33 岁，正是意气风发、风华正茂。其时，南开大学成立不久，校长张伯苓和大学部主任凌冰正在海内外延揽人才，尤其注意学有所成的归国新秀。归国不久且小有成就的哈佛大学高材生汤用彤亦在延揽之列。1926 年，汤用彤正式接受聘请，担任南开大学文科哲学系教授、系主任。朝气蓬勃的青年遇上蒸蒸日上的学府，无疑是一个相得益彰的组合，未来的大师在南开成长，南开也因大师而生辉。

汤用彤来南开时是被寄予厚望的，初到便被委以重任。在现存南开大学《文科课程纲要（1925—1926）》中，可以看出，有关哲学的主要课程大都由他亲自讲授，其中包括逻辑学（形式伦理学）、西洋哲学史、现今哲学、印度哲学史、实用主义、社会学纲要。

汤用彤与日俱增的学术造诣和成就为其赢得了南开大学师生的推崇与尊重。当时，南开大学借鉴国际国内著名大学的办学经验，非常重视教师和学生的科学研究，为此成立了专门委员会，经常邀请校外著名学者来校公开讲演。在哲学社会科学方面，如胡适、李大钊、马寅初、梁启超、范文澜、陶行知、贺麟等都曾先后在南开大学演讲。汤用彤亦作过"气候与社会之影响"的讲座。20 世纪 20 年代后期，南开学生学术刊物《南开大学周刊》，还特邀请他和范文澜、蒋廷黻、黄钰生等教授担任顾问。

1927 年 5 月，汤用彤离开南开大学，赴中央大学哲学系任职。离校前，南开大学师生为他举行欢送会，充满惜别之情。然而，汤用彤与南开大学的缘分并未因此而终结，在艰苦卓绝的抗战时期，汤用彤先后担任西南联大哲学系主任和文学院院长等职，又同南开师生在一起，对南开大学哲学系的建设、发展做出了不可磨灭的贡献。

正如西方哲学的创始人泰勒斯所说，哲学的意义在于"不将自己交给一个简单的信仰，而是不间断地探索本原"，汤用彤一生都在为此而努力。其学术探索主要集中在印度哲学、中国佛教和魏晋玄学等领域，而尤以中国佛教史的学术成就最为突出。有位西哲曾云："哲学是历史的综合，历史是哲学的分解。"汤用彤在《汉魏两晋南北朝佛教史》的跋中自云："十余年来，教学南北，常以中国佛教史授学者，讲义积年，汇成卷帙。"业精于勤，他每次讲课都要对原有讲义做出修改。从20年代初开始撰写讲稿，到20年代末完成初稿，再到30年代又对讲稿进行了一次全部修改和补充，然后再花费近四年的时间才完成。其原因正如他对钱穆先生所说，总是心感不满。直到七七事变，由于担心手稿遗失，才考虑将其中一部交付出版。因此该书于1938年交由商务印书馆印行。这部著作，开辟了中国佛教史研究的新纪元，受到学术界的广泛称赞。胡适在校阅该书稿本第一册时，称赞此书极好，"锡予（用彤）训练极精，工具也好，方法又细密，故此书为最有权威之作"。抗战期间，此书与陈寅恪的《唐代政治史述论稿》同获教育部学术研究评奖哲学类一等奖。

季羡林曾说，现代中国的几位国学大师，凡是既能熔铸古今，又能会通中西的，有章太炎、梁启超、王国维、陈寅恪、陈垣、胡适等，"我认为汤用彤（锡予）先生就属于这一些国学大师之列，这实际上是国内外学者之公言，决非我一人之私言"。南开出此大师实在有幸！

良师楷模冯文潜

在汤用彤离开南开大学后，1930年，南开又从中央大学迎来了一位新教授，那就是冯文潜（1896—1963）。这可是位老南开，1912年考入天津南开中学，1915年毕业，为该校第七届毕业生，1915—1917年在南开学校高等班学习。那段在南开的日子，对于冯文潜来说，一定是受益匪浅的。日新月异的南开不仅仅为其带来新知识、新思潮的启迪，也塑造了其慎思明辨、养心节欲的品格。他在日记里写道："一人作一件事只有问所行合乎义礼否，名在所不及。及名斯下矣。斯为名而作非为事也，是即谓名之奴。趋人至此者莫过于学校之考试"。[①]

这样的自律与自省支撑了冯文潜的一生。从青年时留学海外到后半生献身南开教育，从诲人不倦的讲书生涯到潜心钻研的学术研究，冯文潜一直恪守着这样的箴言，鼓励和鞭策自己。

1917 年冯文潜赴美留学，入衣阿华州著名的葛林乃尔学院（Grinnell College）主修哲学，副修历史，获学士学位。1920—1922 年间，他在芝加哥大学研究院深造。1922 年 5 月冯文潜与同学挚友孔文卿赴德，在柏林大学研究院攻读哲学和历史，于 1928 年 4 月学成归国。在海外长达 11 年的求学经历，使冯文潜精通英、德两国语言，在古希腊哲学、德国古典哲学、美学史等方面均有颇深的造诣。归国后，冯文潜投身教育事业，历任南京中央大学讲师、副教授（1929 年至 1930 年）；南开大学哲学系教授（1930 年至 1937年）；西南联大哲学系教授（1937 年至 1945 年）兼代系主任；南开大学哲学系教授兼系主任、文学院院长（1946 年至 1952 年）；外文系教授兼图书馆长、天津市历史博物馆馆长（1952 年至 1963 年）。可以说冯文潜将一生都献给了南开，为南开的发展做出了不可磨灭的贡献。

人们可以思考上帝，可以思考世界，人们也可以将思想的线索系于自身的存在。冯文潜就是在不断的自省中认识世界，同时把叔本华（Arthur Schopenhauer）、尼采（Friedrich Wilhelm Nietzsche）等大师的意志论与自己的心性修养结合起来。"一生的事什么叫晚？耳聪目明，心境活泼。什么是老？滴一点汗，得一粒珠，何事来不及？没回感尔感何自来？只要做便有成。"[②]他把主观能动性的发挥落实到"作""行"，这也注定了冯文潜必将成为言行一致、身体力行的实干家。特别是在抗日战争中后期，冯文潜的注意力逐渐转向学科建设和学校建设。1942 年与黄钰生、陶云逵、黎国彬等人筹备创立了南开大学文学院边疆人文研究室。与此同时，他还以饱满的热情投入南开大学文学院的重建工作，为延揽人才、添置图书设备、组织搬迁而奔波操劳。到 1947 年底，文学院已初具规模，设中文、外文、历史、哲学四系，共有教师 47 人，其中教授、副教授 21 人，其中如卞之琳、李广田等均为一时之选。学生达 169 人，开设课程 65 门。

冯文潜一贯蔑视那些沽名钓誉的行为，自己也从未有求名求利之心。但是，他事必躬亲、诲人不倦的良师风范和学贯中西、博古通今的学术造诣无

---

① 冯承柏：《冯承柏文集》（上），南开大学出版社 2009 年版，第 402 页。

② 冯承柏：《冯承柏文集》（上），南开大学出版社 2009 年版，第 403—404 页。

意中为其赢得了声誉和爱戴。从冯文潜过世之后一篇篇由学生或同事撰写的感人至深的纪念文章中，便能看到这一点。

一位曾就读于西南联大的同学回忆起当时担任文学院哲学系的院长和系主任时，有这样一段描述："汤用彤先生矮矮胖胖，一头极短的银发，是佛学专家；冯友兰先生留着一头浓黑的头发，大胡子，长袍马褂，手上包书的是一块印有太极八卦的蓝布；冯文潜先生瘦瘦小小，留着垂到脑后的灰发，很像一位慈祥的老太太。当他们三个人走在一起时，我们做学生的，就戏称他们是一僧、一道、一尼。"① 戏称归戏称，学生对治学严谨、要求严格的冯文潜还是有几分敬畏之情的。

> 联大学生必修的一课是"西洋哲学史"，一直由冯文潜先生主讲。他讲课非常认真负责，把每个哲学家的主要思想都讲得条理清晰，深入浅出。除了课堂讲授，他还指定我们要读一本英文的《哲学史》教本，写读书笔记，定期交给他。他不但在理论上指出欠缺，纠正英文文法错误，还要我们分别去他家讨论这些问题。这样的教学方法有点像中国传统的学院学习法，在当时已经少见。②

1952年，冯文潜转任南开大学图书馆长。他克服了当时存在的经费拮据、人力不足、管理混乱等困难，夜以继日地工作。从图书收集、采购到采编、排卡、上架、借阅，甚至是书库的卫生工作，他都事必躬亲，为南开大学图书馆发挥应有的作用奠定了基础。

1963年4月30日，冯文潜逝世。人们给予这位兢兢业业为南开奉献了33年心血和聪明智慧的老南开人以极高的评价："持真理勇往直前，百炼成钢，对人民深化忠荩；为工作鞠躬尽瘁，一心向党，给师生永树风规。"

成就逻辑之美的温公颐

1959年冬，南开大学有幸迎来了中国当代著名哲学家、逻辑学家和教育家温公颐（1904—1996），由他主持重建1952年院校调整时被撤并的哲学系。此时先生已年过半百，但对一个学者来说，这是一个极有生命力、创造力的

---

① 杨虎、严敏杰：《微说北大》，现代出版社2016年版，第150页。
② 参见汪子嵩：《中西哲学的交会——漫忆西南联大哲学系的教授》，《读书》，1999年第9期。

年龄，学术造诣日渐精深，而精力依然充沛。

众所周知，温公颐到南开之前，已在国内学界享有很高的声誉。1937 年，温公颐先生编著出版了《哲学概论》和《道德学》两书，均被收录于当时商务印书馆主编的"大学丛书"之中，后又在台湾等地多次再版。这两本书向读者展现了玄妙的哲学世界，从中国哲学中的"道"到西方哲学中的"本质""上帝"，无一不是哲学家终身研索的对象。1949 年以后，温公颐学术研究的中心转向了逻辑学领域，编著了《逻辑学》一书。该书 1958 年由高等教育出版社出版后，被多所院校用作教材并数次再版，受到学术界的广泛好评。数十年后人们仍高度评述道：温公颐先生著的《逻辑学》一书，无论从体系上，或是从理论的阐述方面都是比较完整、稳妥的。

来到南开大学后，温公颐的学术研究事业进入了鼎盛时期，尤以逻辑学方面的成就最为突出。在中国源远流长的哲学门类中，他发现了逻辑之美，那些参透了智者理性之光的典籍成为他潜心研读的宝物。他凭借自己学贯中西、博通古今和数十年讲授与研究逻辑学、中国哲学史积累的深厚学术功力，撰写出版了《先秦逻辑史》《中国中古逻辑史》《中国近古逻辑史》和《中国逻辑史教程》等学术著作和教材，在国内中国逻辑史研究领域产生了广泛而深刻的影响，书中提出的许多理论问题，引起了学术界的热烈讨论和进一步的探索，在海外也颇有影响。然而，温公颐的病残之躯（左眼在"文革"中受害致残，右眼高度近视，又患有帕金森氏症，双手不停地抖动）为其钻研学术带来了很大的不便，而且随着年纪的增大，他的身体也是每况愈下。1982年，他在一篇自传中写道："我已经 78 岁，精力远不如前……《中国逻辑史》预计全书在 80 万字以上。这也许是我最后一部著作。'春蚕到死丝方尽'，我愿以耄耋之年，继续写作，直到最后一刻为止。"

温公颐对南开大学哲学系的建设、发展也是功不可没。温公颐初到南开，看到校内既缺乏哲学专业的教师，又不具备建系的基本条件，深感责任重大。由于温公颐全身心地投入，很快，哲学专业在南开大学政治经济学系内建立起来并开始招生。1962 年，哲学系正式成立，温公颐担任系主任并兼任哲学史教研室主任。在此期间，他亲自主讲哲学原理、逻辑学和中国哲学史等课程，悉心培养了一大批优秀的青年老师，为哲学系以后的发展奠定了坚实的基础。进入 20 世纪 80 年代，温公颐在南开大学工作的重心转入培养研究生和学术研究方面。正是由于温公颐在指导研究生和学术理论研究方面取得出色成绩，南开大学逻辑学专业成为国内中国逻辑史研究的学术中心之一，成为国家逻辑学专业人才培养的基地。

　　温公颐在南开的晚年，如同绚丽夕阳的光辉，不仅让自己的生命绽放异彩，也使南开熠熠生辉。

　　正是由于先贤们的开创与发展，如今的南开大学哲学系，已是江山代有才人出，产生了诸如陈晏清、方克立、杨瑞森、崔清田、车铭舟、冒从虎、刘文英、封毓昌等一批在国内外享有盛名的哲学家。无论是过去，现在，还是将来，每一位南开人都志在创造出不愧于前辈、不愧对后人的辉煌业绩。

南开经济学开拓者

"文以治国，理以强国，商以富国"，张伯苓用精练的十二个字，概括了在南开大学设立文、理、商三科的目的和目标。而在商科基础上逐渐发展起来的经济学科，多年来一直承载着南开人的强国梦和富国梦。为了实现这共同的梦想，一代又一代的南开经济学人投身中国经济与社会的研究之中，留下一串串浸透汗水的开拓者的足迹。

何廉：钟情南开，创立经济研究所

1926 年 6 月中旬的一天，由温哥华驶往上海的"加拿大皇后号"抵达日本横滨。刚刚获得美国耶鲁大学经济学博士学位的何廉（1895—1975），接到了南开大学商学院的聘书，与此同时，他的手里还有另一份来自暨南大学的聘书。当时，南开大学创办仅仅七年，而且作为一所私立大学，办学经费并不充裕，因此教师的待遇相对于国内其他大学是比较低的。但是，何廉毅然决然地在日本神户上了岸，然后取道朝鲜，从中国东北直奔天津。他选择了南开。

放弃暨南大学丰厚的薪水来到南开大学，何廉自有他的理由。在他看来，严修与张伯苓是中国教育真正的希望。他们兴办教育使国家富强的不可动摇的决心和坚定不移的信念，他们对于新时代和新知识的深刻了解与兼收并蓄的胸怀，使得何廉对他们充满了敬意。而校园简朴、安定的气氛也使他很快沉浸到教学与研究的乐趣之中。

何廉在南开大学同时开设经济学、财政学、统计学、公司理财学四门课程。和其他教师一样，何廉将全部心血倾注到学生身上，把自己的住宅变成了他和助手的工作与生活的园地，全力以赴当好年轻一代的良师益友。

虽然已经在南开大学任教，但何廉的睿智与勤奋使他再一次成为各校争夺的对象。1927 年春末，北京大学社会学陶孟和教授邀请他担任"中华文化教育基金会"社会研究部的研究导师，其薪水是南开大学的两倍还多。但何廉的兴趣在于如何使教学与研究相辅相成，相得益彰，对一个独立研究机构的高级职务并无多大兴趣。他坚信研究工作会使教学生动活泼，而教学也会有益于研究工作的丰富多彩和不断深入；此外，当时中国正缺乏足够的训练有素的人才，当务之急应该是在大学实行教学与研究并举，使年轻人在学业和工作能力上都得到最好的训练。出于同样的考虑，何廉在1928年夏季，再一次回绝了中央研究院社会研究所的邀请。何廉似乎感受到张伯苓校长的诚意，认为南开大学比中华文化教育基金会和中央研究院更需要自己。

决心留在南开大学的何廉，不遗余力地贡献着自己的智慧。他向张伯苓提议在南开大学设立社会经济研究委员会，集中力量重点探讨和评价中国的社会、经济和工业中存在的实际问题。1927年，社会经济研究委员会成立，这便是后来在国内外享有盛誉的南开大学经济研究所的前身。

面对当时中国的经济研究存在着生搬硬套西方理论的现象，执掌社会经济研究委员会的何廉，率先提出经济研究要中国化、本土化。于是，一个有关"中国物价统计"的研究课题适时启动。可以说开展物价统计方面的研究，何廉是成竹在胸的。因为早在耶鲁大学读博士时，他就作为著名经济学家、数学指数理论创始人欧文·费暄（Irving Fisher）的得力助手，参加多项调查并编纂了《物价指数》全书。而现在，他要用自己在美国所学到的知识来复兴中国。

在翻阅了大量统计资料后，何廉惊奇地发现，作为华北工业中心的天津，竟然在物价指数研究方面是一片空白。不容迟疑，何廉决定着手编纂"天津物价和生活指数"。紧接着，一场深入市场和手工业者家庭的调查活动在1928年冬季迅速展开。

何廉原以为只要带着助手到市场问问商人，就可以收集到商品的价格了。但事实并非如此，对于商人之间在做生意时说的"行话"，何廉等人一窍不通。更糟糕的是，不同市场、不同商人使用的度量衡五花八门，许多零售商贩对销售商品的情况根本就不留账本。而且，访问对象对何廉他们的调查研究感到莫名其妙，甚至觉得荒唐可笑。这些都给物价指数的编订带来了极大困难。但是何廉并没有因此退却，而是雇用了学校里一位会讲商业"行话"的调查员林先生。在林先生的帮助下，他通过市场调查，最终获得了当时商品的批发价格和零售价格。

受到天津物价指数研究获得成功的鼓舞，何廉对探讨中国工业发展情况的兴趣愈加浓厚。从地毯工业开始，他带领研究人员陆续开展了包括棉纺、缫丝、地毯、针织、面粉和制鞋工业在内的研究，将中国重要的经济和金融统计数字一一呈现出来。这些研究成果最终以统计副刊的形式，刊登在了极具影响力的《大公报》上。而后来《经济周刊》《南开指数》的出版，更使社会各界人士对南开大学刮目相看。

出任经济学院院长之前，何廉就对北京、上海、南京等地高校的经济学教学做过详细考察，结果令人大失所望：这些大学居然连一门涉及中国经济发展、组织情况或有关中国农村经济的课程都没有。一些经济学教授虽然能够很好地讲授美国的都市财政，却对中国的县政府财政一无所知。课堂弥漫着一种脱离实际的矫揉造作的气氛。

1931年，作为南开大学经济学院的首任院长，何廉开始全面推动经济学教学的"中国化"，除了在选编教材和课程设置上贴近实际外，还大力强化"第二课堂"，使之成为整个教学改革的重头戏。那段时间，天津的工矿企业、银行店铺中总可以见到南开大学的学生，他们来往穿梭于城区，在观察和交谈中真切感受中国经济和社会的实情。而每次调查结束后，同学们都会兴奋不已地讲述自己的感受，完全成为课堂的主人。他们还经常进行激烈的辩论，并且提出了许多非常尖锐、贴近现实的问题。此时，何廉便巧妙地将讨论引向对中国经济问题的本质思考。于是，教学与研究并重得到了完美体现。"第二课堂"点燃了同学们研究中国经济问题的热情，他们自发组织了许多与经济学相关的社团活动，一时间，校园中随处可闻热烈讨论之声。而重视社会调查更成为南开大学优秀的学术传统。

随着对工业问题调查、研究的深入，何廉心中研究农村经济的念头越来越强烈。他认为"中国的经济基础大部分建筑在农业上面"；中国经济建设或复兴的问题，首先是设法增进农业生产、复兴农村。于是，乡村经济成为南开大学在20世纪30年代初的研究重点。当这些有助于国人全面了解农村生活和组织的研究成果发表后，再一次引起了社会各界人士的高度关注，何廉也因此被誉为中国最早重视农业的经济学家。不仅如此，他与马寅初、刘大钧、方显廷并称民国时期四大经济学家。民国时期，在四位顶尖经济学家中，南开大学就占了两位。

方显廷：从学徒工到南开教授

方显廷（1903—1985），出生于浙江宁波的一个珠宝手艺人家。1910年，由于父亲的去世，方显廷不得不步入社会，做起了学徒工。1917 年，方显廷在上海厚生纱厂当学徒，受到厂长穆藕初的赏识，获得资助到南洋模范高中读书。1921 年，方显廷又在穆藕初的资助下赴美国威斯康星大学留学。1922 年初，他转至纽约大学深造。在美国，他用三年的时间修完预科及商学院经济系全部课程。1923 年至 1924 年间，穆藕初因为投资损失巨大，不得不中止对方显廷的资助。方显廷咬紧牙关，半工半读，在 1924 年终于获得经济学学士学位。后来，他进入著名学府——耶鲁大学攻读经济学博士学位。4 年后，得到学位。

1928 年，刚刚回到祖国、正踌躇满志的方显廷，在上海每月收入高达 600 银元。可是，方显廷在见到何廉教授之后，做出了重要抉择——愿为教育工作尽我之所学，而不是在政府和商业圈子里消磨今生。何廉态度诚恳地邀请他到南开大学来培养中国自己的经济学者。方显廷毅然舍弃了丰厚的收入，北上天津。他在辞职书里写道："作为去国七载刚刚归来的游子，请给我机会首先通过教学和研究，来了解故乡的现状，以便日后能对我的国家做些更为有益工作。"

1929 年，他出任南开大学社会经济研究委员会研究主任兼文学院经济系经济史教授。他与何廉教授配合默契，不管教学还是科研，相得益彰。1931 年后，南开大学社会经济研究委员会更名为经济研究所。在方显廷等人的共同努力下，该所很快就闻名遐迩，成为中国 20 世纪三四十年代经济学研究的重要基地，并为中国现代经济学发展做出重要贡献。

来到南开大学之后不久，方显廷便开始着手进行天津工业的调查与研究。他甚至因此放弃了新婚假期。婚后次日一大早，他便直奔办公室，赶写天津地毯工业的调查报告。此外，他还放下"洋博士"的架子，亲自走进工厂、作坊，向从业者，特别是工人展开调查访问，了解各工业门类发展演变的历史，生产过程，设备与技术情况，厂房和工人的生产、生活状况，生产组织管理，各项规章制度等，获得了大量翔实的原始资料。然后，他对这些资料进行集中整理，认真分析研究，撰写出了《天津地毯工业》。

从 1929 年到 1937 年，方显廷足迹遍及天津、河北、山东等地的众多工厂、作坊，涉及地毯业、棉纺织业、棉花运销业、制鞋业、粮食及磨坊业等。值得称道的是，方显廷根据大量的实地考察资料和已有的文献资料，对照英国 19 世纪经济的发展状况，对中国近代经济问题进行了深入认真的分析、研究，完成一批极具影响力的学术论著，如 1929 年的《天津地毯工业》、1931 年的《天津针织工业》、1933 年的《中国之乡村工业》、1934 年的《中国之粮食业绩磨坊业》等。许多国际闻名的图书馆都比较全面地收藏了方显廷的研究著作，显示出对其研究及其学术成果的高度重视。同时，作为近代中国经济发展变化最直接的研究成果和讯息源，方显廷的学术成果也为中外经济学界研究中国经济发展史、思想史，留下了十分难得的珍贵资料。

此外，方显廷还负责主编经济研究所出版的各种中英文版期刊，如《南开统计周刊》《南开社会经济季刊》《政治经济学报》等。1933年，《大公报》开辟《经济》周刊专栏，每星期一出版，主要发表方显廷等经济学家的研究成果。方显廷于1934年3月30日所做的题为《中国合作运动之鸟瞰》的演讲，重点阐述了合作运动的意义，不久便在《经济》周刊上发表。1936年以后，他在《大公报》以及《星期论文》专栏上先后发表了《华北经济之重要及其前途》《政治统一与工业化》《十年来之中国建设》《人口过剩与工业化》《中日"提携"之途径》等文章，参加《大公报》举办的经济社评委员会。1937年，他辗转到了长沙，安排南开大学南迁各项事宜，任长沙临时大学图书设计委员会委员、课程委员会委员。后来，方显廷把南开大学经济研究所安排在重庆沙坪坝南开中学校内。1938年，他将南开大学经济研究所历年在《大公报》专刊《经济》周刊上面发表的文章编辑成《中国经济研究》，分上下两册出版。

刚来南开大学时，方显廷主要是为经济系的本科生上课。在讲授近代欧洲经济史的课程时，他向学生们详尽讲解了西方经济史学、理论经济学和经济计量学等基本理论及其发展、变化，并用中西比较的方法阐发中国经济制度及其发展。这在20世纪20年代末30年代初的中国高等院校经济学教学中，无疑是一股清新的空气。年轻的学子们被方显廷博学而又精彩的讲授吸引了、陶醉了，就像是被引入一座全新的知识殿堂。在学生中，吴大业、陈振汉、冯华年、李锐等人后来都成为享誉中国的经济学家。

为了提高教育质量，培养更多的专业人才，方显廷还埋头编写教材、讲义。初来南开大学教书的时候，他一般都是采用欧美的英文原著，作为给学生们上课用的教材或者参考书。为了了解中国国情，力所能及地反映中国的实际情况，方显廷后来不辞辛劳，自己动手编写教材和讲义。他先后完成了欧洲经济史、经济地理、土地制度、农业合作、工业及劳工问题等多门课程的讲义。

1935年，南开大学经济研究所开始招收研究生，成为高等学校中唯一可以成批招收社会科学领域研究生的学校。研究生培养，主要通过所从事的华北乡村建设的工作实践与理论研究，培养土地制度与改革、农业合作、地方政府与财政管理的高级人才。抗日战争结束之后则根据形势发展的需要，转移到经济理论、经济史、金融与货币等方面。从 1935 年至 1946 年，除了 1937 年和 1946 年因为战乱和学校复员北返两度暂停招生以外，南开大学经济研究所先后在天津、昆明、重庆三地共招收了 11 届研究生，培养和造就出一批高级专业人才，许多人后来成为著名的经济学家。对于青年学生，方显廷总是关怀和爱护，谆谆善诱。不论哪位学生遇到困难，他都会毫不吝惜地解囊相助。1937 年，为感念恩师提掖资助、奖励青年，为国家、民族培养人才之义举，他与罗家伦、周炳琳等十名受过穆藕初资助出国深造的学子们商量，决定共同出资建立"穆藕初奖学金"，以奖励大学读书青年，作为穆藕初培植学子之永久纪念。

　　除了在科学研究和教学岗位上尽职敬业之外，方显廷还为南开大学的图书馆事业做出巨大的贡献。方显廷先生一生嗜书如命，凡见所需书刊资料，便爱不释手。来到南开大学经济研究所后，他把自己从生活费中节省下来的钱、在耶鲁大学买下的 4000 册图书全部捐献给了南开大学经济研究所的图书馆。南开大学校园惨遭日本侵略者炮火的轰炸和疯狂蹂躏之前，方显廷将经济研究所图书馆收藏的图书、手稿、文件等全部转移走，才免于一难，至今仍为浇灌中外学者和学生心田发挥着重要的作用。南开大学西徙重庆避难期间，凯恩斯（John Maynard Keynes）经济学说正在国外盛传。但是由于国内局势不稳，国外图书资料进口十分困难，致使南开大学经济研究所与国际上经济领域学术研究有所脱节，有关凯恩斯经济学说的研究资料尤其缺乏。对此，方显廷心急如焚，焦虑不安。1941 年夏天，他得到赴美国休假三年的机会。方显廷到达美国的第一件事，便是大量购买最新图书资料，同时还获得了美国国会图书馆捐赠的图书。他满怀欣喜地将这些无价之宝运往国内，运往学校。这其中就包括了凯恩斯、亚当·斯密（Adam Smith）和李嘉图（David Ricardo）等人的经济学经典名著。这部分图书至今仍是南开大学图书馆的珍贵收藏，承载着图书之外的历史记忆。

　　1946 年，方显廷担任设在上海的中国经济研究所执行所长。同年，胡政之在上海建立《大公报》总管理处，他任调查研究室经济组主任。1947 年，方显廷又参与恢复刊行《经济》周刊，续出 60 期，至 1948 年 12 月因《大公报》篇幅缩小而停刊。1947 年，他受聘在联合国亚洲及远东经济委员会工作，担任经济调查研究室主任，兼任《大公报》经济组主任。1968 年退休后任新加坡南洋大学教授。1971 年，以荣誉教授的身份从该校退休。1985 年 3 月 20 日，方显廷因病于日内瓦寓所逝世。

晚年，方显廷充满深情地回忆起他在南开的教学、研究经历："在南开的岁月是为事业奋斗的岁月，那是忙碌而又令人激动的岁月。在具有鼓舞人心领导艺术的张伯苓校长与何廉教授的带领下，建立起中国第一所进行经济研究和培育研究人才的学术机构，是我事业得到满足的源泉。那些年是我毕生事业最出成绩的岁月。"①他的这番话，也道出许多南开教授的心声。

陈序经：中国文化学的建立者

陈序经（1903—1967），字怀民，出生于海南省文昌县清澜港瑶岛村。他自幼就跟随经商的父亲陈继美到南洋游历。1925 年，陈序经进入美国伊利诺依大学的研究生院学习，主科是政治学，副科是社会学。陈序经常与在芝加哥大学读书的陈受颐讨论文化方面的问题，而陈受颐是陈序经在岭南附中编报刊时结识的，当时陈受颐任岭南大学《南风报》的编辑，后来成为陈序经的挚友。回国后，对文化问题的共同关注使他们在学术上建立了密切联系，并在中国文化现代化问题的探讨中达成某种共识。

读万卷书行万里路。陈序经没有放弃任何一个近距离观察美国社会的机会，曾利用假期参观了福特汽车厂，参观完工厂生产线后，还试坐了刚出厂的小汽车。西方的物质和精神文化强烈冲击着陈序经，迫使他试图从东西文化的差异中找到适合中国文化发展的道路。

陈序经仅仅用了一年的时间就读完硕士学位，紧接着又全力准备博士课程学习。到 1927 年春，他已经考完了包括口试在内的所有博士资格考试。同年 12 月，他写完了博士学位论文《现代主权论》。在这么短的时间里取得学位，陈序经的勤奋和刻苦是可想而知的。无论身处顺境还是逆境，他都用中国的古训来不断鞭策自己。可以说，中国传统文化中的价值观和道德观在他身上仍然发生着作用。

结束了在美国的留学生活之后，陈序经和陈受颐等人一同回国，并在陈受颐的建议和帮助下去岭南大学任教。可是，陈继美坚持陈序经应该再到英国、法国、德国等欧洲国家留学数年，以便获得对西洋文化更加全面的认识和了解。1929 年至 1931 年，陈序经先后在德国柏林大学、基尔大学留学，主要研究主权论，并在政治学、社会学和文化学理论方面进一步学习和研究。

---

① 龚克主编：《南开大学史话》，社会科学文献出版社 2016 年版，第 103 页。

为了提高学习质量，陈序经在加强英文的基础上，又学习了德文、法文和拉丁文。在留德期间，陈序经笔耕不辍，在大量收集资料的同时，也撰写了不少著作，如英文著作《新政治》，中文著作《孔夫子与孙先生——欧游杂感之一》《霍布金斯的社会学》等。

这一时期，陈序经学习和钻研的兴趣非常浓厚，阅读的范围也十分广泛。他大量阅读了欧洲社会主义学说的著作，对马克思、恩格斯等人的学说也有一定的了解。除了他主要研究的主权问题外，欧洲的哲学、文学、艺术等也是陈序经重点研究和思考的对象。他逐渐摸清了许多学科的建立基础和发展脉络，并开始构想如何在中国建立一门新的学科——文化学。为此，陈序经非常留心搜集有关文化问题的资料。"凡每有所得就做一记号，而由妻子用打字机打起来。"这些用心搜求的资料也为其日后开展学术研究打下了坚实的基础。在充分吸收这些资料基础上，他写成了《东西文化观》。这似乎是后来他撰写完成的 20 本约 200 万字的文化论丛书的最早提纲，而这些文化学论著也曾在相当长的历史时期内产生了较大的社会影响。

1928 年秋，陈序经首次使用了"文化学"一词。此后，他对文化的研究多从文化本身的基本原理出发，研究东西方文化，再从东西方文化渐及南北文化。在陈序经看来，"这是一种理论的研究，也是一种事实的解释。这是一个历史观，这也是一个世界观"。后来，陈序经还在西南联大开设了一门功课，名为文化学，而以此命名的课程在中国尚属首例。

在陈序经的大力倡导下，文化学作为一门独立的学科，逐渐在中国确立起来。而西方有关文化的理论进入研究者的视野及其与中国本土研究的结合，不仅提高了国内学术研究的理论水平，而且推动了学界对文化问题广泛、持续的研究。更重要的是，学术研究领域内这一崭新局面的出现，也使文化问题成为社会各界普遍关注和讨论的内容。

作为一个青年学者，陈序经真正引起学界注意的是提出了"全盘西化论"。1933 年 12 月 29 日，陈序经在中山大学发表题为《中国文化之出路》的演讲。他运用西方人类学、社会学和文化学的理论，系统阐述了关于文化的一些思想观念，并且批判了复古派和折中派在东西文化问题上的观点，进而明确指出中国文化的出路在于全盘西化。这篇演讲很快在 1934 年 1 月 15 日出版的广州《民国日报》的"现代青年栏"上刊出，并引发了广东乃至全国范围内关于中西文化的大论战。1934 年，商务印书馆出版了陈序经的《中国文化的出路》一书。该书是在其 1931 年发表的《东西文化观》一文的基础上扩充而成，并较多使用了"全盘西化"这一名词。①

《东西文化观》《中国文化的出路》等是陈序经有关西化论的最早著作，反映出他从文化学角度切入，研究现实问题的学术理念。他认为"中国问题，根本就是整个文化的问题"②，中国政治、经济、教育等方面的改革应该从文化着手。"救治中国目前的危亡，我们不得不要全盘西洋化。"③假使中国要做现代世界的国家，就应当彻底采纳而且必须全盘适应这个现代世界的文化。④陈序经所提出的"全盘西化论"，更多的是从学理层面对中国文化出路的深入思考。他列举了近代历史上的大量事实来论证中国全盘西化的理由：中国人无论在态度上还是事实上，都逐步趋向于全盘接受西洋文化；近代西洋文化是近代世界文化的发展趋向，而中国文化则落后于西方。需要指出的是，尽管东西文化不能完全用先进、落后截然两分的方式进行比较，而完全用西方进化论思想来分析中国问题也仍有值得商榷的地方，但是陈序经提出的"全盘西化论"是基于近代中国与外部世界强烈撞击的现实，以及希望国家强大的迫切心情，值得理解和引起思考。而陈序经最终强调的是，全盘西化在根本上是要把西洋创造文化的精神吸取过来。

文化整体论，可以说是陈序经"全盘西化"思想的理论基础之一。他把文化作为独立完整的系统来加以研究，为此而从政治、经济、教育、宗教，甚至民众生活等方面入手，对中西文化进行了分析比较。他对于南北文化的论述也成为其文化学系统的重要组成部分。1934 年 5 月，陈序经在《岭南学报》第 3 卷第 3 期上发表了题为《南北文化观》的文章，以一种整体的文化观，从文化性质而非地域划分的角度分析了南北文化各自的特征。就中国传统文化而言，陈序经认为空间意义上的南北文化实质上都是以儒家思想为代表的同质文化。然而，他又着重指出在近代中西文化交流的背景下，"南方是新文化的策源地，思想是最先进"⑤，一切吸收西方文化的新生事物都是从南方开始的。西洋文化的输入多在南方，而政治、教育、宗教文化的演进，

---

① 陈序经：《东西文化观》（二），杨深编《走出东方——陈序经文化论著辑要》，中国广播电视出版社 1995 年版，第 388 页。

② 陈序经：《对于一般怀疑全盘西化者的一个浅说》，杨深编《走出东方——陈序经文化论著辑要》，中国广播电视出版社 1995 年版，第 221 页。

③ 陈序经：《中国文化的出路》，杨深编《走出东方——陈序经文化论著辑要》，中国广播电视出版社 1995 年版，第 139 页。

④ 陈序经：《东西文化观》（下），杨深编《走出东方——陈序经文化论著辑要》，中国广播电视出版社 1995 年版，第 140 页。

⑤ 参见刘集林：《陈序经文化思想研究》，天津人民出版社 2003 年版，第 53 页。

也多以广州为起点。在近代中国学习西方的过程中，著名思想家如容闳、严复、康有为、梁启超、孙中山等人都和中国南方的时代环境有很密切的关系。①与传统色彩浓厚的北方文化相比，南方文化已经成为一种具有西方文化特征的新的文化。

从陈序经对东西文化的比较及其对中国文化的探讨中可以看出，他受到了西方进化论思想的影响，而这也与其留学期间接触和接受的西方学术传统有着十分密切的关系。但是，中国文化并不能完全套用西方的理论加以看待和分析，中国的文化现象往往隐含着深刻的社会历史因素，因此西方理论在中国化的过程中如何与中国文化实际更好地结合，也是陈序经等人一直苦苦思索的问题。

与前人相比，陈序经的"全盘西化"思想是建立在系统的理论基础之上，强调要从文化的整体，从物质和精神两方面，彻底西化。而这一思想的提出及反复论证，使陈序经及其有关文化的学术研究备受瞩目，陈序经作为文化学者的地位也逐渐在学术界得到确立。对于文化学，陈序经倾注了毕生心血，并不断回应人们对"全盘西化论"的质疑，其独立的学术品格和执着的治学精神，显示出一代学术大师的风范。

陈序经对中国文化学的建构是在不同层面上展开的，除了学科理论的宏观建构外，也十分重视吸收和运用实地调查的结果。西方人类学、社会学中的实证精神对他的影响也较为深刻，因而，陈序经不断把自己对中国文化的宏观思考付诸具体的实践。他认为，做学问最重要的是要做到"六到"。重视实地调查成为陈序经学术研究的一大特色，这也是他在文化学、社会学及历史学研究中所着重强调的。特别值得一提的是，陈序经十分关注下层民众的生活状态。他是以从下至上的视角来分析和解读中国文化形态的，既是对中国文化学研究的新的探索，也体现出对中国下层民众的文化关怀。

在岭南大学开始其教书生涯后不久，他就运用西方社会学的理论和方法，对沿海地区的水上人家——疍民的生活进行了深入的实地考察。据友人回忆："那时他从美国留学归来，在岭南大学任教，他注意到千千万万广东的水上人家——疍家的语言、风俗、习惯，有独特之处，于是经常到水上人家去访问。有时星期天，他雇艇游河与疍家闲话家常收集资料。又利用一个暑假时间，搭船到梧州，然后包租一艘帆船，放流下六州，预先又雇请了几个六七十岁

---

① 参见刘集林：《陈序经文化思想研究》，天津人民出版社 2003 年版，第 53 页。

的'疍家'，有男有女，随船同游，一路上谈了七八个昼夜。"①

他曾发起建立岭南社会调查所，主要是调查华南，尤其是广东疍民的情况。陈序经和伍岳麟等人认为"南中国社会调查工作实为尚未开辟之园地，而社会情形千变万化，转瞬便成陈迹，苟不详加调查，则重要材料自不免沉埋湮没"②。1931 年 6 月至次年 8 月，他们首先进行了沙南疍民的调查。陈序经除负责历史方面的资料搜集与研究外，还与伍岳麟共同主持了疍民的婚姻、礼俗、娱乐、宗教、家庭生活、道德观念等二十四个方面的调查。③实地调查运用了数据分析、口述记录等方法，在系统整理和仔细校勘历史文献的基础上，纠正了文本中的某些偏颇和错误之处，批驳了动辄便称"疍家贼""疍妇皆以卖淫为生"等带有歧视性的观点，使处于失语状态下的下层民众的生存状态和文化面貌得到较为完整的呈现。④

长期以来，人们对于处于社会底层的疍民缺乏应有的认识，存在着称疍民女性皆"卖淫为生"的说法。由于儿时的生活经历使得陈序经有机会接触和观察疍民女性，因此为了客观真实地揭示疍民女性的生存状态，他对疍民女性在社会和家庭中扮演的角色予以特别关注。陈序经通过访问和调查发现，绝大部分以船居方式进行卖淫活动的女性多为陆上女子而非疍妇，而少数从事娼业的疍妇也是由于生活贫困等社会现实原因不得已而为之。大量的事实表明，疍民女性在社会及家庭中与男性的地位权力并无高下之分。无论在家内还是家外，她们都承担了大量的工作。因此，学者们并不能套用传统的"男主外，女主内"的模式来分析疍民男性与女性的社会分工。可以说，陈序经通过对疍民女性的研究所得出的结论和阐发的观点，是对长期以来一直存在的关于传统女性生存方式的认知的一种挑战和修正，这其中也凝聚了陈序经高度的社会责任感和严肃认真的求学、治学态度。

在建立和发展中国文化学以及探索中国文化现代化的过程中，陈序经不仅在学术研究中有很多创见，而且他的文化观也渗透到教育理念中。甚至可以说，他的教育实践又丰富和发展了自己在文化学方面的理论思考和学术建树。早在 30 年代初，陈序经对教育理论和方法的研究就已经开始了。他所提出的主张还引发了一场关于教育问题的论争。针对当时"教育中国化和农村化"的言论，陈序经提出：所谓"新教育的中国化"，其实质是恢复旧教育的

---

① 黄克夫：《怀念陈序经先生》，陈其津：《我的父亲陈序经》，广东人民出版社 1999 年版，第 296 页。

② 王建民：《中国民族学史》（上），云南教育出版社 1997 年版，第 175 页。

③ 王建民：《中国民族学史》（上），云南教育出版社 1997 年版，第 175 页。

④ 参见陈序经：《疍民的研究》，商务印书馆 1946 年版。

复古主张，因此力主全盘采纳西方先进的新式教育。而陈序经最终所要驳斥的是有关中国国情不适合西化的言论，认定国情虽然可以包括气候、地理、物产、人种以及文化的情况，但根本上却只能说是文化方面。因此，他对教育问题的论述归根结底还是对于中国文化问题的思考，以及提出的解决方案。

陈序经指出，教育不只和文化有密切的关系，而且还受文化的支配。"全部的中国文化是要彻底的现代化的，而求其是全部的教育，是要现代化，而且要彻底的现代化……惟有现代化的教育，才能叫做活的教育。惟有现代化的教育，才能叫做生的教育。惟有现代化的教育，才能叫做新的教育。"①

陈序经反对 1932 年广州市教育专家提出的停办或减少文法科，多设职业学校的议案。他认为大学教育的目的是求知，是为学问而研究学问；职业教育的目的在求应用，因此任何一方都不能偏废。而法律、政治、经济学、社会学、哲学、文学等学科都是大学教育的重要组成部分，一所完备的大学首先应当有全面的学科建设。

1934 年 8 月，陈序经到南开大学经济研究所任教，次年出任研究主任，重点研究工业发展对社会及文化的影响。当时以农立国的观点颇为流行，但是陈序经认为许多提倡乡村建设运动的人并不是真正了解乡村的实际情况，对于乡村建设的理论和途径也没有科学的论证。在他看来，中国在经历了长久的战乱之苦后，所面临的最为迫切的问题是如何尽快恢复经济发展，摆脱贫穷落后的状况，而加快工业化是最有效的途径。这一主张不仅需要理论上的进一步阐释，还需要大量实际的例子来证明。从北方的高阳到南方的顺德，陈序经带领研究人员分区域展开了深入调查。他们要考察工业对社会或文化的影响程度究竟如此，再把工业发展的社会生活与固有的农村社会生活加以比较。1936 年 4 月，当其研究成果《乡村建设运动的将来》在《独立评论》上发表后，立刻引发一场有关乡村建设运动的大论战。陈序经以实地调查为基础的研究，也使学界以及全社会对中国的发展方式予以更多关注和深入思考。抗战时期，他在西南联合大学接受学校的聘任，在昆明承担商学院院长的重任，同时还担任已经迁到重庆的经济研究所的研究工作。

抗战胜利后，陈序经谢绝了北京大学的邀请，投身南开大学的重建工作。

---

① 陈序经：《教育的中国化和现代化》，杨深编：《走出东方——陈序经文化论著辑要》，中国广播电视出版社 1995 年版，第 212 页。

他说:"南开被炸得四壁全无,我有责任回去南开帮忙。"[①]正是由于他具有
这样的使命感和责任感,才会不辞辛劳,身兼南开大学教务长、经济研究所
所长、政治经济学院院长等职,不停地往返奔波于八里台、六里台和迪化道,
勤勤恳恳,兢兢业业。因为教务处在八里台办公,经济研究所设在六里台,
政治经济学院则在迪化道。除了处理好各项事务性工作之外,他每周还要教
授 9 个小时的课程。为此,他付出了很多。每天凌晨四点起床,开始学术研
究,到了上班时间,匆匆出门,开始忙碌的一天。他把自己读书的体会也用
到了校务上:口到、心到、耳到、眼到、手到、脚到。1948 年上半年,陈序
经结合经济研究所的课题,到泰国曼谷和马来西亚槟榔屿、吉隆坡、新加坡
等地考察。

1948 年 8 月,陈序经任岭南大学校长,其青年时代的教育理念和办学思
想得以付诸实践。陈序经的治校方针是教授治校,大力促进学术研究气氛。
他聘请了许多国内外的知名学者,如著名数学家姜立夫、历史学家陈寅恪、
语言学家王力、古文字学家容庚等一大批学术巨擘到岭南大学任教。陈序经
还十分重视聘用优秀的青年教师来壮大岭南大学的师资阵容,而这些青年教
师是否能被提升为教授,主要还是看他们的学识、贡献,而不只看他们是否
为留学生,是否毕业于什么名牌大学,或拿过什么高学位。[②]在陈序经的努
力下,一时间中国众多的学术大师和优秀学人云集岭南大学,其医学院、文
学院、理工学院、商学院等学科的实力大大增强,一些院系堪称国内一流,
岭南大学的学术地位得到进一步提升。

陈序经一贯强调:大学的发展应该注重将学术研究与社会文明、进步同
地域因素综合起来考虑。广州是重要的通商口岸,商业发达,因此,陈序经
注意发挥学校的地域优势,增设经济、商业管理、银行学等院系和研究机构;
开展中国与南洋的关系、中国与西方的关系等历史及文化方面的研究。而他
本人仍然坚持学术研究,并重视实地调查。他结合当地的地域特征,积极开
展对南方物产资源、农村社会经济、土地制度、物价、工商业等方面的调查
工作。而他在东南亚古史、南洋华侨史方面的独具特色的研究,也与他深入
南方少数民族和华南社会、开展田野调查有着直接的关系。陈序经这种严谨
朴实的治学态度为学术界树立了典范,其追求真知的治学理念更得到了学人
们的广泛尊重和推崇。

① 龚克主编:《南开大学史话》,社会科学文献出版社 2016 年版,第 105 页。
② 陈其津:《我的父亲陈序经》,广东人民出版社 1999 年版,第 175 页。

　　陈序经反复强调，大学既然是求知的地方，是做研究的地方，那么学术自由就显得非常重要。学术的发展，必须能够自由发表意见，自由讨论问题，以便产生新学理，发现新事物。因此，陈序经任岭南大学校长期间，一直坚持学术自由，而一大批极具个性和创造力的学者又使得该校的学术氛围更加活跃。于是，岭南大学不仅成为国内的一个学术重镇，在国际上也享有较高的声誉。此后，他还担任中山大学副校长、暨南大学校长。1964 年 8 月，陈序经任南开大学副校长，直至 1967 年 2 月 16 日因心脏病突发辞世。

　　无论在岭南大学、南开大学、西南联大、中山大学还是暨南大学，陈序经一生都致力于教育现代化的探索和实践。坚持中国要做现代世界的国家，中国文化要彻底地现代化，是他毕生恪守的信念。

鲍觉民：奉献南开六十载

　　20 世纪 30 年代，凭借着何廉等人多项具有开创性的研究，南开大学经济学院在国内经济学界声誉鹊起，但南开经济学科的进一步成长还需要更多的既全面掌握西方理论，又深刻体察中国现状的人加盟。1933 年 8 月，在经济地理学上颇有造诣、曾得到气象学家竺可桢器重的鲍觉民（1909—1994），站上了南开大学的讲台。谁也没有想到，他这一站就是六十年，直到逝世。

　　早在南京的中央大学地质地理学系读书时，鲍觉民就深感中国土地虽广阔，但丰富多样的地理资源并没有得到合理的开发和利用。从那时起，他便决心在经济地理学的研究道路上走下去。初到南开，鲍觉民的授课便受到学生和系主任何廉的一致好评，但他仍觉得自己急需充电。1937 年，鲍觉民考取庚子赔款留英公费生，赴伦敦大学政治经济学院深造，师从曾任国际地理联合会主席的著名地理学家斯坦普（Stamp Laurence Dudley）教授。1940 年，获得经济地理学博士的鲍觉民怀着满腔热忱回到中国后，却痛心地发现熟悉的南开大学校园已毁于日本侵华战争，但这更加坚定了他用科学救中国的决心。此时，地处昆明的西南联大向他发出了召唤，鲍觉民义无反顾奔向中国的西南部，和众多优秀学人一起以战斗的姿态展开研究和教学……

　　鲍觉民在西南联大期间是一位颇有名气的青年教授，与费孝通、戴世光、伍启元等被称为西南联大的少壮派。他们以笔为枪，联名写过三篇文章评论重庆政府的经济政策，揭露孔祥熙、陈果夫、陈立夫发国难财，提出要消除既得利益集团的权势。这三篇文章是 1942 年 5 月 17 日的《我们对当前物价问题的意见》、1944 年 5 月 16 日的《我们对于物价问题的再度呼吁》和 1945 年 5 月 20 日的《现阶段的物价及经济问题》。当《大公报》将这三篇文章刊出时，人们仿佛听到了沉闷空气中炸响的三声惊雷。此时的鲍觉民，将一腔爱国情化入了犀利的笔锋之中。

抗战胜利后，鲍觉民接受英国文化协会邀请，作为访问教授前往英国。英国人迫切想要知道中国战胜日本的原因，以及战后中国社会经济发展的新态势，而鲍觉民也迫不及待地要向他们展示全景式的中国。他用了四天时间从上海飞至伦敦，又马不停蹄地到伦敦、牛津、剑桥、曼彻斯特、伯明翰等 15 所大学进行演讲和座谈。曾经在英国留学的鲍觉民，十年之后终于登上了异国大学的讲台。鲍觉民不想给人留下一种印象，他是在讲述一个神话，他要让英国的学者们进一步认识真正的中国，了解真正的中国。鲍觉民不仅详细分析了中国取胜的原因，还做了关于中国土地利用和中国人口问题的专题讲座。他用短短九个月的时间，让英国人从这位饱含激情的学者身上，看到了一个正在崛起的中国。

经济地理是一门真正需要"脚踏实地"精神的学问，鲍觉民讲课之所以独具魅力，就是因为他几乎走遍全球，见多识广。早在受聘来南开大学工作之初，鲍觉民就利用每个星期日的上午，骑自行车考察天津的街区和城郊。年复一年，他对天津的大街小巷和周围村落都了然于胸，简直成了活地图。在此基础上，他对天津城市聚落的兴起和天津城市发展的研究日渐深入，成为研究天津地理的资深学者。

鲍觉民深深知道经济地理学对中国社会经济发展的重要性，因此利用一切可能的机会考察中国和世界其他地区的经济地理环境。他在伦敦大学的博士论文《中国运输地理》，就是在京沪、京广、陇海等铁路沿线考察的基础上完成的。1940 年鲍觉民回国时，欧洲战场激战正酣。即使在如此危险的情境下，他还是利用航线更改的机会，访问了几内亚、南非等地，最后从新建的滇缅公路回到昆明。这次历时两个多月，途经欧、亚、非三洲的旅程为其日后的研究与教学奠定了坚实的基础。

直到老年，鲍觉民的行走也没有停止。1970 年，年过花甲的鲍觉民依然同年轻人一起参加千里野营拉练，背着行李跋涉几个月。正是这种脚踏实地的执着的治学精神造就了他一生的成功。

改革开放后，已经在经济地理学的教育和研究中奋斗了 40 余年的鲍觉民，依然没有失去学术上的敏锐嗅觉，将目光瞄准了前景更加广阔的人文地理学。由于中国人文地理学领域有太多的空白需要填补，他经常忙得夜以继日：参加中国地理学会组织的人文地理学习班的讲授，出任人文地理学专业委员会主任，担任《人文地理》杂志主编，组织完成国家教委哲学博士点基金项目"人文地理学的理论与实践"，创办台湾经济研究所……85 岁高龄的他仍在家里给博士生上课，指导论文。虽然工作如此繁忙，但在旁人眼中，鲍觉民却永远是快乐着的。

从何廉到鲍觉民，开拓者的足迹见证了南开经济学科的成长。张纯明、李卓敏、林同济、袁贤能、吴大业、陈振汉、杨叔进、李锐、冯华德、杨敬年、傅筑夫、丁洪范、谷源田、钱荣堃、滕维藻等一代又一代中国经济学家将毕生心血倾注于中国经济的发展，用各自不同的方式展示出炽热的爱国心、智圆行方，践行了南开精神。

政治学双雄

早期的南开大学作为私立大学，由于经费有限，各方面发展都受到了极大的限制，但是它本着"贵精不贵多，重质不重量"的办学理念，经过长期努力，形成自己的鲜明特色。学校规模虽然一直比较小，但师资力量却很强。政治学系从建校之日起一直是文科的重点之一，历年来虽经多次科系变动，但以政治类课程为主的学系始终弦歌不辍，而且非常活跃，学术气氛颇为浓厚。许多有声于时的著名学者如余文灿、孙启濂、胡理（美籍）、徐谟、沈仲端、萧公权等曾先后执教该系，尤以徐谟（1893—1956）和萧公权（1897—1981）两位学者声名显赫。

学高乃为师

1922 年 7 月，获得美国华盛顿大学法学硕士学位的徐谟，回国受聘于南开大学，在政治系担任法学、政治学教授，开始了他一生中难忘的南开教授生涯。在南开大学政治系，徐谟先后开设了政治学概要、比较政体、政党概论、比较宪法、国际公法、中国外交史等课程，影响很大。

徐谟第一天上课的情景，令许多学生都无法忘记，现在回忆起来，还是饶有趣味的。上课铃声一响，只见一位身材瘦小的年轻学者走上了讲台。他皮肤白皙，额角方正，鼻梁挺直，身穿一套笔挺西装。他面带微笑，先是炯炯有神地向教室环视了一番，然后用洪亮的嗓音向学生们自我介绍："我叫徐谟，新来政治学系教书……"吐字干脆利落，言语间显露出一种不同寻常的高雅气质，举手投足中透着几分威严。

徐谟授课的时候，课堂气氛十分活跃。以往，政治学系的课程多数可用"枯燥、无味"等字眼加以形容，因此学生的"上座率"历来较低。但是徐谟到来以后，仿佛是施了什么魔法，使课堂迅速出现了另外一番景象。他口齿利落，特别讲究语言的运用和表达，通常是简洁明了地把一个个深奥难懂的政治学概念讲得清楚透彻。不仅如此，他还注意大量吸收和借鉴欧美最新科学资料和研究成果，有选择地在课堂上向同学们渗透新观念，拓宽了学生的视野。因此他的课总是节节爆满，学生们都以上他的课为乐事，认为徐教授的课既风趣幽默、寓教于乐，又内容丰富、令人回味无穷。

1926 年，徐谟因另有他就而离开南开大学。时任南开大学法学院院长的萧蘧遂推荐留美归国不久的萧公权接替徐谟。萧公权曾在回忆录《问学谏往录》中详细追述了自己在南开的教学岁月。1927 年春，萧公权携夫人离沪北上，来到了天津南开大学。初到南开，他负责讲授政治学概论、比较政府、法理学，三门课的学时均为一年，徐谟教完上学期后，萧公权负责下学期。第二年，他又讲授了中国政治思想、西洋政治思想、社会演化论三门课程。由于有些课程的内容未曾教过，因此他必须从头收集教材和组织讲稿。这样，萧公权虽然每星期授课时间仅为九小时，但备课时间却五倍于此。为此，萧公权常常伏案至子夜。然而，萧公权却谦虚地说："我向学生所讲不能说含有新知创见或高深学理，但自问还不至于捕风捉影，曲解臆说。"

萧公权对待教学的负责态度离不开南开同仁的感染。他来津任教时，正是南开大学的鼎盛时期。内有张伯苓、华午晴、孟琴襄、伉乃如等几位实干家的兢兢业业，外有严修、范静生、卢木斋等扶持者的鼎力相助，南开大学以"白手起家"的奇迹从华北群校中脱颖而出。学生们的专心向学、教员们的认真教学，使萧公权感到了勤勉追随的动力。为了不使学生失望，萧公权修业不倦，努力弥补学问漏洞，使自己在师生相磋中获得了进步。

至于萧公权的学术创新精神更是有目共睹的，特别表现在与胡适的争鸣上。胡适的"大胆假设，小心求证"，是近几十年来在海内外均产生较大影响的治学方法。这一方法虽屡遭批判，也多有善意的评述和补充。萧公权也对"大胆假设，小心求证"提出过自己的看法。他写道：胡适先生谈治学方法，曾提出"大胆假设，小心求证"的名言。我想在假设和求证之前还有一个"放眼看书"的阶段（"书"字应从广义，解作有关研究题目的事实、理论等的记载）。经过这一阶段工作之后，作者对于研究的对象才有所认识，从而提出合理的假设。有了假设，回过来向"放眼"看过，以至尚未看过的书中去"小心求证"。看书而不作假设，会犯"学而不思则罔"的错误。不多看书而大胆假设，更有"思而不学则殆"的危险。

萧公权还强调说："照我看来，不曾经由放眼看书，认清全面事实而建立的'假设'，只能是没有客观基础的偏见或错觉。从这样的假设去求证，愈小心，愈彻底，便愈危险。"显而易见，萧公权的意思是说，应先大量接触原始材料，在原始材料中探寻有规律性的东西，并加以论证，这样才能保持学术研究的科学性。相反，先在头脑中"大胆假设"，然后再去原始材料中去设法"小心求证"，那是极其危险的。

萧公权的回忆录发表于胡适先生去世以后，自无法与胡适先生争辩清楚。不过，据知情者回忆，尽管胡适生前多次讲过"假设"要从材料和问题出发，不可胡思乱想。但"实际上又是一回事了"。有时"假设"可谓"大胆"，"求证"却不太"小心"。何况胡适还曾讲过"假设是愈大胆愈好"一类的话。可见，在"大胆假设"和"小心求证"前补上"放眼看书"这四个字，确有必要。胡适如果在世，应该也会说"这个意思，我大体赞成"吧！

桃李遍天下

徐谟一向爱护学生，热心帮助学生。每次学生邀请他做演讲比赛的评委或指导，他都乐意接受。他经常给学生传授一些演说技巧，例如要重视演说的开头，一开始就要抓住听众，让听众的情绪跟着你的思路走，在你演讲的高潮，应该是听众最为激动的时候；演说时更应该注意自由发挥，不要紧张拘束，讲起来挥洒自如，纵横驰骋，这样才能感染听众；对于演说的结尾，也要讲究技巧，往往铿锵有力，气势恢宏，最后让人有余音绕梁之功效，是最佳的。徐谟还不厌其烦地给学生详细纠正演讲和辩论时的发音、语调和手势等细节。当时，北大、清华、燕大、协和、高等师范与南开等华北六大学每年都要进行一次国文演讲和英文辩论的校际比赛。由于有徐谟的指导，南开大学几乎每次都折桂。他待人宽厚，与人相处生动活泼，诙谐时谈笑风生。因此，许多学生喜欢与他相处和交往。晚上，他家经常是门生满座，大家一起海阔天空，自由畅谈哲学、人生、学术、国事。徐谟幽默诙谐的语言，常常引得学生们哄堂大笑，连坐在一旁的徐夫人有时也禁不住加入他们的交谈之中。

著名学者瞿同祖曾是萧公权的学生。1930 年瞿同祖在汇文中学毕业后，因成绩优异而被保送到燕京大学。当时的燕京大学经过司徒雷登多年的"苦心"经营，已发展成中国最著名的教会大学。瞿同祖在燕京大学主修的正是社会学，他除选读有关社会学的一系列课程之外，如林东海的社会学概论，杨开道的农村社会学和统计学，吴文藻的人类学、家族社会学、西洋社会思想史，还选修了萧公权的西洋政治思想史，钱穆的国学概论，张东荪的西洋哲学等，丰富了自己的知识结构，扩大了学术视野。瞿同祖回忆起来，对当时四年的大学生活仍是念念不忘，尤其是对燕园的教学质量和师资力量赞不绝口，称那个时候是他学习知识最多的时候。

上下而求索

　　徐谟离开南开的三尺讲台后，开始了自己从事法律事业的艰辛之路。1926 年，徐谟在上海挂牌当律师，1927 年被聘为临时法庭的法官。之后，他又奉调担任过镇江地方法院院长。后来徐谟凭借着自己精湛的法律知识和流利的外语口语能力，跻身于中国的外交界。1929 年至 1932 年 1 月，徐谟担任外交部欧美司司长，还一度出任废除上海治外法权的特别外交专员。在这段时间，他协助王正廷取得收回威海卫及与法国达成关于北部湾的协议，与日本签订了一项关税新协定，与希腊、波兰、捷克签订了商务条约。此后，徐谟先后担任代理亚洲司司长、外交部常务次长、外交部政务次长、中国驻澳大利亚公使，驻土耳其大使。第二次世界大战渐近结束时，徐谟作为最有经验的外交人员之一，被约去担任制定战后规划工作。1946 年，徐谟当选为联合国国际法院大法官。1948 年他任职三年后又连选连任。1956 年，徐谟还当选为国际法学会的副会长。

　　萧公权在中国政治学方面也取得了令人瞩目的成就。他在离开南开大学后又赴成都四川大学法学院任教，并兼任东北大学名誉教授。1947 年任南京政治大学教授。1948 年 4 月当选为中央研究院第一届院士，并出版《中国政治思想史》《中国乡村》等著作，对后世影响巨大。

　　值得一提的是，萧公权非常喜欢诗歌，也下了很大的功夫学诗。抗战时期，朱自清与萧公权同时住在成都，在那里他们互相唱酬，写了许多诗。萧公权住在西门外的光华村，和朱自清住的报恩寺相隔二十余里，面谈时候不多，乃彼此"觅句"邮寄出去，每星期至少一次。萧公权经常向朱自清求教，得益非浅。他曾怀着感激的心情说："他是我写诗过程中最可感谢的益友。他赞许我的许多话，我虽然极不敢当，但经他屡次指点出诗中的甘苦，我学诗便有了显著的进步。"朱自清到达成都之日，正是昆明恐怖政治形势更为严峻之时。由蒋介石一手挑起的全面内战爆发！美丽的春城被白色恐怖笼罩住了。朱自清百端交集，赠给萧公权一首长诗，表达了他对时局的无限忧伤。诗的全文摘录如下：

凯歌旋踵仍据乱，极目升平杳无畔。

几番雨横复风狂，破碎山河天四暗。

同室操戈血漂杵，奔走惊呼交喘汗。

流离琐尾历九秋，灾星到头还贯串。

异乡久客如蚁旋，敝服饥肠何日赡？

灾星宁独照吾徒，西亚东欧人人见。

大熊赫赫据天津，高掌远蹠开生面。

教训生聚三十春，长霄万里嘘光焰。

疾雷破空时一吼，文字无灵嗟笔砚。

珠光宝气独不甘，西方之人美而艳。

宝气珠光射斗牛，东海西海皆歆羡。

熊乎熊乎尔诚能，张脉偾兴争烂绚。

谁家天下今域中？钩心斗争从君看。

看天左右作人难，亚东大国吾为冠。

白山黑水吾之有，维翰维藩吾所愿。

如何久假漫言归，旧京孤露思萦万。

旧京坊巷眼中明，剜肉外疮装应辨。

稷坛黄菊灿如金，太液柔波清可泛。

只愁日夕困心兵，孤负西山招手唤。

更愁冻馁随妻子，瘦骨伶丁沦弃扇。①

　　萧公权还参加了"饮河诗社"。"饮河诗社"是抗战时期由章士钊、沈尹默等人发起，创办于重庆，专门研究和创作旧体诗的文学团体。社名取自庄子"鼹鼠饮河，不过满腹"之句。社员们常常针砭时弊，反映民生疾苦，抒发爱国情怀。诗社聚集了一些著名学者、文人和社会名流，除了萧公权之外，还有朱自清、叶圣陶、陈铭枢、吴宓等人。

　　徐谟、萧公权二公为人谦虚严谨，宽厚温和，学识渊博，才高八斗，在南开任教期间，深受在校师生的爱戴。虽然他们后来离开了南开讲台，但是南开学子一直深深地怀念两位先生，感激先生为南开的发展做出的巨大贡献。

---

① 朱正：《朱自清集》，花城出版社 2005 年版，第 432 页。

几何人生

——两代数学大师的师生情

在南开大学校园东南隅，林荫道的深处，有一幢淡黄色的二层小楼，她有草木之芳，而无车马之喧。这里是"宁园"——曾寓居着"在整体微分几何上的卓越成就，其影响遍及整个数学"的陈省身。

在南开大学校园西隅，坐落着一幢具有一定国际地位的数学研究所，楼前矗立着一座雕像。数学研究所和这座雕像都是宁园的主人、数学领域最高荣誉奖——沃尔夫奖的得主陈省身（1911—2004）于1984年捐赠的，证书上这样写道："他，陈省身把奖金全部给了他同年创办的南开大学数学研究所。"他让每位南开学子在走进数学研究所时，见到的都是他的老师姜立夫慈祥的目光。

苏步青语："没有他，中国数学面貌将会是另一个样子"

姜立夫（1890—1978）原名蒋佐，字立夫，出生于浙江省平阳县宜山区凤江乡麟头村（今属苍南县）一个农村知识分子家庭。1910年6月考取游美学务处备取生，次年9月入美国加利福尼亚州立大学伯克利分校学习数学，1915年毕业，获理学学士学位。同年转入哈佛大学继续深造。研究生期间，他于1918年受聘为哈佛大学助教，担任W. F. 奥斯古德（Osgood）教授的助手。1919年姜立夫完成博士论文《非欧几里得空间直线球面变换法》，署名Chan-Chan Tsoo（姜蒋佐），导师是J. L. 库利芝（Coolidge）教授。凭借过人的学术才华，姜立夫如愿获得了博士学位。

姜立夫是现代数学在中国最早而最卓有成效的播种人之一。早在1915年；他就立志把现代数学移植到中国来，并在国内建立一支现代数学队伍。

1920 年，他创办了南开大学数学系①，这是中国第二个数学系②。建系之初的 4 年中，只有他一位教师。他一面处理各种行政事务，一面为学生授课，每学期要同时讲授几门课程。他除了教授高等微积分、立体解析几何、投影几何、复变函数论、高等代数、N 维空间几何、微分几何、非欧几何等课程之外，还要承担理学院的公共数学、初等和高等微积分的教学工作。后来他曾回忆说："一人包一个系，我感到吃力。"他的学生陈省身也把这段时期的南开大学算学系称之为"一人系"。尽管如此，他的课却始终保持着很高的质量。1924 年，刘晋年作为南开大学算学系的第一个毕业生留校任教；1925 年，钱宝琮来校授课（到 1927 年止），姜立夫一人办系的局面才开始改观。但在较长时间里，最主要的数学课程还是由他担任。从无到有，开拓者的辛劳与业绩在姜立夫的身上表现得尤为突出。

　　姜立夫是一位高明的教师，讲课逻辑严谨，分析周密，深入浅出，引人入胜。他学识渊博，又专攻几何，善于启发学生深入思考。他能透彻地掌握讲课内容，带的教材上课时从不使用，间或在一张废日历纸上记下简略的提纲，但也仅仅只是起备忘的作用。他似乎永远是离开教材或提纲讲解。他授课要求学生耳目手脑并用，板书时，口中还把板书的内容讲解出来，甚至每个数学符号他都边写边念，从不哑场。同时，他不时向学生提问，要求学生单独回答或全体回答和思考这样的问题。课堂上，学生都能高度集中注意力，随着他的讲授聚精会神地进行着同步的思维和推理。他曾从德国购置了一整套数学模型教具，以加强学生的形象思维能力。他的板书十分整洁简练，擦黑板时总要保留尚需参考的公式，他选用的数学符号也经过周详的考虑，系统性很强，便于学生"顾名思义"。他作图时，一般是徒手，画得很标准，配以清晰的板书和图形。其实，他对板面安排乃至粉笔颜色都经过周密的设计，以便学生耳目并用，达到最佳效果。

　　姜立夫认为做课外练习是学好数学的重要环节，每堂课后必留习题，并要求学生一律用方格纸做练习，以便于绘图和书写清晰，在下一节课上对习题做必要的分析，使低年级学生养成良好的学风。对于高年级的选修课，姜立夫采用多种灵活的教学与考核方式，如根据学生情况分别为他们指定阅读文献，再让学生定期轮流报告，学生都以他的课堂讲授为榜样，得到了组织讲授内容、用自己的语言讲解的实际锻炼机会。当没有现成教材时，他每讲

---

① 当时称算学系。

② 1912 年版，京师大学堂改名北京大学，首创数学门，1919 年改称数学系，是中国第一个数学系。

完一章常以检查每个学生整理的笔记作为考核。他认为一个真正的数学教师应该写得一手好文章，因此，学生们的习题，考卷中的文字、逻辑、标点符号方面的错误，他都予以改正。他熟谙英文、德文、法文、俄文，除了课堂上时常用英文讲授外，他还辅导学生学习德文。因为那时的数学文献，德文书尤显得选材精当。这是他的学生陈省身选择去德国留学的重要原因之一，也为陈省身能够在德国发展奠定了基础。

姜立夫的教学方法，使学生受到严格而全面的训练，涌现出一批有长远发展前景的毕业生，早期的学生陈省身是现代微分几何的巨匠，江泽涵是国际知名拓扑学家，吴大任、刘晋年、申又根、孙本旺都受业于姜立夫。其中陈省身无疑是其中最杰出的一位。数学是一门高度抽象概括的科学，而数学教学则是一种逻辑征服，但姜立夫"他就像熟悉地理的向导，引导着学生寻幽探胜，使你有时似在峰回路转之中，有时又感到豁然开朗，柳暗花明，不感到攀登的疲劳"[1]。他的言传身教，培养了包括陈省身在内的学生们严谨的学风和分析问题、解决问题的能力。

陈省身："我不过是有点数学能力"

1922年，陈省身一家随在天津法院供职的父亲搬到了这座城市，他进入天津扶轮中学求学。此后，在父亲的朋友钱宝琛的建议下，报考南开大学理学院。当时的南开大学理学院有算学、物理、化学、生物四个系，算学系由姜立夫主持。陈省身对这些学科的了解虽然甚少，也不知道毕业后可以做什么，加上是连跳两级后考的大学，但是目标还是很明确的。说起当年在南开大学的往事，他曾回忆说，"我大概不会进生物系。我化学搞不好，实验不会做，所以也不会念化学系。我选择了力学，数学的力学，这样不但不会进化学系，连进物理系的可能也不多了。"[2]小时候父亲教过它《笔算数学》让他觉得数学趣味无穷，而且在多次考试中，总是数学的成绩最好，各科的成绩总是仰仗了数学的高分，才使平均分数变得比较高。他学习数学的原因，除了他喜爱数学外，还因为数学系有位很好的教授叫姜立夫。20世纪二三十年代的中国，数学是一片荒漠。当时全国以数学为主科在国外获得博士学位的

---

① 《怀念姜立夫》，《南开校友通讯》，复3期，1983年4月。

② 南开大学新闻中心：《南开影响一生》，南开大学出版社2009年版，第199页。

人只有两位，且只有姜立夫从海外介绍先进的数学到国内。这更坚定了陈省身在南开大学就受教于姜立夫教授，学习数学的决心。

1926 年陈省身考入南开大学时，姜立夫正在厦门大学讲学。之后的 1927 年到 1930 年期间，他选修了姜立夫的八门课：高等微积分、立体解析几何、投影几何、复变函数论、高等代数、N 维空间几何、微分几何、非欧几何。这些在当时被认为是很高深的课，姜立夫都能举重若轻，把严格的逻辑推导与生动的几何形象相结合，授课思路清晰明白，深受学生爱戴。在姜立夫的影响下，陈省身的读书生活和态度有了很大的转变。那时候只有他和吴大任选修了姜立夫开设的所有高深的课，而且成绩优良。当时用五级计分，和陈省身一起听课的有十几位同学，但数学方面都得 A（90 分以上）的只有陈省身、吴大任、吴大猷三人。吴大任说："当时成绩能经常得 A 很不容易。虽然经常得 A 的只有我们三人，但我不能与陈省身相提并论。因为我是从南开中学高中毕业以后上大学的，而陈省身在高中只读了一年；再有我还比陈省身大三岁。陈省身学习好，除了他对数学的天赋之外，主要的还是他学习勤奋刻苦。"

后来，姜立夫和陈省身的友情超出了一般的师生关系。陈省身在回忆时说，"姜立夫老师当然也很喜欢我，叫我做他的助手，帮他改卷子。助手一个月十块钱，第一个月领到十块钱，当然是很得意的了，比一个报贩的钱多一点。开头是一二年级的卷子，后来三年级的卷子也让我改。"[①]

陈省身早就说过，做学问，一定要"有好的老师，好的朋友，这很要紧，因为你整个的态度就不同了。如果你认识的是第一流的人物，谈的问题，讨论的问题就是要紧的问题"。这其中最重要的因素肯定是"第一流的老师"。无论何时，提起姜立夫，陈省身都会十分动情地说：我的基本数学训练都是姜先生口授的。尽管，他获得的国际数学界最高荣誉——沃尔夫奖，似乎已经证明他超过了自己的老师。但他一直都认为，姜立夫渊博的知识和严密的逻辑推理，对自己影响深远。1980 年，他面对香港《明报》采访他的记者说："我感到学数学有无穷的乐趣。我在大学所学的数学，都是他教的。"1981 年 4 月，由南开大学校长滕维藻教授带领的访美代表团一到旧金山，陈省身不顾脚伤拄着手杖到机场迎接，当场拿出一千美金的支票作为"姜立夫奖学金"捐赠母校。因为他认为姜立夫是中国现代史上的一代圣人，"他人很简单，他是个教授，规规矩矩教书，别的事情都不管。他当时是系主任，他也不要做

---

① 南开新闻中心：《南开影响一生》，南开大学出版社 2009 年版，第 199 页。

院长，更不要做校长，所以我叫他是圣人"①。没错，姜立夫在南开大学 29
年的时间里，全部时间和精力都无私地给了他的学生。

从师到友——科学精神和道德情操的展现

陈省身从德国留学归国后，曾和他的老师一同在西南联合大学教学，从
师生关系变成了同事关系。每次提起这段经历，陈省身都无不遗憾地说，那
时"我们住在一块，他那时候不能教我了"。

姜立夫一生的业绩中，对中国现代数学影响最深远的，当推中央研究院
数学研究所的筹建。中央研究院成立于 1928 年。因国内现代数学研究基础薄
弱，当时未能成立数学研究所，后来逐渐培养新生力量，到 30 年代中后期一
些研究领域已为国际数学界所瞩目。1940 年底，中央研究院拟增设数学研究
所，聘请姜立夫为筹备主任。当时他患病已久，"医师谆嘱节食静养，教课之
外，不许旁骛"，但是，为了现代数学在中国的发展，他毅然受此重任。1941
年 3 月，经中央研究院评议会通过，数学研究所筹备处在昆明成立，姜立夫
满腔热情地投入了筹建工作。数学所筹建之初，正值抗日战争最艰苦的时代。
姜立夫眼前的局面是：国内研究力量不足，较有声望、有研究能力的学者均
被各大学视为柱石，难以延聘；连年战争，国力衰竭，缺少研究经费，购置
外文资料所需的外汇更是奇缺，为研究工作所必备的外文数学期刊因为遭到
日本侵略者封锁而难以运入，在国内已中断订购数年，姜立如认为："算所工
作之目标，在求学术上有价值之贡献，冀可提高我国之国际地位，余事均属
次要。"为实现这一目标，在接受筹建任务之时，他对数学所研究人员的延聘、
研究工作的开展、图书资料的积累、经费的筹措、机构的建设等问题进行了
周密的思考与论证，并马上以极大的精力着手克服面临的困难。陈省身曾这
样回忆这段工作经历，在数学所的筹备中，姜立夫"洞鉴了当时中国数学界
的情形，只求切实工作，未尝躁进，树立了模范"。

1947 年，筹备工作基本就绪，姜立夫却坚决不担任所长一职，把这份希
望和重任毅然交给了他的学生陈省身。在致朱家骅的信中，他力荐陈省身担
任所长："请任命陈省身先生为第一任所长。忆立受命筹备之始，早经声明不
为所长……代理主任陈省身志趣纯洁，干练有为，与全院新旧同人相处融洽，

---

① 央视陈省身访谈实录，来源于中国科学院网站 http://www.cas.cn/。

其学业成就尤为超卓，所发表之论文能以少许胜人多许，所研究之问题极为重要，所得之结果饶有价值，不但美国数学专家一致推重，所见欧陆当世大师亦复交口称许。本院数学所长之选，宜推省身第一。况研究所初告成立，需要创造之精神，需要推动之力量，是皆立之所短，而为省身之所长。故请毅然加以任命，以利所务之进行"。①读其言，不仅仅看到了一位长者的高风亮节，也看到了一位老师的远见卓识。

在海外执教数十年，陈省身始终没有忘记："我最美好的青春年华是在天津度过的，她给我留下许多美好的回忆……我身在他国异乡，但我总是是怀念着启迪我智慧、教给我知识、哺育我成长的母校——南开。"1985 年 10 月 17 日，在校庆的那一天，陈省身创办的南开数学研究所成立。他不仅为该所确定了"立足南开，面向全国，放眼世界"的宗旨，而且给予无限的期待。他曾说："我把最后一番心血献给祖国，我的最后事业也在祖国，我要为中国数学的发展鞠躬尽瘁，死而后已。"②

无论如何，南开大学数学是姜立夫一手托起的，南开大学数学系也是陈省身成为数学大师的起点。每一位走进南开大学数学学院的学子都会感受到姜立夫慈祥的目光，陈省身知识的广博，他们的科学精神和道德情操，同样是一笔巨大的精神财富，这笔精神财富属于 20 世纪，属于南开，也属于新世纪的人类。

"一个人一生中的时间是个常数，能集中精力做好一件事已属不易。"陈省身如是说。他在有限的时间里，给出了黎曼流形上高斯-博内公式的内蕴证明，发现了"陈省身示性类"，从而开创了整体微分几何学的新纪元，对数学的发展产生长远的影响，并且获得了有"东方诺贝尔奖"之称的邵逸夫奖，连永久编号为 1988CS2 号小行星也被命名为"陈省身星"。

2004 年 12 月 3 日晚，陈省身辞世。从四面八方赶来的南开师生及校友一起来到他的寓所——宁园默哀。新开湖畔，垂泪的蜡烛，不仅寄托南开人的哀思，也无言地告诉世界：只有南开的老师才能赢得莘莘学子的无限爱戴与尊重！

2011 年 6 月 18 日，南开大学省身楼落成，陈省身的遗愿终于实现：他们夫妇两人的骨灰安放在这里，和南开数学研究所，和南开大学，和祖国朝夕相伴。

---

① 张奠宙、王善平：《陈省身传》，南开大学出版社 2004 年版，第 124—125 页。

② 龚克主编：《南开大学史话》，社会科学文献出版社 2016 年版，第 131 页。

师生三代

——物理系的大师们

　　1992 年 6 月 5 日，被誉为"近代中国物理学之父"的吴大猷以耄耋之年亲临母校南开大学，参加授予他"名誉博士"的盛典。六十年华一甲子，"重宴鹿鸣"享殊荣。吴大猷看到母校巨变，十分动情地说："变化太大了，太大了！"在母校的短暂逗留中，大师重瞻了自己学习、工作过和初恋时朝夕所倚的思源堂。时光于斗转星移、物是人非间飞驰，只有这高大古朴的思源堂见证了南开大学物理学科光荣而坎坷的岁月。

筚路蓝缕之先驱——饶毓泰

　　南开大学建校之初，基于"科学教育为救国途径"的信念，不同于其他的私立学校，不仅有文科，还有理科。那时，南开大学的理科虽然不分物理、化学、生物以及数学（当时称为算学）各系，却开设了物理学的课程，先后由孙继丁和徐允中讲授。然而，由于任课教师难于聘请，课程讲授时断时续。加之选课学生少，有的还中途转学，故而很难培养出物理学方面的超群人才。物理学科在创立之初的种种困境，皆因饶毓泰的到来得到了极大的改善。

　　饶毓泰（1891—1968），字树人，江西临川人。1913 年，他考上省派公费留学生，负笈美国学习物理，先后在芝加哥大学和普林斯顿大学获得学士、博士学位，打下了物理学的坚实基础。当时正是张伯苓校长于海内外广纳贤才之际。为了培养中国的物理学人才，饶毓泰欣然应聘，于 1922 年返回国内，"其在美所预定之仪器亦随而至。自是物理学乃有实验，是系亦正式成立"。饶毓泰担任教授兼系主任。

　　路是人走出来的，但最早的开路者总要付出更多的辛劳。年轻的饶毓泰，以筚路蓝缕的精神为南开大学物理学的发展奠定了最初的基石。1922 年，他为物理系和矿科开设学程不同的两班普通物理学及实验课。翌年，理科获得袁述之及美国洛克菲勒基金会捐助，动工建筑了科学馆，即思源堂。而饶毓泰也开设了普通物理、分析力学和初步光学三门课。此后，他又和新来的教授陈礼一起，为新到仪器的试验与安置劳神操心。经过几年努力，普通物理、电学、光学、热学等实验室在科学馆内出现了。至此，系内课程之次序及实验之设备，比诸欧美有名大学固尚多缺憾，然比诸今日国中各大学尚不落人后也。由于南开大学领导重视物理实验，购置的仪器较多，抗日战争时期于昆明与北大、清华三校办西南联合大学时，南开大学的物理仪器，成为教学和科研的主力。

饶毓泰呕心沥血地耕耘在教学科研的第一线，深孚众望，和邱宗岳、姜立夫等教授一起成为南开大学理学院的奠基人。饶毓泰将教学与科研紧密地结合在一起，把最新研究成果融入教学中去，讲稿几乎每年修改。他的重要研究论文，多刊于学术品质相当高的美国《物理评论》期刊及德国的《物理期刊》。他精通英、德、法文，同时又有极好的国学功底。高足吴大猷日后曾这样描述他的恩师：

> 惟讲授则似乏"深入浅出"的口才，学生由他获益处，不在流畅的演讲，而在其对学术了解之深，对求知态度之诚，对学术的欣赏与尊敬，以及为人的严正不阿的人格的影响。他寡言笑，从未有言不及义的，以目前的术语说，他是"不作公共关系"的性格；但他是为他侪辈所尊敬的人。①

1929年夏，饶毓泰获得中华教育文化基金董事会的研究资助赴德国从事科研工作，1932年回国，任北平研究院物理研究所研究员，翌年应北京大学物理系之聘，又挑起重建北大理学院的重任。在饶毓泰执教的七年中，南开物理学科得到了系统的建设，课程设置以及仪器装备等软硬件方面的条件都有了极大的改善，更为重要的是，南开大学物理系的课堂中走出了一大批中国乃至世界科学界的知名学者：刘晋年、吴大猷、陈省身、郑华炽、江泽涵……这其中鲜为人知的一位是郭永怀。1931年8月，郭永怀以优异的成绩进入南开大学物理系学习，在南开学习两年后，为追随他最仰慕的饶毓泰，复考入了北大物理系继续深造。正是这位当年出自南开大学物理系的才子，成为日后共和国的"两弹元勋"之一。

---

① 吴大猷：《吴大猷文录》，浙江文艺出版社1999年版，第90页。

饶毓泰在南开大学的许多弟子继承了他的衣钵，成为南开乃至中国物理学界的翘楚，这其中最优秀的一位当属吴大猷。

从南开走出的物理巨匠——吴大猷

已故国际著名物理学家和教育家、台湾"中研院"前院长吴大猷曾在他的回忆录中这样写道："我在十四岁到二十四岁的十年间，完全是在南开度过的……我个人获得英文、数学、物理、化学的基础训练，最重要的是养成对科学的志趣，对事物的判别能力，和完全自立、不求人的习惯。这十年的一段，有形无形地决定了我后来五十年的生命——学术生命和近十年来在台湾为科学和教育的工作。"[1]

吴大猷（1907—2000），广州人，1920 年高校毕业后因不满当地守旧的中学教育，与三个堂兄弟一起赴津，经亲戚介绍，报考了南开中学。吴大猷后来说："这是决定我一生前途的第一个机遇。"经过严格的入学考试，堂兄弟四人齐入南开。他们就是日后成为南开俊彦的"南开四吴"——吴大猷、吴大任、吴大业、吴大立。南开中学教学严肃而又灵活，教法新颖多样。例如数学的代数、几何、微积分等课均使用原版英文教科书，此外还必须选修第二外语。吴大猷由于立志学习理科，所以选择德文。南开中学扎实而又不乏创新的教育使得吴大猷受益终身，即使到了八十五岁高龄，他仍可以用老式的德文字体默写出一篇故事。

1925 年，高二的吴大猷投考南开大学矿科，以优异的成绩被录取。然而，他选择物理还有一个过程。他回忆此事时曾说："第一学年初，我对物理还未入门，所以初次月考只得到 C 的成绩，后来逐渐开窍了，对物理也愈来愈有兴趣……至于我为何会选择矿科，主要原因是以为实用的科系易于谋事——同时自己也认为天资有限。"[2]1926 年，矿科得不到资助被迫停办，吴大猷权衡再三，遂改入自己"愈来愈有兴趣"的物理系，这一改，南开大学的毕业生中也许少了一位煤矿老板，却多了一位物理巨匠。

转入物理系后，吴大猷更加发奋学习。在老师的引领下，他开始如痴如醉地探求物理学奥妙之路。头一学年，他选修"近代物理"，并利用暑假翻译

---

[1] 《南开校史研究丛书》编委会：《南开校史研究丛书》第 15 辑，天津教育出版社 2016 年版，第 94 页。

[2] 政协高要市委员会：《科学巨星——吴大猷博士》，政协高要市委员会 1999 年版，第 35 页。

英文的《原子》等书。三年级时，他兼任预科物理实验助教，并与四年级的师兄组织读书讨论会，他读的是相对论。同时，他还被选为理科学会的委员，负责组织理科学生的学术讨论会，曾请来系主任饶毓泰教授作"爱因斯坦相对论之原理"的讲演。四年级时，吴大猷自行摸索阅读期刊中介绍"量子力学"的文章，他从姜立夫教授处学的矩阵代数派上了用场。

四年中，思源堂内、马蹄湖畔，都留下了吴大猷刻苦求学的身影，最终，他以极其优秀的成绩毕业留校任教。在此后的两年中，吴大猷受命挑起讲授近代物理、力学的重担。他钻研古典力学、热力学、量子论等，通过教书育人，在实际工作中迅速成长起来。

在南开的十年中，吴大猷遇见了他一生中最重要的两个人。一个是小他三届的物理系的阮冠世，他们在南开园里相恋，日后结为伉俪，成就了一段感人的爱情故事。另一个就是前文提到的恩师饶毓泰。可以说，是饶毓泰教授独具慧眼发现了吴大猷在物理学方面的才能，并将他引入了物理学的神圣殿堂。在饶毓泰教授的举荐下，吴大猷于1931年获得了中华教育文化基金会的研究资助，赴美国密西根大学深造。归国后，他追随恩师任教于北大。

"南开是我生命中愉快的一段——是觉得有光明前途的希望的青年时期"。[1]吴大猷在晚年的回忆录中曾多次动情地如是说。是的，一颗国际物理学界的新星就这样在南开园冉冉升起。然而，吴大猷和南开的情缘并未就此终结，在那个战火纷飞的年代，再续前缘。

"我是南开的校友"——杨振宁、李政道

1937年抗战全面爆发，奉命南迁的南开大学与北京大学、清华大学一起跋山涉水，经长沙到达昆明，从此迎来了艰苦而辉煌的西南联合大学时期。吴大猷回忆道：西南联大物理系八年来的实验研究工作，代表一种努力的精神——知其不可为而为之的精神。困难是巨大的：战时一切因陋就简，不论是参考图书还是研究设备都相当简陋、匮乏。南开人经过千难万阻，由天津走海路通过越南海防将一批珍贵的图书仪器运抵昆明；饶毓泰指导教师把三棱柱放在木制架上拼成一个最原始的分光仪试着做些"喇曼效应"的实验……在极为艰苦的条件下，仍有一批优秀的学术成果问世。据不完全统计，西南

---

[1] 南开大学新闻中心：《南开影响一生》，南开大学出版社2009年版，第193页。

联合大学物理系师生在国内外发表论文上百篇，不少论文代表国际先进水平，内容亦相当广泛。

意义更为深远的是，西南联合大学物理系得天下英才而教之，在那些聪慧而求知欲旺盛的青年学子中涌现出许多日后在物理学界名声显赫的人物：邓稼先、黄昆、朱光亚、张守廉……当然，这其中最为出色的当属杨振宁和李政道。

杨振宁（1922—），原籍安徽省合肥市下属县城（今肥西县）。1938 年，他考入西南联大，度过了本科四年、研究生两年的学习生涯。他曾说："想起在中国的大学生活，对西南联大的良好学习风气的回忆总使我感动不已。联大的生活为我提供了学习和成长的机会。我在物理学里的爱憎主要是在该大学度过的六年时间里（1938 年至 1944 年）培养起来的。"[①]在吴大猷 1941 年的古典力学、量子力学班上，杨振宁便显示出过人的才华。在那个学期末的论文选题时，吴大猷推荐给杨振宁一本书《群论在分子光谱学中的应用》，那里面简单的语言却又深刻的内涵和科学的美感深深地吸引了杨振宁。之后，杨振宁把大部分的时间都花在了研究群论在物理中的应用上，并完成了他一生中最重要的两篇著作。西南联大的六年，奠定了杨振宁一生事业的基础。

比诸杨振宁的一帆风顺，李政道结缘西南联大则历经坎坷。李政道在浙江大学上过一年学，因日本侵略军逼近而奔赴重庆。经人介绍，这个"胖胖的，十几岁的孩子"便站在了吴大猷教授的面前。其实正逢学年的中期，按规定未经考试是不能转学的。但吴大猷对李政道的天资颇为欣赏，于是热情给予援助，未经校方许可，便留他旁听，第二年转为正式生。后来，吴大猷发现李政道具有超常的思维能力，更是悉心培养。他曾说："我无论给他什么难的书和题目，他很快就做完了，又来要更多的。我由他做问题的步骤，很容易发现他的思维敏捷，大异寻常。"[②]1945 年秋天，吴大猷受命筹划国防科研工作时，他毫不犹豫地选中了这位大二的学生随他出国研修。于是，李政道得以进入芝加哥大学攻读博士学位。

1957 年，杨、李二人因合作推翻了爱因斯坦（Albert Einstein）的"宇称守恒定律"，获得了诺贝尔物理学奖，从西南联大走出的学子终于攀上了物理学的最高峰。在得知获奖后，两人不约而同地写信给吴大猷，以感谢栽培之恩。杨振宁在信中写道："所从事的研究工作，包括得奖的研究工作，都与对

---

① 张杰：《历史上著名的科学家》，吉林出版集团有限责任公司 2014 年版，第 137 页。
② 张廉熙、李敏等：《话说台湾》上，九州出版社 2000 年版，第 509 页。

称性有关，可以追溯于 1941 年吴老师的指导论文……"①而吴大猷对自己与杨、李的师生情谊另有解读，尝谦虚地说："近年来，李、杨成就卓然，国人常提及二人为我的学生，并以李与我的机遇传为美谈。实则我不过适逢其会，在那时遇上他们而已。譬如两粒钻石，不管放在哪里，终还是钻石……"②如此师生之谊，可谓世间罕有，在物理界早传为佳话。其实，正是吴大猷的指导，成就了杨振宁和李振道。

1986 年 6 月，在受聘南开名誉教授的仪式上，杨振宁曾动情地说："因为我是西南联大毕业的，所以，也是南开的校友……我对于对称性发生关系是起源于我的学士论文，这论文是跟吴大猷做的。大家知道，吴大猷是南开毕业生，他对于南开有深厚的感情。所以，可以说，我是南开大学学生的学生。"③

"我是爱南开的。"这六个平淡的字，从南开大学物理系名誉教授李政道的口中说出，意味而深长。

大师们的光彩与能力，在艰苦卓绝的环境中，曾闪烁出夺目的光辉。他们求真求实的科学精神将永远为新一代的南开学人所铭记。

---

① 政协高要市委员会：《高要文史精编》下，2007 年版，第 615 页。

② 吴大猷：《回忆》，中国友谊出版公司 1984 年版，第 41—42 页。

③ 杨振宁：《重视科学传统》，1986 年 6 月 6 日。

化学名师的南开传奇

南开大学化学学科不仅是学校的四大支柱学科之一，也是中国当代化学科研和教学的学术重镇。饮水思源，人们怎能忘记南开大学化学系的创系元老：邱宗岳（1890—1975）、杨石先（1897—1985）、张克忠（1903—1954）、张洪沅（1902—1992）等名师。

化学名师，来自名校

无论是邱宗岳、杨石先，还是张克忠、张洪沅，他们都有一个非常明显的共同点，就是来自海外名校。如果换一句现在时髦的话来说，即皆为"海归派"。他们多是通过清华学校获得留美资格的。1910 年，利用美国返还的部分"庚子赔款"兴建的清华留美预备学堂（即清华大学前身）刚刚成立，20 岁的邱宗岳和年仅 13 岁的杨石先就以优异的成绩考取了该校。不同的是，邱宗岳在 1911 年 4 月入学后不到三个月，即远渡重洋，成为清华学堂首批被选送去美国留学的学生之一。而杨石先则在清华学堂度过了八个年头后，才于 1918 年夏赴美国留学。另一个通过清华学堂赴美留学的是张洪沅，他于 1916 年考取清华学堂，1924 年赴美留学。

唯一不是通过清华学堂赴美留学的是张克忠。他的中学时代是在南开度过的，并受到过张伯苓校长的特别关照。因为家庭经济状况特别困难，校长特许他免费上学。当其大学一年级时，南洋兄弟烟草公司董事长简氏兄弟设立简氏奖学金，以资助国内大学生赴美深造。在张伯苓校长的力荐之下，本没有考试资格的张克忠被破格允许参加考试。年龄最小、学历最浅的他脱颖而出，名列第一。1923 年，张克忠得到简氏资助赴美留学。

邱宗岳在美国学习的时间最长，将近 10 年，先后就读过几所著名的大学。他先在加利福尼亚大学获得学士学位，后在芝加哥大学、麻省理工学院和哥伦比亚大学求学，最后在克拉克大学获得化学科学硕士和哲学博士学位。从美国学成归来之后，凭借其丰富的学术经历，邱宗岳完全可以找到待遇更好的工作，但是为了实现心中"教育救国"的理想，他最终还是选择了待遇相对较低的私立南开大学。

杨石先在美国留学5年。1918年夏，杨石先赴美入康奈尔大学农科学习，而该校工科、农科俱享盛名。因第一次世界大战爆发的原因，学校有名的农学教授大都被派往欧洲，杨石先在第二年从农科转到化学科。在美留学期间，由于中国政治腐败，国力衰弱，中国人常被视为劣等民族受到侮辱，只有在学校内还能得到尊重，因为中国人的学习成绩非常优秀。这更坚定了杨石先学好专业，回国后以教育救国和科学救国的心愿。可惜的是，1923年，当杨石先只差一年就可以拿到博士学位时，由于家庭变故，不得不提前回国，他只取得了有机化学硕士学位。

被称为"麻省理工学院的两把金钥匙"的张克忠和张洪沅，是该院最早获得化学学科博士的两个中国人。1928年，张克忠获得了博士学位，他的博士论文《扩散原理》一出版就轰动了美国科学界。一向不被看重的中国人竟令美国科学界震惊，"扩散原理"被定名为"张氏定理"。那年张克忠只有24岁。张克忠的导师路易士（W. K. Louis）教授执意要把自己这位最得意的学生留在麻省理工学院，先后三次为他安排职位。但出于一片赤子丹心，张克忠婉拒了导师的好意，义无反顾回到祖国，服务南开。

而张洪沅在1930年获得博士学位后，得到过美国中部一所大学的聘任，但要求加入美国籍。他毫不犹豫地拒绝了这一聘请。1931年回国后，有人请张洪沅去化工厂，希望他成为化工企业家，但他选择了"教育救国"的道路，来到南开大学化学系任教授。

这些化学系的创系者都是留学生，且出身名校，可见南开大学化学系创系基础之坚实、起点之高。他们都不是为了谋求个人利益而来，因为凭借他们的学历完全可以找到比南开大学待遇更好的工作。他们到南开来，纯粹是为了实现心中教育救国的梦想。在他们的眼中，南开大学这所创建不久、待遇相对偏低的私立大学是他们圆梦的大舞台。而他们每个人也都在南开留下了自己的传奇故事。

邱宗岳：一堂课换来一座楼

1921年，当邱宗岳到南开大学担任化学教授兼系主任时，全系只有四位学生，连实验室都没有，不得不借用南开中学的实验室。

由于是私立学校，经费多靠募捐，用邱宗岳的话来说，"当时所谓办教育，实际上可以说是惨淡经营"。他总是精打细算，甚至连购买软木塞都要亲自去一个一个地挑选。后来他曾笑谈："我没有经济不清的问题，化学系是我的，我的也是化学系的。"就是在这样困难的情况下，邱宗岳勇于开拓，首先开设定性分析、高等无机化学及实验课，后来又相继开设热力学、定量分析、理论化学、普通化学等课程，成为国内数一数二的理论化学专家。

1922年12月初，美国罗氏基金团（即美国洛克菲勒基金会）拟捐助南开大学理科教学，派该会驻华代表来南开考察理科教学，并提出要听中国教师讲课。张伯苓校长对邱宗岳说："罗氏基金团准备给南开捐建一座科学馆用于理科教学。他们要听你的课，你可关系重大啊！"邱宗岳满怀信心登上了讲台，用简练的语言，把复杂的概念解释得清楚明白，而且层次分明，重点突出。涉及西方化学的最新成就时，邱宗岳都能深入浅出地讲授出来。令听课的美国代表惊赞不已，佩服地说，在美国大学里也很难听到这么高水平的课。

不久，罗氏基金团决定为南开建筑科学馆提供费用，并捐助科学馆的仪器设备。1923年10月，科学馆竣工剪彩，命名"思源堂"。后来师生们笑谈，邱先生一堂课给南开赢来一座楼。

其实，这座楼还是邱宗岳亲自设计和督建的。这座三层高的大楼半层卧在地下，经济、实用、宏伟，在经历了九十余载风风雨雨后，至今仍然屹立在南开校园中，成为南开大学惨遭日本侵略军轰炸后，经过修复而存留下来的为数不多的一座建筑物。

抗战时期，邱宗岳随校南迁，继续在西南联合大学执教。战后，他不仅参与复校工作，而且还担任南开大学理学院院长、化学系主任。1952年院系调整，他把主要精力放在培养青年教师的工作上，率先讲授基础课，促成专家、学者为学生讲授基础课的传统。直到晚年，他都一直坚持工作在教学第一线。[①]

杨石先的三次抉择

1923年，杨石先在回国途中，与清华同学李济相遇。李济在哈佛大学取

---

① 龚克主编：《南开大学史话》，社会科学文献出版社2016年版，第100页。

得博士学位后已受聘于南开大学。李济问杨石先："有没有接洽任何机构？"杨石先回答："已有人推荐去浙江大学。"李济介绍说："南开大学张伯苓校长办学出色，他那里正缺化学教授。"

据杨石先在自传中透露，当时摆在他面前的工作机会有四个：德商请他做染料和药物的化学技师，昔日同学推荐他到银行做业务技术员，浙江大学和南开大学邀请他执教。经过一番考虑，杨石先选择了待遇偏低的私立南开大学。他觉得私立大学受政府干预较少，可以更好地实现自己的教育救国理想。何况，张伯苓校长为教育救国而执着办学的精神也感染了他。于是在舒适的生活与教育救国的理想之间，杨石先选择了后者。这是杨石先第一次选择南开。

1929 年，杨石先因为教学成绩突出，得到南开大学资助，再次赴美深造。张伯苓校长对他说："你是南开享受教师学术休假制的第一个人，出国期间的工资照发。"他在耶鲁大学研究院进行杂环有机化合物的研究，并被推选为美国"科学研究会"荣誉会员。1931 年，杨石先获得化学博士学位后，诺贝尔化学奖获得者维兰德（H. O. Heinrich Otto Wieland）教授邀请他到自己的实验室做研究员。经过抉择，杨石先谢绝了维兰德教授的盛情，回到南开大学继续任教。

如果说杨石先第一次选择南开，放弃的是舒适的生活，那么这第二次选择南开，放弃的是事业上取得更大成就的机会。因为国外的科研条件显然要优于国内，化学研究没有好的科研条件，意味着很难取得重大的科研成果。

1945 年夏，杨石先第三次去美国，为南开大学物色教师，采购图书仪器，并在美国印第安纳大学做访问教授兼研究员两年。此间，杨石先完成了论文《中国抗疟植物鉴定——常山的化学性能的研究》，并由于科研成绩卓越，被推选为美国化学学会荣誉会员。1947 年，杨石先准备回国，该校化学系主任兼研究院院长挽留他说："你们国家正在打仗，华北就要成为战场。您可以把家眷接来，在这里从事研究工作。我们非常需要像您这样有才干的人。"杨石先这次毫不迟疑地答道："我们国家更需要人，我要把我的知识奉献给祖国。"他毅然放弃了优越的研究条件和生活待遇，踏上了归途。

回国后，杨石先担任南开大学教务长，后任代理校长、校长等职务，从此杨石先的名字与南开大学更紧密地连在了一起。

张克忠和化工招标

1932 年 3 月 8 日，南开大学应用化学研究所成立，张克忠任所长。张伯苓校长亲自定名，突出"应用"二字。该所成立后，取得了不俗的成绩，帮助不少企业研究解决了生产难题，如曾经为王祯祥桅灯厂制造手电灯反光镜，替范永和号解决茶油硬化问题，研发《大公报》委托的印报铅字合金技术，并帮助天津利中公司硫酸厂设计和建设整套化学工程。

天津利中硫酸厂是赵雁秋为抵制日货而创办的。利中公司最初找到一家外商承包设计和建筑工程，可是外商提出了相当苛刻的条件，仅设备费就索要 25 万元，另外还要负担一名工程师每天 15 美元和两名焊工每人每天 5 美元的工资。万般无奈之下，赵雁秋找到了应用化学研究所。张克忠欣然同意承担该项工程，张洪沅、蒋子瞻等人亦参与其中。虽然条件艰苦，但大家精神饱满，工作效率极高。张克忠更是以身作则，把教学之外的全部精力都投入到研究工作之中。

经过努力工作，从 1933 年 6 月开始设计到 1934 年 5 月酸厂试车成功，应用化学研究所只用不到一年的时间、花费 13 万元，就使一座日产 3 吨的硫酸厂建成投产。利中硫酸厂的制酸方法为铅室法，是当时比较先进的一种方法。业内人士认为利中硫酸厂生产的硫酸无论浓度、纯度及色泽，均达到国际标准，甚至还优于日本、德国等国家的同类产品。原来想捞些"油水"的外商除了叹息外，也只有佩服了。

天津利中硫酸厂的建立给天津制酸工业的发展奠定了基础，也让中国化工科技人员大长了志气。张克忠在应用化学研究所 1934 年的总结报告中写道："以其费用之低廉，建筑时间之迅速，成绩之良美，本所同人深以为幸，亦以尽同人学习工程之责，因是尤觉中国问题可以由国人自行解决，而中国工程师未必不如外人也。"[①]

---

① 王文俊等：《南开大学校史资料选（1919—1949）》，南开大学出版社 1989 年版，第 411 页。

张洪沅和《化学工程》

在美国留学期间，张克忠与麻省理工学院的同学张洪沅促膝长谈。他向张洪沅谈到在拥有丰富海陆资源的中国，发展化学工业是一条可行的富国之路。张克忠还说自己非常敬重张伯苓，非常热爱南开，为了报答恩师的知遇之恩和母校的培养，他决定接受南开大学的聘请，回校任教。受张克忠的激情感染，张洪沅也心动了，决定学成归国后也来服务南开。

1931年，张洪沅学成归国。他履行了与张克忠的"海外盟誓"，于1932年来到南开大学担任化工系教授和应用化学研究所副所长兼研究部主任。张洪沅先后开设化工原理、化工计算等课程，编写教科书，并从事科研工作。除了协助张克忠搞好应用化学研究所的工作外，张洪沅还一直致力于创办《化学工程》杂志。

1929年初，张洪沅在美国麻省理工学院发现该校图书馆内陈列有各国化工期刊，唯独没有中国的期刊。他深受触动，决心创办一本高水平的化工期刊，使中国跻身于国际学术之林。美国留学期间，张洪沅即为创办中国《化学工程》杂志默默地准备着。回国后，几经周折，《化学工程》于1934年8月在天津出版了。年仅29岁的张洪沅作为刊物的经理、编辑，以极大的热情为《化学工程》的诞生和发展、为提高中国化工学术的地位不知疲倦地工作着。

为了便于国际学术交流，扩大刊物的影响，《化学工程》自1935年起刊登英文文章，并开始向国外发行。他的辛勤劳动换来了丰硕成果，刊物得到了社会各界人士的广泛关心、支持，不仅国内稿源丰富，连法国、德国的一些同行也寄来高质量论文，希望能在中国出版的刊物上发表。美国纽约一家经营期刊的书店，曾来函要求给予其在国外独家经营该刊的权利，并寄来为介绍《化学工程》所印刷的宣传品。随着国外交换及订阅者日益增多，《化学工程》在国际上产生了越来越大的影响，中国在国际化工界的学术地位也得到了承认。

体育骄子

提倡运动与德智并重，是张伯苓创办南开学校的一大特色，也是其重建中国人心灵的一个重要举措。他在《四十年南开学校之回顾》中总结南开的体育教育特色时说：

> 南开学校自成立以来，即以重视体育为国人倡，以期个个学生有坚强之体魄，及健全之精神……但苓提倡运动目的，不仅在学校而在社会；不仅在少数选手，而在全体学生……最要者，学校体育不仅在技术之专长，尤重体德之兼进；体与育并重，庶不致发生流弊，故体育道德及运动精神，尤是致意焉。①

不愧为"中国奥运第一人"的张伯苓校长早在半个多世纪前就鞭辟入里地指出了"体育"二字的含义是以体育人，其核心不在技术与成绩，而在道德与精神。

在张伯苓的大力倡导下，南开学校的体育健儿们不仅赛场成绩在华北群校中出类拔萃，还凭借其良好的道德品质赢得了社会各界人士的尊重、展现了南开人谦逊有礼的精神风貌。1922 年 12 月 16 日的《南开周刊》中说："现在南开运动员诸君，尤其是特别高手，个个皆注重个人的人格，个个皆和蔼可亲，对师长同学毫无虚骄之气……运动员诸君之举动，确可以转移一校同学之感想，代表一校之精神。"②

南开学校体育教育开展得有声有色，并且能够取得骄人的运动成绩，既归功于张伯苓的大力倡导、精心安排，也离不开南开学校中国体育教师们的付出与奉献。章辑五、董守义、侯洛荀、齐守愚、张淑悌、赵文选、陶少甫、文进之等专业体育教师为南开学校乃至近代中国体育事业的发展做出了重大贡献。

---

① 张伯苓：《四十年南开学校的回顾》，《南开四十周年纪念校庆特刊》，1944 年 10 月 17 日。
②《南开周刊》，1922 年 12 月 16 日。

南开学校的体育教师们大都获得高等院校体育专业的学位。在不同时期，他们为南开学校体育教育的发展和运动水平的提高做出了各自的努力与贡献。南开的体育运动队正是在这些国内外体育专家的指导下，才驰骋于全国体坛的。实事求是地说，张伯苓提倡体育教育的思想主张和具体实践，是南开师生的集体智慧和共同创造。

体育救国的章辑五

章辑五（1891—1975），字济武。他生于天津，1910 年毕业于直隶高等工业学校机械工程科，曾在学部复试，列最优等第一名。毕业后，章辑五留校教授物理、英文等科，兼课外活动管理。章辑五历经甲午、庚子之难，"亲见英兵之身体魁伟，服装整严，对于中国人几不以人类相视；反观前清旧兵，衣服破烂……面色憔悴，两肩高耸，营中官长，泰半与鸦片相周旋，自感此番痛切之激刺，即已改良教育为己任，力雪东方病夫之奇耻"。[①]

1912 年，章辑五参加了天津青年会举办的体育干事培训班，成为我国较早一批接受西方体育专业训练的人之一，并担任了青年会体育部委员。系统的专业培训，为他以后从事体育事业奠定了坚实的基础。

1915 年，章辑五应张伯苓之邀，到南开学校任物理、英文等科教员，兼课外运动管理及童子军教练。他把救国遇到重重困难等问题归结为中国人的体弱，认为由于中国人"道德嗜好之坠落，生活习惯之不入正规"等原因直接导致生产能力低下，国家贫穷，各项事业落后。因此，章辑五感到"体育教育实为各项教育之母，亦深信为救国之要途"。

1895 年，天津青年会总干事来会理（Dr. David Willard Lyon）将当时称为"筐球"的篮球介绍给了天津青年会会员。会员们极感兴趣，经常组织和参加篮球运动，篮球因此一时风行，有形成群众体育的趋势。而天津青年会也成为中国近代篮球事业的摇篮。章辑五在青年会中接触到篮球，把篮球运动引入南开学校的体育教学中，并邀请董守义担任体育教员。在他们二人的共同努力下，南开的篮球运动水平迅速提高。在 1922 年天津学校联合运动会中，南开队初露锋芒，连克实力最强的青年会队、曾获得华北运动会冠军的高等工业学校队、官立中学队以及称雄津门多年的新书学院队、北洋大学队

---

① 《南开学校二十二周年纪念号》，1926 年 10 月 17 日。

等多支劲旅，一举夺魁。章辑五率领南开篮球队在各种比赛中不断取得胜利，并培养出了"南开五虎"等一批著名的篮球运动员。

1923 年，张伯苓派章辑五随美国体育名家麦克乐（Charles Harold McCloy）赴苏州东吴大学体育系进修一年，并参观南方各校体育状况。1924 年，章辑五重返南开学校后，担任南开大学、中学、女子中学、小学四部体育主任，带领南开健儿在全市、全国乃至国际多种赛事中取得骄人战绩，并对传统的体育教育模式进行了多次改革。

章辑五注重培养学生对体育的兴趣，认为"大半数的学生，特别是大学部的学生，多抱着'勤有功、戏无益'的思想，以为运动是劳筋费力耗时伤财的东西，闲暇的时候，多不愿意到运动场上运动"[①]。为此，他提出的解决办法首先是通过学校做出规定每天下午四点以后要求学生都要去操场锻炼身体；其次，他根据学生年龄、体质、性格等方面的不同，教授不同的体育项目。他在低年级开设兵式体操课，在高年级开设器械体操课，还开设中国武术课，请名家教授，增设柔软体操、轻重器械教学内容，并把球类、田径、技巧等引入体育教学。

1932 年，针对"选手体育"盛行的状况，章辑五受到访欧归来的张彭春的启发，认为南开的体育应该走民众化、普及化的道路；多提倡排球、足球等团体运动，少提倡诸如网球一类的贵族化的个人运动；多注意健康训练，少注意选手的比赛。经与校长张伯苓议定，遂决定在南开取消选手制度，改由学生自由组合体育团体。在张伯苓的支持下，在章辑五的积极推动下，体育运动不仅在南开普及开来，并且运动队的成绩也很辉煌。南开选手历年来在天津、华北、全国和远东运动会上得银杯（冠军杯）数十枚，锦旗百余面。

除此之外，章辑五还非常注重对学生体育精神的培养。他强调"仁侠精神"，就是做一种运动乃是为了身体和心灵的愉快，并增进团体的利益，并无丝毫别的目的存乎其间；仁侠运动员的精神，是包括一种高尚义气的精神，诚实公平的态度，有礼貌、有忍耐、有节制的生活。仁侠运动员看他的品格，比较运动的胜利更为要紧。胜固可喜，败亦无伤，而且正当的批评也不一定以胜利为好；正当的失败比不正当的胜利更有价值。他要求运动员光明磊落，友爱同学，增进团结，"对于本队、敌队以及大众面前，须时时表现义气、诚实、公平、谨恭，且有节制的态度……除了靠自己优等运动的技能和力量胜人外，并不求别种的利益。不可在来宾面前自炫其能；要求别人的喝彩，虽

---

① 《南开学校二十二周年纪念号》，1926 年 10 月 17 日。

遇参观人喝彩，自己尤须谦抑……不求一切例外的优待。须有百折不回的精神。勿因失败而气馁，勿因胜利而矜夸。始终遵守运动规则，服从本队队长及教练员的指挥……队员应当同舟共济，不可发生意见。"[1]基于这种仁侠精神的熏陶，南开的运动员参加比赛始终保持良好的体育风尚，在与外校及外国人的比赛中都赢得了尊重。

章辑五在体育事业上的突出贡献，不仅在南开学校得到肯定，还得到天津体育界的一致认可，1927年，天津体育协进会在南开中学会议厅召开成立大会，章辑五被推选为会长。

章辑五受青年会推广竞技体育赛事的影响，组织举办了多场运动会和比赛。1927年12月，天津体育协进会组织了天津历史上第一次超过5000米的越野赛跑，起点是海光寺，终点是北宁种植园（今北宁公园附近）。该项赛事在章辑五的精心组织策划下顺利进行，为天津长距离越野跑的发展起到了推动作用。1928年10月，章辑五又同张伯苓共同呼吁倡导在天津举办第一届全市女子体育联合会，这也是天津体育史上的第一届女子运动会。在章辑五主持天津体育协进会工作期间，除操办全市一年一度的各类运动赛会外，还发起举办了网球、游泳、越野和埠际田径等比赛活动。他在30年代初组建的中华足球队与中华篮球队，参加全国和华北运动会，屡获佳绩。在《本会今后应有之使命》一文中，身为该会前任会长的他，写道："本会提倡体育垂十余载，向以按季举办各种运动比赛为惟一之工作，然'运动比赛'不过为提倡体育之各方法中之一种方式，其中利弊兼半，非全部之体育教育也。故今后提倡全民体育化去掉畸形之发展，应扩大范围，各方同时下手，造成全市好习体育之空气，便利体育活动之机会"[2]。可见，章辑五已经意识到运动比赛存在一些弊端，比赛并非体育教育的全部，比赛该提倡全民体育。

20世纪30年代中期，天津体育组织出现分化。在章辑五的奔走和呼吁下，1936年天津体育协进会与天津体育促进会合并，成立天津体育联合会，章辑五被选为副会长。除此之外，他还历任华北体育联合会名誉书记、天津中华童子军联合会名誉总干事、天津市公共体育场董事等职。

章辑五在南开学校及体育界服务近二十年，在此二十年中，对于实施中国体育教育，历经困难颇多，久欲出国考察，以资借镜。1933年，经南开大学校长张伯苓推荐，由河北教育厅等资助，章辑五赴欧洲各国考察体育。他

---

① 见梁吉生：《章辑五体育文集》，南开大学出版社2016年版，第29—30页。
② 章辑五：《本会今后应有之使命》，天津体育协进会年刊1935年，第3页。

在德国"多与国人接触,藉以吸收其民族奋斗的精神",在美国研习如何使体育科学化及教育化的各种方法。国外的深造使他的视野更加开阔,对于南开和天津的体育发展也产生了积极的影响。1935 年,已获得哥伦比亚大学师范学院体育硕士学位的章辑五回国,将从国外学到的体育教学方法等在南开学校率先试行,引起人们的广泛关注。上体育课时,他穿着紧身的蓝色运动衣裤、戴着毛线小帽,举着一面牛皮手鼓,敲着鼓点带领学生列队走向南操场,引得路人都驻足观看这种稀罕的洋式操练。

章辑五热心于向南开学生介绍国内外先进的体育人物和团体,也将南开的体育人才推向全国,参与各种比赛。如"南开五虎"到北京、上海比赛,"南敏"排球队去南京、上海参赛,举行与清华、燕京两大垒球队的互访观摩赛等。他还把近代中国唯一的新式女子篮球队——上海两江女子体育学校篮球队邀请到了南开学校,在南操场展现英姿。除此之外,他还把 30 年代前期在东北大学任教的德国中距离赛跑著名选手布起(Butch)请到天津指导南开的径赛选手。

章辑五还撰写了《南开之体育》《南开之运动》等文章,对南开的体育教育进行总结和阐释。在《南开之体育》中,章辑五将体育概括为体操、卫生教育、营养问题和运动四项,在体操中,章辑五提出体育课应该按照学生之体格,分级教授。在卫生教育方面,他提出全体学生每学年皆须接受体格检测一次,同时请医生检验疾病,并督促学生养成良好的卫生习惯。在营养问题上,学生应该维持正常的体重,每日饭菜蔬食之分配,均应有适当之营养。在运动方面,他主张兼顾普及体育和选手体育。除此之外,章辑五还提出建设体育馆的建议。在《南开之运动》一文中,章辑五认为运动员应该培养仁侠精神,并制定了奖励运动员的规则和练习运动的条件。此外,他还编著了《非常时期之国民体育》《世界体育史略》等书籍,介绍中西体育历史的概况。这些著述无疑使普通大众对体育产生了新的认识,对于推广体育和普及体育也产生了一定的影响。

章辑五的一生献身于中国体育事业,特别是天津的体育事业。《体育周刊》在"名人传"中评价章辑五:"任事热心,不畏艰难,天津体育发达之有今日,君奔跑之功实不可抹煞也。"①张伯苓对他也给予高度评价:"体育主任章辑五君,任事以来成绩优卓,十余年自大学以及男女两中学,得其诱掖,学生体育进步,人人属耳目焉。其为人,不仅对体育技术有深刻之认识,其道德

① 《天津南开中学志》编修委员会编:《天津南开中学志》,天津教育出版社 2014 年版,第 174 页。

高尚，理论精深，尤为人所共称，实我国体育界不可多得之兼全人才。"①

中国篮球之父董守义

　　董守义（1895—1978），出生于河北蠡县郑村，1907—1909 年就读于保定同仁学堂。他自幼爱好体育，1912 年至 1916 年在通州协和书院读书时，为该校篮球队、足球队、田径队队员。1916 年，毕业后的董守义经天津青年会体育主任蔡乐尔介绍任天津青年会体育部练习干事。1917 年 5 月，他代表中国参加东京第三届远东运动会，同年 11 月，由天津青年会保送至上海青年会全国协会办的体育学校学习，同时由美国人麦克乐介绍到上海东亚体专和爱国女学体育科任教。1919 年 4 月，返回天津任青年会体育干事。

　　同年，董守义为张伯苓推广体育教育的热诚和努力所感动和吸引，应张伯苓校长之邀至南开学校任体育教师兼篮球教练，全心全意地致力于南开校园内外篮球运动的普及和推广。1921 年，南开学校篮球队成立，董守义开始担任技术指导。他每周利用两个下午的时间，对队员进行基本动作训练，还在技巧、战术上指导队员，从而使他们能够紧密配合、互相照应，能攻善守。在比赛中，队员们既可以发挥集体的力量，又充分施展了个人才能，所以常常取得优异的成绩。在董守义等人的精心指导下，南开学校篮球运动的水平迅速提高。在 1922 年举办的天津学校联合运动会上，南开学校篮球队初露锋芒，连克实力雄厚的天津基督教青年会队、曾获华北运动会冠军的高等工业学校队、官立中学队以及称雄津门多年的新书学院队、北洋大学队等多支劲旅，一举夺魁。

　　1923 年春，中国篮球代表队赴日参加第六届远东运动会，董守义任指导。运动会结束后，董守义被青年会推荐至美国春田学院学习，师从篮球发明者詹姆斯·奈史密斯（James Naismith），深入研究篮球运动的理论、技术、战术及训练方法等。他不仅成为春田学院篮球队队长，还是该校足球队、棒球队队员，多次代表学校参加比赛。1925 年 7 月，董守义毕业回国，被张伯苓重新聘任为南开学校的体育指导。1926 年，他组织建立了天津体育协进会，张伯苓校长任名誉会长，自己任专职干事。1927 年，董守义介绍齐守愚担任南开体育教师，并协助自己训练球队。

---

　　① 龚克主编：《南开大学史话》，社会科学文献出版社 2016 年版，第 123 页。

1928 年，董守义担任南开中学篮球队教练，每周一、三、五到校指导。1929 年至 1930 年间，包括南开中学 5 名主力队员在内的天津篮球代表队在杭州一举夺得全国运动会篮球锦标赛的冠军。

1929 年 4 月，南开篮球队在第五次华北球类运动会上一举夺得大学组篮球冠军。6 月，应上海体育协会和在沪南开校友之邀，南开远征上海，章辑五带队，董守义随队指导。在上海，南开队连胜沪江队、海贼队、皮斯堡队和菲律宾托马斯大学冠军队，一举成名。南开球队的五名队员也被誉为"南开五虎"。南开师生送给董守义一枚刻有"为国争光"几个大字的银盾，表达感谢之情。

董守义不仅把篮球运动的技术和经验，毫无保留地传给了南开学校篮球队的队员们，而且还著书立说，从理论和实践的结合上为体育教育发展贡献自己的力量。他亲笔撰写的《篮球术》一书对南开学校、近代天津乃至中国篮球运动的发展均起到一定的指导作用。董守义不时提醒和告诫运动员们，体育比赛的胜负是暂时的，而良好的作风和高尚的体育道德才是体育比赛留下的真正永恒的财富。他要求每一位运动员时刻保持谦虚谨慎、不骄不躁的心态，在比赛中绝不可采取粗暴野蛮的行为，做损人利己的事情。曾任学校篮球会会长的祝步唐深有感触地回忆："董先生为人谦和，做事认真，对体育深有研究，并对各种运动的技术，素养高超，尤其各种球类，无不精通，每次示范，令人折服。"经过他的教练，球队的队员都会有长足的进步，"除球技、体能外，尤其在运动精神方面，较前不可同日而语"①。

董守义与张伯苓不仅在南开校园内一起实践共同的教育理念，还曾为捍卫国家尊严和利益而并肩奋斗。1938 年，国际奥委会在开罗召开会议，讨论第十二届奥运会申办城市问题。东京虽然早已取得了奥运会主办权，但由于日本军国主义者大举侵略中国的野蛮行径玷污了奥运精神而遭到了国际社会的强烈抵制。后经奥委会决定，主办城市改为芬兰的赫尔辛基。张伯苓、董守义等中华全国体协同仁召开会议，决定成立筹备委员会，拟派运动员参赛，以在国际社会上昭示中国自强不息之精神，打击侵略者的嚣张气焰。董守义被推举为筹备委员会委员兼秘书。虽然最后因第二次世界大战扩大，本次奥运会未能举行，但张伯苓、董守义等人在此过程中彰显出的爱国精神仍值得被铭记。

----

① 龚克主编：《南开大学史话》，社会科学文献出版社 2016 年版，第 124 页。

承上启下的体育传承人侯洛荀

在南开学校的体育教师中，起到承上启下作用的当属侯洛荀。侯洛荀（1901—1990）生于浙江省平湖县。当他还在嘉兴县浙江第二中学读书时，即痛感中国积弱不振、中华民族被外人视为"东亚病夫"的耻辱，认识到唯有强身、强种才能强国的道理。中学毕业后，他考入南京东南大学体育系。1924年受张伯苓聘请，到南开学校任体育教员。他对工作认真负责，不辞勤劳。1929 年冬，他指导的南开大学越野赛跑队的 10 名学生参加了由天津体育协进会主办的一万米越野赛跑比赛，成绩优异，夺得团体第一名以及个人第一名的佳绩。队长秦祖培赛后说：此次本校越野赛跑队获得空前荣誉，论功劳，当推指导侯洛荀先生。侯先生不辞辛劳，每天早晨六点半就牺牲"被中"之乐，来校指导练习。"其热心指导，公而忘私，实今世所不多得。"[①]在侯洛荀的指导下，队员们运动成绩、身体素质、精神面貌都发生了明显的变化。特别是队员中身体条件较弱、运动成绩较差者，都坚持跑到终点，这种咬牙的精神，尤堪为各校冠。侯洛荀擅长球类，一边教学，一边担任南开足球队、棒球队、垒球队的教练和裁判。

从 1929 年下学期开始，侯洛荀还担任南开女生体育课教师。对女生体育，他非常热心，指导工作不遗余力。因此，在天津联合运动会、华北运动会、全国运动会上，南开大学的女生多次取得好成绩。

除担任教员外，侯洛荀还积极从事社会体育工作，参与天津体育协进会的工作。他在《天津体育协进会年刊》上发表文章《健康生活刍议》，特别强调体育运动的价值。他明确指出：

> 运动为每人每日必需之工作；若不运动，肌肉软弱，脂肪聚集，身体各器官均若牢铐而不灵，内脏功用迟缓，血液循环不畅。运动之时间，每人每日至少为一小时，若运动过度，则身体反而有害，特别于儿童尚未发育完时，若作过度之剧烈运动，必于身体发生最大之障碍。兹列简单运动方法数条如下：每晨作柔软操，若能加入体育班则更佳。练习游泳，若不谙，则于学习时宜小心。远足，亦为良好之运动。若于上工下工时，能作步行，则更佳，若道嫌路太远，则行其全程之半。若在自

---

① 龚克主编：《南开大学史话》，社会科学文献出版社 2016 年版，第 126 页。

己宅第附近，培植一小规模之花园，则亦可藉此运动。①

1930 年至新中国成立前夕，他担任了大多数全国运动会的裁判工作。1936 年柏林奥运会期间，他作为中华赴欧体育考察团的成员，观摩了奥运会并对德国等九个国家进行了考察。

1937 年 7 月，抗日战争全面爆发后，侯洛荀随南开大学辗转南迁长沙、昆明，在西南联合大学坚持执教。是年 11 月，侯洛荀在长沙临时大学任教，兼任教室宿舍设备委员会委员。南京沦陷后，长沙局势危急，师生无法安心上课，校方在翌年 1 月决定搬迁至昆明，并制定了陆、海两路入云南的计划：校本部女生及年老体弱师生走海路；男生和身体健壮的教师组成"湘黔滇旅行团"步行去昆明。陆路步行师生 336 人，其中教师 11 人，侯洛荀就身在其中。"旅行团"师生于 2 月中旬启程，步行近两月余，最终成功抵达昆明。

在昆明，尽管西南联合大学教学条件较差，体育设施严重匮乏，学校仍然十分重视体育教育，体育课是必须学满四年否则不能毕业的必修课。侯洛荀在西南联合大学执教期间，克服重重困难，坚持体育教学，对学生严格要求，认真负责。每当教授球类技术时，他不厌其烦地为学生做示范。为使更多的学生参加体育锻炼，他还利用纪念日、节假日组织学生去滇池、抚仙湖或阳宗海爬山、游泳，还组成篮球、排球、足球、棒球等校队进行训练、比赛。他指导学生成立体育协会开展体育活动，组织运动队参加云南省教育厅举办的各项比赛。

抗日战争胜利后，西南联合大学三校迁回原址。1946 年 10 月，南开大学在八里台举行复校开学典礼，侯洛荀被聘为体育组主任。南开复校后，体育依然同过去一样受到重视。学生每周上 3 小时体育课，不得无故缺课，无故缺课满 10 小时者，由注册课予以警告。大学四年中，体育课占 12 个学分，不修满体育不准毕业。在体育课以外，侯洛荀还指导学生组织体育团体，如野猿体育会、铁马体育会、南光体育会等，课余时间组织学生锻炼身体和体育比赛，很受同学欢迎。为进一步推动学校体育活动的开展，他除经常组织院系排球、篮球、划船等比赛外，每年春秋两季还要举办一次全校规模的运动会，规定每位同学必须参加一项竞赛，成绩在前四名者，分别予以金牌或银牌作为纪念。上述措施，极大地调动了学生们参加体育活动的积极性，延续了南开学校重视体育的传统，形成了南开体育教育的特色。1949 年天津解放时，侯洛荀担任南开大学保安组组长，为保卫学校免遭国民党的破坏做了

---

① 侯洛荀：《健康生活刍议》，天津体育协进会年刊 1935 年版，第 18 页。

大量工作。

新中国成立后，侯洛荀继续在南开大学从事体育教学工作，还出任了天津市足球协会主席等社会职务。1960年，他出任河北省体委副主任，历任河北省第一届、第二届政协委员，第三届、第四届政协常委，天津市第三届至第十一届人大代表。1990年5月，侯洛荀逝世。

南开的杰出体育教师远不止上面介绍过的几位，陶少甫、文进之、刘冠军、赵文选、廖蔚棠等体育教师，也都为南开体育做出过贡献。

五

清华校长梅贻琦

　　清华之所以成为清华，是因为有了梅贻琦这样的校长。梅贻琦，鞠躬尽瘁执掌清华园数十年，使清华从一所留美预备学校一跃而成为国内名牌大学。在他的学生中，有两位诺贝尔奖得主——杨振宁、李远哲，有钱锺书、乔冠华、曹禺、吴晗、张明觉、姚依林等众多光彩夺目的时代和民族精英。在他担任校长期间，清华曾汇集过贝聿铭、钱三强、钱学森、钱伟长、华罗庚、陈省身、王大珩、陈寅恪、朱自清、闻一多、俞平伯、吴宓、赵元任、王力、冯友兰、金岳霖、贺麟、蒋廷黼、周培源、熊青睐、翁文灏等学界巨子。他在长达47年的教育实践中，逐渐形成了许多极有价值的教育思想和理念。而最值得我们回味的是他那令人称道的人格魅力与品德气质以及个人修养，反映出近代中西方两种异质文化在中国知识分子身上有机、完美的融合与统一。忆念梅贻琦的生命历程会让你我对他的生命由衷地感动，会对中华民族的教育事业充满感激。

　　梅贻琦（1889—1962），字月涵，他祖籍江苏武进（今常州），1889年12月29日出生于直隶天津。1904年，入张伯苓在天津创办之敬业中学堂，为该校第一班学生。1909年，以第6名的成绩考取第一批庚款留美生，入麻省威斯特工业学院读电机工程学。1914年毕业，并获得工学学士学位。1915年，他回国后在清华任教，由教员至讲师、教授。1926年，被公举为清华改制后的首任教务长。

　　1928年11月，梅贻琦被任命为清华留美监督处监督，管理清华大学分散在美国的留学生。校刊发表消息说："近来，监督处开支浮滥……梅先生两任本大学教授及教务长，公正廉洁……将来到美后必有一番改革。" 为了节省开支，梅贻琦接受任命后只身赴美，直到翌年冬天，他才让自己的太太韩咏华把两个孩子留在国内，一人赴美。也是为了节省开支，他一到任就精简人员、简化机构。他还辞退了司机，自己学开车，将原来负责做饭和打扫卫生的助理员改为做半日工作，由梅夫人做饭，不领取任何报酬；为了节省煤炭，梅贻琦还到地下室，协助烧炉工从供暖的大炉子里掏出没有烧尽的煤渣……虽然他自己的生活艰苦困顿，但监督处真正办成了留学生之家，不仅在华盛顿的留学生常来活动、休息，在外州的清华留学生放假、暑假时也会来到这里一聚，再后来有不少非清华的中国留学生也常来这里欢聚。

1931 年冬，时年 42 岁的他被任命为清华大学校长，自此连任到 1948 年，长达 17 年之久，其中包括在西南联合大学的 8 年。他上任后住在当时所谓的法定校长住宅，按旧例，连卫生纸都是由公家供给的，由公务人员按时送到。他却主动放弃可以享受的一些"特权"，自己付家里工人的工资；自己付电话费；不要学校每月免费供应的两吨煤；从不让家人乘坐小轿车办私事，他的夫人也只是在和他一起进城时才可以顺便搭他的小轿车。他在生活上的要求很简单，从不讲究穿衣吃饭，处处精打细算。梅贻琦经常在用过的废旧纸片上起草的一些报告提纲、公函等，现在还保存在清华大学的档案馆里，见证着他的廉洁、持身以俭的工作作风。

在梅贻琦担任教务长期间，清华大学的师资队伍就已经初具规模。当时国内许多著名学者，如王国维、梁启超、陈寅恪、赵元任、朱自清、叶企孙、熊庆来、金岳霖、马约翰等人会聚清华园。梅贻琦主持清华校政后继续坚持"思想自由""兼容并包"的办学方针。特别是在教师聘用上，他坚决主张延聘高水平学者。他在出任清华大学校长的"就职演说"中就明确提出："我们要向高深研究的方向去做，必须有两个必备的条件，其一是设备，其二是教授。设备这一层，比较容易办到，我们只要有钱，而且肯把钱用在这方面，就不难办到。可是教授就难了。一个大学之所以为大学，全在于有没有好教授。孟子说：'所谓故国者，非谓有乔木之谓也，有世臣之谓也。'我现在可以仿照说：'所谓大学者，非谓有大楼之谓也，有大师之谓也。'我们的智识，固有赖于教授的教导指点，就是我们的精神修养，亦全赖有教授的 inspiration。但是这样的好教授，决不是一朝一夕所可罗致的。我们只有随时随地留意延揽而已。同时对于在校的教授，我们应该尊敬，这也是招致的一法。"[①]在这样的背景下，从 1932 年到抗日战争爆发，先后有雷海宗、萧公权、顾毓琇、张印堂、张荫麟、唐兰、李景汉、贺麟、邵循正、陈省身等一批著名学者来到清华。此外，梅贻琦还特别注意吸引外国学者来清华大学或长期或短期讲学。因为在他看来"师资为大学第一要素，吾人知之甚切，故亦图之至亟也"，特别是要大力提高整个国家的学术水准，就应当"罗致世界第一流学者，来华讲学"。如巴黎法兰西学院教授哈德玛（Jacques Hardamart）、

---

① 梅贻琦：《梅贻琦谈教育》，辽宁人民出版社 2015 年版，第 7 页。

美国麻省理工学院教授温纳（Norbert Wiener）以及美国加州理工大学的华敦德（Frank Wattendorf）等就是这一时期来到清华园的。他们和国内的著名学者共同为清华大学教学、科研"黄金时代"的到来奠定了坚实的基础。

1937年卢沟桥事变后，北大、清华、南开三所高等院校接受国民政府的命令，先是在长沙组成临时大学，后来又被迫转移到云南昆明，在那里改组为"国立西南联合大学"。在担任西南联合大学常务委员会主席期间，梅贻琦常驻昆明，实际掌管校务。身处日本侵略者疯狂入侵、山河破碎的悲惨境地，肩负如此重任，梅贻琦感到使命重大，需要克服的困难也很多。

在抗日战争最艰难的时期，后方经济凋敝，民众生活极其贫困，而处于公教阶层的教授们的日常生活，并不比常人优渥，同样是难以启齿，困苦不堪。他们中的许多人放弃了国外生活的舒适而甘于清贫、无私无畏、从教不辍，这是中国优秀知识分子崇高的精神气节亘古不变的体现。梅贻琦和西南联合大学的许许多多敬业爱国的教师一样，抱定了"科教救国"的信念。他的弟弟梅贻宝后来回忆说：抗日战争期间，身为大学校长和国民党中央执行委员的梅贻琦，经常"吃白饭拌辣椒，有时吃上一顿菠菜豆腐汤，全家人就很满意了"。

在西南联合大学还流传着一段梅夫人自制米糕的佳话。西南联合大学教授们的月薪在1938—1939年间还能维持三个星期，后来物价飙升就不能撑到下半个月了。于是，教授夫人们就八仙过海各显神通：有的绣围巾，有的做帽子，也有的做食品，拿到市场上去出售，贴补家用。梅夫人因为视力不好，所以与人合作，以七成大米、三成糯米，加上白糖做成米糕，取名为"定胜糕"，隐含抗战"一定胜利"之意。梅夫人每天挎着篮子步行四十五分钟到"冠生园"寄卖。碍于梅贻琦校长的面子，卖糕时梅夫人总是遮遮掩掩，但很快还是被人知道了。于是，梅夫人挎篮子寄卖"定胜糕"的事流传得很远。

对于梅贻琦来说，眼前的这些困难还是比较容易克服的。而如何凝聚众多跋山涉水转移到昆明的学生和教授们就是非常困难的事情了。如何处理各种学生运动给学校带来的负面影响，如何处理三校之间存在的各种隔阂，都成为梅贻琦需要马上解决的问题。此外，在西南联合大学的教授群中，既有老资格的共产主义者，如张申府等人，也有战国策派和野玫瑰派代表人物，如雷海宗、陈铨等人；既有早期的国家主义派中坚，如闻一多、罗隆基等人，也有三民主义派的重要人物，如周炳琳、姚从吾、陈雪屏等人。能够把这些学术、政治精英聚集在一所大学之中，实在不是一件容易的事情。正如梅贻琦所言："在这风雨飘摇之秋，清华正好像一条船，漂流在惊涛骇浪之中，有人正赶上驾驶它的责任。此人必不应退却，必不应畏缩，只有鼓起勇气，坚忍前进。虽然此时使人有长夜漫漫之感，但吾们相信，不久就要天明风定。到那时我们把这条船好好开回清华园，到那时他才能向清华的同人校友'敢告无罪'。"①然而，梅贻琦所具有的奋力前行、忍耐宽容的精神始终鼓舞、激励着他最终超出预期，圆满完成了这项具有重大和深远意义的使命。抗战时期边陲办学的艰难困苦，北京大学、清华大学、南开大学三校联合过程中的纷繁复杂，与重庆及云南方面的极力回旋，学生运动与政府压力下的灵活应对，战后复校的周密安排……梅贻琦以他宽大的胸怀、"学术自由"的态度和"兼容并包"的精神，努力凝聚不同历史、不同学风的三校教师，在动荡的年代里，保存了三校的教学、科研精华，延续了"学术第一、讲学自由"的学风。在梅贻琦的带领下，西南联合大学在极其艰苦的条件下仍然培养出了以杨振宁、李政道、邓稼先、朱光亚等为代表的一大批杰出人才。这在世界战时教育史上是绝无仅有的。

1948 年 12 月，在北京解放的前夕，梅贻琦被由南京国民政府派来的"教授专机"辗转"抢救"到了香港，继而在纽约中华文化基金会服务，继续保管清华基金。他在海外生活的清苦困顿自不必说，远离故土的凄凉与寂寞更是难以言叙。1951 年春，梅贻琦组织了"清华大学在美文化事业委员会"，开始用清华基金利息资助在美学者从事研究工作。他秉承着"不限清华门户，一视同仁"的原则，处理每一份申请，凡是研究课题确有学术价值，生存境遇窘迫的中国学者，都能从他那里得到真诚的帮助。但是他自己却处处撙节，丝毫不摆架子，不要威风。他给自己规定了最低限度生活费，除去一间住房及办公必不可少的开销之外，已所剩无几。他凡事都是自己亲自动手，有时连最低的生活水平也不能维持，经济困难时，他还要靠女儿打字挣来的微薄薪金贴补家用。

1954 年，他参加完"国民大会"后把全部津贴用于为清华驻美办事处购买图书。赵庚扬说他"是俭，不是吝，为公家办事是要钱花得经济、有效、持久、不是舍不得花。因此，是积极的俭"。梅贻琦因此被人们称为具有上德之人。

他一生两袖清风，没有留下积蓄，病后住院费和死后殡葬费都是校友们捐助的。据韩咏华回忆：在病桌旁边有一只他从不离身的手提包，众人在他去世后打开一看，竟是清华基金的历年账目，一笔一笔清清楚楚，在场人无

---

① 《在昆明公祝会上的答辞》，《清华校友通讯》，第 6 卷第 9 期。

不为之动容。这也很好地诠释了他的老师、张伯苓校长那句"留德不留财"。

梅贻琦在大陆和台湾社会各界人士中都享有极高的声誉，受到普遍的敬重。这种不因其人的政治信仰和政治观点而赢得人们普遍尊重和较高历史评价的人物，实属罕见。这应该归功于其廉洁奉公、宁静谦逊的品格符合近代中国社会的期待。他虽几次出任国民政府教育部高层领导职务，又长期独司数十万美元的清华基金，却能一生谨守原则，逝世后没有留下任何遗产。正像林公侠所说："他在母校十几年虽然清华基金雄厚，竟不苟取分文，在贪污成风的社会，竟能高洁、清廉到这样的地步，真是圣人的行为。只这一点，已是可以为万世师表。"①

---

① 逸名：《儿也嫌过娘丑》，远方出版社 2006 年版，第 14 页。

青年领袖

——马骏与于方舟

南开的"马天安"

南开学校从创办伊始，张伯苓校长就将"痛矫时弊，育才救国"作为其创办南开的宗旨与目的。在那个救亡图存的年代，无数血气方刚的青年都受其赤诚的爱国之心感召，慕名来到南开求学，留下了一个个可歌可泣的英雄故事。马骏即是众多佼佼者之一。

马骏（1895—1928），又名天安，字通泉。回族。吉林省宁安县（今属黑龙江省）人。1915年，马骏离开了家乡，告别了父母，告别了东北那片黑土地，来到遥远的渤海之滨天津，入南开学校就读。从保存下来的资料来看，马骏是一个品学兼优的学生. 他曾经是学校"自治励学会"的会长，在学校组织的国语和英语演讲中多次获奖，能演话剧和评书……可谓多才多艺。然而，五四运动的激荡与热血使这位东北汉子再不能沉寂，他满怀热情地投身于这场大潮。7日，南开学校召开"五七"国耻纪念大会，马骏发表了痛心疾首的演说，积极倡导和鼓动天津各学校联合起来开展斗争。14日，天津各界学生联合会成立，马骏被选为副会长。6月5日，天津学生联合会在南开学校广场召开了数千人参加的爱国运动大会，马骏在会上带领大家高声宣读《宣誓书》："（一）誓保国土；（二）誓挽国权；（三）誓雪国耻；（四）誓除国贼；（五）誓共安危；（六）誓同始终。"会后，示威请愿，要求北京政府释放被捕学生，取消卖国的"二十一条"密约。

1919年8月，山东军阀马良残杀了好几位爱国人士。23日，天津学生联合会派遣郭隆真、刘清扬等十多人为代表，汇合北京学生代表到总统府前请愿，要求严惩马良，却遭到北京政府的逮捕。虽同为回族，马骏斥责马良为"回族中的败类"。请愿代表被捕后，他便带领天津学生千余人再次赴京请愿。

26日，天津、北京等地学生代表公推马骏为请愿活动的现场总指挥。紧接着，他便率领天津、北京、山东以及唐山、烟台等地请愿代表五千多人，直逼总统府，在天安门前掀起了大规模的学生请愿活动，同北京政府展开了针锋相对的斗争，马骏和大家一起高呼："释放被捕代表！""惩办卖国贼马良！""我们要誓死奋斗！不当亡国奴！"

在请愿过程中，马骏充分发挥其演讲的特长，宣传爱国思想。当看到不少市民围观时，他登上高处，挥动手中的国旗向人群问道："这是什么？"众人答道："是中华民国国旗。"马骏慷慨激昂地说：大家说得很对，国旗是代表国家的，我们中国人应该爱护它，爱护自己的国家，不容别国侵略。面对军警，马骏说，你们是中国人，应该爱中国。你们现在来阻挠我们的爱国行动，是长官命令，你们多可怜呀！成天辛苦，得不到几个钱，钱上哪儿去了？不是被长官入了腰包了吗……军警们听了他的话，觉得很有道理，真是别有一番滋味涌上心头。

马骏和爱国学生与军警进行了长达三天三夜的对峙，军警们大为恼火，他们想到要"擒贼先擒王"，决定逮捕这次运动的总指挥马骏，便不惜施展威胁和诱惑的手段，要求学生们"供出"马骏。马骏说："他们要逮我，我出去就是了！免得大家受累。"众人不答应，认为大家既同来就同生共死，被捕的代表还没释放，怎么可以让他人再被逮捕！

大家想到给马骏化装以迷惑军警，用一件西装换下他的布大褂，还给他换上皮靴……慢慢地时针已指向二更。军警们用手电向代表的脸上照，还用手抬起代表的头照了再照，这样持续了很久也没查出马骏。他们更加恼羞成怒，干脆点燃了大气灯，尽管照得四周如同白天，可他们仍然没能找到马骏。

一计不成，又生一计。军警们又想出了新的花招，由四个士兵挟持一个代表，等走到门口时，大声呵斥道："你叫什么名字？那里来的？"等回答完后，他们就将其推出门外放走。接连好几个代表"享受了"这种待遇。马骏面对此情此景，不忍学生代表受此凌辱，遂挺身而出，大声呼喊："我就是马骏，你们不要打人！要逮，逮我好了！"军警立即将马骏逮捕，并逼迫他宣布学生队伍解散。

马骏却对同学们说："我们此来就是抱定牺牲的，我虽然被捕，不必恐惧，坚持斗争，一定会胜利，逮捕一个，便会激起十个、百个、千个爱国者，爱国者是逮捕不完的……祖国万岁！""吾人死为国死，死为争国不亡而死，死后惟愿全国父老以及后之来者，万不可把国忘了。将来如得幸福有日，则吾人死亦瞑目于地下矣，吾人之死不为自私，不为名利，但愿全国同胞父老秉此牺牲之精神，永留光明之纪念于天壤已矣。"这一番坦然面对死亡的话语久久萦绕在代表心中。

马骏被捕后，天津各校学生倡议要全体徒步去北京请愿，营救代表。各界联合会经过讨论，决定先选派十名代表再次赴京。后来，经过这十名代表和南开学校校长张伯苓的多方援救，马骏和其他先前被捕的代表终于全部获得释放。因在天安门前的英勇表现，马骏还博得了"马天安"的美誉。

津门之光——于方舟

在人才辈出的南开园内，当你缓步来到景色秀丽的新开湖畔，在莘莘学子流连忘返的图书馆旁，在一片花草树木的簇拥下，一尊肃穆的、黑色的半身石塑像会映入眼帘，塑像基座上刻有已故全国人大常委会委员长彭真的亲笔题词，这就是被李瑞环誉称为"津门之光"的于方舟烈士的塑像。

于方舟（1900—1927），原名兰渚，又名芳洲，自幼聪颖好学，有"春风得意花千里，秋月阳辉桂一枝"之雅称。1922年秋，他以于绍舜的姓名考入南开大学。之前，他已经在天津学生界小有名气。

1918年，于方舟考入直隶省立第一中学校，一面刻苦学习，一面关注着祖国和人民的命运。面对国家和民族的危难，他忧心如焚，遂以"方舟"为名，自期自奋，愿作"渡人之舟"。他在《方舟歌》里写道："狂澜四面严相逼，群生彼岸须舟亟。方舟负任一何重？方舟遭境一何逆？"并激励自己"努力壮尔神，努力执尔柁，战胜眼前魔，何愁沧海阔"，表达了一位热血青年的坚强决心。

五四运动中，他组织了"新生社"，出版《新生》杂志，和周恩来等组织的"觉悟社"一起，为团结天津进步青年、传播革命真理共同开展斗争，成为天津学生界的领导人之一。

1920年1月29日，为抵制日货，及反对当局对天津各界联合会和学生联合会的查封，大批学生赴直隶省公署请愿，结果于方舟、周恩来、郭隆真等作为请愿代表被捕。在狱中，于方舟毫无畏惧，还与周恩来共同办起了"读书团"，组织狱中的难友学习并讨论政治、学术和社会问题，他给大家讲了《平民教育实施的办法》。

经过社会各界人士的努力营救，于方舟等人半年后终于获得释放。但是，他却因此而被校方开除了学籍。不得已而回到家乡的他，开始深入劳动群众，运用编传单、唱歌谣等通俗易懂的方式来启发广大农民的思想觉悟，不断进行发动和组织农民的革命斗争，不断探求革命的道路。1920 年秋，他在新生社的基础上建立了马克思主义研究会并发行会刊，积极宣传十月革命的情况，认真组织会员们阅读《新青年》《少年中国》等革命刊物，不断推动马克思主义在天津的传播。在李大钊的指示下，他于 1921 年将天津马克思主义研究会改为社会主义青年团，天津的共青团组织慢慢发展和巩固起来。

进入南开大学学习后，于方舟重新组建了天津学生联合会并被推举为执行部部长。此后，天津学生联合会做了许多工作，兴办了多处平民学校，与社会各界人士广泛联合。经李大钊介绍，于方舟于 1923 年加入了中国共产党，并以新的更加积极的姿态投入革命事业。是年冬，党中央派蔡和森来天津指导工作，并指示于方舟着手筹建中共天津地方党组织。接到这一任务后，于方舟在坚持学习的同时，利用课余时间和天津最早的一批共产党员江浩、李锡九等积极进行艰巨的准备工作。1924 年初，在中共中央和北方区委的领导下，他们于法租界 24 号路普爱里 34 号召开成立大会，讨论并确定了中国共产党在天津的具体工作方针和行动纲领，正式建立了中共天津地方执行委员会，于方舟被选为委员长。从此，天津党组织正式建立起来，积极开展了各种宣传活动，带领和发动天津人民参加了历次的爱国运动。天津党组织也在斗争中成长壮大，基层党支部迅速在工厂、学校、农村建立起来，到 1926 年已发展到二十多个（不包括农村），共有党员四百余人。

八七会议后，党中央派蔡和森、王荷波等人主持北方局工作，改组了顺直省委，确定了实行土地革命、建立工农兵政权的行动方针，并决定于是年 10 月发动玉田暴动。于方舟以中共顺直省委委员兼组织部部长的身份直接领导了这次暴动。他组建了京东人民革命军，成立了指挥机关，制定了详细计划，并公开打出了"土地革命"和中国共产党的旗帜，但暴动终因寡不敌众而失败，于方舟被逮捕遇难，年仅 28 岁。

于方舟是五四运动期间天津学生界领导者之一，是历史上天津党团组织的重要创建人和领导人之一，是南开大学培养的第一位为国捐躯的革命者。

永远的传唱

——吴家四兄弟的南开故事

著名物理学家吴大猷，在回忆自己从 14 岁到 24 岁在南开学习和执教的经历时，曾这样说过，这十年是他性格、习惯的成形时期，也是他求学基础训练的重要时期。其实，南开岁月不仅是吴大猷（1907—2000）一个人最为充实甜美的记忆，也是他和自己的兄弟吴大任（1908—1997）、吴大业、吴大立等四人共同唱响的生命之歌。

吴家兄弟"四重唱"

1921 年夏天，14 岁的吴大猷跟随应邀出任广东旅津学校校长的伯父吴远基来到天津。虽然旅途非常漫长，但他并不寂寞，因为同行的还有伯父的孩子吴大业和吴大任，以及四叔的孩子吴大立。

有趣的是，这年龄相仿、相貌相似的堂兄弟四人竟然一齐考入了南开中学，住进了同一间宿舍。他们一亮相，就立刻引来众人关注的目光。每次他们出现在图书馆、食堂或运动场，总是会被人一眼认出。

看看兄弟四人的名字，"大猷""大业""大任""大立"，即使不知情的人，也会感觉到整个家族对他们所寄予的厚望。尽管亲人朋友竭尽所能资助他们，但诸多变故仍然使他们失去稳定的生活保障。然而吴家兄弟没有退缩，他们将稚嫩的手臂紧紧地挽在一起，在相互鼓励中奋力前行。

图书馆里的两套百科全书是吴氏兄弟的挚爱，广袤的宇宙和神奇的自然如巨幅画卷般在他们眼前展开。吴大任不仅对百科全书爱不释手，那本吴稚晖用问答形式写的《上下古今谈》更使他深深迷恋上天文学。对知识的强烈渴求促使兄弟四人不断探索科学世界的奥秘，锲而不舍地钻研学术。

运动是四个男孩子放飞快乐心情的最好方式。当时他们并没有钱来购置齐全的运动设备。例如，四个人打网球只有一个球拍，后来才慢慢从外国人手中买来一些球拍和差不多快不能用的旧网球。尽管如此，他们还是十分偏爱这项运动，特别是吴大猷，直到老年，仍乐此不疲。

"小小少年，没有烦恼"，吴家兄弟在南开中学的"四重唱"是充满快乐的旋律，这旋律不仅让他们脚步轻盈，也深深感染了身边的每一个人。

积跬步　行千里

南开中学的学习和生活引起了吴家兄弟对学问的兴趣，正当他们准备再度联手，共同步入大学殿堂时，大立却因母亲病重匆匆返回家乡。缺少大立的日子少了几许欢乐，多了几分遗憾，但其他三兄弟此生最丰富的记忆，还是留在了南开大学。

1925—1926 年之间，留在天津的三兄弟陆续以优异成绩进入南开大学。吴大猷最初考入矿科，后因矿科停办转入物理系；吴大业考入南开名气较大的商科；吴大任则在上大三时从物理系转入数学系。脑子里向来不存做官和赚钱思想的吴大猷，在大学念书的时候，只一心钻研学问，不大去想将来，也不为自己的前途担忧。大学四年的培养和训练，不仅使吴家兄弟明白了求知的真正意义，更使他们献身学术研究的决心日益坚定。

对学问如饥似渴的吴家兄弟完全沉浸在求知的乐趣中，但他们更明白"不积跬步，无以行千里"。吴大猷一入学就培养自己做学术笔记的习惯，日积月累，那厚厚的学术笔记逐渐变成了一篇篇高质量的学术论文的基础，老师和同学都对此赞叹不已。当时为吴大猷兄弟三人讲课的都是颇有名望的教授，如饶毓泰、钱宝琮、姜立夫、邱宗岳等。其实，这几位伯乐早就注意到聪慧过人、勤奋刻苦的吴家兄弟，因此不遗余力地为他们解疑释惑、传授真知。在名师悉心而严格的指导下，三兄弟进步很快。他们不但高质量地完成了专业课的实验报告，还选修了大量介绍学术前沿的课程。这些展示物理、数学、经济等学科最新成就的课程使他们大开眼界。课余，他们还与同学自发组织起讨论会，研读英文、法文、德文等外文学术名著，并轮流作报告；一些学生创办的报刊上也常常可以见到他们写的学术短文。渐渐地，在同学心里，三兄弟是小有名气的"专家"；在老师心里，三兄弟是未来中国的学术希望。

与陈省身同窗

1926 年，刚刚入学的吴大任万万没有想到，和自己同时入学、但比自己小三岁的同学陈省身在此后会和自己三次同窗，更没有想到两人将建立起延续一段 71 年的友情。当然，这份友情已经定格为南开永不褪色的经典画面。

当时的理学院，学生人数不是很多，因此陈省身很快就和吴家兄弟熟悉起来。他同吴大猷虽不同系也不同级，但有些课程，如数学和德文是在一个班上的，而且两人都是理科学会的委员，所以也成了好朋友。以陈省身、吴大猷为中心，理科院形成了一个十分友好、快乐的集体，吴大任自然也在其中。

同学之间的嬉笑打闹就像不同的佐料，令他们的大学生活更加有滋有味。在一次理科师生同乐会上，几个女生编了一个节目，把老师和同学的名字编成了谐音。例如：姜立夫人（姜立夫）、饶毓太太（饶毓泰）、吴大人（吴大任），而最令人捧腹的是"陈婶婶"（陈省身）！

1930 年，吴大任和陈省身大学毕业。当得知清华大学从这一年起创办研究院并开始招生的消息后，二人决定报考，结果双双考中。但吴大任因父亲失业，不得已去了广州中山大学担任助教。而当时的清华数学系只有他们两名学生，因此无法开班，于是学校决定暂缓一年开课，改聘陈省身为助教。1931 年，吴大任经过艰苦奋斗，得以复学，再次与陈省身同窗。

1932 年春天，20 世纪最伟大的数学大师之一，德国汉堡大学数学教授布莱希特到北京大学讲学，题目是《微分几何的拓扑问题》。六场讲座，这两个痴迷于数学的年轻人一场未落。就是这次演讲，使陈省身深受布莱希特影响。他放弃了去美国留学的机会，而申请去了德国汉堡大学。19 世纪的德国数学执世界牛耳，到了 20 世纪初仍势头不减。汉堡大学活跃的学术氛围和强大的师资阵容，都令陈省身激动不已，他迫不及待地写信给同窗好友吴大任，希望他也来汉堡。1935 年 7 月，吴大任偕夫人一同来到汉堡。他们和陈省身经常一起过周末或去旅游，在旁人眼里，他们三个人就是一家人，吴大任和陈省身像亲兄弟一般。

1972 年，陈省身从美国回国，吴大任专程从天津赶去迎接。此时，吴大任已是南开大学的副校长。陈省身多次和吴大任长谈，流露出要把最后的心血贡献给中国数学事业的心愿。这令一直期盼他回国施展才华的吴大任欣喜万分。他为陈省身回国工作积极奔走，并协助其创办世界一流水平的数学研究所。1985年，终于建成南开数学研究所，陈省身出任所长。两人共同的奋斗目标是："立足南开，面向全国，放眼世界。"

吴氏三杰，薪火传递

作为学生，吴家兄弟深受张伯苓先生爱国理念的影响；作为老师，吴家兄弟要让科学精神在南开生根发芽。出于对张伯苓先生献身教育的崇敬，以及对指导自己的恩师的报答，吴大猷、吴大任、吴大立大学毕业后分别在不同时期执教于南开。他们不仅在理论物理、微分几何、货币经济研究中独树一帜，而且秉承南开教师敬业乐群的精神，在物理、数学、经济学科的教学和建设中无私地奉献着，成为颇受学生喜爱和尊敬的老师。

吴大业思路敏捷，既是南开大学经济研究所创始人何廉的高足，也是学生们离不开的一把"快刀"。吴大业教授当代经济理论时，亲自指导学生阅读凯恩斯的名著《就业、利息和货币通论》，以及英国著名经济学家黑克斯的著作《价值与资本》。这两本书是经济学方面的世界名著，很难读懂。为此，吴大业在课堂上有重点地引导学生讨论书中的要点和难点。他的思路很敏捷，经常能抓住问题的实质做深入的讨论，使学生受益匪浅。结合中国实际进行研究和教学，是南开经济学科的一大特色，而吴大业对中国经济，特别是财政、金融以及外贸问题的深入研究，受到学术界的重视。

吴大任在南开大学上四年级时，姜立夫先生讲微分几何课不用现成教材，只带几页废旧日历纸，每页上面写几个字，便是讲授提纲。他每讲完一章，就让学生把课堂笔记整理上交，一年下来，累积成厚厚的一部用英文写的微分几何笔记。而吴大任的笔记则被姜先生打印出来，发给其他学生，作为参考资料。吴大任执教后，除了仿效姜先生的做法外，也还有自己的办法。那就是在上课之前就写出讲课内容的草稿，课后再把草稿修改好，然后印发给学生作为讲义。1959年高等教育出版社出版的《微分几何讲义》就是这样编成的。

1929年，吴大猷大学毕业，留校任教。理学院院长邱宗岳安排他为高年级学生讲授近代物理与力学两门课程。一开始，吴大猷觉得有点难以胜任，但他的脑海中时常会浮现出恩师饶毓泰充满期待和鼓励的目光。因此，吴大猷丝毫没有懈怠。为了提高水平，他还努力攻读了古典力学、热力学和量子论等著作。他发现教别人，实际上也是自己进修最有效的方法。真乃教学相长。

吴家兄弟出色的科研和教学成绩，使他们获得了"吴氏三杰"的美誉。翻看印有他们名字的南开名师录，就能感受到南开精神永不停止的薪火传递。

难舍母校情

1931 年，随着吴大猷的赴美留学，吴家三兄弟各自开始独立支撑自己的一片天。在这一过程中，他们都经受了战争的锤炼和岁月的洗礼。如同小时候那紧紧挽起的手臂，辗转奔波的艰苦生活并没有拆散吴家兄弟的心，无论他们身处何地都会彼此牵挂。而美丽的南开园，便是他们心中思念的共同焦点。

抗战胜利后，吴大任响应召唤，历经波折回到南开大学。重新站在母校的讲台上，他百感交集。后来，吴大任不仅任教于南开大学，还担任副校长。上课、翻译名著、编写教材、筹划学校建设等，吴大任几乎将生命中的每一分钟都献给了南开。

已在海外旅居多年的吴大猷，也时时关注着母校的发展，他相信自己一定能够重返南开。1992 年夏天，吴大猷的梦想真的实现了，他在爱徒李政道的陪伴下重返大陆。这时的吴大猷已经 87 岁高龄，并且因患重病坐在轮椅上。然而离母校越近，他的心就越急切，完全不顾身体的不适，乘车数百里返回青年时代求学的天津，直奔南开。坐在车里的吴大猷凝神望着窗外，偶尔说一句："这条运河，原先是能划船的。"母校为这位 65 年前的校友举行了十分隆重的仪式，授予他名誉博士。母国光校长还把吴大猷 1925 年至 1929 年在南开读书时的成绩单送给了他，老人手握这珍贵的礼物，不禁回想起 60 多年前在南开校园中的情景，那时的他风华正茂。吴大猷向南开回赠的是张大千的《万里长江图》，这幅墨宝曾消解过他许多乡愁。

而最令吴大猷激动的是，他终于见到了自己的兄弟。看着坐在轮椅上的吴大猷，堂弟吴大任的声音哽咽了，两位满头华发的老人紧紧地拥抱在一起。

沧桑岁月洗净了铅华，却在流逝中记录下吴家兄弟浓浓的手足情、南开情。尽管时过境迁，但马蹄湖畔、思源堂外，随处都可以唤起吴氏兄弟留在历史深处的记忆。阅读这点点滴滴的记忆，仿佛聆听大师们娓娓道来他们用生命写就的历史，让人回味无穷。

戏剧大师曹禺的戏剧人生

　　曹禺（1910—1996），原名万家宝，祖籍湖北潜江，生于天津一个没落的封建官僚家庭。由于他幼时经常随父母去戏院看戏，因此对传统戏剧颇为喜好。十三岁时，曹禺进入南开中学求学，但是由于健康状况欠佳，不久便休学在家。两年之后，重返校园的曹禺加入了在华北乃至全国都已经小有名气的南开新剧团。他的表演才华逐渐显露出来，并很快得到了张彭春的赏识。在张彭春的严格要求和悉心指导下，经过数年磨炼，曹禺的表演技艺日臻成熟，在《压迫》一剧中崭露头角。时人在《南中周刊》上撰文，对曹禺的表演给予很高评价，认为他"一举一动，惟妙惟肖，滑稽拆白，尽现台上，可称得全场中之明星"。曹禺的表演不仅被南开师生所公认，而且也得到社会各界人士的赞赏。天津《大公报》刊发的剧评中说道："最有意义，演得恰到好处的是第一个剧《压迫》，里面尽是些有趣而不狂放的演作，内中又含不少深的意思。我尤其是赞成那位作女客的先生（指曹禺——作者注）。我的朋友在我来看戏以前叫我注意现在受过教育的新女子是什么样。他说：'你就在那里看去吧！'我细细地看，我不会说什么极文雅的词句去描写一个'受过教育'的新女子的性格，但是我就觉得演的是我心中所想那类新女子……统观这一剧全好，有味；尤其是女客进门后，空气就紧张起来了……若以个人讲，在《压迫》中我以为做女客的先生是'了不得'。"[①]

　　1927 年 10 月，曹禺在易卜生（Henrik Ibsen）的《国民公敌》一剧中扮演重要角色。这部戏表现的是正直的医生为了制止含有传染病菌的泉水浴场继续贻害他人，与当权者斗争，反被诬为"国民公敌"的事。曹禺认真排练数月，仔细揣摩人物心理，恰到好处地把握住了人物性格特征。但由于当时正是褚玉璞当直隶督办，自以为该剧暗讽自己从而勒令禁演。1928 年，褚玉璞倒台后，张彭春巧妙地将《国民公敌》易名为《刚愎的医生》，于 3 月 20 日易卜生诞辰百年纪念日进行公演，连演三场，场场爆满。曹禺在剧中扮演

---

　　① 《大公报》，1927 年 9 月 13 日。

的女主角形象生动，广受好评，张彭春也十分满意，对曹禺更是大加栽培。

　　1928 年 10 月，为了庆祝南开二十四周年校庆，张彭春又导演了易卜生的《傀儡家庭》（公演时定名为《娜拉》），由曹禺扮演女主角娜拉。该剧公演后立即在社会上形成一股"娜拉热"，表达了五四时期女性追求婚姻自由、反对封建包办等正当要求，在某种程度上对中国社会变革，特别是中国女权运动发展起到了推动和促进作用。而这也是曹禺在南开新剧中第一次承担起挑大梁的重任，因此，他更加仔细地揣摩人物的心态，全身心地投入到对娜拉的演绎中去。就这样，一个"头戴假发，穿着短裙，颈佩白珠项链，足蹬高跟皮鞋"的不甘受家庭束缚、追求自由的外国女性形象被曹禺淋漓尽致地表现出来。该剧演出后，在天津教育界受到广泛关注。时人评价说："此剧意义极深……最佳者是两位主角万家宝君及张平群先生，大得观众之好评。"而天津女界也认为该剧对于提倡女权、促进女性婚姻自由与解放大有裨益，为此还特邀曹禺和其他演员为女界再次举行公演。由于曹禺舞台表演出色，以至于他尚未从南开中学毕业就已经获得"新剧家"美誉。同年，曹禺转入南开大学后，在校庆晚会上再次演出了《娜拉》，再次博得了观众的好评。从此，曹禺成为南开新剧团的顶梁柱。

　　1929 年暑假，为了迎接即将到来的校庆，张彭春决定将英国文学家高尔斯华绥（John Galsworthy）的名剧《争强》搬上舞台，并将改编剧本的任务交给了曹禺。剧本改编完之后，张彭春亲自执导，曹禺参加演出。师徒二人还决定在此剧中正式改变南开剧团男女不能同台表演的惯例，首次由女演员来扮演女角。王守媛、张英元等女同学于是登上舞台，出演剧中角色。剧本按照中国形式加以改译，幕幕表演精彩，词句含义深邃，布景特别华丽，配光之设置，也是前所没有。因此，前来观剧的人络绎不绝，使该剧不断加演，一共公演了三个晚上。"此次计公演三晚（一）十七日晚，不到八时，座位即满，到场者共约千二百余人；（二）十九日上午票即售空，临时来而因无票不得不怅然返者甚多，场中座无隙地，每有四人之椅因拥挤故坐六人，观众之盛可谓甚矣；（三）廿六日加演一次，到场者亦逾千人。此种现象真历年所未有者也。"[①]其盛况空前，可谓南开新剧团的一次攀登顶峰之旅。"此次公演，不但打破本校新剧以往记录，恐在今日之全国中，无能伯仲者。"[②]此剧的演出成功，可谓张彭春和曹禺这对名师高徒又一次天衣无缝的合作。

---

① 《南开学校廿五周年纪念庆祝纪实》，1929 年 10 月。
② 《南开双周》，第 4 卷第 4 期，1929 年 11 月 3 日。

　　南开新剧团时期的演出实践活动，为曹禺以后的戏剧事业打下了坚实的基础。曹禺在自传中曾回忆道："南开新剧团的活动，启发了我对戏剧事业的兴趣，慢慢离开学科学的打算，终于走上了从事戏剧的道路。"[①]

　　为了实现自己的理想，谋求在戏剧事业方面的发展，酷爱文学和戏剧的曹禺决定放弃自己在南开大学政治系的学业，转去清华大学念书。1933 年，曹禺在已有的生活积累和艺术积累的基础上，完成处女作《雷雨》。他早就在自己的生活环境中结识并熟悉了周朴园、繁漪这类人物，更透视出这些人物的特质及在整个社会中的角色定位。加之对话剧艺术表现形式的灵活运用和整整五年的反复酝酿及潜心推敲，《雷雨》终于问世。作为中国现代话剧艺术发展史上的一座里程碑，《雷雨》避免了重蹈"宣传剧"的覆辙，真正做到了鲁迅所倡导的"从内容的充实和技巧的上达"着手，去追求审美创造的真与深。该剧也早已成为曹禺生命中的有机部分。曹禺曾说：我爱着《雷雨》，如喜欢在融冰后的春天，看一个活泼的孩子在日光下跳跃，或如在粼粼的野塘边偶然听得一声青蛙那样的欣悦。《雷雨》公映后，有人尝言，1935 年，从戏剧史上看，应该说是进入了雷雨时代。《雷雨》虽完成于清华，但却是在天津的艺术土壤中孕育、在南开新剧团时期破土萌发的。《雷雨》的取材、构思及人物原型等都是曹禺在天津南开新剧团时期已经酝酿好的。曹禺在自传中称："我很留恋青年时代在天津的那段生活……南开新剧团是我的启蒙老师。"[②]

　　1934 年，大学毕业之后的曹禺回到了天津，又积极地加入南开的话剧演出活动中来。而此时张彭春也从美国游学回来，二人联袂合作，将以前的《新村正》剧本重新修改，并经张彭春导演，由南开新剧团重新排练演出。

　　1935 年，师徒二人将 17 世纪法国著名喜剧大师莫里哀（Molière）的五幕剧《悭吝人》改编为三幕剧，取名《财狂》。剧本的改编工作主要是由曹禺执笔完成，张彭春也多次给予具体指导。师徒两人密切合作，本着严肃认真的创作态度，把原著的故事和人物加以中国化，并逐句逐段地反复切磋琢磨，使之具有了很高的艺术完整性。待张彭春审阅满意之后，剧本才付诸刻印。该剧仍由张彭春执导，而曹禺则扮演剧中男主角韩伯康。

　　1935 年 12 月 7 日、8 日和 15 日，《财狂》连续演出三场，轰动京津，观众拥簇一堂，文艺界名人郑振铎、巴金、靳以等人也专程从北京来天津看戏。

---

　　① 中国人民政治协商会议天津市委员会文史资料委员会：《天津文史资料选辑》，天津人民出版社 2014 年版，第 142 页。

　　② 牛一兵、王宏：《天津小洋楼 名人故居完全档案》第 2 卷，天津教育出版社 2011 年版，第 98 页。

曹禺的表演得到了社会各界的一致好评，萧乾撰文对他大为赞誉："全剧的成败大半由这主角支持着。这里，我们不能遏止对万家宝先生表演才能的称许。许多人把演戏本事置诸口才、动作、神情上，但万君所显示的却不是任何局部的努力。他运用的是想象。他简直把整个自我投入了韩伯康的灵魂中。"[1] 他对张彭春的导演才能也给予了充分的肯定："全剧虽在极复杂的场面，各个角色依着情绪的变化总有一定适恰的方位。虽然表演成绩不同，各角在声调动作上都作有一种节制的努力，我们明白，后台一定有一位能透视戏剧效果的导演指挥着一切。"[2]《大公报》和《益世报》也都做了专版和连续报道，认为："《财狂》在张彭春导演下，演出大成功。舞台设计非常完美；演员表情均极认真；万家宝、鹿笃桐最受观众欢迎。"[3]

天津的戏剧世界为曹禺从事剧本创作提供了巨大的源泉。随着《雷雨》等著作的问世，曹禺的创作手法也日臻成熟。经过大量而长期的社会调查和艺术体验后，他在天津完成了另外一部代表作《日出》，生动地反映了下层民众生活。《日出》的创作过程十分艰难。为了获得第一手材料，曹禺亲自深入社会底层，访问那些被侮辱与被损害了的人们。他回忆道：

> 半夜里我在那片荒凉的贫民区候着两个嗜吸毒品的龌龊乞丐，来教我唱数来宝。约好了，应许了给他们赏钱，大概赏钱许得过多了，他们猜疑我是侦查队之流，他们没来。我忍着刺骨的寒冷，瑟缩地踯躅到一种"鸡毛店"的地方找他们。似乎因为我问得太殷勤，被一个有八分酒意犯罪模样的落魄英雄误会了，他蓦地动手。那一次，我险些瞎了一双眼睛。[4]

他还曾跑到三不管一带的"土药店"、三等妓院去观察，和黑三一类人物讲"交情"。经过几个月的观察了解，曹禺真正把握了社会下层民众的某些心理特点，最终将像妓女翠喜那样"有着一颗金子般的心"的下层民众的形象成功地塑造了出来。《日出》的问世，给中国文坛造成极大的冲击，且博得了广大观众的赞美。单行本在文化生活出版社印出以后更轰动一时。南北文艺界名流一致认定该剧是中国新文学运动以来的最大收获之一。它与芦焚的小说《谷》，何其芳的散文《画梦录》一起获《大公报》1938 年度文艺奖。

---

① 萧乾，《财狂之演出》，《校友》第 1 卷第 3 期，1935 年 12 月 15 日。
② 萧乾，《财狂之演出》，《校友》第 1 卷第 3 期，1935 年 12 月 15 日。
③《大公报》1935 年 12 月 10 日。
④ 曹禺：《〈日出〉跋》，1935 年。

　　成名后的曹禺一直不忘南开和名师张彭春，他认为是张彭春开启了自己走向戏剧舞台的大门。曹禺曾感触颇深地说："在有学识、有才能的导演张彭春教授十分严格的指导下……我开始明白为什么演戏，怎样演戏，甚至于如何写戏的种种学问。"①多年之后，曹禺在他所创作的著名剧作《雷雨》的序言中深情地写道："我将这本戏献给我的导师张彭春先生，他是第一个启发我接近戏剧的人。"②这位近代中国的戏剧大师在无限缅怀导师的同时，时刻怀念自己在南开的新剧生活。晚年，他重返母校，曾深情地说："南开给我的教育，我这一辈子都忘不了。"

---

　　① 曹禺：《〈南开话剧运动史料（1909—1922）〉序》，崔国良：《南开话剧史料丛编·剧论著》，南开大学出版社 2009 年版，第 1 页。

　　② 龚龙主编：《南开大学史话》，社会科学文献出版社 2016 年版，第 116 页。

首届女毕业生蒋逸霄的风采

近代以来，从南开大学走出的优秀学子不计其数，他们肩披着从南开磨就的本领和锻造的风采，如同繁星一般闪烁在各行各业。其中，南开大学首届女毕业生、《大公报》第一位女记者蒋逸霄以巾帼不让须眉的勇气，在报业的天空演绎出属于女性的风采，照亮了近代职业女性的身影。

蒋逸霄（生卒年不详），江苏无锡陈墅人，当时这些小村镇的居民多以务农为生，对于接受教育和新事物的热情不是很高。蒋逸霄的父亲是一个读书人，恪守"女子无才便是德"的传统思想观念。在蒋逸霄九岁的时候，家里把她送进了自家的私塾，其目的只是为了让她认识一些简单的字，能够记记账、看看信，以便将来不至于被人蒙骗。在"风气当然不是很开通的乡下"，她凭借顽强的毅力冲破各种阻挠和重重困难，努力学习知识，渴望自立于社会。她在学习的过程中，阅读了一些诸如《四书》《礼记》《列女传》《女孝经》等书籍，从这时起，她就感到封建制度对于妇女有着很大的束缚，她认为"曹大家……所做的女诫七篇，把女子束缚得简直一些自由也没有"。11 岁时母亲曾一度劝其放弃学业，专门学习缝衣、刺绣、描花、绣花等针线活儿。但是她都毫无兴趣，"性不近此，一拿针线，好似心里抱着许多冤屈"。于是，她总是背着父母一个人躲在房间里孜孜不倦地读书，翻阅了《三国演义》《岳飞传》《白蛇传》《红楼梦》以及《西厢记》等古典名著。见状，疼爱她的母亲决定把蒋逸霄送到无锡北门外的济阳女子高等学校继续读书，目的是希望"她自己赚钱"。但是她的父亲却非常生气，一直过了很久都没有原谅她，她的兄嫂也十分妒忌。然而她却凭着顽强的毅力坚持下来，也引起乡亲们的关注。蒋逸霄每次从学校回家，"从船上一登岸，拖鼻涕的孩子，坦着胸脯怀抱着小孩的妇人，依然围着一大群，他们似乎都在很惊异地看着一个剪发穿着皮鞋的外乡国里去的外国人。"她的叔母听说蒋逸霄进入高等小学学习，还跑来问她的母亲："安安进了高凳学校，那里面的学生，一定都坐着高凳子，家里要不要为她做一把高一点的凳子送去？"足见时人对于新式学堂缺乏了解。

蒋逸霄 12 岁进了济阳女子高等师范学习，13 岁进入女子第二师范求学。

师范毕业后，她感到"学无专长，将来绝不能在社会上成名立业"，遂毅然背着家人投考了刚刚成立的北京女子高等师范，后又转学到南开大学理科学习化学。1926年，她毕业于南开大学，获得理学学士学位，并任教于中山中学。因感到教员生活的乏味，而自己又比较爱好文艺，所以又兼任记者，并成为《大公报》的著名女记者。①

　　蒋逸霄先后在《大公报》上发表了许多创作或翻译的作品。早期的代表作主要有《芙蓉》②、《冬夜兀坐》③、《月夜里归自八里台》④、《剧后》⑤、《踌躇》⑥、《曼丽姑娘的死》⑦、《缥缈》⑧、《心底里的哀音》⑨等。这些作品虽然多属文学性质，但是已经显现出对女性命运的关注。如《剧后》关注的是一个风光的舞台小姐幕后的酸甜苦辣，揭示了当代男女青年在恋爱、婚姻方面存在的困惑，表达了她对爱情、财富以及荣誉等问题的看法，颇具新意。《曼丽姑娘的死》描述的是一个旧式女子在一个旧家庭里的悲惨命运；《心底里的哀音》完全是一个奶妈命运的真实写照。正如她自己所说，此时已经对于"社会及妇女问题倍加关注"。凭借渊博学识，蒋逸霄翻译过不少英文、日文文章，如《蓝花》⑩、《婴孩与日光浴》⑪、《妇女解放论之经济背景》⑫等。从此，这位头顶"名士""流氓才子"等徽号的女性和《大公报》结下了不解之缘。

　　1929年6月27日，《大公报》专栏"妇女与家庭"发出稿约启示，特征"天津女工生活状况和天津女子职业调查"的稿件。对此，她积极响应。从此，关于天津女工生活状况和天津女子职业调查的文章相继在《大公报》上发表，先

---

　　① 关于蒋逸霄的生平介绍资料来自《津市职业的妇女生活·本报记者的自叙记》，1930年11月10日，11月11日，11月13日，11月14日。

　　②《大公报·艺林》，1926年11月25日。

　　③《大公报·艺林》，1926年11月28日。

　　④《大公报·艺林》，1926年12月12日，13日。

　　⑤《大公报·白雪》，1927年1月1日。

　　⑥《大公报·白雪》，1927年2月12日。

　　⑦《大公报·艺林》，1927年3月3日，3月4日，3月6日。《大公报·铜锣》，1927年3月7日，3月8日，3月9日，3月10日。

　　⑧《大公报·铜锣》，1927年3月15日，3月17日，3月18日，3月19日。

　　⑨《大公报·铜锣》，1927年3月30日，3月31日，4月1日。

　　⑩《大公报·铜锣》，1927年4月23日，4月24日，4月26日，4月27日。

　　⑪《大公报·妇女与家庭》，1928年8月2日，8月9日，原文载于六月份美国妇女杂志。

　　⑫《大公报·妇女与家庭》，1929年4月25日，5月9日，5月23日，6月6日，原文系日本的山川菊荣著。

后有《裕元纱厂女工生活概况》①、《宝成纱厂女工生活概况》②、《天津妇协救济科一年来的工作》③和《从天津妇协救济科一年来的工作得到的感想》④等。1930 年，她的《津市职业的妇女生活》系列采访录连载于《大公报》，产生了一定的社会影响。

为什么能取得这样的骄人成绩呢？蒋逸霄尽管主修化学课程，获得理学学士学位，但是偏爱文科，刻苦向学，充分展现出文艺才能。作为一名女记者，步入职业女性的行列，使她深深地懂得：女性如果想在社会中谋求独立的地位，就必须具有一定的经济能力和工作能力。因此，她非常关心天津职业女性的生活，特别关注职业女性的命运。她希望借助《大公报》这块相对自由的天地，通过文字向广大读者展示职业女性的喜怒哀乐，使大多数长期以来一直处于失语状态的女性有了展现其各自生命历史以及内心情感的舞台，为女性读者增添了一丝希望，多了一点期盼。

1930 年 2 月 8 日至 11 月 14 日，蒋逸霄在《大公报》上分 59 次连载她的长篇通讯《津市职业妇女的生活》。她所调查的对象包括洗衣妇、女巫、女职员、女交际员、鼓姬、歌女、佣妇、接生婆、女理发师、女教师、女医生、女工头、女塑像家、女堂馆、女工、女星象家、女相婆、女艺人、女院长、女画家等活跃在社会各个阶层的职业女性。这些调查对象，有的是她在街头偶遇，然后兴起好奇之心；有的是上门拜访；有的则是本人找到蒋逸霄来说自己的故事。尤其值得一提的是在该连载的最后一篇，她标新立异地以《本报记者的自叙记》作为结束。通过对自己亲身生活的回述，向读者展示了自己是如何摆脱传统家庭和愚昧社会环境的束缚，努力争取获得自主、自立的机会，成为一位经济独立、生活惬意的女记者的。

1936 年 4 月 1 日，当《大公报》上海版创刊后，蒋逸霄被调到上海继续在该报从事新闻工作，与王文彬等人分工编辑由"本市要闻""文教新闻""社会新闻"等构成的本市新闻版。但她还是特别关注上海的女性生活和职业，因此，在完成好实效性很强的新闻工作的同时，她还兼任一部分采访妇女问题的外勤工作，并长期为"上海职业妇女访问记"专栏撰稿。此间，蒋逸霄先后采访过包括当红女作家白薇在内的上海各界女性，产生了相当大的社会影响，并构成该报、该版的特色之一。她那身着旗袍、终日忙碌的身影，在

---

① 《大公报·妇女与家庭》，1929 年 6 月 27 日，7 月 4 日，7 月 11 日。
② 《大公报·妇女与家庭》，1929 年 8 月 1 日，8 月 8 日。
③ 《大公报·妇女与家庭》，1929 年 9 月 12 日，9 月 19 日，10 月 17 日，10 月 31 日，11 月 28 日。
④ 《大公报·妇女与家庭》，1929 年 11 月 28 日，12 月 26 日。

群星汇聚的大公报人中显得相当耀眼。

　　1938 年 4 月，蒋逸霄还在充满传奇色彩的董竹云的资助下，创办《上海妇女》，并亲自担任总编辑。该刊曾推出过《儿童节特辑》《各阶层妇女特辑》《战时妇女生活》《学生生活回忆》《追悼茅丽瑛女士》等特辑。因为发表抗日言论、宣传中国共产党的抗日主张，时常遭到日本侵略者和汉奸的威胁、压制，以及租界当局的检查、刁难，南京汪精卫政府和重庆国民党政府，得悉该刊经济遇到困难后，千方百计都要加以收买，但是却遭到拒绝。尽管蒋逸霄咬紧牙关，勉力维持，但最终也无法改变经费奇缺的状况。1940 年 2 月 11日，该刊编委会不得不宣布暂时停刊，待募集足够经费再续办。同年 6 月 1日，《上海妇女》复刊，并将半月刊改为月刊，以节省经费。然而，复刊后的《上海妇女》依旧命运多舛，再次停办。显然与董竹君回忆有些出入，据她说《上海妇女》终于在 1940 年 2 月左右被迫而主动停刊。出版了三十六期，共十八个月。①也有消息说停刊后，蒋逸霄曾以香港一家出版社名义出版《妇女知识丛书》。②

---

　　① 董竹君：《我的一个世纪》，生活·读书·新知三联书店 1997 年版，第 305 页。
　　②《第十篇　女子教育和妇女保健、文化事业（三）》，http://www.shzgh.org/renda/node4420/node4465。

"南开大学的学生"

——杨振宁

杨振宁（1922—），安徽合肥人。其父杨克纯曾于1923年考取安徽省官费赴美留学，先后在斯坦福大学获得数学学士、芝加哥大学获得数学硕士和博士学位。[①]父亲留学美国的五年间，杨振宁一直与母亲在合肥居住。1928年，杨克纯归国后被聘为厦门大学数学教授，后又到清华大学任教，兼数学系主任。杨振宁也跟随父亲辗转来到北平，在清华园里度过了快乐的八年时光。[②]

1937年，七七事变爆发，杨克纯率家人回到合肥，然后自己只身一人到长沙参与组建临时大学，然后又返回安徽接家眷。一家人经过汉口、香港、越南，于1938年初来到了昆明的西南联合大学。杨振宁到昆明后入昆华中学，读完高中二年级便以同等学力的资格考进了西南联合大学，开始了他终生难忘的一段求学生涯。杨振宁最初报考的是化学系，但入学后改念了物理系，先后师从赵忠尧、吴有训、周培源等人。

但最令杨振宁印象深刻的还是吴大猷和王竹溪两位教授。1941年秋，吴大猷收杨振宁为学生，并交给他一本《现代物理评论》，叫他去研究其中一篇讨论分子光谱学和群论关系的文章。杨振宁回家后将文章拿给父亲看。父亲又给了他一本《近代代数理论》的小书，使杨振宁领略到了群论的美妙和其在物理中应用的深入，对他后来的学习和研究工作产生了深远的影响。因此杨振宁说："我对对称原理发生兴趣实起源于那年吴先生的引导。"[③]在西南联合大学求学期间与吴大猷教授相处的点点滴滴，也使杨振宁终生难忘。杨振宁曾在大四时选修了吴大猷教授的普通动力学。那时西南联合大学的建筑是用茅草和铁皮搭建起来的平房，非常简陋。因为怕敌机的轰炸，学校往往

---

① 杨振宁著，张奠宙编选：《杨振宁文集：传记、演讲、随笔（下）》，华东师范大学出版社1998年版，第875页。

② 杨振宁：《读书教学四十年》，三联书店（香港）有限公司1985年版，第112页。

③ 杨振宁：《读书教学四十年》，三联书店（香港）有限公司1985年版，第114页。

下午四点钟才下课。在杨振宁的记忆里，下课后，吴大猷教授常常是非常有耐心地一边走一边跟学生讨论问题。因为吴大猷住在昆明市西北郊区一个叫作岗头村的地方，离学校比较远，往往要赶马车才能回去。杨振宁记得非常清楚的一幕是在西南联合大学的西北角有一个小门，外面有一个很长的轻便铁路。他和吴大猷教授常常就站在校门外，在铁路旁边讨论物理问题，时间很晚了，吴大猷教授看看表，实在是非走不可了，才顺着那条铁路离去。他要走大概一两公里的样子，才能走到马车站，然后坐晚班的马车回家。

1942 年，杨振宁大学毕业后，又进入了西南联合大学的研究院。王竹溪是他硕士论文的指导老师。这篇硕士论文是关于统计力学的，因此可以说是王竹溪教授将其引导到了统计力学的领域。①

艰难而充实的六年学习生活，为杨振宁后来的成功打下了坚固的基石："西南联大的教学风气是非常认真的。我们那时候所念的课，一般老师准备得很好，学生习题做得很多。所以在大学的四年和后来两年研究院期间，我学了很多东西。"②

1945 年，杨振宁获取公费留美的资格，动身前往美国攻读博士学位。1957年冬，杨振宁、李政道获得诺贝尔物理学奖金。他们二人不约而同地给吴大猷发来感谢信。吴大猷虽然认为自己实在未曾对他们有过如此重要的教导，但无论如何，他们二人所表达的心意，使他感到非常开心。③

杨振宁在 1957 年 10 月 31 日的信中写道：

> 大猷师：
>
> 值此十分兴奋，也是该深深自我反省的时候，我要向您表示由衷的谢意，为了您在 1942 年曾引导我进入对称原理与群论这个领域，我以后工作的大部分，包括关于宇称的工作，都直接或间接于 15 年前的那个春天，从您那里学到的概念有关。这是多年来我一直想要告诉您的情意，今天或许是最好的时刻。
>
> 谨致敬意，并问候吴太太。
>
> 　　　　　　　　　　　　　　　生　振宁　上④

---

① 杨振宁：《读书教学四十年》，三联书店（香港）有限公司 1985 年版，第 115 页。
② 杨振宁：《读书教学四十年》，三联书店（香港）有限公司 1985 年版，第 114 页。
③ 参见吴大猷：《回忆》，中国友谊出版公司 1984 年版，第 35 页。
④ 杨振宁：《典范永存——忆吴大猷老师》，《吴大猷文录》，浙江文艺出版社 1999 年版，第 6—9 页。

1971 年夏，杨振宁回国访问，是美籍著名华人学者访问新中国的第一人。1973 年，他就第一次来南开大学访问。据他说："作为陈省身先生的挚友，我与天津有着很深的渊源。早在西南联大读书期间，就曾选修过陈省身先生的课程。陈先生生前，我也曾多次来津，对天津留下了深刻的印象。"

1986 年 6 月 6 日，杨振宁来到南开大学访问，并受聘为名誉教授。在受聘仪式上，杨振宁说："因为我是西南联大毕业的，所以，也是南开的校友……大家知道，吴大猷先生是南开的毕业生，他对于南开有深厚的感情。所以，可以说，我是南开大学学生的学生。"①在这次访学交流中，他向陈省身提议在南开数学研究所内建立理论物理研究室。杨振宁担任研究所的学术委员会委员，亲自提出了研究室初期的研究方向，并安排国际知名科学家来南开大学做系统讲座。正是在杨振宁等校友的帮助与支持下，南开大学数学所的学术水平和国际知名度得到了极大提高。

2007 年 12 月，为纪念北大、清华、南开合组的西南联合大学建校 70 周年，以及联大校友杨振宁、李政道获得诺贝尔物理学奖 50 周年，南开大学物理学院三年级学生张汉泉向杨振宁发去一份传真，邀请他回母校开办纪念讲座。收信后的第一个星期一，杨振宁便通过助手联系到张汉泉，告知演讲时间与题目。杨振宁在《1957 年宇称不守恒所引起的震荡》的演讲中，回顾了宇称不守恒定律问世前后的细节，以及此后的进展。众所周知，他与李政道正是因为发现宇称不守恒定律而成为首获诺贝尔奖青睐的华人。②为了表示欢迎和感谢，南开大学物理学院的学生们在演讲结束后送给杨振宁一个画框，里面是 300 多颗星星拼成的"心"，而"心"中则是"南开"的缩写，画框内还写满了学生们的签名和祝福。这场讲座缘于南开大学一名普通学生的邀请，也是为纪念国际数学大师陈省身逝世三周年。③

2011 年 6 月 18 日，杨振宁再次来到南开大学，以理论物理前沿讨论的方式，庆祝陈省身数学研究所理论物理研究室 25 周岁诞辰。在会上，杨振宁介绍了自己在冷原子领域的最新研究进展。不仅如此，该研究室实际上也浸透了杨振宁的大量心血。从 1988 年开始，南开大学的理论物理室主办过 7次讲习班，邀请的都是各个方向最有发言权的科学家。因经费匮乏，要靠杨振宁从香港募捐讲课费。1992 年，为了南开大学主办的一场国际会议，杨振宁筹集了两万美元。考虑到大陆不易换开百元大钞，他特地换成 20 元、50

①《南开周报》1986 年第 223 期。

②《杨振宁应母校学生邀请回南开大学演讲》，http://news. nankai. edu. cn/zhxw/system/2007/12/02/l.

③《杨振宁南开演讲：我与天津渊源很深》，http://news. xinhuanet. com/edu/2007-12/03/。

元的钞票，捆在一个包里带来。南开数学所的第一台计算机和激光打印机也是杨振宁购自香港，运到天津的。他还派自己的秘书负责打字。他甚至考虑到了外宾喝咖啡的习惯，打算自带咖啡壶。南开理论物理研究室的早期毕业生，都曾受杨振宁的资助到他任教的纽约州立大学石溪分校访问一年。他们当时并不知道，杨振宁为了筹钱，曾发着高烧去唐人街演讲。杨振宁为了商讨南开大学理论物理研究室的发展，竟然拒绝了国家领导人的赴宴邀请。理由是"我已经有约会了"①。这不仅表现出杨振宁直率的性格，而且说明他对南开大学，对理论物理研究室工作的重视。

吃水不忘挖井人。研讨会结束后，杨振宁还来到陈省身夫妇的墓前，与陈省身之女陈璞一起为陈省身教授纪念碑——一块写着数学方程式的"黑板"揭幕。②

---

① 《杨振宁在南开大学庆寿 曾经回绝国家领导人宴请》，http://news.enorth.com.cn/system/2011/06/21/。
② 《天津：89 岁杨振宁携妻为陈省身纪念碑揭幕》，http://news.ifeng.com/photo/hdsociety/detail_2011_06/19/。

结语：永恒的话题

通过对南开学校历史的梳理，我们对南开精神的生成环境，及其发展变化的路径有了一定的了解。然而，人们又是怎样认识和书写南开精神的呢？其实，早在 1931 年 9 月出版的《南开双周》上就刊发过这样一篇文章，题为《南开精神——献给新来到南开环境里的同学》[①]。在这篇文章里面提纲挈领地列举了作者认为可以代表或展示南开精神的十个方面：

（1）不知道有"不可能"。

（2）团体合作。

（3）脚踏实地去做，不说空话。

（4）拿得起，放得下。

（5）迎着头干！

（6）只知有大家，不知有自己。

（7）尽情得玩，尽情得工作。

（8）没有虚伪的谄笑。

（9）赤裸裸的心在天真的面部表现出来。

（10）顶！

然而，不论这些方面是否可以部分还是全部纳入南开精神的内涵及外延之中，都是不完整的。因为它缺少对南开精神在抗战烽火中经受洗礼、考验所发生的蜕变与提升。而这种"涅槃"不仅仅是南开，甚至是中华民族的精神世界中特别值得珍视的宝贵财富。如果说在 1931 年 9 月要和新来到南开环境里的同学们分享"南开精神"的作者，没有料到日后抗战形势如此严峻，南开精神又增加许多新内涵、达到新高度，还情有可原的话，那么生活在 21 世纪的人们，若缺少这样的历史考量，就说明南开精神迫切需要进行学理的探讨，让"巍巍我南开精神"不仅仅是校歌中的一句歌词。

受过历史学专业训练的艺术家范曾教授于 2018 年 10 月 10 日发表题为

[①]《南开精神——献给新来到南开环境里的同学》，《南开双周》，第 8 卷第 1 期（1931 年 9 月）。

《什么是南开精神？》的演讲，既有历史思考，又有现实关怀：

> 严修、张伯苓正不愧为中国的脊梁……南开人在抗日战争中所表现的不屈不挠的意志，体现在张伯苓校长的身上，最是强烈……2004年陈省身先生故去，南开学子以几千支蜡烛在新开湖边点燃，因为他是自欧几里德、高斯、黎曼、嘉当之后世界几何学的里程碑。杨振宁先生在清华的居所刻上"归根居"，在清华任教，到南开创设理论物理研究室。杨振宁先生2015年放弃美国国籍，据葛墨林教授讲："世界物理学的三座里程碑是古典物理学的牛顿、近代物理学的爱因斯坦和当代的杨振宁，他伟大的创说杨-米尔斯方程可以笼罩物理学几百年。"当时我发表了《我所热爱的杨振宁先生》一文曾风靡全国的媒体。我还要告诉诸位同学，南开大学的化学大师杨石先先生的大弟子申泮文院士是一位真正的爱国者，过去每到七七事变的纪念日，他都会在南开大学各处张贴追索日本帝国主义彻底摧毁南开大学的赔款。我们南开人都十分敬佩，称他为南开的抗日英雄。同学们！这些可以歌、可以泣的往事，难道不是南开精神的无价之宝吗？

> 可喜的是，南开大学的莘莘学子以实际行动，继承了先辈的爱国精神。一年前，习近平总书记给南开大学八位品学兼优的学生阿斯哈尔·努尔太、蔚晨阳、董旭东、胡一帆、李业广、戴蕊、贾岚珺、王晗参军时的一封回信，勉励他们在军队这个大舞台上施展才华，在军营这个大熔炉里淬炼成钢。同学们的拳拳爱国初心，天日可鉴，总书记的眷眷勖勉之情，溢于言表。这种爱国情怀是南开大学的光荣传统。①

急于得到答案的网友很快就做出反应：

> 阅读范先生演讲全文，提到了南开学校历史上的楷模和感人史实，但什么是"南开精神"，先生的解读似乎过于单薄。爱国为公的先贤，各个学校校友中都有，南开人有什么不一样呢？从先生的讲述中看不出来。此外范先生切入论述的角度，似乎也还主要是个人修身范畴，公能思想的群体本位特性没有表现出来。他引述的南开史实，都是南开大学的，没有涉及整个南开学校。民国时期南开大学在整个南开学校中校友

---

① 范曾：《什么是南开精神？》，南开大学新闻网2018年10月10日，http://news.nankai.edu.cn/nkyw/system/2018/10/10/000412694.shtml。

比例只占十分之一，不提中小学的十分之九，可能也就忽略了老南开一大半的精神传统。①

从提出的问题及其所做出的分析和判断来看，网友对南开学校的历史有一定的了解，对南开精神有过思考。更难得的是，这位网友根据历史资料和个人数年来采访重庆南开中学、蜀光中学 20 世纪 40 年代老校友的见闻和印象，分享了前辈们对南开精神的理解和概括。

其中，比较有代表性的包括《申又枨先生论南开精神》，即 1920 年 10 月 17 日《校风》杂志建校十六周年特刊上刊载了当时的南开学生申祖佑②撰写的文章《南开的精神》。他从十七个方面列举事例，阐释什么是南开精神。他的阐述如下（部分条目具体说明略）：

1. 课外组织讨论会。

2. 自治励学会。

3. 敬业乐群会。

4. 青年会。

5. 义塾服务团。

6. 教职员会议。

7. 教员的分科。南开教员依所教的学科组成国文、英文、自然科学、社会科学四科，每月开会研究探讨各科之进行，每学期报告本科各门成绩。

8. 体育会革新。

9. 水灾救护。

10. 救国运动。去年的五四运动，南开参加的人数很多，有完善的组织和做事的热诚，各方面工作极有条理，游行演讲，极其踊跃，几乎看不出来一点坏现象。

11. 欧战协济会的输捐。

12. 红十字会的服役。今年七月间，曹段交哄，死伤甚多。南开暑假留校学生二三十人参加红十字会，分向杨村廊坊等处从事救护，成绩很好，不但是慈善举动，也增加许多经历。

13. 饥民的振恤。今年北方大旱，饥民四处求食，南开西面的空地上住了三千余人。虽然南开师生能力薄弱，不能作普及的赈济，但这三千多人必须设法拯救，南开师生有出钱的，也有捐衣服的，那些饥民虽然很难得到相

---

① 《何为南开精神？——对范曾教授 10 月 10 日演讲的补充》，公能学社 2018 年 10 月 11 日。

② 即后来的著名数学家、北京大学教授申又枨——网友按。

当的温饱，也可免于十分冻馁了。

14. 冬季通俗演讲。每年冬季，南开学生组织演讲团体，分队出发，讲些浅近而必需的知识。

15. 毕业同学会。一般的现状，都是学生毕业出去，简直同母校断绝关系，南开却不是这样，不但平时时有消息往来，还有毕业同学会的组织，联络毕业同学的感情，帮助学校的进步。

16. 各处的南开团体。毕业后升学的同学在各处组织南开的团体。把南开的精神带到别处去。美国、日本、英国、法国、清华、唐山、北大、北洋、沪宁等处，都有南开同学会的组织。

17. 东北的南开。南开毕业生韩子扬君在吉林办毓文中学，一切编制教授都仿照南开的样子，成绩也很好。南开的精神在东北居然得到具体的表现。

申祖佑在文末试图解析南开精神："南开学校因为它的私立性质和历史的关系，能以自由互助的精神，发为种种极有条理的组织，从这些组织里，可以充分发展个人的能力，促进学校进步，适应社会需要，而为创新不息的生长。"其中，自由、互助、条理、组织、个人发展、学校进步、适应社会需要、创新不息、生长等概念值得关注。

此外，《邹宗彦先生谈南开精神》，即南开校友邹宗彦于 1948 年在《南开校友》新三号发表的《我所认识的南开精神》一文，也提出南开精神主要有以下几个方面：

1. 南开精神在思想上的表现——母校教育的最高目标就是"公""能"二字。

2. 南开精神在行动上的表现——南开精神表现于行动者，是脚踏实地，实事求是，艰苦卓绝，再接再厉。南开校友作起事来最忌的是只说不作，浮夸粉饰。与其作大而空洞的宣传，不若任小而实的工作。

3. 南开精神在心理上的表现——我国的团体事业无论属于那一个部门，最显著的困难，是人事纷纭和人事摩擦。这种现象，影响于事功之进展很大。可以说我们政治经济社会之脱节，一切不上轨道，完全导源于此。南开精神却是相反的。凡在母校受过教育的，多少都有一种对事不对人的心理。此种心理所表现于外的就是互信互谅，一心一德，亲切协作，相见以诚种种美德。所以作起事来，进度速而收效宏，不致因人事纠纷遭逢困难而归失败。

4. 南开精神在生活上的表现——母校有俭朴的风尚。校友在衣食住行各方面，所注重的崇实黜华，摒除一切虚骄奢靡的习惯，使切合于实际的需要而显出一种高尚雅朴的风格。

网友注意到邹宗彦是从个人观察、体会的角度，阐明南开人所具有的公能观念及其勇于实践、对事不对人的工作态度，互信互谅、生活简朴等精神内涵及其外在表现的。这样的分析、判断，也很有启发性。

另外，还有《陈子君先生根据自身体会总结南开精神》。重庆南开中学1946级校友、原中国儿童文学研究会理事长陈子君先生在《南开精神时刻鼓舞着我》一文中回顾了自己受到的南开学校影响：

1. 南开的教学质量和教学水平都很高，在全国都是数得着的。

2. 南开的校训是"允公允能"，这引导我经常关心国家大事，思考各种问题。我比较早地就认识到国家民族的命运比个人的前途更重要，开始树立救国救民的思想。

3. 南开精神在相当程度上也塑造了我的性格……我对事情比较认真，从不违心地把"是"说成"非"，把"非"说成"是"，凡认为自己是正确的东西，就决不承认是"错误"，无论怎样整我，也不胡说八道。所以我这个"右派"一直没有"摘帽"。

4. 南开中学比较正规化、有条理、有秩序的管理，培养了我守规矩的习惯，和实践观念强、办事迅速、果断的作风，这对我一辈子都有好处。

网友发现陈子君先生是结合自己的受教育经历，强调南开学生比较早就认识到国家民族的命运比个人的前途更重要，树立起救国救民的思想，坚持真理不动摇，遵守规矩，重视实践，勤于做事。至于南开精神"时刻鼓舞着我""对我一辈子都有好处"则进一步深化了相关问题的讨论。

出人预料的是，这位网友还综合前辈老校友的论述和个人采访的积累，对南开精神即公能精神加以总结：

1. 公家至上，"做团体"优先于"做人"。

2. 公德、私德并重。张伯苓先生言："欧美之道德多高尚，公德与私德并重。我国人素重私德而于公德则多疏忽，近则于公德亦渐知讲求矣。"

3. 言德重在对社会进步的实际贡献。张伯苓先生言："凡人能以社会公共事业，尽力愈大者，道德愈高。否则，无道德可言。"

4. 公心和能力并重。张伯苓先生说："一个人除好之外，还必须有能。""爱国可以出乎热情，救国必须依靠力量。学生在求学时代，必须充分准备救国能力，在服务时期，必须真切实行救国志愿，有爱国之心，兼有爱国之力，然后始可实现救国之宏愿。"这和儒家以道德为中心的修身观是有很大区别的。

5. 尊重规则，遵守法律法规。

6. 讲究条理，讲究秩序。天津南开中学的规章制度极为严密，出了一本书。①在南开校园和校园生活中，从寝室"考美"，到作业纸的摆放方法，再到建筑的设计布局，都非常讲究条理。

7. 敬业，实干，严谨。

8. 善于合作，富于团队精神。也许西南联大可以作为一个例子。当时有多个联大，后来陆续分家，只有西南联大坚持下来，三校联合得很好。这和梅贻琦、蒋梦麟、张伯苓三位校长的私人交情和和衷共济的精神相关，与清华、北大、南开三校的人事渊源相关，和几位南开出身的校领导顾全大局、善于协调合作的精神和能力恐怕也有很大关系。梅贻琦校长和联大训导长查良钊、建设长黄钰生都是南开中学的学生，曾任教务长的杨石先也曾短暂就读于南开中学，后来成为张伯苓校长在南开大学的主要助手之一（查、黄、杨三先生也曾就读于清华学校）。

9. 民主决策，公众参与。南开制定了"师生合作，责任分担，校务公开"的教育组织管理原则，以上杨肖彭先生提到的学生参与学校工作改革讨论会即是一例。南开大学实行民主管理，制定了教授治校制度。

10. 关心社会，关心国家命运。南开人爱国、服务社会的事例不胜枚举，当年校友还积极参与民主政治建设，这是一种公民权利，也是一种担当精神。张伯苓先生曾论述了全民参政的必要，他说："依我看，凡有能力的都应该出来参政……本来一个真正的民主国都是全民参政的。因为唯有如此，做起事来，才能'大公无私'。"从重庆南开中学老校友的级友杂志看，老校友们除了谈友情，回忆南开，谈得最多的就是国家大事和社会关怀。

11. 善于组织团体。张伯苓先生说："故今后教育之目标当注重在：（一）造成量大、眼光远之青年；（二）造成真正之领袖人才；（三）养成勇敢、果断、有远见、有魄力之国民。"南开特别重视团体训练，让学生自发组织各种课外社团以及同乡会等团体，培养学生的组织能力。据西南联大一位学生回忆："在任何一个群体中，只要有了一个或几个南开人，就会热闹起来，组织起来，搞起了为自身服务或为广大群众服务的集体活动。"一位台湾学者曾说，现代中国培养了最多领导人才的学府不是北大清华，而是南开中学。

12. 共建共享，公不废私。

13. 平等。张伯苓先生说："即徐菊人先生②虽为总统，终为本校旧校董，

---

① 《私立南开中学规章制度汇编（1904—1937）》，天津教育出版社 2015 年版。

② 即徐世昌——网友按。

亦系一人民资格。"南开对高官、富商子弟一视同仁，入学不"开后门"，成绩不合格即淘汰。重庆南开时期，这些子弟在校内和其他同学一样住宿舍、穿校服，吃十分粗劣的饮食，不敢让人知道自己的真实背景。老校友回忆，20 世纪 80 年代以后同学组织旅会，参与者无论身份高低序长不序爵，再有钱也和大家一起坐硬座。

14. 包容，谦逊。

15. 同学凝聚力超强。重庆南开中学 1941—1954 级校友几乎每个年级都办有级友杂志，有的年级有两种。1944 级的《四四萍踪》出到 132 期，今年年初才停刊，老同学们平均年龄已经 92 岁。1944 级组织了几十次旅会，现在年龄原因不能组织旅游，每周老同学都会在微信群集体交流。私立时期的南开校友会，被称为"民国第一校友会"。已故重庆南开中学 1945 级校友何瑞源先生 90 年代和夫人到美国旅行，前后两个多月，从未住酒店旅社，都是住在南开同学或校友的家里。

16. 重视实践，服务社会……

17. 富于理想又极为现实。

18. 提出问题重落实，要能提出解决方案，而不是空喊。

19. 不苛求他人，从我做起，勇于担当。张伯苓先生说："中国不亡，有我！"

20. 不攀附权贵。校友中这样的例子很多。一位著名医学专家在接受采访时说，她曾是国家领导人的保健医生，但她从来不拉关系、走后门。"我是医生他是病人，我从来没有把你当特别首长，你一定要服从我的指导"。不仅一般校友不攀附权贵，校友中的高官、大学者、科学家也有没架子。已故中纪委原秘书长王光，热心地给同学们做志愿者，有的同学在他去世以后才得知他的身份。

21. 具备求真的科学精神，不迷信权威。

22. 说真话，做真人。王刚先生说："我们这些人都很真，没有假冒伪劣！南开校歌里说：'美哉大仁，智勇真纯。'仁，是方向问题；真就是实实在在。我们做人，就是要仁，要真……凡是受过南开教育的，他骨子里血液里就有真纯因素。好多人在现实社会中碰壁，就是因为太真纯。"①

23. 只忠于人类、国家、全民，不忠于更小的团体和个人。张伯苓先生

---

① 王刚：《大家都有一颗真纯的心》，重庆南开中学 1946 级级刊《百地书》第 6 卷，《塞上之秋》，1994 年自刊，第 144—115 页。

说，"不要替小于国家民族的团体或个人做好事"……

24. 较真的精神。公能学社 2016 年 12 月 23 日曾转载了重庆南开中学1947 级校友宗福腴先生的文章《调查一个问题》，他说："电视、报纸反反复复把事情说得很清楚了，我还是习惯于总想亲自看看，自己想想。"

25. 宁拙毋巧。张伯苓先生曾说："中华民族最大的缺点是太取巧。"

26. 人格独立，思想自由，坚持真理。

27. 对应享权利虽微必争。徐谟先生 1931 年 1 月 14 日在南开大学演讲时说："现在中国最缺少者厥为纪律，如秩序之遵守，及权利之保持等，普通人均极忽视，且多以破坏秩序为自雄，唾面自干为美德，此实异常谬误。南开校风，最重秩序，学校行政及平日学生生活均井井有条，且对应享权利，虽极微亦必力争，实可为社会模范。"

28. 力心同劳，脑力活体力活都干。"力心同劳"是张彭春先提出的教育理念，南开很早就在实践。学校有手工课、劳作课、战地救护课。南开学生能力心同劳，从申又枨先生所述事例也可见一斑。

29. 吃苦耐劳，不计较环境，不计较待遇。蜀光中学校友多有主动申请支援西藏的，有多人牺牲在徒步进藏的路上。重庆南开中学 1945 级校友戴宜生出身银行家家庭，50 年代初主动申请支援西藏，他是清华大学校友援藏第一人。他的夫人李淑琼女士也是重庆南开校友，和他一起赴藏。

30. 和下层民众打成一片。南开人并不因为自己是"士"就高高在上，张伯苓校长积极参与平民教育运动，走进工厂给工人演讲。从申又枨先生举的南开学生服务社会的众多例子，也可见他们和下层民众是打成一片的。

31. 热爱自然，亲近户外。老南开非常重视户外教育，校友中不少从事地质工作的，作家鹿桥曾步行八个月写成《市廛居》，西南联大湘黔滇旅行团带队的五位教授就有两位南开中学的校友，还有一位南开大学的前教师校友。

32. 善于社交，善于表达，能团结人。申又枨先生就特别谈到了南开的演讲团体。南开校友中出了众多的知名外交家。

33. 风气活泼。张伯苓先生常说的一句话是"不会玩的孩子是傻孩子"。南开中学下午三点半以后不上课，所有学生都要离开教室，开展体育、音乐、戏剧及其他社团活动。学校思想自由，鼓励学生自主结社，这样培养出来的校风当然是活泼的，学生也是有创造力的。民国时期，有人比较清华、北大、南开三校的风气说，"清华严谨，北大自由，南开活泼"，活泼可谓南开校风最大的特色之一。

34. 乐观向上。张伯苓先生就是一个"不可救药的乐观者"。重庆南开中学和蜀光中学绝大多数老校友在历次政治运动中受到冲击迫害，有的九死一生，但从他们级友杂志的文章、往还电子邮件看，他们无论是对个人生活还是国家前途普遍有乐观情绪，很少悲观颓唐的文字。

35. 格局大，视野宽。喻传鉴先生解读为什么蜀光中学以"公"为校训，开宗明义就指出"意在使学生眼光放远，胸襟扩大"。南开学生格局大，有国际关怀，以上申又枨先生所举的南开学生为欧战协济会的输捐即是一例。

36. 重批判，也重建设。

37. 注意仪表。南开每栋宿舍都有四十字《镜箴》，不仅教导学生注重仪表（"面必净，发必理"等），也在潜移默化中影响着学生，做人要正直、谦逊、平和、庄重。

38. 擅长体育。南开的"五项训练"体育居首。

39. 生活规律，注重卫生，讲究品位。许多老校友讲，他们学生时代养成的早起早睡、注重锻炼的习惯保持一生。老南开人作风勤俭，但并非不讲生活品位……他们的勤俭，是文化人的勤俭。

40. 情感丰富，会休闲，会娱乐，擅长文艺。老南开的戏剧教育、音乐教育都非常出名，校友中出了不少知名戏剧家、演员和音乐家。至今，成都、西安等地的老校友还组织合唱团，有的还到外地演出。

41. 善于应变。这是"日新月异"的内涵。张伯苓先生总结南开成功的原因有三点，即信、永变和专。南开是一所私立学校，如果不善于应变，势必难以生存。

42. 坚忍不拔，自强不息。张伯苓先生说："日新月异，自强不息，为我南开师生特有之精神。"

43. 考虑问题从大局出发，不偏不矫。张伯苓先生曾说，南开走的是中庸之道。南开倡导合作，师生同心，20 世纪 20 年代北京高校经常有的罢课、驱赶校长等举动，在南开大学从未出现。1924 年"轮回教育"事件，教师集体罢教，学生仍正常在教室自习，当时社会上引为奇谈。读重庆南开中学老校友的级友杂志，论述时政问题的文章很少非常激烈、发泄情绪的言辞。

44. 学术研究注重社会调查。30 年代的南开经研所，西南联大时期的边疆人文研究室，都传承着这种良好的学风。

45. 富于创业精神和创造能力。南开是私立学校，没有创业精神和创造能力是无法维持的。南开老校友也多有创造精神，公能学社曾经介绍过加拿大校友杨维扬先生 59 岁出国创业，培育豆芽成功打开市场的故事。

46. 活到老学到老。老校友活到老学到老的例子非常多。南京的重庆南开中学 1945 级校友莫绍樵先生，90 多岁设计了一套莫绍樵电脑字体。莫老的同学袁从祎先生，88 岁学开车。90 多岁的校友，许多人微信玩得非常熟练。

47. 不仅要自己好，自己进步，还要大家都好都进步。张伯苓先生说："吾甚愿诸生以火把自命，匪独自燃，且能助燃，则方为真正之爱国。"先生志在培养领袖，也正是为了以南开师生的"允公允能"，带动全民的"允公允能"，从而实现国家和社会的"日新月异"。

这位网友不仅注意到南开精神不仅是一种思想、观念的集中表达，而且体现在师生，特别是毕业以后很多老校友生活、工作实践中。有些从表面上看似乎很散，但又都紧紧围绕着"公""能""新"三个字，触类旁通，互相关联。

不仅如此，这位网友还强调南开精神不仅是个人的精神，更是团体的精神。重视团体，实现团体和个人的全面均衡发展，是公能教育最大的特色。不能仅仅从个人修身视角来理解南开精神。"公能"的"公"，首先指团体而非公心或者道德。南开大学原校长龚克教授所提出的"立公增能"，很明显"立公"首先指建设好团体。公能思想非不重视修身，但它所谈的是在"齐家（团体）"背景下的修身，重在团体共修。

为了进一步论证南开精神是团体精神，这位网友还引述了邹宗彦的相关论述。邹宗彦说，所谓南开精神，就是"校长、所有教员、所有职工、所有校友的事功的总和表现。它是一个不可分的整体，每个人都是它的构成单位。一方面有它的个别贡献，使南开精神发展。同时每个单位亦受南开精神的熏陶，而使自身长进。"正因为老南开重视团体共修、师生共修，所以才有了"蓬生麻中，不扶而直"的良好修身土壤和"允公允能"的大环境，才取得了没出过汉奸贪官的惊人德育成效。

令人钦佩的是，这位出自南开学校的校友把目光投身到更广大的人群，从中发现南开精神的闪光之处，探寻南开精神生生不息的原因。

为撰写本书，编者曾尝试着归纳和概括南开精神，准备在这里与各位读者分享。编者也注意到张伯苓校长等人不仅用自己的生命诠释南开精神，而且也在言谈话语中讨论它，在字里行间推敲它。将其梳理出来，一定也会加深人们对南开精神的核心内容、社会功效等方面的认识和理解。但是我们又想，对于南开精神，每个南开人或学习、了解、认识南开的人恐怕都会有编者的体认，不如暂且收起准备和张伯苓校长等人提供的"答案"，让即将兴起的南开精神大讨论更加开放，更有价值和意义，结出更加丰硕的成果。

后记 让历史照耀未来

南开大学，对于参与本书写作的人们来说，既是学于斯、长于斯的高等学府，又是时常牵挂、终生难以忘怀的母校。他/她们不仅不约而同地融入南开大学，而且还不同程度地感受到南开精神。希望每位参与者，凭着学习、研究、撰写南开历史的机缘，将生命的体验化为感悟、追寻历史的无穷动力，进而真正转化为生命成长的动力源泉，做南开精神的实践者、传承者。

常言道："十年磨一剑。"这一"剑"，磨了岂止十年！倾注了我近四十年的心血，从青春少年，到年近花甲。感谢有你，南开精神！让我时常体验到生命的感动和崇高的传递，不知老之将至；让我在平凡中感受到教育的伟大和精神的可贵，不知不觉中迎来一个个黎明。

撰写南开的历史，离不开"南开帮"。不论是南开大学的杨庆山、曹雪涛、龚克、薛进文、陈洪、刘景泉、朱光磊、张亚、李毅、于海、种健、周萍萍、乔以钢、陈钟林、杜平、邹玉洁、梁吉生、刘运峰、莫建来、张健、马长虹、韩旭、杜雨津、赖鸿杰、肖光文、张鸿、曾利剑、丁峰、陆建军、王儒、薛有志、薛红志、程成、孙毅、李军、赵均等人的大力支持，还是历史学院的李治安、杨栋梁、赵桂敏、江沛、张思、王昊、王文隆、侯咏梅、王薇、郭明、谢东等人的鼎力帮助，更有从南开学习或工作后高就的谭琳、卫智、随清远、姚西伊、李学通、卞修跃、董辉等人竭诚相助，都使我义无反顾地自我赋权，将学习和研究南开历史作为志业，数十年如一日，持之以恒，率领着一批又一批中外学生投入南开历史的学习和研究工作。他/她们是秦方、李净昉、常春波、姜海龙、林绪武、从菁华、何睦、靳学东、麻涛、周思远、张红兵、王军、刘宇聪、李钊、高冬琴、李纳、冯志阳、胡伟、段文艳、董虹、师卓、马晓驰、闫涛、张鑫雅、苏芃芃、赵天鹭、王晓蕾、习晓敏、王凤、曾秋云、王思葳、李德珠、东幸司、冢田和茂、刘黎红、蔡伟红、肖冰、陈静、范氏银、黄景辉、王文斌、赵秀丽、李从娜、侯亚伟、汪炜伟、李文健、朱文广、陈文君、徐世博、齐薇、谢晓晨、花少辉、傅懿、王萌萌、孙巍溥、封磊、刘文慧、王晓燕、杨林源、任启慧、郑羽双、刘煦、郑健超、付中志、徐开阳、庄钊滢、邢玮傲、周荣程、何晓同、吴慧、张昶、殷乐、柴斌、邓凯夫等。他们不同程度地参与了本书部分章节的写作和讨论，有些文章还先后刊登于《天津日报》《今晚报》，引起广泛关注。秦方、李净昉、常春波、殷乐还先后参与了全书的统编以及核对引文等繁重工作。

写好南开的历史，同样也离不开"帮南开"。当我们在海内外搜集资料、访学时，得到香港中文大学金耀基、梁元生、卢龙光、温伟耀、叶汉明、何沛然、蔡志祥、马木池、苏基朗、黎明钊、吴梓明、李炽昌、丁新豹、邢福增、郑宏泰、萧锦华、卢淑樱、温兆辉、林志辉，香港浸会大学黄嫣梨、李金强、麦劲生、周佳荣、叶国洪，珠海书院胡春惠、萧国健、游子安、李谷城、江燕媚，树仁大学的区志坚，香港基督教文化学会的何雅儿、李志刚、苏成溢，台湾的成露茜、张玉法、王尔敏、张力、游鉴明、林治平、查时杰、姜仁圭、林美玫、卢建荣、刘维开、夏春祥、王成勉、习贤德、李明哲、陈元朋、王立本、杨善尧、丘智贤，北京的李文海、刘仲东、孟超等人给予的帮助。

张元龙、黎昌晋、罗世龙、董润萍、陈克、刘文君、李家璘、詹先华、胡海龙、苑天夫、杜荣欣、王振良、葛培林、张依琳、路树强、刘艳艳等人的无私帮助，与立志报考南开大学的杨静、王兴昀、王志辉、王杰升等莘莘学子的奋发努力，都鞭策我们更好地体认南开精神，弘扬南开精神。

南开大学即将迎来百年校庆，并开启新的百年。愿南开大学秉持一贯精神，立德树人，傲立于世界大学之林。

侯杰

2019 年 2 月 27 日